国家社科基金重点项目"改革开放四十年中国马克思主义伦理学的发展及前瞻研究"（18AZX018）

国家社科基金丛书
GUOJIA SHEKE JIJIN CONGSHU

改革开放以来中国马克思主义伦理学的发展及前瞻研究

Research on the Development and Prospect of Marxist Ethics
in China Since the Reform and Opening Up

肖祥 著

人民出版社

责任编辑：宰艳红
封面设计：石笑梦
版式设计：胡欣欣
责任校对：东昌校对

图书在版编目（CIP）数据

改革开放以来中国马克思主义伦理学的发展及前瞻研
究 / 肖祥著 . -- 北京 ：人民出版社，2025. 2. -- ISBN
978－7－01－027022－7

Ⅰ．A811.64

中国国家版本馆 CIP 数据核字第 2025SB6154 号

改革开放以来中国马克思主义伦理学的发展及前瞻研究
GAIGE KAIFANG YILAI ZHONGGUO MAKESI ZHUYI LUNLIXUE DE FAZHAN JI QIANZHAN YANJIU

肖　祥　著

人民出版社 出版发行
（100706　北京市东城区隆福寺街 99 号）

北京建宏印刷有限公司印刷　新华书店经销

2025 年 2 月第 1 版　2025 年 2 月北京第 1 次印刷
开本：710 毫米×1000 毫米 1/16　印张：30.75
字数：425 千字

ISBN 978－7－01－027022－7　定价：110.00 元

邮购地址 100706　北京市东城区隆福寺街 99 号
人民东方图书销售中心　电话（010）65250042　65289539

序

李建华

　　人类社会发展到今天，伦理学无论是被称为"显学"，还是叫作"第一哲学"，都充分说明了伦理学的重要。人们期待伦理学能净化人心、拯救社会、实现世界大同。令人遗憾的是，面对世界动荡、社会撕裂、人心惟危的道德难局，伦理学显得有些力不从心。当然，这并不意味着伦理学人就可以放弃努力、无所作为，相反，"知其不可而为之"的精神一直在支撑着我们，尽管时常也有痛感常随的哲学性忧郁。

　　当代中国的伦理学人是幸运的，因为我们参与或见证了中国改革开放的伟大事业，对当代中国伦理道德的巨大变化我们有深刻的在场感，对反思、记录这场伦理道德革命我们有紧迫的责任感，因为任何价值选择或者弃诀必须有两个基本维度：理据和责任，我们二者俱备，其要义就是马克思主义伦理学的中国化和时代化。

　　改革开放四十多年来，中国马克思主义伦理学作为马克思主义伦理学中国化发展的系统化、理论化的科学形态，在学科体系、学术体系与话语体系的建设中取得了丰硕成果。对改革开放以来中国马克思主义伦理学的发展进行学术梳理和规律总结，不仅有利于更好推进新时代中国特色社会主义伦理学建设，也是加快构建中国特色哲学社会科学的迫切需要。尽管学界对中国马克思主义伦理学发展的总结研究已有一些成果,但是相对于中国马克思主义伦理学四十多年波澜壮阔的发展,现有研究远远不够。肖祥教授的国家社科基金重点项目成果——《改革开放以来中国马克思主义伦理学的发展及前瞻研究》,紧扣改革开放四十多年中国伦理实践的脉搏,对中国马克思主义伦理学发展及其前瞻性进行研究,无疑是一项具有积极学术价值的研究成果。

对研究对象的内涵和边界作出界定是该成果首先要解决的问题,即廓清马克思主义伦理学、中国马克思主义伦理学、中国特色社会主义伦理学及其三者的关系。"中国马克思主义伦理学"是马克思主义伦理学的"中国化",作为马克思主义伦理学发展的"中国形态",它是以马克思主义伦理学原理和方法对中国社会现实的伦理观照,同时并不拘囿于"中国的"道德现象研究,还敞开了对世界发展问题的伦理检视和对人类共同命运的价值畅想。"中国特色社会主义伦理学"则是改革开放以来与中国共产党全部理论和实践的主题——"中国特色社会主义"相一致,与改革开放和社会主义现代化建设实践相适应的中国马克思主义伦理学。"中国特色社会主义伦理学"旨在凸显中国马克思主义伦理学鲜明的时代特征和中国特色,凸显面向未来的开放性,尤其是党中央提出"中国特色社会主义进入新时代",一种更能展现时代精神的伦理学新形态需要创新性建设。从研究内容看,该成果可以概括为两个部分:一是对改革开放以来中国马克思主义伦理学的发展历程、研究成果、重要贡献、建设成就、基本经验等进行了全面系统的总结,支撑起对"改革开放以来中国马克思主义伦理学发展"的科学认知。二是对新时代中国马克思主义伦理学的发展目标、问题挑战、主要任务、建设策略、实践路径、伦理自信等问题进行前瞻性剖析,探究如何实现新时代中国特色社会主义伦理学建设的"立体推进"。

毋庸置疑,对改革开放以来中国马克思主义伦理学的发展进行总结性研究,其学术指向是如何更好地建设中国特色社会主义伦理学。"中国特色社会主义伦理学"是具有中国特色问题导向和中国经验的当代伦理学新范式,它有别于传统的"马克思主义伦理学",也不是中国传统伦理学的当代延续，更不是西方伦理学的中国化，而是中国伦理学发展在新的历史条件下提出的全新的理论命题。显然，"建设中国特色社会主义伦理学"是中国宏大叙事中的一个宏大课题，需要伦理学人同心协力、艰辛付出。

在推进中国特色社会主义伦理学建设的实践中，有两个问题值得特别重视。

其一，构建中国特色社会主义伦理学的关键在于找准"中国问题"。当前，"中华民族伟大复兴的战略全局"和"世界百年未有之大变局"的两个大局相互交织，中国的发展面临诸多挑战，中国马克思主义伦理学的发展也面临诸多问题，如民主政治建设问题、贫富分化问题、核心价值认同问题、社会伦理整合问题、"西强我弱"的价值话语权问题、人类命运共同体的国际认同问题、全球治理的"伦理信任"问题等等。如何从伦理学学科对这些问题进行深刻反思、明晰中国道路的未来走向、中国经验的世界意义，并用中国伦理话语表达清楚，这是建设中国特色、中国风格和中国气派、适合中国社会主义发展道路的伦理学新形态不能回避的！

其二，"学科体系、学术体系、话语体系"建设是加快构建中国特色哲学社会科学的三大战略任务，其中话语体系建设是展现中国特色哲学社会科学的特色、风格、气派的表达形式和有效工具。"三大体系"建设的重点和难点在于话语体系建设。构建中国特色社会主义伦理学可以借鉴中国传统学术范畴，但要赋予时代内容，创新伦理学的话语体系。虽然我国有着漫长的道德生活历史和灿烂的道德文明，但伦理学作为一门学科，我们长久以来都沿袭着西方伦理学话语体系，并且产生巨大依赖，似乎不讲康德就不知道怎样讲伦理学，这也让我们与国外特别是西方的学术平等对话充满艰难。福柯将话语视为一种权力，其启示在于，要实现价值话语的平等，我们就必须创立属于自己的伦理学话语体系，并且获得他人的认可和接受，实现中国学术话语的国际化。直面中国特色社会主义的伦理实践、道德问题和道德需求，在建设中国特色社会主义伦理学话语体系中彰显中国道德智慧、扩展中国价值影响、塑造中国伦理文化自信,我们任重道远但却应该满怀信心。

正是基于以上问题的分析,肖祥对改革开放以来中国马克思主义伦理学发展及前瞻研究具有重要的学术价值。当然,毋庸讳言,由于题目的历史跨度大、学术积累的专业性要求高,如何从静态和动态上精准把握研究对象、总结经验和规律、分析问题和挑战,需要有深厚的学术积累、坚实的理论基础和开阔的学术眼界,该成果还存在一些有待深化研究之处。

肖祥是中南大学伦理学专业的第一届博士毕业生。他在 2007 年毕业的博士论文后记中有一句话令我记忆颇深——"伦理学的殿堂是神圣的、高洁的,我愿成为一个执着的攀登者!"他用自己勤奋的学术努力确证着一个伦理学人的初心!我们期待他有更多的研究成果!

我们正处于大变革的时代,社会伦理道德面临前所未有的机遇和挑战,如何坚持中国特色社会主义伦理学研究的批判性和开放性,在社会主义建设实践中铸造中国特色社会主义伦理学的精、气、神,这是时代的重任,也是每一个中国伦理学人不可推卸的责任!

话语最终只是认信与拒信的个体表达,我对本著的推崇并不表明它一定会是"传世之作",相反,"思想者的真诚首先在于,随时准备推翻自己的定见,从头开始。"(施特劳斯语)。与肖祥君共勉!

是为序!

2024 年 5 月 23 日于三思书屋

目　　录

绪　　论

马克思主义伦理思想的形成是人类伦理思想发展史上的一次伟大变革。马克思主义伦理思想的中国化,为彻底批判中国封建道德和资本主义道德、解救中国近代以来的道德危机提供了伟大的思想武器。马克思主义伦理思想中国化和中国马克思主义伦理学的形成发展,为当代中国伦理道德建设提供了一种崭新的伦理文化形态。

一、何谓"中国马克思主义伦理学"

本研究的主题是阐析改革开放以来中国马克思主义伦理学的发展历程、伦理思想和学科建设发展成就,在对其总结研究的基础上对新时代中国特色社会主义伦理学建设作出前瞻性展望。既然以"中国马克思主义伦理学"作为研究对象,就需要对其内涵作出界定。

(一)"马克思主义伦理学"与"中国马克思主义伦理学"

马克思主义伦理学家罗国杰先生指出:马克思主义伦理学是整个马克思主义科学体系的有机构成部分,是无产阶级的道德科学,"马克思主义伦理学是运用马克思主义的世界观和方法论考察和研究社会道德现象,揭示道德现象的起源、本质、发展、变化及其社会作用的规律性的科学。"①就其研究对象而言,马克思主义伦理学以道德这种社会现象为研究对象,认为道德是人类生活中由经济关系决定的,并表现为善恶对立的一类社会现象。马克思主义伦理学认为,道德这一社会现象的特殊矛盾就是一定经济关系所决定的个人利益和社会利益的矛盾,因此,道德与利益关系的问题是马克思主义伦理学的核心问题。罗国杰先生还指出,马克思主义伦理学与资产阶级伦理学的区别还在于其具有鲜明特色的基本任务。马克思主义伦理学的基本任务主要有四个方面:一是探讨道德现象的根源、社会本质及其发展的客观历史进程和规律性;二是概括和阐释共产主义道德的规范体系;三是探究共产主义道德品质形成的规律;四是批判剥削阶级道德及其伦理思想的影响。② 由于研究对象、核心问题和基本任务的特殊性,马克思主义伦理学区别于其他各种伦理学形态。与马克思主义的理论旨趣相一致,马克思主义伦理学的目的就是从社会现实出发,从社会主义革命和社会主义建设的实际需要出发,不仅要辨析善恶,引导人们弃恶从善,而且要研究社会主义(共产主义)道德的发展规律和教育方法,克服旧道德的影响,培育道德新风尚,践行共产主义道德新要求。

"中国马克思主义伦理学"作为马克思主义伦理学发展的"中国形态",是马克思主义伦理学的"中国化"。之所以不用"中国的马克思主义伦理学"称之,是因为"中国的马克思主义伦理学"这种说法容易割裂马克思主义伦理学的整体性,而且这种地域限定式的定义,在凸显特殊性的时候容易忽视马克思主义伦理学的普遍特征,必然也会削弱马克思主义伦理学世界性的价值视界和伦理关怀。如果有"中国的马克思主义伦理学"的说法,必然就会有"苏联的马克思主义伦理学"或"其他国家的马克思主义伦理学"的表述,这种对个性的强化,容易造成对"马克思主义伦理学"形态的肢解。与之不同,"中国马克思主义伦理学"则是强调"马克思主义伦理学的中国化"或"马克思主义伦

---

① 罗国杰:《马克思主义伦理学的探索》,中国人民大学出版社 2015 年版,第 6 页。
② 参见罗国杰:《马克思主义伦理学的探索》,中国人民大学出版社 2015 年版,第 12—14 页。

理学的中国形态",是马克思主义伦理学阶段性发展形态。尤其是当今世界和当今时代,马克思主义的发展主要在中国,马克思主义伦理学的发展在中国取得了崭新面貌。作为马克思主义伦理学发展"过程性"新形态,中国马克思主义伦理学是以马克思主义伦理学原理和方法对中国社会现实的伦理观照,一方面固然具有中国特色社会主义的特色;但另一方面并不拘囿于"中国"的道德现象研究,而是同时敞开了对世界发展问题的伦理检视和对人类共同命运的价值畅想。

（二）"马克思主义伦理学"与"马克思主义伦理思想"

马克思主义伦理学作为一种伦理学形态,是一种以历史唯物主义基本原理和方法为指导的伦理学理论体系,它是马克思主义理论体系的重要组成部分。马克思恩格斯创立历史唯物主义时,奠定了马克思主义伦理学的理论基础,在剩余价值学说和科学社会主义理论的发展中,分析批判资本主义社会形态的道德的社会基础、阶级性以及发展趋势,使马克思主义伦理学成为一门被证明了的科学。[①] 与历史上那些建立在上帝、理性和抽象人性论基础上的旧伦理学不同,马克思主义伦理学从唯心主义史观的羁绊中解放出来,其道德理论强调道德的历史性、具体性和阶级性,强调人类生活的道德实践在伦理学理论中的重大意义。作为一种伦理学理论体系,马克思主义伦理学的发展最重要的体现在于学科建设上,包括学科体系、学术体系和话语体系的建立和发展。马克思主义伦理学在中国的发展,以学科学术平台、学科建设等为支撑,从而建立起中国的伦理学理论体系,如伦理学课程开设、伦理学教研室建立、中国伦理学学会、学术刊物、伦理学教科书、伦理学学术队伍培育、伦理学硕士和博士学位点建设等。

"马克思主义伦理思想"与"马克思主义伦理学"常常被混用,如百度百科

---

① 参见章海山:《马克思主义伦理思想发展的历程》,上海人民出版社 1991 年版,第 2 页。

的界定"马克思主义伦理思想是指以辩证唯物主义和历史唯物主义为理论基础的关于道德的科学理论。亦称马克思主义道德学说、马克思主义伦理学"。但是显然,伦理思想和伦理学是两个不同的概念。与"伦理学"重在学科理论形态不同,"伦理思想"是各种道德理论的总称,是人类文化史上的文化观念形态,往往具有历史悠久、内容丰富的特点,比如中国伦理思想、西方伦理思想,作为人类文化史上不同的文化观念形态,内容庞杂、各具特色。马克思主义伦理思想产生于19世纪40年代,而后经过40年的传播与发展,于80年代在俄国获得了新的理论形态即列宁主义。而后又经过40年的传播与发展,于20世纪20年代在中国获得了新的发展。马克思主义伦理思想"作为对西方资本主义道德关系及其观念的批判者和对新社会道德关系、价值体系的确立者而出现于人类伦理思想的舞台,它代表了一种既超越封建主义道德又超越资本主义道德的价值自觉和伦理努力"[1]。

马克思主义伦理思想的创立是人类伦理思想史上的革命变革。马克思主义伦理思想中国化,就是"马克思主义伦理思想的基本原理在中国具体道德生活实际中的创造性应用",意味着马克思主义伦理思想在与中国具体道德生活相结合、与中华民族优秀传统伦理思想相结合中获得了新的发展形态。[2]马克思主义伦理思想中国化产生的最新成果,与马克思主义中国化最新成果在理论体系和价值建构上具有一致性,"准确地说是马克思主义中国化最新成果中伦理思想的集中体现"[3]。

(三)"中国马克思主义伦理学"与"中国特色社会主义伦理学"

"中国马克思主义伦理学"作为对中国马克思主义伦理思想观点的系统

---

① 王泽应:《20世纪中国马克思主义伦理思想研究》,人民出版社2008年版,第4页。

② 参见王泽应:《马克思主义伦理思想中国化研究》,中国社会科学出版社2017年版,第9页。

③ 王泽应:《马克思主义伦理思想中国化最新成果研究》,中国人民大学出版社2018年版,第15页。

化、理论化的科学形态,其形成主要是在改革开放前后,并在改革开放四十多年实践中逐渐发展成为中国特色社会主义伦理学。一方面,中国马克思主义伦理学传承了马克思主义伦理学的理论特质。从理论的内在构成而言,马克思主义的"深层结构"构成了中国马克思主义伦理学的发展基元;从发展的逻辑而言,马克思主义伦理学实现的革命性变革及其中国化影响为中国马克思主义伦理学提供了内生动力。另一方面,中国马克思主义伦理学与改革开放的实践相契合,逐渐呈现出了学术、学科、话语的鲜明特色,并由此区别于中国传统伦理学、苏联模式的马克思主义伦理学和西方伦理学,成为具有中国特色、中国风格和中国气派,适合中国社会主义发展道路的伦理学新形态。

从主体内容而言,中国马克思主义伦理学与中国特色社会主义伦理学在大致的时间段(改革开放以来)上可谓"同体异名",但显然,前者自马克思主义伦理思想传入中国就开始了探索、建构的历程,并在改革开放伊始学科体系得以基本完整地建立①;后者则是改革开放以来与中国共产党全部理论和实践的主题——"中国特色社会主义"相一致,与改革开放和社会主义现代化建设实践相适应的中国马克思主义伦理学。之所以使用"中国特色社会主义伦理学",并不是对"中国马克思主义伦理学"的否定或替换,而是意图更凸显中国马克思主义伦理学鲜明的时代特征和中国特色,凸显面向未来的开放性,尤其是党中央提出"中国特色社会主义进入新时代",一种更能展现时代精神的伦理学新形态需要创新性建设。"中国特色社会主义伦理学"是具有中国特色问题导向和中国经验的当代伦理学新范式,它有别于传统的"马克思主义伦理学",也不是中国传统伦理学的当代延续,更不是西方伦理学的中国化,

---

① 学界通常以如下标志性事件作为中国马克思主义伦理学正式出场:1979年伦理学被教育部正式列为大学哲学课程;中国人民大学率先进行伦理学教学;1980年第一次全国伦理学研讨会召开并成立了中国伦理学会;罗国杰的《马克思主义伦理学》(人民出版社1982年版)作为中国第一部马克思主义伦理学教科书等。

而是中国伦理学发展在新的历史条件下提出的全新的理论命题。① 从中国伦理学建设的目标任务而言,构建中国特色社会主义伦理学是繁荣中国特色哲学社会科学的重要任务。中国特色社会主义伦理学就是与中国特色社会主义理论体系相对应的伦理学理论体系,是改革开放以来以邓小平伦理思想为其最初形态、其后以及未来中国伦理学的发展理论所构成的具有中国经验的伦理学新范式和新体系。当前伦理学面临的主要任务或目标就是构建先进的伦理思想体系、优良的伦理规范体系以及促进这种伦理思想和伦理规范得以贯彻实施的伦理道德运行体系。因此,中国特色社会主义伦理学必须立足于中国独特的伦理文化传统、基本国情和社会现实,承载独特的时代使命,适合中国社会主义发展道路的伦理学新形态。②

此外,还需要对马克思主义伦理学与中国应用伦理学发展的关系作出说明,以回应本书第四章对中国应用伦理学几种典型形态总结时可能会引起的"应用伦理学的发展是否属于中国马克思主义伦理学的发展"的质疑。其一,从应用伦理学的学科状况看,应用伦理学产生于西方,是研究如何使道德规范运用到现实的具体问题的学问,从宽泛意义而言,是关于诸如医学、经济、政治、生态、科技、国际关系等不同领域的现实的伦理问题研究的一个总称。总的看来,中国的应用伦理学发展是在马克思主义理论和方法指导下对中国社会问题的伦理观照,反映了中国的国情和发展的价值诉求。其二,从中国当代伦理学发展而言,马克思主义伦理学是中国当代伦理学的主要形态,占据主导地位。马克思主义伦理学的基本原理和方法,对于各个学科领域的伦理问题思考和研究具有科学的指导地位,从此意义而言,本书对应用伦理学的概括性总结,实则强调"中国马克思主义伦理学在各个领域的应用",或者说,把对应用伦理学的总结分析置于中国马克思主义伦理学的框架中,更是想凸显马克

---

① 李建华:《中国伦理学:意义、内涵与构建》,《中州学刊》2016年第3期。

② 李建华、肖祥:《中国特色社会主义伦理学:理论命题、发展逻辑与建设路径》,《求索》2018年第6期。

思主义伦理学的指导性和价值导向性。其三,改革开放以来,应用伦理学在中国蓬勃发展,对其进行全面概括总结是一项庞大的工程。本书选取了应用伦理学诸多方面中的六个方面,并说明是中国马克思主义伦理学在各个领域的"典型应用",这种处理方式有"投机取巧"之缺憾,但也主要是因为其庞杂性实非本书能够承担。

二、研究进展概述

改革开放四十多年,中国马克思主义伦理学蓬勃发展,成绩斐然。对此作"有巧密而精细者"的"工笔"式描画,固然应该是学科与学术总结的责任,但是任何总结概括往往难免挂一漏万,尤其在对四十多年来中国马克思主义伦理学发展的光辉历程作阶段性的描绘,或许"写意"式的概括应该更能展现其发展的趋势和特征。如果根据其发展的趋势和特征进行划分,改革开放四十多年中国马克思主义伦理学大致经历了形成、发展繁荣、走进新时代三个时期。

1978—1992 年,是中国马克思主义伦理学的形成时期。(1)从学科体系建设而言,一大批马克思主义理论工作者为马克思主义伦理学传播和发展作出了突出贡献。罗国杰、李奇、周原冰、张岱年等推进了马克思主义伦理学学科体系的构建和发展。(2)从研究内容而言,一是社会主义道德的研究。如晏德贤、杜连君、夏宝龙、张鸿铸等主编的《社会主义道德纲要》(天津人民出版社 1990 年版)较为系统地论述社会主义道德基本理论和社会主义道德建设的问题;朱贻庭的《传统道德文化与社会主义道德建设》(《学术月刊》1992 年第 3 期)一文对社会主义道德的体系内容、规范要求进行研究。二是对马克思主义伦理思想发展研究。如宋惠昌编著的《马克思恩格斯的伦理学》(红旗出版社 1986 年版)较早地对马克思和恩格斯的伦理学思想进行了阐释,为马克思主义伦理学研究提供了原著解读式的研究方法;章海山的《马克思主义伦理思想发展的历程》(上海人民出版社 1991 年版)系统地介绍了马克思主义伦理思想发展的历程,阐明了共产主义道德的科学性、必然性,并强调了马克思主义伦理科学在社会主义生活中的地位和作用。此外,其他学者对马克思主义伦理学的对象、发展、逻辑、结构特征等进行了持续深入研究。三是伴随社会对集体主义、个人主义、人道主义等的思考,对人性和需要问题的研究成为学术争论热点。如曾钊新的《人性论》(中南工业大学出版社 1988 年版)以马克思主义的科学精神勇闯曾被视作学术禁区的人性问题,最早对人性问题进行系统研究;《道德心理论》(中南工业大学出版社 1987 年版)开创了国内道德心理学研究,为加强社会主义道德开拓了心理研究路径;肖雪慧、韩东屏的《主体的沉沦与觉醒——伦理学的一个新构想》(贵州人民出版社 1988 年版)对道德主体性的关注,开辟了社会主义道德研究的新领域。

概括而言,一方面,此阶段马克思主义伦理学学科理论体系基本确立并得到初步发展、社会主义伦理学研究逐步恢复;中国马克思主义伦理学开始走出"苏联模式"的教条化影响。另一方面,在研究内容上,在反思"文化大革命"时,实现与社会主义精神文明建设相结合。但诸如社会价值导向、道德本质、传统道德文化继承、伦理学研究方法、社会主义道德建设等问题有待进一步深化研究。

1993—2012 年,是中国马克思主义伦理学的发展繁荣时期。马克思主义伦理学向注重应用、面向实际转变,实现与社会主义精神文明建设紧密结合。(1)1993—2001 年,着重破解社会主义市场经济体制建设过程中凸显的道德问题。在此阶段,中国马克思主义伦理学的研究主题主要集中在两个方面:一是对伦理学理论、原理和道德问题的研究。如魏英敏、万俊人等对伦理学理论新探索;夏伟东对道德本质的探究、樊和平对中国伦理精神建构研究;唐凯麟对当代中国道德和伦理学的理论审视等。二是对党和国家主要领导人伦理思想的研究。如魏英敏对毛泽东伦理思想研究、廖小平对邓小平伦理思想的研究等。(2)2002—2012 年,新世纪中国马克思主义伦理学在迎接新挑战中继续发展,伦理学实现学科繁荣。在此阶段,中国马克思主义伦理学的研究进展大致表现在三个方面:一是以社会主义建设重大理论和现实问题为研究重点和突破点。如江畅对中国社会价值选择的研究、何怀宏对良心和正义的探讨、唐代兴对优良道德体系的探究、高国希对道德哲学的思考等。二是伦理学基本理论研究日趋深入。如廖申白、唐凯麟、张怀承等专家学者对伦理学理论、伦理思潮、伦理文化的研究；尤其王泽应的《20世纪中国马克思主义伦理思想研究》展现了20世纪中国马克思主义伦理思想发展史的整体状貌。三是坚持马克思主义伦理学基本原理下应用伦理学的兴起发展。如王小锡、邱仁宗、靳凤林、甘绍平、卢风、刘湘溶、江畅、赵敦华、何兆武等一大批专家学者对应用伦理学进行多领域研究。

2013年至今，走进新时代的中国马克思主义伦理学继续保持繁荣发展的势头，并取得喜人的成绩。党的十八大之后马克思主义伦理学研究围绕中国特色社会主义伦理道德建设、实现中华民族伟大复兴中国梦主题，呈现出新特点。一是对中国特色社会主义伦理道德建设问题深度关注和破解；二是对马克思主义伦理学在中国发展的总结性研究；三是对传统伦理文化、民族伦理文化当代价值及其生活实践研究。

概而言之，党的十八大以来中国马克思主义伦理学在"接着讲"中继续推进伦理文化繁荣发展，尤其是在构建和践行社会主义核心价值观、推动中华伦理文化复兴和道德文明建设方面成效显著。

此外，改革开放以来中国马克思主义伦理学发展中有一个现象值得给予学术关注。随着改革开放的推进，社会主义影响力激发了国外学者对中国伦理学发展的热切关注。主要表现在如下四个方面：一是对中国伦理学及其影响研究。如探讨全球化中国伦理学发展（卡尔·海因茨·波尔，2002）、新世纪中国伦理学（孟旦，2005）、中国传统哲学的德性伦理思想（范诺登，2007）、中国空间伦理（斯泰西·索罗门，2013）、中国古代战争伦理（特维斯，2015）等。二是对中国市场经济建设出现的问题研究。如 S. P. 塞巴图（2016）通过中国腐败案例分析领导者和管理者的道德困境、艾瑞克·斯奇克（2012）探究"生态中国"的发展精神。三是对马克思主义伦理学基础研究。如尤金·卡门卡(1980)、斯蒂芬·J.梅西(1982)、卢克斯(1985)分别探讨了马克思主义与伦理学、马克思主义与商业伦理、马克思主义与道德之间的关系等问题;再如劳伦斯·瓦尔德(1998)在其著作《伦理马克思主义及其激进批评》中分析了伦理马克思主义的特征。四是对中国马克思主义领导者伦理思想研究。如R.特里尔(1989)、迈斯纳(1992)对毛泽东伦理思想研究;戴维斯·W.张(1991)、R.伊文思(1996)对邓小平伦理思想研究;罗伯特劳伦斯·库恩(2005)对江泽民伦理思想研究;美国学者帕特里克·门蒂斯(2013)、罗斯·特里尔(2015)对习近平伦理思想研究;等等。毋庸讳言,西方尤其是欧美国家对中国马克思主义伦理学的研究不仅显示了对中国伦理文化的重视,也显示了对社会主义发展价值的关注;中国伦理学的国际影响也有所逐渐扩展,如美国的布鲁诺齐在《如何共同决定应该做什么》将万俊人、赵汀阳、樊浩、高兆明等中国伦理学理论家的思想观点作为重要参考。

中国马克思主义伦理学四十多年波澜壮阔的发展,值得认真总结。总结不是为了陶醉,而是为了更好地向前看,在欣喜地回顾中总能增强面向未来发展的动力。对此,我国很多著名的专家学者,如章海山、王泽应、王小锡、吴潜涛、李兰芬、李义天等专家学者对中国马克思主义伦理学发展作过总结研究,他们的学术贡献为中国马克思主义伦理学研究提供了积极启示,并为中国马克思主义伦理学的众多研究者们提供了问题思考的学术勇气。

三、研究目标与价值

概括而言,改革开放以来中国马克思主义伦理学的发展及前瞻研究,其主要目标:一是从伦理思想发展成就和学科建设发展成就"双维度",对改革开放四十多年中国马克思主义伦理学发展成就和经验进行系统总结;二是对中国马克思主义伦理学发展亟待解决的问题进行反思与面临的挑战进行客观分析;三是规划展望新时代中国特色社会主义伦理学建设,提出目标、任务、策略与路径。

对改革开放以来中国马克思主义伦理学的发展及前瞻进行研究具有重要的学术价值和应用价值。

就学术价值而言,本研究具有重要的思想价值、理论价值和学科价值。其一,思想价值在于彰显马克思主义伦理思想价值,增强中国特色伦理自信,回应西方对中国崛起的"价值质疑";其二,理论价值在于分析其在中国伦理思想史和马克思主义伦理思想史的理论影响和地位,并为"加快构建中国特色哲学社会科学"贡献伦理学理论资源;其三,学科价值在于对改革开放以来中国马克思主义伦理学发展的成就与经验、问题与挑战进行总结分析,为建设新时代中国特色社会主义伦理学新形态提供学科价值指导和学科经验借鉴。

就应用价值而言,本研究具有重要的战略意义、文化作用和伦理实践价值。首先,本研究的战略意义在于将为推进新时代中国特色社会主义伦理学建设的战略发展提供经验借鉴、实践指导和创新策略。其次,本研究的文化作用在于,为推进新时代中国特色社会主义伦理文化建设繁荣、增强国际伦理文化交往的价值自信提供资源支撑。最后,本研究的伦理实践作用在于,改革开放以来中国马克思主义伦理学推动建构中国特色社会主义伦理秩序的实践经验,将为推进社会主义精神文明建设、道德建设和国家治理现代化提供伦理实践路径。

四、研究主要内容

"改革开放以来中国马克思主义伦理学的发展及前瞻研究"以改革开放以来中国马克思主义伦理学的发展历程、伦理思想和学科建设发展成就为研究对象,在对其总结研究的基础上对新时代中国特色社会主义伦理学建设作出前瞻性展望。本研究主要从如下六个方面展开。

其一,对改革开放四十多年中国马克思主义伦理学研究的文献进行收集与分析。本研究通过对中国学术期刊网发表的学术论文和中国国家图书馆"文津检索"对出版的著作进行文献收集,并运用语料库为新技术手段的文献研究法对相关文献进行分析。在学术论文资料收集方面,以不同的关键词——"马克思主义伦理学"、"马克思主义伦理思想"、"社会主义道德"、"道德建设"、"伦理建设"、"道德教育"并含"马克思"、"道德话语"、"邓小平"并含"伦理"、"江泽民"并含"伦理"、"胡锦涛"并含"伦理"、"习近平"并含"伦理"、"伦理学"并含"学科"、"伦理学"并含"话语"、"伦理学"并含"学术"、"伦理学"并含"发展"、"伦理学"并含"挑战"、"伦理学"并含"建设"、"中国特色"并含"伦理学"等进行了 18 个方面检索分析。在著作资料收集方面,以不同的关键词——"马克思主义伦理学"、"马克思主义伦理思想"、"社会主义道德"、"道德建设"、"伦理建设"、"道德教育"、"道德话语"等七个方面进行了检索分析。文献资料的收集与分析,一是为了发现文献资料的新联系、新规律、形成新观点,支撑起对"改革开放四十年来中国马克思主义伦理学发展"的科学认知;二是为了深入剖析现实成绩、存在问题、制约因素等,凸显研究的整体性,弥补现有单个研究焦点分散、体系总体性不强等问题。

其二,改革开放四十多年来马克思主义中国化理论成果对马克思主义伦理学发展的贡献研究。在继承和发展毛泽东伦理思想的基础上,邓小平理论、"三个代表"重要思想、科学发展观、习近平新时代中国特色社会主义思想等对马克思主义伦理学发展作出了积极的贡献。对改革开放以来马克思主义中国化理论成果的发展贡献研究,就是为了展现他们如何应对新形势、迎接新的挑战、担当新使命;怎样提出一系列新思想、新命题和新观点;如何将马克思主义伦理学发展推进到新阶段。

其三,改革开放四十多年伦理学理论工作者对马克思主义伦理学发展的成绩与贡献研究。改革开放以来,老一辈伦理学家和广大老中青伦理学工作者为推进中国马克思主义伦理学的发展作出了积极努力,成绩斐然。一是对传播、发展、建立和完善中国马克思主义伦理学作出重要贡献的罗国杰、张岱年、周原冰、李奇等的思想与贡献进行研究分析。二是对其后为伦理学发展作出卓有成效工作的老中青伦理学工作者的成果和贡献进行总结分析。目的旨在弘扬老一辈伦理学家和大量伦理学工作者筚路蓝缕、不畏艰难的伦理学探索精神;梳理中国马克思主义伦理学学科建设和理论研究的进展、将其研究成果作阶段性、整体性总结。

其四,从伦理思想和学科发展"双维度"对改革开放以来中国马克思主义伦理学发展成就和经验进行总结分析。改革开放以来,中国马克思主义伦理学发展取得了辉煌成就,其经验有待进一步总结、分析。从研究成就而言,一是伦理思想发展成就,主要分析马克思主义伦理学如何实现了中国特色社会主义制度秩序和心灵秩序的双重建构;二是学科建设发展成就,主要分析马克思主义伦理学学科建设、理论研究和社会主义道德建设实践有何成就。从经验分析而言,社会主义道德规范体系的形成及规律、道德文化遗产批判与继承、研究方法多元化转变、研究取向的现实关注、理论建设与道德实践相结合等方面都取得了积极的经验,值得认真总结。

其五,新时代中国马克思主义伦理学发展亟待解决的问题与面临的挑战剖析。当前,中国马克思主义伦理学在如下问题仍需进行认真探究:古今中外伦理思想资源的批判吸收与传承创新、研究方法改进和范式创新、民众社会生活中公共伦理与信念伦理有效性破解、中国核心伦理价值与提升国家伦理精神、中国马克思主义伦理学话语体系建设、国际伦理交往的中国伦理自信等等。马克思指出:"问题却是公开的、无所顾忌的、一切个人的时代之声。问题是时代的格言,是它表现自己内心状态的最实际的呼声。"①因此,葆有中国马克思主义伦理学发展的"问题意识"和提升"问题解决能力",是今后马克思主义伦理学发展必然要求。与此同时,世界正处于"百年未有之大变局",中国仍然处在"重要的发展机遇期"给中国马克思主义伦理学发展带来了新挑战。当前,中国马克思主义伦理学面临的挑战主要有:市场经济和民主政治的"伦理瓶颈"挑战、贫富分化与核心价值认同的挑战、社会伦理整合的挑战(尤

---

① 《马克思恩格斯全集》第 1 卷,人民出版社 1995 年版,第 203 页。

其是条块化与整体性矛盾风险突出)、西方价值强势与伦理话语权"西强我弱"的挑战、人类命运共同体价值倡导的国际认同和"伦理信任"的挑战等等。如何应对挑战,这是中国马克思主义伦理学发展前瞻的重要使命。

其六,发展前瞻——新时代中国特色社会主义伦理学建设的策略路径探析。发展前瞻是一个伟大的目标,是一个宏大的构想,也是一个辉煌的工程。(1)目标展望。新时代中国马克思主义伦理学的发展主要目标:一是建构复合型伦理发展思路,并使之适合中国社会主义发展道路、适应新时代社会全面整体转型;二是建设展现中国特色、中国风格和中国气派伦理学新形态,主要从如何与中国传统伦理学、苏联模式的马克思主义伦理学和西方伦理学相联系分析其理论"基元"和价值维度,从如何与三者相区别分析其理论内涵、特征、学科要求;三是实现中华伦理文化复兴,主要从中国特色社会主义伦理文化发展战略分析其可能性和现实性。(2)主要任务。新时代中国马克思主义伦理学发展面临两个方面的主要任务:一是推进新时代中国特色社会主义伦理道德规范体系建设(核心是公平正义的制度伦理建设),并对这一体系的目标原则、理论层次、核心内容、规范要求、指标体系、操作方法等进行探索性研究;二是推进新时代中国伦理精神建构,主要分析如何凝聚道德共识、确立信念伦理、塑造伦理价值、彰显道德力量,并最终提升伦理精神。(3)建设策略。为了实现以上发展目标和完成主要任务,中国马克思主义伦理学发展必须采取相应的建设策略加以应对:一是以马克思主义伦理学实现伦理思想史的革命性变革和道德认识飞跃作为其发展的"理论基点";二是以马克思主义伦理学中国化及其发展理论成果作为其发展的"理论来源";三是以马克思主义伦理思想的"深层结构"作为其发展的"内在逻辑";四是以马克思主义伦理学"苏联式"演进作为其发展的"前车之鉴";五是以适应新时代中国社会生活实践作为其发展的"现实要求"。(4)实践路径。从具体实践路径而言,中国马克思主义伦理学发展必须从思想理论指导、伦理资源整合、实践"问题集"求解、"学术体系、学科体系和话语体系"共建等方面,实现新时代中国特色社会主义伦理学建设的"立体推进"。

五、研究思路与方法

本研究的总体思路是基于科学和有效的文献研究,实现对改革开放四十多年中国马克思主义伦理学的发展成就、规律经验进行全景式总结分析,进而探寻中国特色社会主义伦理学建设"合规律性"和"合科学性"的规划展望和策略路径。具体思路如图所示。

为避免对改革开放以来中国马克思主义伦理学的发展总结和对中国特色社会主义伦理学发展的前瞻陷入个人的主观臆断,显然需要切实有效的研究方法作支撑。

其一,以语料库研究为新技术手段的文献研究法。语料库研究方法即通过引入大数据技术手段,全面搜集研究所需的文献资料,建立语料库。由于改革开放以来中国马克思主义伦理学研究的领域广、理论空间跨度大、支撑其研究的相关文献繁多,运用语料库技术对文献资料进行归纳整理、分析鉴别、深入研究,从而发现其新联系、总结新规律、形成新观点、创造新理论。

其二,"道德的历史方法"。"道德的历史方法"实质上是一种历史哲学研究方法。马克思主义"道德的历史方法"是一种融合历史必然性论证和道德论证的研究方法,为我们构建一种联结应然与实然、实现从理论走向实践的中国马克思主义伦理学理论形态提供方法论指导。如果不以"道德的历史方法"对待改革开放以来中国马克思主义伦理学的研究成果,我们要么就会在成果梳理总结时只重视其发展特征和规律,而无视中国马克思主义伦理学建设对社会制度秩序、心灵秩序和精神秩序建构的价值引领作用;要么就会在成果梳理总结时只重视伦理道德发展的应然性或合理性论证,中国马克思主义伦理学研究就有可能成为美好的理论畅想,其发展的科学性和推进社会道德风尚的规律性就会受到忽视。运用"道德的历史方法",对改革开放以来中国马克思主义伦理学发展及前瞻进行历史分析和价值剖析,我们的研究才能上

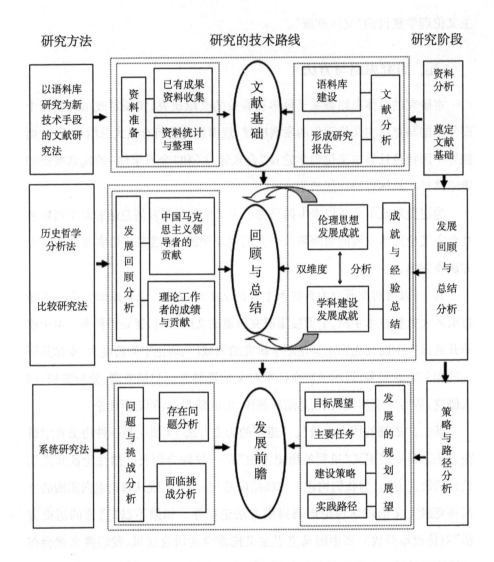

升到"构建中国特色哲学社会科学"的探索高度,并为确立中国特色社会主义伦理自信提供正确的方法指导。

其三,比较研究法。一是历时性纵向的历史比较。历史比较主要是在改革开放以来中国马克思主义伦理学发展回顾部分加以运用。与改革开放前、改革开放以来不同阶段、苏联马克思主义伦理学发展进行比较,使课题研究具有深刻的历史视野。二是共时性横向的中外比较。中外比较主要是在改革开放以来中国马克思主义伦理学发展前瞻部分加以运用，并散见于前瞻的各个主题内容中。通过与西方当代伦理学发展的比较，合理借鉴和吸收当代西方伦理学的思想智慧，使课题研究具有宽广的世界视野。

其四，系统分析法。新时代中国特色社会主义伦理学建设是一项系统工程，强调系统整体性。一方面，针对问题与挑战，如何进行发展的规划展望，需要系统性研究方法。基于新时代中国马克思主义伦理学发展亟待解决的问题与面临的挑战，从目标展望、主要任务、建设策略、实践路径等方面作出应对，需要系统性的研究。另一方面，发展的规划展望不是某一方面的改进，需要系统性、全方位的整体推进，既有策略应对，也有具体实践路径，从而使规划展望更具有科学性而不是单方面的主观臆断。系统研究方法，为实现新时代中国特色社会主义伦理学建设的"立体推进"提供了方法指导。

"改革开放以来中国马克思主义伦理学的发展及前瞻研究"是一个艰巨的任务和庞大的工程，但是因其具有重要的学术价值和应用价值，对此进行研究的学术努力是十分必要而值得的。如果本书能够对中国马克思主义伦理学的发展有些许裨益，便也不枉我们学术努力的真诚初心。

上篇

改革开放以来中国马克思主义伦理学发展回顾

19世纪中期,马克思恩格斯在批判各种资产阶级道德理论中,逐渐形成和发展了马克思主义伦理学。此后,马克思主义伦理学在无产阶级革命实践和马克思主义理论发展中不断成长,并在苏联和中国取得了马克思主义伦理理论的新形态。在中国,五四新文化运动及其关于社会主义的论战,开拓了马克思主义伦理思想在中国的传播和发展,开拓了中国马克思主义伦理学的发展道路。

新中国成立至1978年改革开放前,中国马克思主义伦理学在曲折中不断发展。对旧道德的批判和对共产主义道德的宣扬,使得广大民众的道德认识和道德素质得到了极大提升,社会呈现出崭新的道德风尚,为马克思伦理学的发展营建了积极的文化氛围,创造了研究和宣传的良好条件。但是在"文化大革命"期间,整个社会陷入了严重的道德混乱,马克思主义伦理学发展几乎处于停滞状态。以党的十一届三中全会为起点,中国社会迈入了改革开放的新阶段。改革开放拉开了中国马克思主义伦理学新发展的帷幕,中国马克思主义伦理学从此开启了生机勃勃的发展历程。

改革开放以来,中国马克思主义伦理学发展构成了中国伦理思想史和马克思主义伦理思想史的重要组成部分,从学理上对其进行总结研究不仅有利于更好地推进新时代中国特色社会主义伦理学建设,也是"加快构建中国特色哲学社会科学"的迫切需要。

第一章　改革开放以来中国马克思主义伦理学发展的文献研究

改革开放四十多年来中国马克思主义伦理学研究成效显著、成果喜人,不仅在学科建设上取得了巨大成就,也在理论研究上实现了繁荣发展;不仅开辟了马克思主义伦理学中国化的新境界,也推进了社会主义道德建设和精神文明建设,建构了中国特色社会主义伦理秩序。

第一节　改革开放以来中国马克思主义伦理学的发展历程

新中国成立之后,以毛泽东同志为核心的党的第一代中央领导集体带领全党全国各族人民对社会主义建设道路进行了艰辛探索,并卓有成效地领导和开启了重建我国社会生活的道德规范的工作。加拿大记者马克·盖恩对此曾评价道:毛泽东统一了中国,给予人民一套新的道德观。与此同时,我国广大理论工作者尤其是伦理学工作者以马克思主义为指导,积极投入中国社会道德规范重建的理论研究。但是,囿于当时特定的历史条件,尤其是"文化大革命"对社会道德的破坏和冲击,我国社会道德基本规范的建设工作并未很好地完成。如何建设与当代社会相适应的道德规范体系、提升社会道德水平,成为改革开放之后我国道德建设所面临的时代课题。概而言之,中国马克思主义伦理学研究在改革开放、社会主义市场经济建设、实现中华民族伟大复兴"中国梦"等重大主题转换的历史背景中发展,大致经历了形成、发展繁荣、走进新时代三个重要时期。

一、中国马克思主义伦理学的形成时期

1978—1992年是中国马克思主义伦理学理论体系的形成时期。在此阶段,马克思主义伦理学研究的主旋律与改革开放实践主题相契合共振并取得明显成绩,主要表现在马克思主义伦理学的学科体系和学术体系基本确立并得到初步发展,社会主义伦理学科学研究逐步恢复。

(一) 中国马克思主义伦理学学科体系的初步建立

体系是理论的载体,学科体系就是用以表现、阐释思想体系的"叙述体系"。构建与马克思主义伦理思想体系相一致的,在理论研究、教育教学、实践宣传中起到积极推动作用的伦理学学科体系,是马克思主义伦理学中国化的首要任务。1978年12月,在中国社会主义发展史上具有重要历史意义的党的十一届三中全会胜利召开,重新确立了解放思想、实事求是的思想路线,停止使用"以阶级斗争为纲"的口号,党和国家的工作重心转移到经济建设上来,并作出了改革开放的伟大决策。1979年伦理学被教育部正式列为大学哲学课程,中国人民大学率先恢复了"文化大革命"期间中断的伦理学教学,1980年第一次全国伦理学研讨会召开并成立了中国伦理学会,其后马克思主义伦理学教科书相继出版,中国马克思主义伦理学研究逐渐形成自己的体系和风格。一大批马克思主义理论工作者致力于马克思主义伦理学的传播、总结和完善,为中国马克思主义伦理学学科体系的建立作出了突出贡献。

从学科性质而言,马克思主义伦理学是"运用马克思主义的世界观和方法论考察和研究社会道德现象,揭示道德现象的起源、本质、发展、变化及其社

会作用的规律性的科学"①。一门以道德现象尤其是以共产主义道德作为研究对象的系统理论科学,既是规范科学也是实践科学。一大批马克思主义理论工作者为马克思主义伦理学传播和学科体系建设发展作出了杰出的贡献。中国人民大学罗国杰先生在 1982 年发表的《马克思主义伦理学的一些基本问题》一文中,依据唯物史观对道德作出马克思主义伦理学的界定:"道德就是人类现实生活中由经济关系所决定,以善恶评价为标准,依靠内心信念、传统习惯和社会舆论所维系的一类社会现象。"他主编的马克思主义伦理学教科书《马克思主义伦理学》(人民出版社 1982 年版)是中国第一部马克思主义伦理学教科书。书中对马克思主义伦理学的学科性质作出了规定:马克思主义伦理学首先是一门理论科学,要揭示和阐发的是人类道德现象的最本质和最普遍的联系,以及人类道德发展的最一般的过程和规律;马克思主义伦理学是一门规范的科学,始终都是把共产主义的道德规范看成整个伦理学的中心和重心;马克思主义伦理学还是一门理论知识和行动准则相统一的科学,既是一门理论知识的科学也是一门行为的科学。《马克思主义伦理学》与其后出版的《伦理学》(人民出版社 1989 年版),不仅对马克思主义伦理学的基本理论、社会主义道德建设等问题进行了深入探讨,更重要的是建构了一个较为完整且逻辑严谨的马克思主义伦理学学科体系。宋希仁先生于 2019 年 10 月 12日在"首届国杰论坛暨第二届罗国杰伦理学教育基金颁奖大会"开幕式上的致辞指出:罗国杰先生"对马克思主义伦理学和社会主义道德教育起了奠基并推向全国的重大作用","应记住罗老建设伦理学队伍的辛劳和功绩"。

北京大学张岱年先生和周辅成先生、中国社会科学院李奇先生、华东师范大学周原冰先生等老一辈伦理学家对马克思主义伦理学学科建设和发展起到了开拓和奠基作用,积极推进了马克思主义道德学说理论体系的构建发展。张岱年先生的《中国伦理思想发展规律的初步研究》(科学出版社 1957 年

---

① 罗国杰:《马克思主义伦理学的探索》,中国人民大学出版社 2015 年版,第 6 页。

版)、《中国伦理思想研究》(上海人民出版社 1989 年版)、《真与善的探索》(齐鲁书社 1988 年版)等著作,以马克思主义哲学观点分析中国哲学伦理学问题并解释社会人生问题,为马克思主义道德学说的理论建构提供了辩证法和唯物论理解。周辅成先生以马克思主义人性论和实践论为基础研究伦理学,关注人的自由和解放问题,在伦理学方面的主要贡献是编译了《西方伦理学名著选辑》(商务印书馆 1964 年版)、《西方人道主义、人性论言论选辑》(商务印书馆 1966 年版)等著作,为研究西方伦理学提供了非常有益的资料和重要参考,也为马克思主义伦理学研究提供了重要的参照。李奇先生的《道德科学初学集》(上海人民出版社 1979 年版)、《道德与社会生活》(上海人民出版社 1984 年版)、《道德学说》(中国社会科学出版社 1989 年版)等著作,坚持以马克思主义为指导,系统地研究伦理学的基本理论,改革开放后,她积极筹备建立了中国伦理学会,被推举为中国伦理学会第一届会长,积极推动学会会刊《道德与文明》的筹备创刊,并任《道德与文明》第一任主编,正所谓"筚路蓝缕,以启山林",为新中国伦理学研究作出的积极贡献载入中国伦理学的发展历史。周原冰先生的《道德问题论集》(上海人民出版社 1964 年版)一书,则集中反映了自 20 世纪 40 年代末至 60 年代初对道德科学研究的成果,改革开放后的《共产主义道德通论》(上海人民出版社 1986 年版)一书则是其三十年潜心研究道德学科的结晶,对我国马克思主义伦理学学科的建立产生了重要的作用。

此外,一大批专家学者为马克思主义伦理学学科体系建立作出了积极努力和贡献,推进了中国马克思主义伦理学学科体系的初步确立。

(二) 马克思主义伦理学基本理论问题研究的积极进展,推进中国马克思主义伦理学学术体系建构

学术体系规定着学术研究对象,限定着学术研究领域,反映着学科自身的学术逻辑与规律。张岱年、周辅成、李奇、周原冰、罗国杰、许启贤等一大批伦

理学家相继发表了诸多伦理学著作和文章,探讨了马克思主义伦理学相关基础理论问题,为中国马克思主义伦理学学术体系建设作出了积极贡献。

张岱年对于马克思主义伦理学的理论贡献在于将马克思主义基本原理与中国道德文化和道德问题相结合的探索,阐释了伦理学基本问题、道德的原则、道德品质论("六达德")等基本理论问题,不仅发展了马克思主义伦理思想,也推动了中国伦理文化的当代变革。如他在《真与善的探索》(齐鲁书社1998年版)等著作中坚持运用马克思主义的立场、观点和方法观照中国社会的道德实际,从道德的本质、道德的阶级性等方面发展了马克思主义伦理思想。周原冰作为中国当代马克思主义伦理学家,他对马克思主义伦理学发展的主要理论贡献在于对共产主义道德问题进行了系统阐释。他在《道德问题论集》(上海人民出版社1980年版)中论述了道德的本质、特征和作用等伦理学的基本问题;在《共产主义道德通论》(上海人民出版社1986年版)等著作中较为充分地阐释了马克思主义道德科学的党性原则、基本特点、研究任务和研究方法,并对共产主义道德的实质、发展、基本原则等进行了系统详细研究,初步建构了共产主义道德学说理论体系。李奇是中国当代著名的伦理学家和马克思主义伦理学的奠基人之一,她不仅论证了马克思主义伦理学的创立实现了人类伦理学史上的革命性变革,并且在《道德学说》(中国社会科学出版社1989年版)阐明了马克思主义道德学说产生的必然性和基本内容,在《道德与社会生活》(上海人民出版社1984年版)中充分研究了道德与社会生活的关系,科学地揭示了道德的本质和作用,推进了马克思主义道德学说在中国的发展和完善。

学术体系的建构,不仅明晰了中国马克思主义伦理学的学术研究对象,也划定了中国马克思主义伦理学的学术研究领域,并形成了具有特定研究立场、观点和方法的中国马克思主义伦理学学术研究范式,为直面波澜壮阔的中国特色社会主义伦理生活提供了独特的理论视界。

（三）伦理学工作者对社会主义道德规范体系、人道主义及人性等问题研究丰富了社会主义道德理论体系

20 世纪 80 年代，关于人道主义、异化、个人主义、人性和需要等问题的研究成为学术争论热点，深化了社会主义道德理论的研究，使得中国马克思主义伦理学学科体系"骨架"更加丰满。理论界关于人道主义和异化问题展开了争论，发表了数百篇文章，如邢贲思的《怎样识别人道主义》、汝信的《人道主义就是修正主义吗?》；也出版了许多著作，代表性的如中国社会科学院情报研究所的《马克思主义人道主义问题》（陕西人民出版社 1982 年版）、胡乔木的《关于人道主义和异化问题》（人民出版社 1984 年版）、叶汝贤的《唯物史观和人道主义、异化问题》（中山大学出版社 1985 年版）、罗国杰的《人道主义思想论库》（华夏出版社 1993 年版）等，对马克思主义人道主义和资产阶级人道主义的区别、社会主义制度下人的异化产生的原因等问题进行了理论廓清。对于这些问题的争论，解放了思想，开阔了社会主义道德理论新视野，推动了社会主义道德理论发展。

关于社会主义道德的基本原则、主要内容、规范体系等问题的研究，使得社会主义道德理论体系更加充实。如晏德贤、杜连君等主编的《社会主义道德纲要》（天津人民出版社 1990 年版）运用马克思主义的基本观点，对社会主义道德的含义、形成、发展、内容、特征、作用、基本原则和基本要求，以及社会主义道德与共产主义道德的关系等基本理论，进行了系统的论述。尤其是1996 年党的十四届六中全会在《中共中央关于加强社会主义精神文明建设若干重要问题的决议》中，明确提出社会主义思想道德建设的基本框架和社会主义道德的规范体系，为社会主义伦理学体系的构建确立了基本方向，使社会主义道德规范体系更加深入人心。

总的看来，在中国马克思主义伦理学的形成时期，随着中国马克思主义伦理学学科体系和学术体系的基本确立并得到初步发展、社会主义伦理学

研究逐步恢复,尤其是随着哲学界对传统苏联模式马克思主义哲学体系的反思,中国马克思主义伦理学开始走出"苏联模式"教条化影响,研究内容在反思"文化大革命"的同时,逐步实现与社会主义精神文明建设相结合,伦理学理论建设和发展的春天已经到来,伦理学研究成果的花朵开始绽放。

二、中国马克思主义伦理学的发展繁荣时期

1992 年党的十四大召开,大会报告明确提出把建立社会主义市场经济体制作为我国经济体制改革新的目标,开启了中国社会主义市场经济建设新征程。1993 年至 2012 年,这是中国马克思主义伦理学发展的发展繁荣时期。这一时期,中国马克思主义伦理学理论研究主要围绕社会主义市场经济建设的主题,马克思主义伦理学向注重应用、面向实际转变,实现与社会主义精神文明建设紧密结合。这一时期,大致可以分为两个阶段。

1993—2001 年,中国马克思主义伦理学研究着重围绕马克思主义伦理学中国化和破解社会主义市场经济体制建设过程中凸显的道德问题而展开。

一是对伦理学理论、原理和道德问题的研究。如魏英敏的《伦理学简明教程》(北京大学出版社 1984 年版)和《新伦理学教程》(北京大学出版社 1993 年版)、万俊人的《伦理学新论——走向现代伦理》(中国青年出版社 1994 年版)、倪素襄的《伦理学导论》(武汉大学出版社 2002 年版)、肖雪慧的《伦理学原理》(四川省社会科学院出版社 1986 年版)、王海明的《新伦理学》(商务印书馆 2008 年版)、郭广银的《伦理学原理》(南京大学出版社 1995 年版)等对伦理学理论新探索,这些著作或教材各成体系,反映了新中国成立以来不同历史时期的社会道德观念和教学需求;夏伟东的《道德本质论》(中国人民大学出版社 1991 年版)对道德本质进行了探究;樊和平的"中国伦理精神三部曲"即《中国伦理精神的历史建构》(江苏人民出版社 1992 年版)、《中

国伦理的精神》(台湾五南图书出版公司 1995 年版)、《中国伦理精神的现代建构》(江苏人民出版社 1997 年版)对中国伦理精神建构进行了研究;唐凯麟的《简明马克思主义伦理学》、《马克思主义伦理学原理》等著作,形成了马克思主义伦理学研究的体系,取得了创新性成果,他认为社会实践着的人是马克思主义伦理学的逻辑起点,人的全面发展和精神完善化是马克思主义伦理学的主题,并对当代中国道德和伦理学进行了理论审视;何怀宏的《良心论——传统良知的社会转化》(上海三联书店 1994 年版)对良心和正义进行了研究;《底线伦理》(辽宁人民出版社 1998 年版)对伦理价值的层次性进行了研究;许启贤的《中国传统伦理道德与社会主义精神文明建设》(中国青年出版社 1997 年版)、杨明的《当代中国道德建设》(江苏人民出版社 2000 年版)对当代道德建设作出了分析;等等。

二是对伟大的马克思主义者(如李大钊、陈独秀、毛泽东、刘少奇、邓小平等)的伦理思想的研究。在马克思主义伦理思想中国化发展过程中,中国马克思主义领导者在不同的历史阶段应对新形势、迎接新挑战、担当新使命,提出了一系列新思想、新命题和新观点,将马克思主义伦理学发展推进到新阶段,为马克思主义伦理思想中国化发展作出了杰出贡献。关于毛泽东伦理思想研究,如魏英敏的《毛泽东伦理思想新论》(山东人民出版社 1993 年版)认为毛泽东实现了对中国传统道德的批判改造和继承,把马克思主义的伦理观与中华民族的传统美德融为一体,并阐释了毛泽东伦理思想中的人性论、德性论、修养论。此外,还有曹景田的《毛泽东伦理思想通论》(辽宁大学出版社 1993 年版)、刘广东的《毛泽东伦理思想》(山东人民出版社 1993 年版)等著作。关于邓小平伦理思想研究,有陈玉金、廖小平、李权时等分别出版的同名为《邓小平伦理思想研究》(南京出版社 1990 年版;湖南师范大学出版社 1996 年版;广东人民出版社 1998 年版)等著作,对邓小平伦理思想的价值观、功利观、公平观、善恶观、荣辱观、幸福观、道德修养论、道德教育论等进行了分析;另有王小锡的《邓小平经济伦理思想研究》(南京师范大学出版社 2001 年版)

对邓小平经济伦理思想进行探究。

2002—2012 年,新世纪中国马克思主义伦理学在迎接新挑战中继续发展,社会主义伦理学实现了学科繁荣。此阶段中国马克思主义伦理学主要在以下五个方面有所发展。

一是以社会主义建设的重大理论和现实问题为研究重点和突破点。如江畅的《走向优雅生存:21 世纪中国社会价值选择研究》(中国社会科学出版社2004 年版)、《幸福与优雅》(人民出版社 2006 年版)、《幸福与和谐》(人民出版社 2005 年版)等系列著作对中国社会价值选择的研究;刘放鸣等的《市场经济与伦理道德探论》(辽宁大学出版社 2005 年版)对市场经济的伦理道德问题分析;高国希(2005)对道德哲学的思考等;郭广银等的《伦理新论:中国市场经济体制下的道德建设》(人民出版社 2004 年版)从当代中国道德建设所面临的若干复杂问题入手,系统研究当代中国道德建设中的一般现象与基本规律;陈绪新的《信用伦理及其道德哲学传统研究》(中国社会科学出版社2008 年版)对信用伦理的传统和当代剖析;等等。

二是伦理学基本理论研究日趋深入。例如,廖申白的《交往生活的公共性转变》(北京师范大学出版社 2007 年版)、唐凯麟的《20 世纪中国伦理思潮》(高等教育出版社 2003 年版)和《经济之魂》(湖南科学技术出版社 2006年版)等、张怀承的《中国伦理思想史》(湖南教育出版社 2004 年版)等著作对伦理学理论、伦理思潮、伦理文化的研究;杨国荣的《伦理与存在——道德哲学研究》(北京大学出版社 2002 年版)主要阐述了哲学概念中的道德问题,对善与德之间的关系进行了论述。

三是对马克思恩格斯列宁斯大林伦理思想研究取得积极进展。例如,安启念的《马克思恩格斯伦理思想研究》(武汉大学出版社 2010 年版),从社会伦理角度对马克思恩格斯伦理思想的理论基础、思想来源、人性问题、道德评价所依据的标准、共产主义等问题作出新的解读。宋希仁的《马克思恩格斯道德哲学研究》(中国社会科学出版社 2012 年版)是对马克思恩格斯伦理思想研究的一部力作,该书以马克思、恩格斯的著作文本为依据,系统梳理和总结了马克思恩格斯道德哲学思想,对马克思、恩格斯不同时期有关伦理道德的论述进行了具体分析并作出了必要的理论概括。陶艳华的《马克思政治伦理思想研究》(人民出版社 2009 年版)对马克思政治伦理思想形成历程进行了梳理,并对政治主体的伦理关怀、政治关系的价值判断、政治制度的正义追求等核心问题进行了阐释,并对马克思政治伦理思想的特色和当代启示进行了说明。除此之外,还有诸多学者对此领域的研究取得了丰硕的研究成果,如胡贤鑫的《〈资本论〉伦理思想研究》(湖北人民出版社 2006 年版)、刘琳的《〈资本论〉的经济伦理思想研究》(安徽大学出版社 2008 年版)等等。以上对马克思恩格斯伦理思想的研究,为我们理解经典文本、获取马克思主义伦理思想宝贵资源提供了坚实的基础。

四是中国马克思主义伦理思想发展研究。如王泽应的《20 世纪中国马克思主义伦理思想研究》(人民出版社 2008 年版)紧扣 20 世纪中国马克思主义伦理思想的发展历程和具体实际,着重探讨了毛泽东伦理思想、邓小平伦理思想和江泽民伦理思想三大杰出成果,历史地展现了 20 世纪中国马克思主义伦理思想发展的整体状貌。

五是坚持马克思主义伦理学基本原理指导下应用伦理学的兴起和发展。如王小锡对经济伦理、邱仁宗对生命伦理、靳凤林对政治伦理的研究,唐代兴的代表性著作八卷《生境伦理学》等对生态理性和生态文明建设的探索性研究,以及甘绍平、卢风、刘湘溶、江畅、赵敦华、何兆武等一大批专家学者对应用伦理学各个领域进行了卓有成效的研究。

总的看来,此阶段伦理学繁荣发展、成就显著,主要表现在:(1)极大地推进了社会主义道德建设和精神文明建设,社会主义道德规范体系基本形成;(2)社会主义伦理学理论体系进一步丰富和完善,理论框架和方向指导基本确立;(3)应用伦理学发展繁荣,研究呈现开放性,更关注现实。但是在研究内容上,伦理学的价值、规范、主体等多维度研究有待拓展;在研究应用上,伦理学研究对社会价值资源的"整合力"和当代伦理精神塑造的"引领力"有待提升；在研究方法上，形而上与形而下方法的结合，尤其是实证调查方法在研究中的运用等有待加强。

三、中国马克思主义伦理学走进新时代

2012 年 11 月，党的十八大召开。以此为起点，中国马克思主义伦理学迈入了新时代发展时期。中国马克思主义伦理学研究围绕中国特色社会主义伦理道德建设、实现中华民族伟大复兴中国梦主题，呈现出新特点。

一是对中国特色社会主义伦理道德建设问题深度关注和破解。党的十八大以来，党中央针对政治、经济、文化、社会和生态领域存在的问题采取了一系列改革措施，取得了卓著成效。中国马克思主义伦理学作为一门以马克思主义理论为指导的社会价值科学和实践科学，以"实践—精神"的方式，关注新时代的社会道德实践，在发现新问题、思考新问题、解决新问题中实现理论发展。主要集中在如下几个方面：对社会主义核心价值观的伦理阐释，如龙静云的《社会主义核心价值体系引领道德建设研究》（中国社会科学出版社 2016 年版）、周谨平的《社会主义核心价值观的政治伦理内涵》（湖南大学出版社 2016 年版）、江畅的《当代中国主流价值文化及其构建》（科学出版社 2017 年版）；对政治伦理问题的研究，如靳凤林的《追求阶层正义——权力、资本、劳动的制度伦理考量》（人民出版社 2015 年版）对正义的探析，《制度伦理与官员道德——当代中国政治伦理结构性转型研究》（人民出版社 2011 年版）从政治伦理结构性转型研究官员道德，并对政治伦理中阶层正义进行探析；对经济伦理问题的研究，如王小锡的《经济伦理的当代理念与实践》（上海人民出版社 2010 年版）；对当代伦理学理论与实践的分析，如甘绍平的《伦理学的当代建构》（中国发展出版社 2015 年版）基于基础伦理学的探究分析道德和伦理学的建构、高兆明的《道德失范研究：基于制度正义视角》（冶金工业出版社 2016 年版）对道德失范的研究和《政治正义：中国问题意识》（人民出版社

2014 年版)对政治正义问题的研究;等等。

二是对马克思主义伦理学在中国发展的总结性研究。新中国成立以来,马克思主义伦理学在中国发展,尤其是改革开放四十多年取得了辉煌成就,其发展历程、形成规律、建设经验、时代特征、学科成果和思想成就等等,都是值得总结研究的。吴潜涛的《中国化马克思主义伦理思想研究》(中国人民大学出版社 2015 年版)从历史、理论、实践、文化维度对中国化马克思主义伦理思想进行研究;李兰芬的《百年中国马克思主义伦理思想研究述要》(苏州大学出版社 2015 年版)多角度、立体式地审视了中国马克思主义伦理思想研究的历史分期、论题交锋与代表人物。此外,龙静云的《马克思主义伦理学》(中国人民大学出版社 2016 年版)、马进的《马克思主义伦理思想中国化若干重要问题研究》(中国社会科学出版社 2015 年版)、李谧的《马克思主义民生伦理思想研究》(中国社会科学出版社 2016 年版)等著作和李培超的《马克思恩格斯经典著作中的伦理学论域》(《光明日报》2018 年 5 月 21 日)研究论文等对马克思主义伦理学重要问题、马克思伦理思想基本范式、马克思主义伦理学的基本论域等研究,对于理解马克思主义伦理思想的内容以及如何发展马克思主义伦理学,具有重要理论和现实意义。

三是对传统伦理文化、民族伦理文化当代价值及其生活实践研究。杨国才等的《民族伦理与道德生活研究》(中国社会科学出版社 2016 年版)对各民族独特的伦理道德规范和各民族道德生活的发生、发展历史进行研究,强调各民族伦理与道德生活之间的互补性、互融性及每一个民族与中华民族整体之间的多样性与同一性。另有罗国杰先生的《传统伦理与现代社会》(中国人民大学出版社 2012 年版)、朱贻庭的《中国传统道德哲学 6 辩》(文汇出版社 2017 年版)、陈泽环的《核心价值与文化传统之思》(上、下)(花木兰文化事业有限公司 2017 年版)等成果。

总的看来,党的十八大以来中国马克思主义伦理学在"接着讲"中继续推进伦理文化繁荣发展,尤其是构建和践行社会主义核心价值观、推动中华伦理文化复兴和道德文明建设发展成效显著。

综而观之,改革开放以来,中国马克思主义伦理学研究取得了丰硕成果,这些富有成效的研究成果对马克思主义伦理学的对象、发展、逻辑、结构特征等进行了持续深入探讨,不仅阐述了中国马克思主义伦理学的形成必然性和发展规律性,也是对中国马克思主义伦理学发展的自觉反思,有利于提升对中国马克思主义伦理学发展的规律性认识,也有利于提升中国特色社会主义的伦理自信。

第二节　改革开放以来中国马克思主义伦理学的话语指向与发展理路

中国马克思主义伦理学是与改革开放这一伟大革命的实践相伴相生,并围绕着"建设中国特色社会主义"的主题而发展起来的。中国马克思主义伦理学的发展充实了中国特色社会主义理论体系,为形成"中国特色社会主义道路、理论、制度、文化"作出了积极的贡献。从话语指向而言,当代中国马克思主义伦理学体现了中国特色社会主义丰富的理论源泉、深厚的历史根基、深厚的民族底蕴,蕴含着道路自信、理论自信、制度自信和文化自信,彰显了"中国伦理自信"。从发展理路看,中国马克思主义伦理学遵循着中国特色社会主义指导思想、历史任务、实践规律、基本国情、总体战略,为在新的时代条件下系统回答什么是社会主义、怎样建设社会主义,建设什么样的党、怎样建设党,实现什么样的发展、怎样发展等重大理论实际问题作出了系列的伦理思考和伦理实践探索。

一、中国马克思主义伦理学的话语指向

改革开放以来中国马克思主义伦理学话语体系不仅指向马克思主义伦理思想和中国传统伦理思想的理论继承和发展,也指向中国特色社会主义建设

的伦理实践,在理论上推进了马克思主义伦理思想中国化,在实践上从制度和心灵的双重维度建构了中国特色社会主义伦理秩序,极大地深化了社会主义精神文明建设和道德建设。

(一) 马克思主义经典作家伦理思想研究为中国马克思主义伦理学话语体系提供宝贵理论资源

中国马克思主义伦理话语来自马克思主义经典作家伦理思想的丰富资源。对马克思恩格斯列宁斯大林伦理思想的研究为中国马克思主义伦理话语体系建构提供了话语方法论和话语范式。

改革开放以来,对马克思主义经典作家的伦理思想研究取得重要的理论成果,奠定了中国马克思主义伦理话语体系的坚实基础。如宋惠昌的《马克思恩格斯的伦理学》与安启念的《马克思恩格斯伦理思想研究》,从社会伦理的角度对马克思恩格斯伦理思想的理论基础、思想来源、人性问题、道德评价所依据的标准、共产主义等问题作出新的解读;宋希仁的《马克思恩格斯道德哲学研究》以马克思、恩格斯的著作文本为依据,系统梳理和总结了马克思恩格斯道德哲学思想,对马克思、恩格斯不同时期有关伦理道德的论述进行了具体分析并作出了必要的理论概括;于希勇的《马克思恩格斯伦理思想的展开维度》通过马克思恩格斯文本阅读与范畴推演之间的互动,提炼出理性主义与非理性主义、义务论与功利论、契约论与德性论、个体主义与共同体主义等具有辩证关系的范畴,将其运用于马克思恩格斯伦理思想方法阐释中;陶艳华的《马克思政治伦理思想研究》对马克思政治伦理思想形成历程核心问题进行了阐释,并对马克思政治伦理思想的特色和当代启示进行了说明。除此之外,还有诸多学者对此领域的研究,取得了丰硕的研究成果。以上对马克思恩格斯列宁斯大林伦理思想的研究,为我们理解经典文本、获取马克思主义伦理思想宝贵话语资源提供了坚实的保障。

（二）马克思主义伦理学中国化发展的总结性研究促进和提升中国特色社会主义伦理话语体系建构的历史自觉

新中国成立以来，马克思主义伦理学在中国的发展取得了伟大进展，尤其是改革开放四十多年来的辉煌成就，其发展历程、形成规律、建设经验、时代特征、学科成果和思想成就等等，都是值得总结研究的。章海山的《马克思主义伦理思想发展的历程》系统地介绍了马克思主义伦理思想发展的历程，阐明了共产主义道德的科学性、必然性，并强调了马克思主义伦理科学在社会主义生活中的地位和作用；王泽应的《20 世纪中国马克思主义伦理思想研究》紧扣 20 世纪中国马克思主义伦理思想的发展历程和具体实际，展现了 20 世纪中国马克思主义伦理思想发展的状况。此外，吴潜涛、李兰芬、龙静云、马进等专家学者对马克思主义伦理学中国化发展也进行了总结性研究，为中国特色社会主义伦理话语体系建构作出了积极努力。

综而观之，这些富有成效的总结研究对马克思主义伦理学的对象、发展、逻辑、结构特征等进行了持续深入探讨，不仅阐述了中国马克思主义伦理学的形成必然性和发展规律性，也是对中国马克思主义伦理学话语体系发展的自觉反观，有利于提升中国马克思主义伦理学话语体系形成和发展规律的认识，增强中国特色社会主义伦理话语自信。

（三）对马克思主义中国化理论成果中伦理思想的研究推进中国马克思主义伦理话语体系的实践建构

对马克思主义中国化理论成果中的马克思主义伦理思想进行研究，为推动形成中国马克思主义伦理学的"话语表达"、"言说方式"、"语言框架"和"语言体系"，也推动中国特色社会主义伦理学话语体系从学理研究走向现实建构、从语义分析走向生活语境。

在马克思主义伦理思想中国化发展过程中,马克思主义中国化理论成果在不同的历史阶段应对新形势、迎接新挑战、担当新使命,提出了一系列新思想、新命题和新观点,将马克思主义伦理学发展推进到新阶段,为马克思主义伦理思想中国化发展作出了杰出的贡献。毛泽东伦理思想实现了对中国传统道德的批判改造和继承,把马克思主义的伦理观与中华民族的传统美德融为一体,为中国特色社会主义伦理学话语体系建设奠定了理论基础、赋予其理论特质。邓小平伦理思想则是中国马克思主义伦理学建设产生的重大理论成果,赋予中国特色社会主义伦理学话语体系的时代特色,并定制了中国特色社会主义伦理学话语表达意蕴。其后,"三个代表"重要思想坚持马克思主义伦理学的基本立场观点和方法,推进了社会主义市场经济下伦理学新发展;科学发展观则对马克思主义伦理理论进行了全面拓展;习近平新时代中国特色社会主义思想则深化了政治伦理、政党伦理、生态伦理、行政伦理、家庭伦理、国际交往伦理等理论。改革开放以来,马克思主义中国化理论成果共同推动和发展了中国特色社会主义伦理思想体系,为中国马克思主义话语体系建构提供了一以贯之的话语内容和话语风格。

概而言之,马克思主义伦理思想中国化的创新发展,构建和推进了中国特色社会主义伦理学话语方式的生成、话语体系的建立、话语能力的提升。

二、中国马克思主义伦理学的发展理路

中国马克思主义伦理学的发展主要围绕中国特色社会主义建设、社会主义市场经济体制建设、科学发展、和谐社会建设、实现中华民族伟大复兴等重大主题的转换而实现理论不断推进。1978—1992年,中国马克思主义伦理学研究着重围绕什么是社会主义、如何建设社会主义的主题展开;1993—2012年,中国马克思主义伦理学研究着重破解社会主义市场经济体制建设和发展过程中凸显的道德问题,伦理学研究向注重应用、面向实际转变,实现与社会主义精神文明建设紧密结合;党的十八大之后,中国马克思主义伦理学研究迈

入新时代,围绕中国特色社会主义伦理道德建设、实现中华民族伟大复兴的主题推进。

（一）强化社会主义伦理价值导向,推进了社会主义精神文明建设

对改革开放的认识,归根到底是对社会主义本质的再认识,反映在伦理学研究上就是对社会主义伦理价值导向的认识,突出地表现为怎样看待、怎样坚持社会主义和共产主义道德。社会主义伦理价值导向的明晰,主要通过两个方面或两个重大问题的辨析而实现。

其一,对改革开放和社会主义本质的认识。关于社会主义本质的研究是改革开放之后学界研究的热点问题,概而言之,有两种立场基本相左的代表性观点。一种观点认为改革开放是对社会主义的放弃,是向资本主义的转轨,为了适应这种"转轨",中国社会道德价值导向也应该发生转变,即由社会本位向个人本位的转变,宣扬个体主义。尽管持这种观点的人不多,但其不良影响不容小觑。另一种观点也是普遍性观点,认为社会主义改革是社会主义制度的自我完善、自我发展,其目的是解放生产力和发展生产力,促进社会的全面进步,因此,我们必须坚持社会主义伦理价值导向,坚持社会主义和共产主义道德。要不要坚持社会主义伦理价值导向,要不要坚持社会主义和共产主义道德,在实践上关涉社会主义建设尤其是市场经济建设的正确价值指导问题;在理论上关涉伦理学研究要不要坚持历史唯物主义方法论的问题。只有坚持道德研究的历史唯物主义方法,伦理学研究才能很好地坚持社会主义改革开放的方向,并为社会主义伦理价值导向作出正当辩护。

其二,社会主义伦理价值导向争论的焦点是集体主义和个人主义。个人主义是资本主义制度的突出特征,而社会主义制度强调集体主义,因此两者的分歧实质是两种意识形态之争。这种争论必然反映在伦理学领域,呈现出不同的价值取向:一是认为马克思主义伦理学坚持集体主义价值导向,资产阶级

伦理学坚持个人主义价值导向,二者是水火不容的,只有"集体"、不言"个人",甚至以集体的名义否弃个人利益,以强调"大公无私"在道德上的崇高性否定"正当的个人利益"之"私";二是认为个人主义有积极之处,个人主义可以与社会主义相嫁接,从而推动社会主义发展。前者犯了将集体主义绝对化的错误,后者犯了泛化集体主义和个人主义边界的错误,二者错误的根本原因一是没有理解什么是真正的集体主义,二是没有廓清集体利益与个人利益是辩证统一的。

集体主义原则是马克思社会主义理论的一个重要伦理原则——"在真正的共同体的条件下,各个人在自己的联合中并通过这种联合获得自己的自由。"①我国马克思主义伦理学家和许多伦理学工作者对此有很多研究成果。如张岱年强调"与群为一"②;罗国杰强调"只有借助于集体的力量,社会的发展和个人的完善才可能是同步进行的"③;周原冰强调"集体主义原则"是共产主义道德的四个重要基本原则之一;李奇则指出:无产阶级的集体主义原则不仅肯定集体利益和社会共同利益的道德权威性,也充分肯定个人利益的合理性。集体主义的道德原则是促进社会公正的精神动因,是实现人的价值的道义保证,是促进人的自由全面发展的现实途径,也是人民当家作主、享有广泛民主的可靠政治保障。与此同时,社会主义倡导集体主义价值导向时强调集体利益与个人利益是辩证统一的,在强调集体利益高于个人利益的原则下重视个人的正当利益。社会主义发展的历史与现实已经证明,维护和实现广大人民群众的共同利益,不但不是压制个人正当利益,相反是最大程度上为实现个人正当利益提供条件和保障。倡导社会主义的集体主义伦理价值导向,不仅是批判道德虚无主义的锐利武器,也是进入新时代的中国特色社会主义实现共富共享的价值动力。

---

① 《马克思恩格斯文集》第 1 卷,人民出版社 2009 年版,第 571 页。
② 《张岱年全集》第 1 卷,河北人民出版社 1998 年版,第 284 页。
③ 罗国杰:《马克思主义伦理学的探索》,中国人民大学出版社 2015 年版,第 168 页。

社会主义伦理价值导向是社会主义精神文明建设的航标灯。以社会主义伦理价值导向实现对社会主义精神文明建设的引领,是马克思主义伦理学研究的重要任务。在对剥削阶级道德理念的核心——"个人主义价值导向"的批判中,社会主义的集体主义伦理价值导向不仅深入人心、推动着个人优良道德品质的形成,而且淳化着社会道德风尚,使社会主义精神文明建设焕发出特有的品质风貌。

(二) 深化对道德本质和特征的认识,加快了伦理学科学化发展

道德的本质是道德与各种非道德现象相区别的特殊规定性。马克思主义以前的思想家或者把道德看作有意志的天或上帝赋予人类的规定,或者把道德看作某种先于人类而存在的客观精神——如理念、天理、绝对理念等,或者把道德看作人性、人心或人的理性中先天固有的东西,或者用人的物质生活水平的高低来直接解释道德状况,由此形成了神性道德本质观、唯意志道德本质观、理性道德本质观等观点,但综而观之,它们都未能对道德的本质作出科学的解释和规定。只有马克思主义根据唯物主义历史观科学地揭示了道德的本质,即道德作为一种反映社会经济基础的社会意识形态,是社会上层建筑的组成部分;主要表现在它是一种指导和规范人们行为的特殊的规范体系,是一种以善恶观念把握世界、塑造和体现人格品质的实践精神。

20世纪80年代初期,中国马克思主义伦理学对道德本质的认识首先表现为对道德阶级性的肯定和坚持。具有代表性的观点认为:"道德具有鲜明的阶级性,这是历史唯物主义关于道德的基本观点之一。……否认道德的阶级性,就是否认道德根源于阶级经济地位的唯物主义观点。"[①]坚持此种观点者有着马克思主义经典作家的理论依据。实际上,马克思主义强调道德的阶

---

① 臧乐源:《略论道德阶级性和共同性》,《文史哲》1980年第6期。

级性并不拘囿于其"阶级性本质",而是强调道德是具体的历史的。随着研究深入,我国马克思主义伦理学研究者逐渐认识到:正是因为马克思恩格斯批判了"历史的道德方法",坚持了"道德的历史方法",马克思主义伦理学才具有超越前人的科学性。20 世纪 80 年代中后期,马克思主义伦理学研究者不再囿于道德阶级性的争辩,实现了伦理学研究的"阶级视角"的转换,即由"阶级斗争的伦理"向"公民社会的伦理"转变。鉴于此,我国的伦理学研究突破了阶级性的束缚,对道德本质的认识更加科学化。如夏伟东的《道德本质论》通过对道德的规范本质、主体本质以及道德本质与集体主义相互关系等问题的探究,推进了马克思主义道德本质理论研究;再如姚新中的《道德活动论》运用马克思主义的立场观点方法系统地揭示了道德活动的本质、发生、发展、结构、功能和表现形态。

　　另外,对道德规范性和主体性认识的深化也促进了对社会主义道德本质的科学认识。历史唯物主义从社会关系、经济关系和利益关系出发理解道德,道德就是调节人们之间的物质利益关系的规范。朱贻庭指出:"道德作为一种社会的特殊价值形态,应是功利原则与道义原则的统一,外在的功利价值与内在的精神价值的统一,工具与目的的统一。而要达到上述三者统一,就必须以个人利益与社会利益的统一为基础。"①罗国杰先生指出:"道德的本质当然就在于它的规范性与约束性,而不在于什么抽象的个人的主体性,尤其不在于将这种个人的主体性定义为一种个人的欲望冲动。"②实际上,不可能存在抽象、绝对、孤立的主体和主体性,主体总是处于一种特定的、历史的情境中,也就是说规范性总是存在的。规范性实际上并没有就此否定主体性,而是以这种形式促进主体性的不断完善;规范性实际上是道德主体性正确发挥的前提和条件,因为"自由"总是建立在对"必然"的认识和超越的发展过程中,只是

---

① 朱贻庭:《超越功利论与道义论的对立》,《道德与文明》1990 年第 6 期。
② 罗国杰:《十年来伦理学的回顾与展望》(续),《道德与文明》1991 年第 2 期。

"相对地摆脱了单纯偶然性和单纯任意性"①。

对道德本质,尤其是社会主义道德本质的深刻认识和把握,是推进中国马克思主义伦理学发展的关键性问题,也为中国马克思主义伦理学基本任务的定制提供了根本依据。

(三) 传承创新中国传统道德文化,建设社会主义道德规范体系

在1840年鸦片战争之后,中华民族面临着空前严重的民族危机,一些知识分子从文化上寻根问底,认为"中国之文有不如泰西之质者矣,中国之华有不如泰西之实者矣"②。这种对传统文化"自我镜像"聚焦模糊,导致了一定时期民族文化认同意识危机,也导致了对中国传统道德文化的否弃潮流。改革开放之后,开放的心态打开了开阔的视野,开阔的视野自然带来了对自我认识的反思和升华。

其一,如何对待中国传统伦理文化? 如何在"现代"中保存"传统",对于一个民族来说至关重要。一个民族要成为一个伟大的民族,必须有共同的语言和共同语言背后的共同信仰和共同价值取向,就要彻底抛弃"民族虚无主义"。道德文化的发展如果失去了珍贵的民族传统,也就失去了"根",没有"根"的道德文化是谈不上走向世界的,更何言伦理自信? 老一辈伦理学家们为旗帜鲜明地反对民族虚无主义和全盘西化作出了榜样。如罗国杰先生的《中国伦理思想史》《中国传统道德》和《传统伦理与现代社会》等著作,对中国伦理思想史进行了内容总括、精华提炼、精神把握、特点分析和方法研究,并以中国伦理思想史研究为重要价值资源和理论基础,建立中国马克思主义伦理学体系和市场经济条件下社会主义道德建设理论。朱贻庭的《中国传统伦理思想史》则为中国伦理思想史教育提供了一部简明的教材;陈瑛的《中国伦

---

① 《马克思恩格斯全集》第46卷,人民出版社2003年版,第897页。
② 《郑观应集》上册,上海人民出版社1982年版,第380页。

理思想史》是新时期我国伦理学史研究取得的一个重要学术成果。中国传统伦理文化研究取得的丰硕成果,不仅展现了中国传统伦理文化的博大精深,也为中国马克思主义伦理学发展提供了丰富的文化资源和养分。

其二,如何在传承与创新中推进社会主义道德规范体系建设? 道德规范体系不是"被建构"出来的,社会主义道德规范体系的形成一是传统道德文化中规范体系的传承转化,二是当代现实生活的道德实践要求,在二者的互动、磨合、重构的过程中,社会主义道德规范体系不断发展。代表性的成果如许启贤的《中国传统伦理道德与社会主义精神文明建设》、陈瑛的《中国传统伦理与社会主义先进文化》等著作,挖掘了中国传统伦理文化的精华,阐发了传统伦理在社会主义精神文明建设和道德建设中的重要作用。此外,还有一大批中青年专家学者,深入挖掘中国传统伦理文化价值,并将之融贯于社会主义核心价值构建中,如李建华的《中国传统伦理文化与核心价值构建》等著作,在返本与开新中开拓社会主义核心价值观的培育与践行路径。今天,我们立足于社会主义实践、立足于人与人各种关系发展变化的道德实际,运用马克思主义的世界观和方法论建设社会主义和共产主义道德规范体系时,绝不能舍离中国优秀的道德传统。缺乏文化自信的道德规范体系建设,既缺失了根基,又会丧失方向。在明晰"传承什么""为何传承""如何传承"等问题之后,我们才能在归纳、提炼和概括社会主义道德的原则、规范、范畴与要求中不断推进社会主义道德规范体系建设。

鉴于此,改革开放以来,中国伦理学界对儒释道传统道德文化的挖掘与开新,不是追寻"永恒的乡愁",而是卓有成效、硕果累累的先进文化建设,是伦理自信的筑基工程。

(四) 走向生活应用,实现开放式研究转变

20世纪90年代中后期,坚持马克思主义伦理学并在其基本原理指导下,我国伦理学在应对社会生活领域日渐凸显的各种问题,实现了应用伦理学的

兴起和繁荣,充分展现了伦理学的"实践智慧"和"行动哲学"的特征。应用伦理学既不是简单地将原有的伦理原则和规范运用到应用领域中去,也不是对具体实践的经验性总结,而是从各自领域的独特视角出发,对伦理问题的探索与展望。应用伦理学的进展,不仅实现了计划经济时代单一性伦理观向市场经济时代一元主体、多元并存伦理观的转变,也实现了伦理学研究由"书斋化""学院化"向关注现实和注重应用的转变,还实现了伦理学研究方法由单一化、简单化向多样化和复杂化的转变,这些转变突破了伦理学封闭式研究模式,逐渐走向开放式研究。

受西方应用伦理学兴起和发展的影响,更重要的是随着中国改革开放和现代化建设过程中出现的问题增多,应用伦理学在我国的发展繁荣成为必然趋势。我国应用伦理学发展呈现出三个突出特征。一是专门化特征,如生命伦理、经济伦理、政治伦理、生态伦理、网络伦理、科技伦理等领域的兴起,这些研究不仅具有领域性,也具有一定的科学技术性。二是行为关联性特征,即应用伦理学不仅涉及民族国家性,还涉及人类全球性和发展未来性,从此意义而言,应用伦理学涉及整个社会的行为关联,也涉及民族国家性的甚至人类全球性的、未来性的责任与义务。因此,应用伦理学的研究对象主要是整体的而不是个人的,其最终目标是要靠社会结构与制度的调整(结构伦理)、靠决策程序的设定(程序伦理)和社会整体的共同行为(团体伦理)来实现的。三是多学科交叉特征,如生命伦理中医疗资源分配公正问题和生物技术运用问题、经济伦理中公平效率问题和社会责任问题、政治伦理中的制度问题和政党建设问题、生态伦理中环境正义问题和动物权利问题、网络伦理中的网络责任问题和技术安全性问题、科技伦理中的技术运用问题和价值导向问题……这些问题都需要伦理学综合各领域、多学科知识、运用多样化研究方法才能得到有效解决。

应用伦理学"以问题为中心"的致思路向,并不意味着伦理学的区域化、专门化、技术化的解析和探讨就可以搁置马克思主义伦理学的批判性价值立场,恰恰相反,坚持马克思主义实践的立场、观点和方法,坚持辩证唯物主义和历史唯物主义的基本原理,正是中国应用伦理学诊断时代道德症候、回应社会道德生活需求的有力的批判性武器和有效的学理运思方式。

　　概而言之,改革开放以来中国马克思主义伦理学研究取得了非凡的成绩。从伦理实践而言,中国马克思主义伦理学从制度和心灵的双重维度建构中国特色社会主义伦理秩序的实践经验,将为继续推进社会主义精神文明建设、道德建设和国家治理现代化提供伦理实践路径。从理论价值而言,改革开放以来中国马克思主义伦理学发展在中国伦理思想史和马克思主义伦理思想史的理论影响和地位是举足轻重的,并为"加快构建中国特色哲学社会科学"贡献了伦理学理论资源;同时为推进新时代中国特色社会主义伦理文化建设、增强国际伦理文化交往的价值自信提供了资源支撑。从学科价值而言,改革开放以来中国马克思主义伦理学建设的成就与经验,为建设新时代中国特色社会主义伦理学新形态提供了学科价值指导和学科经验借鉴。

第三节　改革开放以来中国马克思主义
伦理学研究存在的问题

　　改革开放以来中国马克思主义伦理学发展经历了形成、发展繁荣、走进新时代三个时期,在不同时期,中国马克思主义伦理学研究存在不同的问题,对这些问题的廓清不仅能够综观中国马克思主义伦理学发展的进路和特征,也有利于认清发展现状、把握发展规律,更好推进中国马克思主义伦理学在新时代的发展创新。

一、中国马克思主义伦理学研究在形成时期存在的问题

　　1978—1992 年是中国马克思主义伦理学形成时期。从学科体系建设而

言,一大批马克思主义理论工作者为马克思主义伦理学传播、总结和完善作出了突出贡献,建构了一个具有中国特色的马克思主义道德学说理论体系;从研究内容而言,对社会主义道德的基本原则、主要内容、规范体系的研究,对马克思主义伦理思想发展研究,对人性与人的需要问题的研究取得了积极进展。这一时期实现了马克思主义伦理学的理论体系基本确立和初步发展、社会主义伦理学科学研究逐步恢复,同时实现与社会主义精神文明建设初步结合。但是,在此时期,中国马克思主义伦理学研究存在的问题也是不容忽视的。

其一,中国马克思主义伦理学的学科理论体系受苏联马克思主义伦理学的影响有待进一步突破。中国马克思主义伦理学理论体系的初步建构基本是移植或模仿苏联马克思主义伦理学体系,带有典型的"传统教科书体系"特征。受政治影响,苏联模式的传统马克思主义哲学教科书体系被绝对化、教条化和神圣化,马克思主义哲学的观点被简单化为政治公式,只能应用,不能有任何发展,从根本上遮蔽了马克思主义哲学的本质和实践精神。尽管20世纪80年代以来,我国哲学界就展开了对传统马克思主义哲学教科书体系的反省、批判和解构,但是马克思主义伦理学如何突破传统的从苏联移植过来的阐释体系或教科书体系,如何展现马克思主义经典作家极富创见和方法论意义的伦理思想观念,如何凸显马克思主义的实践观点并以此为基点去重新审视、理解、阐发马克思主义伦理理论,如何力求在对马克思主义经典作家的哲学文本重新理解的基础上建构既体现马克思主义伦理思想精神实质又具有现时代特征的新的伦理学理论体系依然任重道远。

其二,伦理学研究范式的实践性和整体性有待进一步提升。此时期伦理学研究范式存在的问题主要表现在两个方面。一是以"问题"为中心的研究范式有待凸显。马克思主义把现实社会存在的问题作为关注的焦点,特别强调"问题意识"的重要性。马克思说:一个时代的迫切问题,有着和任何在内容上有根据的因而也是合理的问题共同的命运:主要的困难不是答案,而是问题。因此,真正的批判要分析的不是答案,而是问题。① 马克思的"问题意识"体现在立足现实,善于捕捉时代发展的根本问题。恩格斯说:马克思"在前人认为已有答案的地方,他却认为只是问题所在"②。马克思正是通过对现实问题的伦理思考,完成了对资本主义社会经济发展规律的分析和对未来理想社会的畅想,倾注了对人民大众的伦理关怀。离开"现实问题"的马克思主义,就变成了书斋之中的幻梦,时代之外的遐想,世界之外的独白,就必然失去生存的土壤。③ 二是整体性研究范式有待加强。这就要求伦理学的研究者必须完整准确地把握马克思主义伦理思想的科学体系,正确理解马克思主义伦理思想的精神实质,站在整体、全局和宏观的高度,用联系的观点去全面认识马克思主义伦理学与中国改革开放以来社会主义发展的关系。

其三,伦理学研究的许多问题有待进一步理论廓清或深化研究。一是社会价值导向问题。20世纪80年代中后期,受西方资产阶级自由化思潮的影响,社会价值观多元化、社会主流价值观被"边缘化"、社会主导价值观念的导向受到冲击的问题严重。伦理学研究承担着对社会伦理道德和价值观念引导的重要责任,对此问题的研究有待进一步加强,尤其是如何弘扬真、善、美等价值观念在改革开放之后显得更加重要和紧迫。"一切的价值,善、美、功、利,包括科学本身在内,一切好的东西都要以真为前提,基本内涵是:一方面要符合社会发展的方向,符合客观真理;另一方面,人民群众的真实利益的要求,是人民群众的真实需要。"④二是道德本质问题。道德的本质回答的是"什么是道德"或"道德是什么"的问题。道德相对主义者则认为人类的道德在某些方面有共通性,但不同的时代和不同的社会有不同的道德观念,不同的文化所重视的道德元素及其优先性、所持的道德标准也常常有所差异,同样一种道德在

---

① 《马克思恩格斯全集》第1卷,人民出版社1995年版,第203页。
② 《资本论》第2卷,人民出版社2004年版,第21页。
③ 参见陈曙光:《直面学风问题——兼谈如何推进马克思主义大众化》,《红旗文稿》2009年第21期。
④ 冯契:《坚持价值导向的"大众化"》,《探索与争鸣》2015年第11期。

不同文化社会背景中的外在表现形式和风俗习惯往往也相去甚远。如何根据马克思主义历史唯物主义和辩证唯物主义方法论,科学揭示出道德社会意识形态本质、社会属性和实践特征,有待进一步廓清。三是传统道德文化继承问题。包括三个问题:"为什么要继承",即如何理解离开中国传统优秀道德文化的滋养,社会主义道德建设将变成无源之水、无本之木;"继承什么",即如何认识中华民族具有五千多年悠久历史,有着源远流长、博大精深的道德精神和伦理文化,积淀着中华民族最深层次的精神追求,代表着中华民族最独特的精神标识;"如何继承",即如何对待中国传统伦理文化中进取精神、爱国主义、民本理念、和合思想、孝德资源等。四是社会主义道德建设问题。如弘扬以为人民服务为核心、以集体主义为原则、以诚实守信为重点、以社会主义公民基本道德规范等为主要内容的社会主义道德建设问题,还有很多领域需要深入研究。

二、中国马克思主义伦理学研究在发展繁荣时期存在的问题

1993—2012 年是中国马克思主义伦理学的发展繁荣时期。此时期分两个阶段:1993—2001 年,着重破解社会主义市场经济体制完善和发展过程中凸显的道德问题;2002—2012 年,进入新世纪,中国马克思主义伦理学在迎接新挑战中继续发展,社会主义伦理学实现学科繁荣,集中体现为应用伦理学的兴起和发展。此阶段伦理学繁荣发展、成就显著:一是广大伦理学工作者认真研究和破解我国社会主义市场经济建设的伦理道德问题,极大地推进了社会主义道德建设,社会主义道德规范体系基本形成;二是社会主义伦理学理论体系进一步丰富和完善,为中国特色社会主义伦理学体系的构建提供了理论框架和方向指导;三是学科理论体系多样化发展,研究方法呈现开放性,更关注现实,集中体现为应用伦理学的兴起和繁荣。存在的问题主要表现在研究内容、研究应用和研究方法等方面有待加强和改进。

其一,在研究内容上,基础理论研究有待更进一步深入,伦理学研究的价

值、德性、规范、主体等维度有待拓展,理论研究与应用研究、经典伦理研究与世俗伦理研究相结合有待加强。从基础理论研究看,经济伦理、政治伦理、发展伦理、社会公共伦理、生态伦理等基础理论的研究还有待进一步加强,以便更好地适应社会主义的经济、政治、文化、社会、生态建设。从伦理学研究维度看,如何根据社会主义建设的新要求和新特征,拓展和丰富伦理学的多维度研究,仍有很大的研究空间。从研究的领域看,理论研究和应用研究如何相互统一,如何以理论研究引领应用研究、以应用研究丰富和验证理论研究,如何在二者的结合中凸显问题意识,等等,有待进一步加强。从研究对象看,经典伦理研究注重研究的"正统性"或"常规性",常常是学理性和理论性较强而现实性和生活性不足;世俗伦理研究则体现伦理学的实践性和生活化,体现"伦理即生活"或"生活即伦理"的理论旨趣。

其二,在研究应用上,伦理学研究的实际"应用度"、对社会主义精神文明建设和道德建设的"引领力"有待进一步提升。随着科学技术突飞猛进地发展,新的社会生活方式、社会关系模式、社会生活实践领域随之出现,也引发了一系列新的伦理问题,如基因伦理、虚拟主体、网络生存、信息安全、人工智能等,需要伦理学去阐释、矫正和引导。但是,伦理学对某些社会、政治、生活问题的"失语"或"迟语",是不适应快速发展的生活实践的。"'失语'形容的是'同一指涉领域中语言共同体的瓦解局面';'失语'表示了'异域新说'导致的'眩惑与迷失','一种理解与沟通上的隔膜感和转化中的无力';'失语'是一种文化上的病态,主要表现为当代的中国文论完全没有自己的范畴、概念、原理和标准,没有自己的体系,也就没有自己的话语。"[1]伦理学的失语,并不是说伦理学丧失了其学术表达的话语能力,而是指其丧失或弱化了对人类生存、价值、信仰的阐释能力和引导能力。中国马克思主义伦理学如果只是不断重复古老的经典,用传统的药方去诊治现代性的疾病,或是不能摆脱学究式的

---

[1]　南帆:《中国古代文论:"失语"与阐释功能》,《人文杂志》1999 年第 5 期。

表达,不能与时代思想建立一种自由和活生生的联系,是难以适应社会现代性的发展的。因此怀有崇高使命的"伦理学人"如果丧失对现实的言说权力,"缺席"或"不在场",或者抱着"对可以言说者言说,对不可言说沉默"的态度,伦理学就会置自身于"软弱"之境。

其三,在研究方法上,形而上与形而下方法的结合、加强实证调查、引入新概念新命题等方面有待进一步加强。当前,"一些伦理学研究成果之所以难以有效应对现实生活中的重大问题,难以在社会生活的新领域、新问题面前强力发声,难以有效规范和引导现实社会生活,很大程度上是因为研究方法和手段过于陈旧落后、抽象单一。一些伦理学研究者不善于借助新技术、不擅长实证调查、不善用数据分析、不善于交叉集成,而是醉心于主观臆测、抽象思辨,用闭门造车的方式搞研究"[1]。伦理学具有哲学"微言大义"的最高旨趣,而一旦伦理学的"立言"趋于形式化和文字符号化而回避了对重大现实问题言说的有效性,就会陷入现代西方哲学语言学转向的困境——"哲学必然要禁锢于一种语言学唯心主义,因此哲学的终结即将来临。"[2]

三、中国马克思主义伦理学当前研究需要注意的问题

党的十八大之后,中国特色社会主义进入新时代。从 2013 年至今,马克思主义伦理学研究围绕中国特色社会主义伦理道德建设、实现中华民族伟大复兴中国梦主题,呈现出新特点。一是对中国特色社会主义伦理道德建设问题深度关注和破解;二是对马克思主义伦理学在中国发展的总结性研究。党的十八大以来中国马克思主义伦理学在"接着讲"中继续推进伦理学术文化繁荣发展,尤其是构建和践行社会主义核心价值观、推动中华伦理文化复兴和道德文明建设发展成效显著。

---

① 曾建平:《学科走向:中国伦理学研究的时代使命》,《人民日报》2018 年 8 月 20 日。

② [法]雅克·施兰格等,徐友渔编选:《哲学家和他的假面具》,社会科学文献出版社 1999年版,第 64 页。

当前中国马克思主义伦理学研究有待于进一步深入研究。

其一,尽管王泽应、王小锡、吴潜涛、李兰芬等专家学者对中国马克思主义伦理学发展作过总结研究,但是相对于伦理学四十年波澜壮阔的发展,现有研究远远不够。如何紧扣改革开放以来社会主义建设实践的脉搏对其进行学术梳理和规律总结,并规划性展望伦理学建设,是"加快构建中国特色哲学社会科学"的新时代要求。

其二,如何建设中国特色的伦理自信亟待解决。当前西方国家存在对中国崛起的伦理价值质疑的杂音,如大卫·斯科特(David Scott)在《"中国世纪"? 全球秩序面临的挑战》①文中表达了对中国伦理文化价值威胁的担忧;美国美中贸易委员会前主席柯白在《中国现代化:道路与前景》②认为中国的崛起并不包括特别的道德或规范意义。这从反面显示了本课题研究的重要性和必要性,即在回顾、反思、比较、展望中增强社会主义"伦理自信"。

其三,推进中国特色社会主义伦理学新发展的诸多问题需要深入研究。例如,如何塑造新时代中国核心的伦理价值和提升国家伦理精神,如何彰显国际伦理文化交往的中国伦理价值,如何为民众新生活提供伦理精神资源,如何使研究视域和内容方法实现开拓创新,等等,有待在展望中思考探究。

总之,以大众最为关切的现实问题为中心发展马克思主义伦理学,中国马克思主义伦理学才能真正掌握大众,成为大众的精神武器。为此,伦理学研究者应参与社会实践,真正体验时代的问题而不应完全生活在学术理想中。伦理学所昭示的是人的有意识的生命活动,"必以情志为神明,事义为骨髓,词采为肌肤"(《文心雕龙》),才能揭示生活的本质和人的本质。

---

① David Scott, *"The Chinese Century"*? *The Challenge to Global Order*, Hampshire: Palgrave Macmillan, 2008, p. 14.

② 柯白、魏柳南等:《激辩中国道路——世界中国学论坛观点集粹》,《社会观察》2013 年第 4 期。

第二章 改革开放以来马克思主义中国化理论成果对马克思主义伦理学发展的贡献

改革开放以来,继毛泽东思想之后,马克思主义中国化又取得了一系列伟大理论成果,即邓小平理论、"三个代表"重要思想、科学发展观和习近平新时代中国特色社会主义思想。这些科学理论成果所蕴含的马克思主义伦理思想,将毛泽东伦理思想推进到中国特色社会主义阶段,共同建构了中国特色社会主义伦理思想体系,为推进中国马克思主义伦理学的发展作出了巨大贡献。

第一节 邓小平理论对马克思主义伦理学发展的贡献

邓小平理论是党和人民实践经验与集体智慧的伟大结晶,为开创中国社会主义事业的崭新局面作出了重大贡献。邓小平理论蕴含着丰富的马克思主义伦理思想,继承和发展了马克思主义伦理思想和毛泽东伦理思想,在与中国社会主义建设实际相结合的进程中,全面而深入地推进了马克思主义伦理学的发展,为马克思主义伦理学新发展作出了巨大的贡献。

一、精神文明建设:马克思主义伦理学发展新主题与新任务

社会主义精神文明是社会主义社会的重要特征,加强社会主义精神文明建设是邓小平理论的重要内容。邓小平同志全面地总结社会主义精神文明建设正反两方面的历史经验,将社会主义精神文明建设理论推进到新阶段,为社会主义初级阶段马克思主义伦理学确立了发展主题和主要任务。

(一) 加强精神文明建设:确立马克思主义伦理学发展新主题

1978 年 12 月党的十一届三中全会至 1982 年 9 月党的十二大,是邓小平社会主义精神文明建设理论的初步提出阶段。1978 年 12 月 13 日,在中共中央工作会议闭幕会上,邓小平作了《解放思想,实事求是,团结一致向前看》的报告,强调"只有解放思想,坚持实事求是,一切从实际出发,理论联系实际,我们的社会主义现代化建设才能顺利进行,我们党的马列主义、毛泽东思想的理论也才能顺利发展"①,从而为精神文明建设扫清了思想障碍。1979 年 10 月 30 日,邓小平在中国文学艺术工作者第四次代表大会上首次明确提出"建设高度的社会主义精神文明"。1980 年 12 月,邓小平在中央工作会议上强调精神文明的重要性,指出:"没有这种精神文明,没有共产主义思想,没有共产主义道德,怎么能建设社会主义?"②1981 年 6 月,党的十一届六中全会审议通过的《关于建国以来党的若干历史问题的决议》把社会主义精神文明建设作为我国社会主义现代化建设的十条基本结论之一,并第一次把党在新的历史时期的奋斗目标概括为建设"现代化的、高度民主的、高度文明的社会主义强国"。1982 年 4 月,邓小平在中央政治局会议上的《坚决打击经济犯罪活动》讲话中,第一次提出建设社会主义精神文明是坚持社会主义道路的"四项必要保证"之一。

---

① 《邓小平文选》第二卷,人民出版社 1994 年版,第 143 页。
② 《邓小平文选》第二卷,人民出版社 1994 年版,第 367 页。

　　1982 年 9 月党的十二大至 1986 年 9 月党的十二届六中全会,是邓小平的社会主义精神文明建设理论的基本形成阶段。党的十二大指出:社会主义精神文明是社会主义的重要特征,是社会主义制度优越性的重要表现。党的十二大阐明了精神文明建设的一系列基本理论观点,指出精神文明就是在改造世界的过程中社会的精神生产和精神生活得到发展,表现为教育、科学、文化知识的发达和人们思想、政治、道德水平的提高;同时分析了社会主义建设中精神文明与物质文明之间的辩证关系。1985 年 9 月,邓小平在中国共产党全国代表会议上阐发了只有加强精神文明建设,才能全面发挥社会主义的优越性的思想,并指出"当前的精神文明建设,首先要着眼于党风和社会风气的根本好转"①。

　　1986 年 9 月党的十二届六中全会至 1992 年邓小平发表南方谈话,是邓小平社会主义精神文明建设理论的发展深化阶段。在此阶段,邓小平从社会主义精神文明建设的实际出发,总结经验教训,提出要努力纠正一手硬一手软的失误,重点要加强对青年学生的政治思想教育工作。党的十二届六中全会通过了《中共中央关于社会主义精神文明建设指导方针的决议》,从社会主义现代化建设总体布局的高度,阐述了社会主义精神文明建设的战略地位和根本任务,强调要培育有理想、有道德、有文化、有纪律的社会主义公民,用建设有中国特色社会主义的共同理想团结全国各族人民,提高整个中华民族的思想道德素质和科学文化素质。这个《决议》是党的第一个关于精神文明建设的纲领性文件,为我国精神文明建设的健康发展提供了基本指导方针。1986年 11 月、1987 年 2 月,邓小平在两次接见外宾的时候提出反对资产阶级自由化的问题,尤其强调要加强青年的理想和纪律教育,使他们懂得自由和纪律的关系。1992 年邓小平在南方谈话中以广东发展为例,强调"只要我们的生产力发展,保持一定的经济增长速度,坚持两手抓,社会主义精神文明建设就可

---

　　① 《邓小平文选》第三卷,人民出版社 1993 年版,第 144 页。

以搞上去"①。

在邓小平理论的科学体系中,社会主义精神文明建设既是一个理论问题,更是一个实践问题。如何在改革开放的新历史条件下推进精神文明建设,成为中国马克思主义伦理学直面波澜壮阔的中国特色社会主义建设的重要主题,为进一步形成具有特定研究立场、观点和方法的中国马克思主义伦理学理论范式提供了崭新的理论内容。

(二) 建设社会主义精神文明:马克思主义伦理学的主要任务

立足于中国改革开放的实践,在实践中实现伦理认识的伟大变革,也在实践中积极探索和发现社会主义伦理建设规律,是中国马克思主义伦理学发展的重要路径。邓小平理论关于如何建设社会主义精神文明的问题,成为中国特色社会主义建设中马克思主义伦理学发展的主要任务。

1. 社会主义精神文明建设的战略地位

邓小平在社会主义建设的理论和实践探索中,从战略高度将精神文明建设列入社会主义现代化建设的总体布局,这是邓小平理论对马克思主义伦理学理论的重大发展。

一方面,把精神文明看作社会主义社会的重要特征和社会主义制度优越性的重要表现,强调要同时搞好物质文明和精神文明。邓小平深刻认识到精神文明在社会主义建设中的重要性,认为"不加强精神文明的建设,物质文明的建设也要受破坏,走弯路。光靠物质条件,我们的革命和建设都不可能胜利。过去我们党无论怎样弱小,无论遇到什么困难,一直有强大的战斗力,因为我们有马克思主义和共产主义的信念。有了共同的理想,也就有了铁的纪律。无论过去、现在和将来,这都是我们的真正优势"②。贫穷不是社会主义,

---

① 《邓小平文选》第三卷,人民出版社 1993 年版,第 379 页。
② 《邓小平文选》第三卷,人民出版社 1993 年版,第 144 页。

不重视精神文明也搞不好社会主义,两个文明都搞好,才是有中国特色的社会主义。邓小平在 1979 年就指出:"我们要在建设高度物质文明的同时,提高全民族的科学文化水平,发展高尚的丰富多彩的文化生活,建设高度的社会主义精神文明。"①1980 年 12 月,邓小平在中央工作会议上指出:"我们要建设的社会主义国家,不但要有高度的物质文明,而且要有高度的精神文明。"②1986 年 9 月,党的十二大把努力建设高度精神文明确定为我国社会主义建设的战略方针,并强调"是否坚持这样的方针,关系到社会主义的兴衰和成败",第一次提出了"社会主义精神文明是社会主义重要特征,是社会主义制度优越性的重要表现"的新论断。③

另一方面,从全面建设社会主义的战略高度和我国现代化建设的总体布局出发,进一步强调了精神文明建设的不可忽视、不可取代的战略地位。邓小平提出:建设社会主义精神文明"这是我们坚持社会主义道路,集中力量进行现代化建设的最重要的保证"④。邓小平强调社会主义精神文明是社会主义的重要特征,精神文明为物质文明的发展提供精神动力和智力支持,为物质文明葆有正确发展方向提供有力的思想保证。此后,邓小平在多个场合多次告诫全党,必须大力抓好精神文明建设,抵制各种腐朽思想的影响,筑起牢固的思想防线,保证我国的现代化建设沿着社会主义轨道健康发展。

2. 社会主义精神文明建设的根本任务

社会主义精神文明建设的根本目标是培育社会主义"四有"新人。1980 年年底,邓小平就提出精神文明建设就是要努力使我们青少年成为有理想、有道德、有知识、守纪律的人。1982 年 7 月,邓小平再次强调:"搞社会主义精神文明,主要是使我们的各族人民都成为有理想、讲道德、有文化、守纪律的人

---

①　《邓小平文选》第二卷,人民出版社 1994 年版,第 208 页。
②　《邓小平文选》第二卷,人民出版社 1994 年版,第 367 页。
③　《改革开放三十年重要文献选编》上册,中央文献出版社 2008 年版,第 273—274 页。
④　《邓小平文选》第三卷,人民出版社 1993 年版,第 3 页。

民。"①1986 年 9 月,《中共中央关于社会主义精神文明建设指导方针的决议》明确地把"培育有理想、有道德、有文化、有纪律的社会主义公民"规定为社会主义精神文明建设的根本任务。

所谓"有理想",就是要有共产主义的远大理想和现阶段的共同理想。邓小平强调:"要特别教育我们的下一代、下两代,一定要树立共产主义的远大理想。一定不能让我们的青少年作资本主义腐朽思想的俘虏,那绝对不行。"②所谓"有道德",就是要有共产主义道德,"应当在全社会认真提倡社会主义、共产主义思想道德"③。所谓"有文化",就是要扎扎实实掌握为社会主义现代化建设服务所必需的科学文化知识和劳动技能。所谓"有纪律",就是要增强社会主义公民意识和组织纪律观念,自觉地遵纪守法。

培育社会主义"四有"新人这个根本目标,具体化为文化建设和思想建设两个基本方面的任务要求。文化建设是提高人民群众思想觉悟和道德水平的重要条件,而"思想建设决定着我们的精神文明的社会主义性质"④。同时,邓小平还提出了社会主义精神文明建设的任务不仅要努力提高每一个社会成员的精神境界,使之成为有理想、讲道德、有文化、守纪律的劳动者,而且"要在全社会建立和发展体现社会主义精神文明的新型社会关系"⑤。

3. 社会主义精神文明建设的重要规律

邓小平理论在对"什么是社会主义、怎样建设社会主义"这个中国革命、建设和改革的根本问题进行阐释的过程中,阐明了社会主义精神文明建设中若干带有全局性的重要问题,揭示了精神文明建设的客观规律,科学地回答了怎样建设社会主义精神文明的问题。

---

① 《邓小平文选》第二卷,人民出版社 1994 年版,第 408 页。
② 《邓小平文选》第三卷,人民出版社 1993 年版,第 111 页。
③ 《中共中央关于加强社会主义精神文明建设若干问题的决议》,《人民日报》1996 年 1 月 14 日。
④ 《改革开放三十年重要文献选编》上册,中央文献出版社 2008 年版,第 275 页。
⑤ 《改革开放三十年重要文献选编》上册,中央文献出版社 2008 年版,第 276 页。

其一,社会主义物质文明建设和精神文明建设要同时并重。邓小平指出,"搞四个现代化一定要有两手,只有一手是不行的"①,要坚持"两手抓,两手都要硬"的方针。没有经济的发展,精神文明建设就失去了物质基础,没有精神文明的进步,物质文明建设就会失去精神动力、智力支持和思想保证。

其二,协调社会主义精神文明建设系统内部诸要素之间的相互关系。一是坚持马克思主义在精神文明建设的指导地位;二是强调理想和道德是社会主义精神文明建设的核心;三是强调教育、科学和文化建设是社会主义精神文明建设的基础;四是强调社会主义民主是社会主义精神文明在国家和社会生活中的重要体现。

邓小平理论在改革开放与社会主义市场经济建设条件下对社会主义精神文明建设进行了系统而科学的阐释,形成了完整的理论体系,为建设富强、民主、文明、和谐的社会主义现代化国家提供了强大的伦理理论支撑。

二、道德建设理论:对马克思主义道德学说的创新发展

"邓小平同志对马克思主义伦理学的重大发展,还在于明确系统地提出和解决了社会主义阶段应当提倡什么道德、普遍实行什么道德这样一些社会主义道德建设中具有根本性的问题。"②邓小平理论关于社会主义道德建设的科学阐释是对马克思主义道德学说的继承和创造性发展,开创了改革开放新时期道德建设的新局面。

(一) 明确社会主义道德建设在精神文明建设中的作用与基本要求

社会主义道德建设问题是马克思主义伦理学的核心问题。邓小平理论对社会主义阶段为什么要加强道德建设、应该提倡什么道德的问题作出了明确

① 《邓小平文选》第三卷,人民出版社 1993 年版,第 154 页。
② 章海山:《邓小平对马克思主义伦理学的贡献》,《现代哲学》1990 年第 3 期。

而详细的回答。

社会主义道德建设在社会主义精神文明建设中具有基础性和根本性的作用。邓小平明确指出："所谓精神文明，不但是指教育、科学、文化（这是完全必要的），而且是指共产主义的思想、理想、信念、道德、纪律，革命的立场和原则，人与人的同志式关系，等等。"①在改革开放的实践探索中，邓小平始终把提升全民族的思想道德水平放在重要的战略位置，把大力弘扬思想道德作为社会发展的重要任务。邓小平强调：要"鼓励支持一切有利于解放和发展社会主义社会生产力的思想道德，一切有利于国家统一、民族团结、社会进步的思想道德，一切有利于追求真善美、抵制假恶丑、弘扬正气的思想道德，一切有利于履行公民权利与义务、用诚实劳动争取美好生活的思想道德，团结和引导亿万人民积极向上，不断提高全民族的思想道德水平"②。

阐明社会主义道德建设的基本要求，关涉社会主义道德建设的重大问题，这是邓小平理论对马克思主义伦理学的一个重大贡献。在道德要求的内容上，邓小平强调社会主义道德建设的基本要求是爱祖国、爱人民、爱劳动、爱科学、爱社会主义。在道德要求的层次性上，邓小平明确提出社会主义道德应当有层次性，把先进性的要求同广泛性的要求结合起来。对共产党员和先进分子应当有更高的道德要求，即要求他们具有"全心全意为人民服务""大公无私"等共产主义道德品质；对广大群众应当提广泛性的道德要求，即要求他们做到爱祖国、爱人民、爱劳动、爱科学和爱社会主义，树立良好的社会主义道德风尚。

（二）阐明社会主义物质利益和道德关系，确立社会主义道德范式

物质利益和道德的关系问题是马克思主义伦理学的根本问题之一，是市

---

① 《邓小平文选》第二卷，人民出版社 1994 年版，第 367 页。
② 中共中央文献研究室编：《十四大以来重要文献选编》（下），人民出版社 1999 年版，第 2054 页。

场经济条件下道德建设要回答的首要问题。

一方面,邓小平理论批判了把物质利益与道德对立起来、轻视物质利益追求的错误思想,唯物辩证地解决了物质利益和道德的关系,极大调动了人民群众的社会主义建设积极性。在很长一段时间内,由于受"左"的思想影响,造成了忽视群众物质利益的错误倾向,甚至出现"狠斗私字一闪念"的极端现象,对物质的合理追求和向往被斥为资产阶级思想。割裂物质生活条件和道德的关系,把道德与物质利益绝对对立起来,脱离利益基础空谈道德,就会扼杀人民群众的劳动积极性。邓小平对此现象作出了批评:"不讲多劳多得,不重视物质利益,对少数先进分子可以,对广大群众不行,一段时间可以,长期不行。……如果只讲牺牲精神,不讲物质利益,那就是唯心论。"[1]邓小平强调劳动者的最基本利益是物质利益,道德精神是在物质利益的基础上产生的;道德精神必须以物质利益为基础,物质利益必须以道德精神为引导。

另一方面,邓小平理论确立了与"以经济建设为中心"相适应的道德范式,这是对马克思主义伦理学的一个重大贡献。适应"以经济建设为中心"的道德范式坚持和发展了道德的唯物主义一元论,同唯心主义划清了界限;使道德建设服从和服务于经济建设,既有利于经济发展,又有利于道德建设,使经济发展与道德建设相互促进,为建构一种新的伦理思想体系奠定了基础;解决了在社会主义条件下如何进行道德建设的问题,丰富和发展了马克思主义伦理学。[2]由于这种崭新而科学的道德范式的确立,不仅对于建构社会主义市场经济条件下马克思主义道德理论有着积极的决定意义,而且推动了社会主义道德建设实践的巨大变革。

---

[1]　《邓小平文选》第二卷,人民出版社 1994 年版,第 146 页。

[2]　参见李权时:《论邓小平的道德范式——兼评道德政治化与道德经济化》,《学术研究》1998 年第 9 期。

**（三）社会主义功利主义原则和集体主义原则：社会主义道德
建设的基本原则**

邓小平理论继承和发展了马克思主义伦理学关于社会主义条件下个人利
益和社会利益相一致的道德原则，不仅强调大力发展生产力、提高劳动生产
率、满足广大人民物质利益需要的重要性，而且强调个人利益与集体利益、社
会利益的真正统一。一方面，邓小平强调要注重物质利益，要以最广大劳动人
民的最大利益作为我们行为的最高道德标准。他指出："贫穷不是社会主义，
社会主义要消灭贫穷。不发展生产力，不提高人民的生活水平，不能说是符合
社会主义要求的。"①如何实现最大多数人民最大利益？邓小平提出了让一部
分地区、一部分人先富起来，然后走共同富裕的道路，这是符合社会主义经济
发展规律的必由之路。另一方面，邓小平反对急功近利，强调要坚持集体功利
和个人功利相统一。他强调："我们从来主张，在社会主义社会中，国家、集体
和个人的利益在根本上是一致的，如果有矛盾，个人的利益要服从国家和集体
的利益。为了国家和集体的利益，为了人民大众的利益，一切有革命觉悟的先
进分子必要时都应当牺牲自己的利益。我们要向全体人民、全体青少年努力
宣传这种高尚的道德。"②社会主义功利原则和集体主义原则，是社会主义市
场经济条件下利益关系的道德调节规范，成为市场经济条件下加强社会主义
道德建设的基本遵循。邓小平道德建设思想以人民的最大利益为出发点，这
种以人民为中心的价值取向创新发展了马克思主义伦理学的无产阶级功利原
则，将社会主义功利原则与社会主义道德建设的时代要求结合起来，唱响了社
会主义道德建设的主旋律。

---

① 《邓小平文选》第三卷，人民出版社 1993 年版，第 116 页。
② 《邓小平文选》第二卷，人民出版社 1994 年版，第 337 页。

（四）　阐明党风对社会主义社会道德风尚的决定性影响

邓小平在总结我国社会主义道德建设的经验时指出："为了促进社会风气的进步,首先必须搞好党风,特别是要求党的各级领导同志以身作则。党是整个社会的表率,党的各级领导同志又是全党的表率。"①党的十二届六中全会通过的《中共中央关于社会主义精神文明建设指导方针的决议》指出:在道德建设上,一定要从实际出发,鼓励先进,照顾多数,把先进性的要求同广泛性的要求结合起来,这样才能联结和引导不同觉悟程度的人们一起向上,形成凝聚亿万人民的强大精神力量。② 党风建设的道德要求就是先进性的要求,并能带动广大人民群众广泛性的道德实践,提升社会道德风尚。

党的十一届三中全会以后,为了进一步增强党的凝聚力和战斗力,发扬党的优良传统和作风,党中央采取切实措施健全党规党纪,整顿党的作风。1980年2月,党的十一届五中全会通过《关于党内政治生活的若干准则》,提出了12个方面的要求。1983年10月,党的十二届二中全会通过《中共中央关于整党的决定》,并从1983年10月至1987年5月,分期分批开展了以统一思想、整顿作风、加强纪律、纯洁组织为基本任务的全面政党。邓小平强调指出:"要整好我们的党,实现我们的战略目标,不惩治腐败,特别是党内的高层的腐败现象,确实有失败的危险。"③与此同时,邓小平尤其强调党员领导干部要高度重视和身体力行共产主义道德,以此改善党风和社会风气,提高全党全民族的文明程度和道德水平。

三、社会主义本质论与"三个有利于"：马克思主义经济伦理思想创新

社会主义本质论继承和发展了马克思主义伦理学关于无产阶级道德历史

①　《邓小平文选》第二卷,人民出版社 1994 年版,第 177 页。

②　中共中央文献研究室编:《十一届三中全会以来重要文献选读》下册,人民出版社 1987 年版,第 1160 页。

③　《邓小平文选》第三卷,人民出版社 1993 年版,第 313 页。

使命的学说,是马克思主义伦理学价值目标的时代化和具体化;"三个有利于"标准则为社会主义健康发展提供了马克思主义经济伦理的评判标准。社会主义本质论和"三个有利于"标准,体现了邓小平理论对马克思主义经济伦理思想的创新。

(一) 社会主义本质论:马克思主义伦理学价值目标的时代化与具体化

1992年春,邓小平在南方视察时对社会主义本质作出准确科学的概括,指出:"社会主义的本质,是解放生产力,发展生产力,消灭剥削,消除两极分化,最终达到共同富裕。"①马克思主义伦理学的价值目标在于实现人的解放和自由全面发展,"解放生产力,发展生产力"则是社会主义初级阶段对其价值目标的时代化和具体化。

其一,"解放生产力,发展生产力"是符合社会发展规律、推动历史前进的社会实践活动,体现了社会主义的本质属性和价值目标。一方面,"解放生产力,发展生产力"契合社会主义初级阶段理论的最大实际,这是马克思主义伦理学时代化的现实基础。邓小平反复强调生产力的重要性,他说:"搞社会主义,一定要使生产力发达,贫穷不是社会主义。我们坚持社会主义,要建设对资本主义具有优越性的社会主义,首先必须摆脱贫穷。"②另一方面,"解放生产力,发展生产力"围绕着人的主体更好发展的价值目标。"解放生产力,发展生产力",促进人更好地发展和实现人的价值,这是马克思主义伦理学的价值目标。邓小平强调:"马克思主义最注重发展生产力。我们讲社会主义是共产主义的初级阶段,共产主义的高级阶段要实行各尽所能、按需分配,这就要求社会生产力高度发展,社会物质财富极大丰富。所以社会主义阶段的最根本任务就是发展生产力,社会主义的优越性归根到底要体现在它的生产力

---

① 《邓小平文选》第三卷,人民出版社1993年版,第373页。
② 《邓小平文选》第三卷,人民出版社1993年版,第225页。

比资本主义发展得更快一些、更高一些,并且在发展生产力的基础上不断改善人民的物质文化生活。"①在社会主义初级阶段,只有解放生产力和发展生产力,才能有效协调人与自然、人与人之间的关系,使人更大程度地实现从自然必然性和社会必然性的束缚中解脱出来。同时,解放生产力和发展生产力是有效解决社会主义社会主要矛盾的根本途径,即化解人民日益增长的物质文化生活需要同落后的社会生产之间矛盾,这不仅是道德发展的历史使命,也是社会主义道德发展的动力根源。

其二,"消灭剥削,消除两极分化,最终达到共同富裕"体现了马克思主义伦理学关于道德规定的理论旨趣。马克思主义伦理学认为道德根源于一定社会的经济关系,而经济关系首先是作为利益关系表现出来,道德就是调适利益关系的行为规范总和。社会主义道德是由社会主义经济关系所决定并旨在调适社会主义利益关系的行为规范。无产阶级道德自诞生之日起,其历史使命就已然明晰,即"道德是为人类社会升到更高的水平,为人类社会摆脱劳动剥削制服务的"②。为此,邓小平反复强调:"社会主义最大的优越性就是共同富裕,这是体现社会主义本质的一个东西。如果搞两极分化,情况就不同了,民族矛盾、区域间矛盾、阶级矛盾都会发展,相应地中央和地方的矛盾也会发展,就可能出乱子。"③两极分化就是阶级分化,必然产生新的资产阶级,必然产生新的社会矛盾,与社会主义背道而驰。在社会主义初级阶段,只要"消灭剥削,消除两极分化,最终达到共同富裕"仍在途中,社会主义道德的历史使命就不会过时。

邓小平理论关于社会主义本质的阐释,不仅符合社会发展规律和历史前进的实践要求,是对社会主义初级阶段现实性的深刻认识和把握,还继承和发展了马克思主义伦理学关于无产阶级道德历史使命的学说,为推进社会主义

---

① 《邓小平文选》第三卷,人民出版社 1993 年版,第 63 页。
② 《列宁选集》第 4 卷,人民出版社 1972 年版,第 355 页。
③ 《邓小平文选》第三卷,人民出版社 1993 年版,第 364 页。

建设开辟了道德建设新境界。

（二）"三个有利于"标准：马克思主义经济伦理的评判标准

如果说邓小平理论对社会主义本质的论述明确了社会主义社会的价值目标，那么"三个有利于"标准则体现了马克思主义经济伦理的价值评判标准。1992年，邓小平在南方谈话中针对党内和国内不少人在改革开放问题上迈不开步子、不敢闯，以及理论界对改革开放性质的争论，指出："要害是姓'资'还是姓'社'的问题。判断的标准，应该主要看是否有利于发展社会主义社会的生产力，是否有利于增强社会主义国家的综合国力，是否有利于提高人民的生活水平。"①

马克思倾其一生研究人类社会发展变化，其社会理想的伦理价值目标在于：一是生产力高度发达，物质极大丰富；二是社会每一个成员在其成长和发展过程中的机会公平、公正；三是社会每一个成员个性自由全面发展基础上的全人类解放。"三个有利于"标准不仅是对马克思主义社会伦理目标的具体化和现实展开，也为处理社会主义初级阶段的社会利益关系确立了根本原则和根本标准。从其伦理内涵而言，"三个有利于"体现了邓小平经济伦理理论的本质特征。其一，确立了社会主义初级阶段政治经济社会理想，即以提高广大人民群众的共同利益作为目标。正如邓小平强调："社会主义的经济是以公有制为基础的，生产是为了最大限度地满足人民的物质、文化需要，而不是为了剥削。由于社会主义制度的这些特点，我国人民能有共同的政治经济社会理想，共同的道德标准。"②其二，把对物质利益的追求放置于解放和发展生产力的过程中，抓住了实现社会主义长远利益的根本。其三，从伦理导向上，肯定了人们对物质利益追求的道德合理性。道德作为一种实践精神，不仅产生于实践的需要并指导人们的实践，而且激发道德实践主体的能动性和创造

---

① 《邓小平文选》第三卷，人民出版社1993年版，第372页。
② 《邓小平文选》第二卷，人民出版社1994年版，第167页。

性。"三个有利于"标准将道德与人们的实际利益、根本利益和长远利益需求紧密结合起来,体现了社会主义道德的实践使命,即始终为坚持社会主义本质、建设社会主义服务,从而指示了对利益的合理追求具有伦理价值的"应然性"。其四,在伦理评判上,以实践的效果判断是非、善恶,体现了注重实效的特色。这种伦理评判标准能够深入社会生活的各个层面,对于社会风尚产生积极的影响。

四、邓小平理论对马克思主义伦理学的发展创新

邓小平理论对马克思主义伦理学的发展创新,集中体现在系统提出了社会主义精神文明建设理论;明确了社会主义初级阶段马克思主义伦理学的发展主题和主要任务;全面论述了社会主义道德建设,明确了社会主义市场经济条件下应当提倡什么样的道德、普遍实行什么样的道德的重大问题;阐明了社会主义本质论与"三个有利于"标准,解决马克思主义伦理学在经济伦理应用的重大问题。从此意义而言,邓小平理论开启了中国改革开放和社会主义现代化建设新时期伦理学理论和实践的创新,开创了中国特色社会主义伦理学的新发展。

(一) 继承和发展马克思主义伦理学的文明理论

马克思、恩格斯在相关的著作中论及诸如"政治文明""资产阶级文明"等概念,但未提出和论述过"精神文明"的概念。列宁在社会主义革命和社会主义建设中曾经提到过"文明"的概念,但对精神文明没有具体地阐述。邓小平理论把握了时代的命脉,将马克思主义文明理论与中国的实际相结合,不仅对"精神文明"作出了详细阐述,还论述了物质文明建设和精神文明建设的关系,强调"两手抓"是中国特色社会主义的基本要求,对马克思主义伦理学文明理论进行了中国化创造。

邓小平精神文明建设理论为社会主义文化建设,尤其是道德文化建设奠定了伦理理论基础。邓小平将精神文明建设与社会主义科学文化事业繁荣紧

密联系起来。一方面,强调精神生产有其鲜明的特点、科学文化发展有其特殊的规律,要坚持"百花齐放、百家争鸣"的方针,因此对思想上的争论和认识上的分歧,不能用政治权力或行政手段裁决,只能采取民主的办法来解决,这样才能营造科学文化健康发展所必需的安定团结、民主和谐的环境氛围。另一方面,必须坚持"古为今用、洋为中用、推陈出新"的方针。批判继承中国传统文化、批判吸收外国优秀文化,并结合时代的特征加以发展,才能推陈出新、不断发展。邓小平指出:"属于文化领域的东西,一定要用马克思主义对它们的思想内容和表现方法进行分析、鉴别和批判。"①邓小平精神文明建设理论的重要启示在于,先进伦理文化是建立在吸收人类优秀道德文明成果的基础上得以繁荣和发展的。

邓小平精神文明建设理论是马克思主义伦理学的文明理论的继承与发展,主要表现为:在社会主义现代化建设的总体布局中来认识精神文明建设发展战略性;在建立社会主义市场经济体制的目标展开中认识精神文明建设面临的新机遇和新要求;根据社会主义初级阶段的基本国情实事求是地推进精神文明建设;紧扣社会主义市场经济建设的实际开展以思想道德建设为主要内容的精神文明建设;适应新时期社会发展的要求加强精神文明建设;遵循精神文明建设的客观规律推进社会主义新时期的精神文明建设。

(二) 创新马克思主义道德建设理论

在社会主义初级阶段,道德建设与经济建设都是社会发展的重要主题。邓小平理论中关于社会主义道德建设的理论,全面而系统地创新发展了马克思主义道德建设理论。

其一,阐明道德建设在社会主义建设中的作用与基本要求,明确了社会主义初级阶段应当提倡什么道德、普遍实行什么道德,坚持先进性与广泛性相结

---

① 《邓小平文选》第三卷,人民出版社1993年版,第44页。

合,开辟了改革开放之后马克思主义伦理学发展的新境界。由于对社会主义初级阶段的发展条件和状况的明确定位,社会主义道德建设应该分层次、分要求展开,尤其在社会生活不同领域的道德建设,如社会公共道德、职业道德、婚姻和家庭道德等,应该有针对性地提出不同的道德要求。立足实际、明确要求,社会主义道德建设逐渐从僵化教条和狭隘经验中解放出来。

其二,唯物辩证地廓清物质利益和道德关系这个马克思主义伦理学的核心问题,确立了新时期社会主义道德范式,纠正了"左"的思想影响导致的线性思维的局限,使社会主义道德建设呈现出视野开阔、生动活泼的新局面。由于对物质利益和道德关系、个人与集体关系、个人与社会关系等伦理道德基本问题的辩证认识,以为人民服务和集体主义为内核的社会主义道德建设基本原则得以确立,对社会道德风尚起着重要指导作用,从而有效激发了人民群众参与社会主义道德建设的积极性,一切有利于解放和发展社会主义社会生产力的思想道德,一切有利于国家统一、民族团结、社会进步的思想道德,一切有利于追求真善美、抵制假恶丑、弘扬正气的思想道德,一切有利于履行公民权利与义务、用诚实劳动争取美好生活的思想道德,得到了全面的弘扬。

(三) 丰富马克思主义伦理学理论的实践价值

邓小平理论对马克思主义伦理学的创新紧扣"什么是社会主义""怎样建设社会主义"的问题,不仅体现了马克思主义伦理学实践性,而且极大地丰富了中国马克思主义伦理学的实践价值。

一方面,邓小平理论立足社会主义初级阶段和改革开放的实际,为马克思主义伦理学的发展和成长培植营养土壤。党的十一届三中全会以来,"解放思想、实事求是"成为党的思想路线和社会主义建设的指导方针,在此方针的指导下,中国马克思主义伦理学建设改变了"苏联式"教条主义的发展模式,造就了中国特色社会主义伦理学理论和实践的新局面和新气象。

另一方面,邓小平理论对马克思主义伦理学中国化的伟大贡献还在于明确社会主义道德建设的主要任务,有效应对和解决中国马克思主义伦理学发展面临的紧迫问题。坚持问题导向是马克思主义伦理学中国化发展的重要路径。邓小平在总结历史经验的基础上,以深邃的洞察力敏锐地回答了社会主义伦理道德建设的根本性问题。具体而言,社会主义本质论为新时期"何为善"作出了马克思主义伦理学的价值目标定位;"三个有利于"标准则为社会主义建设确立了马克思主义经济伦理的评判标准;社会主义道德建设"层次论"强调先进性与广泛性的结合,更是面向群众、面向实际、重视实践运用的具体表现。

邓小平理论对中国马克思主义伦理学的发展和创新,不仅具有重要的理论价值,也具有承前启后的实践意义,展现了中国特色社会主义伦理学的时代风格和独特个性。深刻领会邓小平理论对中国马克思主义伦理学发展的伟大贡献及其重大意义,是推进中国特色社会主义伦理学发展的重要认识基础。

第二节 "三个代表"重要思想对马克思主义伦理学发展的贡献

20 世纪 90 年代以后,以江泽民同志为核心的党中央领导集体深刻把握中国特色社会主义的发展主题,创立了"三个代表"重要思想。"三个代表"重要思想"是对党的性质、根本宗旨、根本任务的新概括,对马克思主义建党学说的新发展,对新时期党的建设和建设有中国特色社会主义事业各项工作提出的新要求"[1]。"三个代表"重要思想从马克思主义政党伦理、社会主义政治文明建设、马克思主义道德建设理论、马克思主义伦理学"为人民服务"价值内核的新要求等方面,将马克思主义伦理学中国化发展推进到新的阶段,丰富了中国特色社会主义伦理学理论体系。

---

① 《胡锦涛文选》第一卷,人民出版社 2016 年版,第 426 页。

一、"三个代表"重要思想对马克思主义政党伦理理论的发展创新

政党伦理理论是马克思主义伦理学重要组成部分。江泽民同志在改革开放和社会主义市场经济建设过程中创立了"三个代表"重要思想,"进一步从根本上回答了在充满挑战和希望的二十一世纪,我们党要把自己建设成为一个什么样的党、怎样建设党的问题,是新的历史条件下全面加强和改进党的建设的行动指南,为面向新世纪的中国共产党进一步巩固自己、加强自己、提高自己,提供了强大思想武器"①。"三个代表"重要思想推进了党的建设伟大工程,创新发展了马克思主义政党伦理理论。

2000 年 2 月,江泽民在广东考察工作时明确提出"三个代表"要求。江泽民指出,"我们党所以赢得人民的拥护,是因为我们党在革命、建设、改革的各个历史时期,总是代表着中国先进生产力的发展要求,代表着中国先进文化的前进方向,代表着中国最广大人民的根本利益"②。同时强调,把中国的事情办好,关键取决于我们的党,取决于党的思想作风、组织纪律状况、战斗力和领导水平。2001 年 7 月,江泽民在庆祝中国共产党成立 80 周年大会上的讲话中对"三个代表"重要思想进行了集中概括,即"始终代表中国先进生产力的发展要求,代表中国先进文化的前进方向,代表中国最广大人民的根本利益",并指出"'三个代表'要求,是我们党的立党之本、执政之基、力量之源"。③ "三个代表"重要思想体现新时期改革开放和社会主义市场经济建设的时代要求,赋予了马克思主义政党伦理的"为人民服务"价值内核以新内涵。

"始终代表中国先进生产力的发展要求"契合马克思主义伦理学对物质

---

① 《胡锦涛文选》第一卷,人民出版社 2016 年版,第 426 页。
② 《中国共产党简史》,人民出版社、中共党史出版社 2021 年版,第 329—330 页。
③ 《江泽民文选》第三卷,人民出版社 2006 年版,第 272 页。

利益重视及其与道德追求的辩证认识,彰显了马克思主义政党对推动人类社会发展根本动力的深刻认识和责任自觉。江泽民指出:"敏锐地把握我国社会生产力的发展趋势和要求,坚持以经济建设为中心,通过制定和实施正确的路线方针政策,采取切实的工作步骤,不断促进先进生产力的发展。这是我们党始终站在时代前列、保持先进性的根本体现和根本要求"①。党要始终代表中国先进生产力的发展要求,就是要强调党的理论、路线、纲领、方针、政策和各项工作必须符合生产力发展的规律,体现不断推动社会生产力的解放和发展的先进性,这是对党的建设的发展要求,抓住了以民为本、服务为民的根本。"始终代表中国先进生产力的发展要求",其为人民服务的价值要求体现在积极推动先进生产力发展,通过发展生产力不断提高人民群众的生活水平,使人民群众的生活日益得到改善。为此,要求我们党一方面要敏锐把握世界范围内生产力发展的最新动向和发展趋势,化解生产力发展中的各种问题,推动生产力不断发展;另一方面要正确处理生产力和生产关系的矛盾,完善社会主义市场经济体制,促进生产力新发展和新提高。

"始终代表中国先进文化的前进方向"契合马克思主义伦理学对道德文化建设的基本要求,彰显了马克思主义政党对文化观念上层建筑在社会发展中作用的深刻把握。党要始终代表中国先进文化的前进方向,其要求同改革开放以来我们倡导的社会主义精神文明要求具有一致性,即要"努力体现发展面向现代化、面向世界、面向未来的,民族的科学的大众的社会主义文化的要求,促进全民族思想道德素质和科学文化素质的不断提高,为我国经济发展和社会进步提供精神动力和智力支持"②。"始终代表中国先进文化的前进方向",其为人民服务的价值要求体现在党的理论、路线、纲领、方针、政策和各项工作要积极推进社会主义先进文化发展,不断满足人民群众日益增长的精神文化需求,为经济发展和社会进步提供文化精神动力。为此,要求我们党坚

①《江泽民文选》第三卷,人民出版社 2006 年版,第 273 页。
②《江泽民文选》第三卷,人民出版社 2006 年版,第 276 页。

持马克思主义在思想文化领域的指导地位,大力加强社会主义思想道德建设,进一步繁荣社会主义文化事业,掌握文化建设主动权,建设社会主义先进文化。江泽民尤其强调党员领导干部要加强权力道德修养,身体力行共产主义道德,努力做到大公无私、清正廉洁、服从大局、艰苦奋斗,全心全意为人民服务。他指出:"共产党员要带头身体力行社会主义、共产主义道德,为在人民中倡导这些道德真正起到表率作用。"①

"始终代表中国最广大人民的根本利益"契合马克思主义伦理学的价值目标追求,彰显了马克思主义政党的人民至上的鲜明政治立场,是中国特色社会主义政治伦理价值的根本体现。马克思主义政党把人民放在心中最高位置,一切奋斗都致力于实现最广大人民的根本利益。这就要求党的理论、路线、纲领、方针、政策和各项工作,必须坚持把人民的根本利益作为出发点和归宿,使人民群众不断获得切实的经济、政治、文化利益。江泽民多次强调,党的建设的出发点和落脚点要归结到始终代表最广大人民的根本利益上来,归结到立党为公、执政为民上来,归结到关心群众疾苦、全心全意为人民服务上来。离开为民谋利,执政为民就是一句空话,以民为本就是一句假话。"始终代表中国最广大人民的根本利益",其为人民服务的价值要求体现在充分激发人民群众的积极性主动性创造性,不断实现人民群众的经济、政治、文化等利益需求。中国共产党的全部责任和使命就是为人民谋利益,团结带领人民群众为实现自己的根本利益而奋斗。

概而言之,发展先进生产力和先进文化,归根到底都是为了满足人民群众日益增长的物质文化生活需要,不断实现最广大人民的根本利益。"三个代表"重要思想的提出,是在世情、国情、党情的深刻变化条件下,对"建设一个什么样的党""怎样建设党"这个关乎国家前途命运和党的兴衰成败的重大理论和现实问题的解答,也是马克思主义伦理学与中国共产党执政伦理建设相

---

① 《江泽民文选》第一卷,人民出版社 2006 年版,第 580 页。

结合的当代理论探索。

二、"三个代表"重要思想对社会主义政治文明建设的积极推进

"三个代表"重要思想为推进社会主义政治文明建设、积极开展社会主义政治体制改革提供了基本遵循,丰富和发展了马克思主义政治伦理理论。政治伦理理论是马克思主义伦理学的主要构成部分,最能展现马克思主义伦理学的阶级性和革命性。在中国特色社会主义建设时期,政治伦理理论的创新发展,是马克思主义伦理学中国化的重要发展路径。

推进中国特色社会主义建设,必须加强党对政治文明建设的领导。发展民主政治、建设政治文明,是马克思主义伦理学的重要目标。早在 1844 年,马克思在《关于现代国家的著作的计划草稿》中曾提出"政治文明"概念。[①] 列宁于 1920 年有了"民主文明""政治文化"的提法。[②] "政治文明"概念的普遍使用在中国经历了一个较长时期。直到 2002 年 5 月 31 日,江泽民在中央党校省部级干部进修班毕业典礼的讲话上使用了"政治文明"的概念,并提出"发展社会主义民主政治,建设社会主义政治文明"的命题。党的十六大报告中,江泽民提出:"中国共产党领导人民在建设物质文明、政治文明的同时,努力建设社会主义精神文明",才将"政治文明"与"精神文明""物质文明"并列使用,并强调要实现物质、政治、精神的协调发展。"党的十六大把发展社会主义民主政治,建设社会主义政治文明同建设社会主义物质文明、精神文明一起作为全面建设小康社会的重要目标,这是我们在建设中国特色社会主义的实践中取得的新的重大认识,也是我们继续建设中国特色社会主义事业必须

---

① 《马克思恩格斯全集》第 42 卷,人民出版社 1979 年版,第 238 页。
② 《列宁选集》第 2 卷,人民出版社 1972 年版,第 578 页。

完成好的重大任务。"①江泽民还强调加强社会主义民主政治建设必须坚持党的领导。江泽民指出："党的领导、人民当家作主和依法治国的统一性,是社会主义民主政治的重要优势。发展社会主义民主政治,最根本的是要坚持党的领导、人民当家作主和依法治国的有机结合和辩证统一。"②在党的十六大报告中,江泽民对三者关系作出了解释："党的领导是人民当家作主和依法治国的根本保证,人民当家作主是社会主义民主政治的本质要求,依法治国是党领导人民治理国家的基本方略。"③为此,江泽民提出坚持党的领导必须不断改善党的领导,提高执政能力和领导水平,提高防腐拒变和抵御风险的能力,从思想、组织、作风等方面全面推进党的建设,使党永葆旺盛的生机和活力。

发展社会主义民主政治,积极推进社会主义政治体制改革,是社会主义与资本主义相比较的最大的政治优势,才能真正维护和发展广大人民的根本利益,保证和促进中国的稳定和发展。江泽民对政治体制改革作出了全面而系统地思考。一是在改革的目的上,江泽民强调："我们进行政治体制改革的目的很明确,就是为了完善因而也是为了更好地巩固和坚持社会主义政治制度,为了充分发挥这些政治制度对发展人民民主、保障国家统一和安全、促进经济社会发展的优越性。"④二是在总体战略布局上,提出要把握政治体制改革的进程,使政治体制改革更好地适应经济基础、促进社会生产力的发展。三是在改革遵循的原则上,江泽民强调："推进政治体制改革,要从我国国情出发,坚定不移地走自己的政治发展道路,坚持社会主义政治制度的自我完善和发展。我们要发展的是有中国特色社会主义民主政治,决不照搬西方政治制度模式。

---

①　中共中央文献研究室编:《十六大以来重要文献选编》(上),中央文献出版社 2005 年版,第 72 页。

②　江泽民:《在中央党校省部级干部进修班毕业典礼上的讲话》,《求是》2002 年第 12 期。

③　《江泽民文选》第三卷,人民出版社 2006 年版,第 553 页。

④　《江泽民文选》第三卷,人民出版社 2006 年版,第 235 页。

要着重加强社会主义民主政治制度建设,实现社会主义民主政治的制度化、规范化、程序化。"①四是在改革的主要任务上,要坚持完善基本政治制度,改革党和国家领导制度、干部制度和国家机构,建立健全民主决策、民主监督制度,大力发扬社会主义民主,调动各方面积极性,进一步扩大社会主义民主、健全社会主义法制,依法治国,建设社会主义法治国家。

中国特色社会主义民主政治制度的进一步发展和完善,彰显社会主义制度优越性,是马克思主义伦理学中国化的发展成果。历史实践证明,中国共产党是中国工人阶级、中国人民和中华民族的先锋队,是中国特色社会主义事业的领导核心,是维护和实现人民群众根本利益的重要保障,为社会主义民主政治建设提供坚强的核心和主体保障。

三、"三个代表"重要思想对马克思主义道德建设理论的丰富发展

"三个代表"重要思想为积极探索社会主义市场经济建设条件下的道德建设提供了理论指导,丰富了马克思主义伦理学的道德建设理论。经济基础和上层建筑是辩证统一的,经济基础决定上层建筑,上层建筑反作用于经济基础。因此,在社会主义市场经济建设过程中,经济发展不能抛弃和缺失道德建设,道德建设为经济发展提供指导和服务。江泽民提出"要坚持不懈地加强社会主义法制建设,依法治国,同时也要坚持不懈地加强社会主义道德建设,以德治国"②。"以德治国"旨在彰显社会主义先进文化的特征,其根本任务就是要"建立与社会主义市场经济相适应、与社会主义法律规范相协调、与中华民族传统美德相承接的社会主义思想道德体系"③。

其一,道德建设是促进社会主义市场经济健康发展的重要保障。道德建

---

① 江泽民:《在中央党校省部级干部进修班毕业典礼上的讲话》,《求是》2002年第12期。
② 《江泽民文选》第三卷,人民出版社2006年版,第200页。
③ 《江泽民文选》第三卷,人民出版社2006年版,第560页。

设不仅可以端正经济发展的目的,使人们明确一切经济活动的根本出发点和落脚点都是为了人民;道德建设还可以有效规范人们的市场行为,使社会主义市场经济中的竞争和经营活动遵守道德规范;最重要的是,道德建设有利于保持经济发展的正确方向,使经济发展遵循经济道德原则,实现"持续、快速、健康"的发展,促进效率优先、兼顾公平,实现个人、集体、国家三者的协调发展。

其二,道德建设必须与经济社会发展的现实和广大人民群众的实际生活相联系。江泽民指出:"必须努力把理想信念和思想道德的宣传教育的理论性,与人民群众日常工作生活的实践性统一起来。也就是说,理论武装也好,思想政治工作也好,道德教育也好,都不能脱离我国经济社会发展的现实,都不能脱离广大人民群众的实际生活,而应该努力做到形式多样、生动活泼,为群众喜闻乐见,能够回答群众中存在的思想认识问题,能够在群众的工作和奋斗中不断发挥精神支柱的巨大作用。"[1]

其三,道德建设必须体现为人民服务的价值要求。为人民服务是马克思主义伦理学的核心精神,是社会主义道德的集中体现。在发展社会主义市场经济条件下,更要在全体人民中提倡为人民服务和集体主义精神,提倡尊重人、关心人、热爱集体、热心公益、扶贫帮困,为人民为社会多做好事,反对和抵制拜金主义、享乐主义和个人主义。党的十四届六中全会通过的《关于加强社会主义精神文明建设若干重要问题的决议》中突出强调:"社会主义道德建设最重要的是要抓住为人民服务这个核心,在全社会坚持倡导为人民服务的精神,倡导社会主义的集体主义精神,倡导个人利益服从国家利益、局部利益服从整体利益、眼前利益服从长远利益。"[2]江泽民尤其强调党员领导干部要加强权力道德修养,身体力行共产主义道德,努力做到大公无私、清正廉洁、服从大局、艰苦奋斗,全心全意为人民服务。

---

① 《江泽民文选》第三卷,人民出版社 2006 年版,第 199—200 页。
② 《江泽民文选》第一卷,人民出版社 2006 年版,第 579—580 页。

"加强社会主义思想道德建设,是发展先进文化的重要内容和中心环节。"①站在社会主义先进文化建设的高度推进社会主义道德建设,这是马克思主义伦理学在社会主义建设新时期的重要时代主题和历史使命,不仅发展了马克思主义道德建设理论,也有利于推进社会主义道德建设实践,彰显了马克思主义伦理学的指导意义和实践价值。

概而言之,"三个代表"重要思想是一个有机统一的理论整体,具有丰富深刻的思想内涵。"三个代表"重要思想是我们党始终保持先进性历史经验的基本总结,它围绕"建设什么样的党、怎样建设党"的时代主题,对社会主义市场经济建设实践中存在的伦理道德问题作出了系统回答,推进了社会主义伦理理论体系在市场经济建设中的进一步发展,充实和发展了马克思主义伦理学。

第三节 科学发展观对马克思主义
伦理学发展的贡献

"新世纪新阶段,以胡锦涛同志为总书记的党中央,成功在新的历史起点上坚持和发展了中国特色社会主义。"②以胡锦涛同志为总书记的党中央团结带领全国各族人民,紧紧抓住和利用好我国发展的重要战略机遇期,战胜一系列严峻挑战,全面推进中国特色社会主义建设,取得了一系列新的历史性成就,"为坚持和发展中国特色社会主义建立了卓越的功勋"③。胡锦涛以科学发展的战略视野、锐意改革的创新精神、服务为民的时代责任感,系统地推动了马克思主义伦理学的创新发展,彰显了马克思主义伦理学的本质意蕴、创新发展了马克思主义道德建设理论、推进了马克思主义伦理学的政治伦理实践,

---

① 《江泽民文选》第三卷,人民出版社 2006 年版,第 278 页。
② 《习近平谈治国理政》,外文出版社 2014 年版,第 8 页。
③ 《习近平谈治国理政》,外文出版社 2014 年版,第 39 页。

增强了中国人民和中华民族的自豪感和凝聚力,为全面建成小康社会打下了坚实伦理基础。

一、科学发展观:彰显马克思主义伦理学的本质意蕴

如何更好地实现"现实的人及其发展"的马克思主义伦理学价值目标,彰显着中国马克思主义伦理学的本质意蕴。胡锦涛提出的"科学发展观",则是马克思主义发展伦理的本质意蕴在中国特色社会主义建设时期的理论凝练。

胡锦涛指出:"一个国家坚持什么样的发展观,对这个国家的发展会产生重大影响,不同的发展观往往会导致不同的发展结果。"[①]2003 年 10 月,党的十六届三中全会第一次在党的正式文件中完整地提出了科学发展观,强调"坚持以人为本,树立全面、协调、可持续的发展观,促进经济社会和人的全面发展"[②]。党的十七大对科学发展观的时代背景、科学内涵、精神实质和根本要求进行了全面系统的阐述。胡锦涛提出科学发展观第一要义是发展,核心是以人为本,基本要求是全面协调可持续性,根本方法是统筹兼顾,指明了我们进一步推动中国经济改革与发展的思路和战略,明确了科学发展观是指导经济社会发展的根本指导思想,标志着中国共产党对于社会主义建设规律的认识达到了新的高度。

其一,"以人为本"作为科学发展观的核心,深刻地反映了社会主义建设的发展旨归,即以实现"现实的人"的全面发展为目标,彰显了马克思主义伦理学的本质意蕴,是中国特色社会主义伦理学价值理念和价值思维的创新。党的十六届三中全会通过的《中共中央关于完善社会主义市场经济体制若干问题的决定》提出:"坚持以人为本,树立全面、协调、可持续的发展观,促进经济社会和人的全面发展。"这是我们党在总结社会主义建设经验的基础上,首次将"人的全面发展"与"经济社会发展"作为社会主义建设的重要目标,这也

---

① 胡锦涛:《推进合作共赢,实现持续发展》,《人民日报》2004 年 11 月 21 日。
② 《中国共产党简史》,人民出版社、中共党史出版社 2021 年版,第 338 页。

是科学发展观的客观要求。党的十七大报告指出:科学发展观的核心是"以人为本","要始终把实现好、维护好、发展好最广大人民的根本利益作为党和国家一切工作的出发点和落脚点,尊重人民主体地位,发挥人民首创精神,保障人民各项权益,走共同富裕道路,促进人的全面发展,做到发展为了人民、发展依靠人民、发展成果由人民共享"①。把以人为本作为科学发展观的出发点,以人民的根本利益为最高原则来处理社会主义建设中的各方面关系,这是马克思主义伦理学发展的价值路向。马克思主义伦理学的视域中,"以人为本"始终是要以现实的、从事实践活动的"人"为本。马克思、恩格斯在《德意志意识形态》提出了"现实的人",并将"现实的人"作为他们研究社会历史的前提和唯物史观的逻辑起点。坚持以人为本的科学发展观,就是要以实现"现实的人"的全面发展为目标。

其二,"以人为本"作为科学发展观的核心,契合马克思主义伦理学的实践要求和实践品质,从而引导和丰富人的本质内涵。伦理即为人伦之理,马克思主义伦理学以优化人的社会伦理关系为实践任务。马克思指出:"人的本质不是单个人所固有的抽象物,在其现实性上,它是一切社会关系的总和。"②人是处在由自己的实践活动造成的一定生产关系和其他社会关系中的具体的现实人。"发展"归根到底是人的发展,如何优化和丰富人的社会关系,正是科学发展观的题中之义。马克思主义伦理学富有魅力的当代性在于:从现实的人及其现实的关系出发探寻理解人的真正途径,也就是说,只有在决定人的本质的社会关系中确证和充实主体性,人才能真正寻到破解"人的现代之谜"的钥匙,从而塑造社会主义社会的伦理主体。

其三,"以人为本"作为科学发展观的核心,就是要以实现广大民众利益、满足美好生活需要的最大化和最优化为目标,亮明了马克思主义鲜明的伦理

---

① 胡锦涛:《高举中国特色社会主义伟大旗帜 为夺取全面建设小康社会新胜利而奋斗——在中国共产党第十七次全国代表大会上的报告》,人民出版社2007年版,第15页。
② 《马克思恩格斯选集》第1卷,人民出版社2012年版,第135页。

立场。马克思主义最鲜明的伦理立场就是实现最广大人民的根本利益。在《共产党宣言》中，马克思、恩格斯强调："过去的一切运动都是少数人的，或者为少数人谋利益的运动。无产阶级的运动是绝大多数人的，为绝大多数人谋利益的独立的运动。"①始终把为最广大人民群众谋利益，全心全意为人民服务作为自己的根本宗旨和价值追求，不仅是马克思主义政党的崇高党性，也是马克思主义伦理学葆有蓬勃发展生机的根源所在。

其四，"以人为本"作为科学发展观的核心，就是要加快推进以改善民生为重点的社会建设，将马克思主义伦理学中国化使命具体化为实践发展要求。中国特色社会主义的优越性不仅仅体现在上层建筑的先进性，更重要地体现在经济基础的进步性。如何夯实以生产关系为基本内容的经济基础？最重要的是加快推进以改善民生为重点的社会建设。民生问题与百姓生活密切相关，也是人民群众最关心、最直接、最现实的利益问题。胡锦涛在党的十七大报告中指出："必须在经济发展的基础上，更加注重社会建设，着力保障和改善民生，推进社会体制改革，扩大公共服务，完善社会管理，促进社会公平正义，努力使全体人民学有所教、劳有所得、病有所医、老有所养、住有所居，推动建设和谐社会。"②这样，才能营造社会和谐人人有责、和谐社会人人共享的生动局面。对于中国马克思主义伦理学发展的时代任务而言，引领社会经济基础发展的正确方向，这是马克思主义伦理学实践品格的体现。

二、科学发展观对马克思主义伦理学的发展创新

在中国特色社会主义建设的重要历史时期，科学发展观继承和发展了毛泽东思想、邓小平理论、"三个代表"重要思想，对新形势下实现什么样的发展、怎样发展等重大问题作出了新的科学回答，把党对中国特色社会主义

①　《马克思恩格斯选集》第 1 卷，人民出版社 2012 年版，第 411 页。
②　《胡锦涛文选》第二卷，人民出版社 2016 年版，第 642 页。

规律的认识提高到新的水平,继续推进了中国马克思主义伦理学的创新发展。

(一)倡导"以人为本",弘扬马克思主义伦理学"人本"精神

以人为本,实现人的自由全面发展,是马克思主义伦理学的价值目标和终极关怀,也一直是马克思主义伦理学中国化发展的价值导向。

党的十七大把"以人为本"的科学发展观写进党的决议和国家大法,将人的发展作为当代中国发展观的本质与核心,这在党的历史上尚属首次,这是马克思主义伦理学发展史上一个重要的创新——解决了发展"为了谁"的问题。

人本精神作为马克思主义伦理学的最重要理论品质,是在历史发展过程中形成的。一方面,马克思恩格斯对人"受屈辱、被奴役、被遗弃和被蔑视"的异化生存状况进行了持续不断地批判;另一方面,对人的主体价值的重视和对人的发展未来的眷注,马克思主义伦理学作为"历史科学"得以诞生和成长起来。马克思指出,"历史不过是追求着自己目的的人的活动而已"①。正是由于对历史运动中人的关注,"由历史运动产生并且充分自觉地参与历史运动的科学就不再是空论,而是革命的科学了"②。马克思主义伦理学作为揭示和弘扬人的本质的科学,由此具有鲜明的人本精神。

"以人为本"体现在社会建设战略上,就是将和谐社会建设作为社会发展的重大目标;"以人为本"落实在政党伦理建设上,体现了马克思主义最鲜明的政治立场,即马克思主义政党的一切理论和奋斗都应致力于实现最广大人民的根本利益;"以人为本"体现在行政伦理和政治主体伦理要求上,就是强调"立党为公、执政为民","权为民所用,情为民所系,利为民所谋";"以人为本"体现在实践工作中,就是必须以群众利益无小事作为工作指针和工作方

---

① 《马克思恩格斯文集》第1卷,人民出版社2009年版,第295页。
② 《马克思恩格斯文集》第1卷,人民出版社2009年版,第616页。

法……可以说,"以人为本"作为一种伦理理念,成为中国特色社会主义建设新时期最根本的价值指向,这是马克思主义伦理学发展理念的重大转变,成为中国马克思主义伦理学最根本的发展特征。

(二) 倡导科学发展:推进马克思主义发展伦理理论

发展是社会历史的主题,如何更好地发展是中国当下的现实主题。胡锦涛提出"科学发展观",把人的发展与经济社会发展并列提出并作为发展的重要目标,这是马克思主义发展伦理理论的重大跃升。胡锦涛指出:"科学发展观,第一要义是发展","必须坚持把发展作为党执政兴国的第一要务。发展,对于全面建设小康社会、加快推进社会主义现代化,具有决定性意义"。[①]

发展伦理的根本任务就是要为人类发展实践提供价值导向,以保证发展的合理性。科学发展观之"科学",落脚点在社会各领域发展过程中应有的价值取向和道德意识,既要有伦理责任又要有未来眼光。科学发展观的发展伦理内涵在于四个方面。其一,倡导社会主义的人道主义。人道主义主张关心人、尊重人、保护个体权益以及把民主、自由等价值理念作为人类宝贵的价值追求。科学发展观既强调把人的生存和未来发展作为首要目标,又强调发展中的主体性原则。其二,倡导主客统一的基本原则。马克思认为,发展的理想状态(共产主义)就是"人和自然界之间、人和人之间的矛盾的真正解决,是存在和本质、对象化和自我确证、自由和必然、个体和类之间的斗争的真正解决"[②]。因此,发展是主体客体化和客体主体化的过程。科学发展观强调要多层次、多角度对待人的主体地位、主体利益与自然界的协调。其三,倡导公平正义的价值标准。科学发展观既倡导要积极维护利益公平,强调可持续、协调发展,以公正原则保障效率,为社会效率的提高注入新活力;又倡导以效率促

---

① 《胡锦涛文选》第二卷,人民出版社 2016 年版,第 623—624 页。
② 《马克思恩格斯全集》第 3 卷,人民出版社 2002 年版,第 297 页。

进公平正义,效率的提高为促进公平准备了坚实的物质基础。其四,倡导真、善、美统一的发展追求。从实践的角度讲,科学发展观首先是求"真"的,必须以经验事实、严格论证、客观判断、认识活动的真实性为前提;科学发展的目的是满足人们日益增长的物质文化生活需要和主体性提高,因此科学发展也是一种善的向往;科学发展的过程是一种创造美的过程,马克思曾说过"人按照美的规律来创造",美的尺度就是人的尺度,同时美的尺度和规律就是发展的尺度和规律。

对于社会主义而言,科学发展才能显示其进步性和优越性。从国际竞争的角度来看,科学发展是社会主义最大的政治主题。科学发展观的伦理内涵即"要始终把实现好、维护好、发展好最广大人民的根本利益作为党和国家一切工作的出发点和落脚点,尊重人民主体地位,发挥人民首创精神,保障人民各项权益,走共同富裕道路,促进人的全面发展,做到发展为了人民、发展依靠人民、发展成果由人民共享"①——这正是社会主义本质的彰显。

科学发展观从历史哲学的高度明确地回答了"为什么发展""发展为了什么"的关键性问题,由于对此问题的澄清,"向哪个方向发展"的问题才能得以明晰。从此意义而言,科学发展观是中国特色社会主义发展伦理的创新。

(三) 重视民生改善:建构和发展中国马克思主义民生伦理理论

民生伦理理论是马克思主义伦理学的重要主题和有机组成部分。民生伦理理论的主题就是在经济社会发展中关注民生,加快推进改善民生工程。以胡锦涛同志为总书记的党中央在经济发展的基础上,秉持发展为了人民、发展依靠人民、发展成果由人民共享的理念,着眼人民最关心、最直接、最现实的利益问题,加快推进以改善民生为重点的社会建设。

马克思以"现实的人"及其需要作为其民生伦理理论的逻辑起点、现实基

---

① 《胡锦涛文选》第二卷,人民出版社 2016 年版,第 624 页。

础和思想内核。在马克思民生伦理理论中,民生需要表现为生存需要、享受需要和发展需要三种形式。随着社会发展,尤其在中国特色社会主义建设时期,生存需要已然不是什么问题,享受(物质的和精神的)需要也更大范围更深程度地得到实现。但是,"马克思的学说并不认为人的主要动机就是获得物质财富;不仅如此,马克思的目标恰恰是使人从经济需要的压迫下解脱出来,以便他能够成为具有充分人性的人;马克思主要关心的事情是使人作为个人得到解放,克服异化,恢复人使他自己与别人以及与自然界密切联系的能力"①。实现"人的自由而全面发展"的发展需要,才是现实的人的最终追求。

　　新中国成立之后,中国面临的主要是如何解决人民群众的吃饭穿衣等基本民生问题,这些问题是生存和生活的基本问题。因此,毛泽东思想中民生伦理思想可以视为一种"生存型民生伦理",它为改革开放以来中国共产党民生伦理建设提供了宝贵的理论指导。改革开放初期,以邓小平同志为核心的党中央领导集体以使人民摆脱贫困、过上温饱生活为突破点,开启了改革开放时期我国民生建设艰难的探索阶段。邓小平以"社会主义本质论"作为民生伦理的理论基础、以"以经济建设为中心"作为民生伦理建设的根本任务、以"共同富裕"作为民生伦理的价值追求,初步建构了中国特色社会主义民生伦理思想。邓小平深刻分析影响民生建设本质性问题的基础之上,将民生建设与就业、教育、收入分配等各个领域的改革实践相结合。邓小平理论中的民生伦理思想可以视作一种"改革型民生伦理"。随着改革开放的深入推进,人民收入增加、生活水平显著改善,但由于分配制度、地区条件差异、历史因素等方面的影响,使我国面临收入差距持续拉大、贫富差距悬殊的民生问题。如何在市场经济建设过程中兼顾效率与公平、建立健全社会保障体系,成为江泽民民生伦理思想需要面对和解决的问题。江泽民民生伦理思想以"三个代表"重要思想为理论基石、以"三个文明"协调发展作为新途径、以建立市场经济体制

①　[美]E.弗洛姆:《马克思关于人的概念》,复旦大学哲学系现代西方哲学研究室编译:《西方学者论〈一八四四年经济学哲学学手稿〉》,复旦大学出版社1983年版,第23页。

作为民生发展的新动力、以全面建设小康社会作为民生建设目标。江泽民民生伦理思想可以视作一种"发展型民生伦理"。党的十六大以来,以胡锦涛同志为总书记的党中央深入把握民生需求,从人民群众的要求和愿望出发,开启了我国民生建设实践的深化阶段。胡锦涛民生伦理思想以科学发展观作为理论指南、以"权为民所用,情为民所系,利为民所谋"作为民生建设的新理念、以建设服务型政府作为民生建设的新途径、以社会主义和谐社会作为民生建设的新目标。党的十七大,以胡锦涛同志为总书记的党中央提出"加快推进以改善民生为重点的社会建设",将民生问题与构建社会主义和谐社会相联系,强调"社会建设与人民幸福安康息息相关"。① 党的十八大,强调要把保障和改善民生放在更加突出位置,要多谋民生之利,多解民生之忧,解决好人民最关心最直接最现实的利益问题,在学有所教、劳有所得、病有所医、老有所养、住有所居上持续取得新进展,努力让人民过上更好生活。② 以胡锦涛同志为总书记的党中央发展了马克思主义民生伦理思想,推进了中国特色社会主义民生伦理理论的新发展。

（四）提出社会主义核心价值体系,丰富中国特色社会主义道德建设理论

社会主义道德是反映最广大人民群众根本利益的道德,是为维护广大人民群众根本利益服务的伦理体系,社会主义道德的本质决定了社会主义道德建设必须以为人民服务为核心。胡锦涛同志在新时期强调要建设社会主义核心价值体系,这是对社会主义道德建设在价值层面认识的深化,也是对中国特色社会主义道德建设的理论和实践的重大创新,丰富了市场经济条件下社会主义道德建设理论。

建设社会主义核心价值体系是思想文化建设的一个重要创新,体现了先

---

① 《胡锦涛文选》第二卷,人民出版社 2016 年版,第 642 页。
② 《胡锦涛文选》第三卷,人民出版社 2016 年版,第 640 页。

进伦理文化的性质和前进方向,成为伦理文化建设的重要内容和崭新主题。党的十六届六中全会提出要建设社会主义核心价值体系,形成全民族奋发向上的精神力量和团结和睦的精神纽带,"马克思主义指导思想,中国特色社会主义共同理想,以爱国主义为核心的民族精神和以改革创新为核心的时代精神,社会主义荣辱观,构成社会主义核心价值体系的基本内容"①。社会主义核心价值体系是社会主义制度的内在精神和生命之魂。"马克思主义指导思想"为中国特色社会主义道德建设提供了指导和精神支柱;"中国特色社会主义共同理想"反映了我国最广大人民的共同愿望、利益和要求,是实现中华民族伟大复兴的必由之路;"以爱国主义为核心的民族精神和以改革创新为核心的时代精神"是维护国家团结统一、鼓舞各族人民奋发进取的精神支撑,也是当代中国人民在伟大奋斗中不断创造新辉煌的力量源泉。它们共同彰显了先进伦理文化性质和导向。

以"八荣八耻"为主要内容的社会主义荣辱观明确了社会主义道德建设的基本道德规范。社会主义荣辱观是中华民族传统美德、优秀革命道德与时代精神的完美结合,反映了社会主义道德的基本规范要求,为在社会主义市场经济条件下判断是非得失、确定价值取向、作出道德选择提供了基本准则,成为我们分清是非荣辱,明辨善恶美丑、形成正确的价值判断和良好的道德风尚的标尺。

(五) 反腐倡廉:推进社会主义市场经济建设中伦理道德实践

现实性向度是马克思主义伦理学的重要维度,问题导向是马克思主义伦理学的重要特征。胡锦涛对马克思主义伦理学的发展还在于在社会主义市场经济建设中把党风廉政建设和反腐败斗争放在突出位置,扎实推进惩治和预防腐败体系建设,彰显马克思主义伦理学实践品格。

---

① 《中共中央关于构建社会主义和谐社会若干重大问题的决定》,人民出版社 2006 年版,第 22 页。

增强拒腐防变和抵御风险能力,是执政党长期面临的历史性课题。市场经济建设过程中腐败现象滋生,如何加强伦理道德建设、遏制腐败现象蔓延成为党的十六大之后政治伦理建设的重要主题。

在主体伦理建设实践方面,胡锦涛强调要促进领导干部廉洁从政,树立正确的权力观,使领导干部牢记权力是人民赋予的,决不能用来谋取私利。通过加强教育,严明党的政治纪律,引导党员领导干部坚持党的基本路线,坚持正确的政治方向、政治立场、政治观点,不断提高政治鉴别力和政治敏锐性。

在制度伦理建设实践方面,胡锦涛强调制度约束的重要性。2007 年 5 月,中央纪委出台《关于严格禁止利用职务上的便利谋取不正当利益的若干规定》,提出了八项禁止性纪律要求;2012 年 1 月,胡锦涛在中央纪委第七次全会上倡导八个方面的良好风气,认真解决领导干部作风方面存在的突出问题,尤其强调领导干部要发扬艰苦奋斗的精神,坚决纠正贪图享乐、奢侈浪费现象,教育党员干部讲操守、重品行,培养健康的生活情趣。

一个和谐的社会是一个自由而有度、富有创造性、朝着善治的方向不断进步的社会。从此意义上而言,科学发展观对中国马克思主义伦理学发展作出了积极的贡献,推进了中国特色社会主义和谐社会建设。

第四节　习近平新时代中国特色社会主义思想
对马克思主义伦理学发展的贡献

党的十八大后,习近平总书记带领新的中央领导集体,以巨大的政治勇气和强烈的责任担当,提出一系列新理念新思想新战略,出台一系列重大方针政策,推出一系列重大举措,推进一系列重大工作,推动党和国家事业取得历史性成就、发生历史性变革,推动中国特色社会主义进入了新时代。以习近平同志为核心的党中央对新的历史条件下中国特色社会主义建设发展的理论和现实问题进行了深刻思考和解答,系统回答了新时代坚持和发展什么样的中国特色社会主义、怎样坚持和发展中国特色社会主义这个重大时代课题,形成了习近平新时代中国特色社会主义思想,从理论和实践推进了马克思主义伦理学的发展,开拓了中国特色社会主义发展的新境界。

一、"中国梦":提振新时代马克思主义伦理精神

伦理精神是基于道德认识和道德判断而形成的一种伦理文化精神,是经由道德情感和道德意志有机渗透之后而形成的一种伦理主体性激发。由于对中国传统伦理文化的坚守和崇信,我们形成了对中国传统伦理文化的伦理自觉;由于对马克思主义伦理文化的遵循和创造,我们形成了对马克思主义伦理文化的伦理自觉;同样地,由于对社会主义伦理文化的倡导和前瞻,我们形成了对中国特色社会主义先进文化的伦理自觉。基于伦理文化的自觉,伦理主体精神得以激发。伦理精神既是一种对伦理文化自觉的精神凝练,也是一种对伦理美好(道德自由王国)的精神向往。

2012年11月29日,习近平总书记在国家博物馆参观"复兴之路"展览时,首次提出并阐述实现中华民族伟大复兴的中国梦,指出"实现中华民族伟大复兴,就是中华民族近代以来最伟大的梦想","这个梦想,凝聚了几代中国人的夙愿,体现了中华民族和中国人民的整体利益,是每一个中华儿女的共同期盼"①。2013年3月,习近平总书记在莫斯科国际关系学院的演讲中将中国梦的基本内涵精炼地概括为"实现国家富强、民族振兴、人民幸福"②。习近平总书记还指出,对于中国梦,要正确理解其实质内涵,"中国梦是一种形象的表达,是一个最大公约数,是一种为群众易于接受的表述,核心内涵是中华民族伟大复兴,可以适当拓展,但不能脱离中华民族伟大复兴这个主题,要紧紧

---

① 《习近平谈治国理政》,外文出版社2014年版,第36页。
② 《习近平谈治国理政》,外文出版社2014年版,第274页。

扭住这个主题激活和传递正能量"①。"中国梦"的提出具有深刻的时代背景,反映了时代需要、时代特征和时代使命,是时代精神的精华,具有重大的伦理意义价值。

其一,"中国梦"表达了中国马克思主义伦理学发展的伦理诉求,激发了新时期的伦理精神。在不同历史发展时期,马克思主义伦理学发展的伦理诉求有不一样的表达。在新民主主义革命时期,马克思主义伦理学的伦理诉求就是实现民族独立和人民解放;在社会主义革命和建设时期,马克思主义伦理学的伦理诉求就是打碎剥削制度,建立没有剥削没有压迫的社会主义制度;在改革开放和社会主义现代化建设时期,马克思主义伦理学发展的伦理诉求就是实现国家富强、民族振兴、人民幸福。中国特色社会主义进入新时代,马克思主义伦理学发展致力于凝聚实现中华民族伟大复兴的伦理力量,激发新时代的伦理精神。"中国梦"是对社会主义建设规律、社会发展规律、共产党执政规律的认识基础上形成的价值共识,标志着马克思主义伦理学与中国特色社会主义实际相结合的一种新的认识高度。

新时代中国马克思主义伦理学发展的伦理诉求内含着三个不可分割的方面:一是国家富强。国家富强的伦理意义在于:从国内发展而言,没有物质基础和人民群众物质利益的满足,就不可能有整个社会伦理道德水平的提升,在国家富强的追寻中我们秉承消灭剥削、消除两极分化、共同富裕、实现美好生活的伦理理念,推进中国特色社会主义建设。从国际发展而言,中国谋求自身富强并不借助强权和霸权,不以掠夺他国来实现强大,而是基于中华民族爱好和平、珍惜和平、维护和平的优良传统、美好愿望和坚定意志,以和平发展、科学发展为基本路径和基本方式。习近平强调:"在长期实践中,我们提出和坚持了和平共处五项原则,确立和奉行了独立自主的和平外交政策,向世界作出

① 《在同全国总工会新一届领导班子成员集体谈话时的讲话》,《人民日报》2013 年 10 月 24 日。

了永远不称霸、永远不搞扩张的庄严承诺,强调中国始终是维护世界和平的坚定力量。这些我们必须始终不渝坚持下去,永远不能动摇。"①国家富强是和谐发展、共同发展、共享繁荣,从此意义而言,中国梦是和平梦,是发展梦,是合作梦,更是世界和谐梦。二是民族振兴。民族振兴是一个具有丰富内涵的概念,包括价值观振兴、经济振兴、文化振兴、军事振兴等多方面的内容。价值观振兴是民族振兴的价值导向和精神动力,将为促进人的全面发展、集聚建设力量、引领社会全面进步提供积极的价值导向和强大的精神动力;经济振兴为民族振兴提供持久和健康的物质动力;文化振兴是民族振兴的重要基础,只有建立在文化振兴基础上的民族振兴才是可持续的;军事振兴是民族振兴的安全保障,没有强大国家军事力量作坚强后盾,就难以维护国内安定团结的良好局面和促进世界和平,民族振兴就会失去保障,甚至可能半途而废。② 三是人民幸福。实现人民幸福,是马克思主义伦理学发展秉持的重要价值原则,也一直是中国共产党的奋斗目标。党的十八大确定了到 2020 年全面建成小康社会的宏伟目标,强调要从维护最广大人民根本利益的高度,以保障和改善民生为重点,在推进城乡一体化发展中实现社会保障全民覆盖和基本公共服务均等化,在学有所教、劳有所得、病有所医、老有所养、住有所居上持续取得新进展,切实解决好人民最关心最直接最现实的利益问题。党的十八届三中全会提出,全面深化改革要坚持社会主义市场经济改革方向,以促进社会公平正义、增进人民福祉为出发点和落脚点。党的十八届三中全会提出全面深化改革、释放改革红利,将进一步传承改革开放以来的民生之路,开启人民幸福的新征程。党的十九大报告强调:保障和改善民生要抓住人民最关心最直接最现实的利益问题,"不断满足人民日益增长的美好生活需要,不断促进社会公平正义,形成有效的社会治理、良好的社会秩序,使人民获得感、幸福感、安全感更

---

① 《习近平谈治国理政》,外文出版社 2014 年版,第 248 页。

② 参见肖祥:《"中国梦"与大学生理想信念教育研究》,暨南大学出版社 2017 年版,第 55—57 页。

加充实、更有保障、更可持续"①。中国梦归根到底是人民的梦,必须紧紧依靠人民来实现,必须不断为人民造福。人民幸福是中国梦、民族梦、个人梦的聚集点,也是实现梦想的根本出发点和落脚点。只有让人民群众共同享有人生出彩的机会、共同享有梦想成真的机会、共同享有同祖国和时代一起成长与进步的机会,才能凝聚全国人民的力量,也才能实现中华民族伟大复兴。

其二,"中国梦"以马克思主义伦理学关于人的发展主题的"深层结构"为价值指向,实现了对新时代中国特色社会主义发展的道德认识飞跃。对中国特色社会主义发展的道德认识飞跃,是一种从感性到理性的转变,这种飞跃基于马克思主义伦理思想的"深层结构"而呈现,不仅使民众对中国特色社会主义伦理内涵有更深刻地把握,也使中国特色社会主义发展方向更加明晰。马克思主义伦理学关于人的发展主题的深层结构贯穿于马克思主义伦理思想发展的整个过程,在中国马克思主义伦理学的发展过程中得到了时代化的展现。党的十九大强调:"我们要在继续推动发展的基础上,着力解决好发展不平衡不充分问题,大力提升发展质量和效益,更好满足人民在经济、政治、文化、社会、生态等方面日益增长的需要,更好推动人的全面发展、社会全面进步。"②马克思主义伦理学关于人的发展主题成为新时代中国特色社会主义发展的共识,这个主题从来没有像今天这样散发出光彩,从来没有像今天这样为人们所共同期待。

其三,"中国梦"凝练了新时代中国马克思主义伦理精神的价值期许。观照"伦理现实"以协调伦理与道德的矛盾,关注"现实的人"以化解人之目的与工具的悖论,建造"真实集体"以消弭现代性群己矛盾,这是马克思主义伦理

---

① 习近平:《决胜全面建成小康社会 夺取新时代中国特色社会主义伟大胜利——在中国共产党第十九次全国代表大会上的报告》,人民出版社 2017 年版,第 45 页。

② 习近平:《决胜全面建成小康社会 夺取新时代中国特色社会主义伟大胜利——在中国共产党第十九次全国代表大会上的报告》,人民出版社 2017 年版,第 11—12 页。

精神的价值期许。新中国成立七十多年来,在马克思主义伦理精神的指引下中国社会基本实现了伦理"价值秩序"、"制度秩序"和"心灵(心理)秩序"的建构,党的十八大之后新时代中国特色社会主义建设的重要任务之一就是如何在马克思主义伦理精神的继续指引下向富强民主文明和谐的发展目标继续前进。"中国梦"凝练新时期中国特色社会主义发展的伦理精神,展现了新时代特征。一是"国家富强"强调综合国力的进一步跃升,展现了中国特色社会主义伦理精神的动力特征。中国梦可以分为长远目标和阶段目标,其实现都是以综合国力的提升为重要基础。长远目标就是实现中华民族的伟大复兴;阶段目标就是实现"两个一百年"奋斗目标,即在中国共产党成立一百年时全面建成小康社会,在新中国成立一百年时建成富强民主文明和谐的社会主义现代化国家。二是"民族振兴"强调中华民族伟大文明进一步复兴,展现了中国特色社会主义伦理精神的文明特征。党的十八大确定了"经济建设、政治建设、文化建设、社会建设、生态文明建设""五位一体"总体布局,标志着中华文明格局开启了向物质文明、精神文明、政治文明、社会文明和生态文明全面发展的更高阶段。三是"人民幸福"强调社会和谐进步、美好向往,展现了中国特色社会主义伦理精神的幸福特征。当一种梦想能够将整个民族对幸福的期盼与追求都凝聚起来的时候,这种梦想就有了共同愿景和为实现这种愿景而砥砺前行的精神动力,就有了动员全民族为之坚毅持守、慷慨趋赴的强大感召力。

中国梦把国家的追求、民族的向往、人民的期盼融为一体,体现了中华民族和中国人民的整体利益,成为激励中华儿女团结奋进、开辟未来的一面精神旗帜。中国梦是基于中国特色社会主义建设的长期实践而提出的奋斗目标,极大地提振了新时代马克思主义伦理精神,为走过"雄关漫道真如铁"的昨天、跨越"人间正道是沧桑"的今天、向"长风破浪会有时"的明天迈进指示方向和凝聚力量!

二、社会主义核心价值观:马克思主义伦理学价值目标体系化

马克思主义伦理学是一门社会价值科学,以阐释和探究道德价值规律为己任,以规导和创造优良的社会价值运行为目的。在实现中华民族伟大复兴的时代要求下,中国特色社会主义伦理学作为探究人们自身利益需求以及如何满足这种需求的价值导向系统,应该为人的发展和社会生活提供价值引导和精神支持。马克思主义伦理学的价值功能和价值任务决定了其价值目标的时代性。中国特色社会主义进入新时代,社会主义核心价值观体现了马克思主义伦理学价值目标的具体化。

党的十八大明确提出,倡导富强、民主、文明、和谐,倡导自由、平等、公正、法治,倡导爱国、敬业、诚信、友善,积极培育和践行社会主义核心价值观。2013 年 12 月,中共中央办公厅印发《关于培育和践行社会主义核心价值观的意见》,明确提出以"三个倡导"为基本内容的社会主义核心价值观,是我们党凝聚全党全社会价值共识作出的重要论断,并要求把培育和践行社会主义核心价值观融入国民教育全过程、落实到经济发展实践和社会治理中。2017 年 10 月 18 日,习近平总书记在党的十九大报告中强调指出,要发挥社会主义核心价值观对国民教育、精神文明创建、精神文化产品创作生产传播的引领作用,把社会主义核心价值观融入社会发展各方面,转化为人们的情感认同和行为习惯。2018 年 3 月 11 日,第十三届全国人民代表大会第一次会议通过中华人民共和国宪法修正案,明文规定"国家倡导社会主义核心价值观,提倡爱祖国、爱人民、爱劳动、爱科学、爱社会主义的公德",培育和践行社会主义核心价值观获得了国家根本大法的支撑。2022 年 10 月,党的二十大提出要"广泛践行社会主义核心价值观",强调"社会主义核心价值观是凝聚人心、汇聚民力的强大力量"。①

---

① 习近平:《高举中国特色社会主义伟大旗帜 为全面建设社会主义现代化国家而团结奋斗——在中国共产党第二十次全国代表大会上的报告》,人民出版社 2022 年版,第 44 页。

其一,"富强、民主、文明、和谐"作为国家层面的价值目标,体现了中国马克思主义伦理学作为文化上层建筑的价值要求和服务性质。中国马克思主义伦理学就是为社会主义经济基础服务的,其理论功能必然要为国家发展作出价值目标定位。建设富强民主文明和谐的社会主义现代化国家,实现中华民族伟大复兴,是鸦片战争以来中国人民最伟大的梦想,是中华民族的最高利益和根本利益。① "富强、民主、文明、和谐"是我国社会主义现代化国家的建设目标,在社会主义核心价值观体系中居于最高层次,对其他层次的价值理念具有统领作用。由于对国家层面的价值目标作出了定位,中国马克思主义伦理学的价值立场和价值功能得以充分展现。

其二,"自由、平等、公正、法治"作为社会层面的价值目标,体现了马克思主义伦理学的社会服务功能,回答了建设什么样的社会的重大问题。"自由"是马克思主义伦理学的终极愿景,是人类共同的理想价值追求,是社会主义发展的重要价值目标。"平等"是社会公平正义的核心内容,是公民的重要权利。"公正"是社会和谐的重要伦理要求,是维护最广大人民根本利益和保障全体公民享有广泛权利的最重要伦理原则。"法治"是社会主义国家的治理之本,是社会伦理秩序建立的重要保障。

其三,"爱国、敬业、诚信、友善"作为个人层面的价值目标,体现了马克思主义伦理学的道德教化功能,回答了培育什么样的公民的重大问题。"爱国"是中华民族的传统美德,以爱国主义为核心的民族精神是中国伦理精神的重要组成部分。"敬业"是马克思主义职业伦理的基本原则,具体化为忠于职守、克己奉公、服务人民、服务社会的社会主义职业精神。"诚信"是公民道德的基本要求和基本价值准则,是社会主义道德体系的基础和根本价值取向,是社会主义核心价值观的基石。"友善"是公民维系良好人际关系和社会关系的重要伦理原则,是社会和谐的重要价值要求。

---

① 参见《习近平谈治国理政》,外文出版社 2014 年版,第 169 页。

国家层面、社会层面、个人层面的价值要求,构成了社会主义核心价值观的体系性要求,为新时代中国特色社会主义建设提供了中国马克思伦理学的"价值守护"。

三、治国理政:推进马克思主义政治伦理理论的思维创新

政治伦理思维是政治伦理理论创新的关键,习近平对中国马克思主义政治伦理理论的思维创新是全面的,推进了新时代中国特色社会主义政治伦理建设。

(一) 历史思维:"新时代"历史定位的政治伦理思维

"往古者,所以知今也。"历史思维是一种长时段思维,要求我们以贯通古今的智慧,分析当下碰到的问题;历史思维是一种整体思维,要求我们看到历史的连续性,避免人为割裂历史,避免历史虚无主义;历史思维也是一种发展思维,要求我们以史为鉴、鉴往知今,在历史逻辑中发展和前进。历史思维能力即以史为鉴、知古鉴今,善于运用历史眼光认识发展规律、把握前进方向、指导现实工作的能力,它是辩证思维与历史眼光的结合,是马克思主义科学历史观的具体表现和实践运用。

党的十八大以来,习近平在不同场合对中国历史、党史国史、社会主义发展史和世界历史有过多次不同的表述,如"历史是最好的教科书""历史的经验值得注意,历史的教训更应引以为戒""中国革命历史是最好的营养剂"。习近平关于世界社会主义五百年的论述,关于改革开放前后两个三十年关系的精辟阐释,关于运用历史智慧推进反腐倡廉建设的思想观点,关于如何评价党的历史和历史人物的深刻论述,都体现了深邃的历史思维。习近平从五千年文明史、一百七十多年近代史阐述中国梦,用"百年未有之大变局"把握世界大势,以"千秋伟业,百年恰是风华正茂"表达中国共产党人的奋斗激情……这些都是历史思维的具体运用。

深刻总结历史经验、把握历史规律、认清历史趋势,坚定中国特色社会主义方向,才能在对历史的深入思考中,不断提高我们的认识能力、精神境界和实践水平。正是由于对历史思维的正确运用,习近平在党的十九大郑重提出:"经过长期努力,中国特色社会主义进入了新时代,这是我国发展新的历史方位。"①这一论断,概括了中华民族的伟大飞跃,坚定了中国共产党的时代使命,明确了旗帜,更预示了未来。

中国特色社会主义进入新时代,从中华民族复兴历程来看,意味着近代以来久经磨难的中华民族迎来了从站起来、富起来到强起来的伟大飞跃,中国必将实现中华民族伟大复兴中国梦;从科学社会主义的发展进程来看,意味着科学社会主义在中国必将焕发出强大生机活力;从人类历史进程来看,意味着中国特色社会主义道路、理论、制度、文化不断发展,拓展了发展中国家走向现代化的途径。习近平强调:"新时代"是承前启后、继往开来、在新的历史条件下继续夺取中国特色社会主义伟大胜利的时代,是决胜全面建成小康社会、进而全面建设社会主义现代化强国的时代,是全国各族人民团结奋斗、不断创造美好生活、逐步实现全体人民共同富裕的时代,是全体中华儿女勠力同心、奋力实现中华民族伟大复兴中国梦的时代,是我国日益走近世界舞台中央、不断为人类作出更大贡献的时代。② 新时代明确了历史新方位,也为政治伦理建设提出了新的目标。

(二) 战略思维:"四个全面"战略布局的政治伦理思维

战略思维强调思维的整体性、全局性、长期性,展现了高瞻远瞩、统揽全局、善于把握事物发展总体趋势和方向的能力。习近平强调,要树立大局意

---

①　习近平:《决胜全面建成小康社会　夺取新时代中国特色社会主义伟大胜利——在中国共产党第十九次全国代表大会上的报告》,人民出版社 2017 年版,第 10 页。

②　习近平:《决胜全面建成小康社会　夺取新时代中国特色社会主义伟大胜利——在中国共产党第十九次全国代表大会上的报告》,人民出版社 2017 年版,第 10—11 页。

识,善于从大局看问题,放眼世界,放眼未来;善于观大势、谋大事,把握工作主动权;既有雷厉风行的作风,也有闲庭信步的定力。

在治国理政的实践中,习近平总书记对中国马克思主义政治伦理理论的发展体现在"四个全面"的战略布局中,开创了政治伦理建设新局面。2012 年 11 月党的十八大提出全面建成小康社会,2013 年 11 月党的十八届三中全会提出全面深化改革,2014 年 10 月党的十八届四中全会提出全面推进依法治国,2014 年 10 月 8 日党的群众路线教育实践活动总结大会提出全面推进从严治党,最终形成了新时代中国特色社会主义政治伦理建设的完整拼图。"四个全面"战略布局是以习近平同志为核心的党中央治国理政战略思想,闪耀着马克思主义与中国实际相结合的思想光辉。

其一,擘画全面建成小康社会:确立新时代政治伦理建设的战略目标。全面建成小康社会,在"四个全面"战略布局中居于引领地位。① 党的十八大提出,确保到 2020 年,即到中国共产党成立 100 年时,实现全面建成小康社会宏伟目标。习近平在擘画全面建成小康社会蓝图中,始终将促进最广大人民根本利益和促进人的全面发展作为价值红线贯穿其中;始终将大力发展社会主义民主、建设社会主义政治文明作为全面建设小康社会的重要价值目标;始终将"创新、协调、绿色、开放、共享"的发展理念贯彻在全面建设小康社会的实践中;始终将构建系统完备、科学规范、运行有效的制度体系,使各方面制度更加成熟、更加定型,作为全面建设小康社会的重要任务。

其二,推进全面深化改革:布置新时代政治伦理建设的战略任务。全面深化改革是"四个全面"战略布局中具有突破性和先导性的关键环节。② 全面深化改革的目的是保障公平正义的伦理价值取向,为全面建成小康社会排除体制机制方面的障碍。习近平强调:"全面深化改革的总目标是完善和发展中

---

① 《中国共产党简史》,人民出版社、中共党史出版社 2021 年版,第 415 页。
② 《中国共产党简史》,人民出版社、中共党史出版社 2021 年版,第 418 页。

国特色社会主义制度,推进国家治理体系和治理能力现代化。"①作为政治伦理建设的战略任务,全面深化改革必须坚持"以人民为中心"的评价标准,凸显中国特色社会主义制度的优越性;全面深化改革必须坚持公平正义的伦理价值取向以大力增进人民福祉为出发点和落脚点。

其三,实施全面依法治国:完善政治制度伦理建设。全面推进依法治国是解决发展中的一系列重大问题、解放和增强社会活力、促进公平正义、维护社会和谐稳定、确保国家长治久安的根本要求。② 全面依法治国,其价值目标是保障和实现社会公平正义。党的十九大报告强调全面依法治国是中国特色社会主义的本质要求和重要保障。习近平总书记在党的二十大报告中强调:"全面依法治国是国家治理的一场深刻变革,关系党执政兴国,关系人民幸福安康,关系党和国家长治久安。"③全面依法治国,必须紧紧围绕保障和促进社会公平正义来进行。全面推进依法治国,就是要以人民的期待为导向,以法治巩固人民主体地位、维护人民合法权利,以公平正义促进社会和谐。

其四,强化全面从严治党:推进新时代政党伦理建设。全面从严治党是"四个全面"战略布局的根本保证,是党的十八大以来党中央抓党的建设的鲜明主题。④ 党的十八大以来,全面从严治党的实践"将我们党对全面从严治党的规律性认识提升到全新高度,为推进新时代党的建设新的伟大工程提供了重要遵循"⑤。党的十九大报告指出:伟大斗争、伟大工程、伟大事业、伟大梦想,紧密联系、相互贯通、相互作用,其中起决定性作用的是党的建设新的伟大工程。⑥ 何谓全面从严治党? 怎样全面从严治党? 习近平指出:"全面从严治

---

① 《中共中央关于全面深化改革若干重大问题的决定》,人民出版社 2013 年版,第 3 页。

② 参见《中国共产党简史》,人民出版社、中共党史出版社 2021 年版,第 420 页。

③ 习近平:《高举中国特色社会主义伟大旗帜　为全面建设社会主义现代化国家而团结奋斗——在中国共产党第二十次全国代表大会上的报告》,人民出版社 2022 年版,第 40 页。

④ 参见《中国共产党简史》,人民出版社、中共党史出版社 2021 年版,第 424 页。

⑤ 《继往开来,把握全面从严治党好经验》,《人民日报》2018 年 1 月 14 日。

⑥ 参见《党的十九大报告辅导读本》,人民出版社 2017 年版,第 17 页。

党,核心是加强党的领导,基础在全面,关键在严,要害在治。"①所谓"全面"就是管全党、治全党,面向全体党员、党组织,覆盖党的建设各个领域、各个方面、各个部门。② 所谓"从严"就是管党治党,必须严字当头,把严的要求贯彻全过程,做到真管真严、敢管敢严、长管长严。③ 习近平关于全面从严治党的重要论述,推进了新时期政党伦理建设迈向更高阶段。主要表现在:一是强化了"不忘初心、牢记使命"的政治伦理理念,二是强化立党为公、执政为民的政治伦理关怀,三是强化权力主体的政治伦理担当,四是推进营造良好的政治生态,五是强化制度治党,推进党的建设科学化制度化规范化,六是惩治腐败,重塑新时期党群政治信任。习近平总书记强调指出,要坚定不移全面从严治党,深入推进新时代党的建设新的伟大工程,必须"落实新时代党的建设总要求,健全全面从严治党体系,全面推进党的自我净化、自我完善、自我革新、自我提高,使我们党坚守初心使命,始终成为中国特色社会主义事业的坚强领导核心"④。

"四个全面"战略布局,是党在新时代把握我国发展新特征确定的治国理政新方略,抓住了党和国家事业发展中根本性、全局性、紧迫性的重大问题。

(三) 辩证思维:正确处理矛盾和问题的政治伦理思维

辩证思维是唯物辩证法在思维中的运用,是指从事物相互联系、相互作用的关系出发,分析矛盾、抓住关键、找准重点、洞察事物发展规律的能力。

在如何正确处理改革问题上,习近平强调要清醒地认识到我国改革已经进入攻坚期和深水区,进一步深化改革,必须更加注重改革的系统性、整体性、

---

① 《习近平关于全面从严治党论述摘编》,中央文献出版社 2016 年版,第 11 页。

② 参见《习近平关于全面从严治党论述摘编》,中央文献出版社 2016 年版,第 11 页。

③ 参见《习近平谈治国理政》第二卷,外文出版社 2017 年版,第 43—44 页。

④ 习近平:《高举中国特色社会主义伟大旗帜 为全面建设社会主义现代化国家而团结奋斗——在中国共产党第二十次全国代表大会上的报告》,人民出版社 2022 年版,第 64 页。

协同性,统筹推进重要领域和关键环节改革;"要坚持整体推进,加强不同时期、不同方面改革配套和衔接,注重改革措施整体效果,防止畸重畸轻、单兵突进、顾此失彼"①。

在新时期如何夺取中国特色社会主义伟大胜利问题上,习近平强调在新的历史起点上必须积极进行具有许多新的历史特点的伟大斗争,就必须同各种错误思潮和思想作坚决斗争;要"发展"中国特色社会主义,就必须推进实践创新和理论创新,必须同各种挑战、困难、风险作艰苦斗争。

在发展理念问题上,习近平总书记强调:"发展是解决我国一切问题的基础和关键,发展必须是科学发展,必须坚定不移贯彻创新、协调、绿色、开放、共享的发展理念。"②创新发展必须把创新摆在国家发展全局的核心位置,使之贯穿党和国家一切工作;协调发展必须正确处理发展中的重大关系,重点促进城乡区域协调发展,促进经济社会协调发展,增强发展整体性;绿色发展必须坚持节约资源和保护环境的基本国策,坚持可持续发展,加快建设资源节约型、环境友好型社会,形成人与自然和谐发展的现代化建设新格局,推进美丽中国建设;开放发展必须奉行互利共赢的开放战略,提高对外开放水平,协同推进战略互信、经贸合作、人文交流,努力形成深度融合的互利合作格局;共享发展必须坚持发展为了人民、发展依靠人民、发展成果由人民共享,使全体人民在共建共享发展中有更多获得感。"五大发展理念"是全面建成小康社会的灵魂,它们相互贯通、相互促进、相互联系。党的二十大提出"加快构建新发展格局,着力推动高质量发展"的发展目标,并强调高质量发展是全面建设社会主义现代化国家的首要任务③,指明了中国式现代化的发展之路。

---

① 中共中央文献研究室编:《习近平关于全面深化改革论述摘编》,中央文献出版社 2014 年版,第 44 页。

② 习近平:《决胜全面建成小康社会　夺取新时代中国特色社会主义伟大胜利——在中国共产党第十九次全国代表大会上的报告》,人民出版社 2017 年版,第 21 页。

③ 参见习近平:《高举中国特色社会主义伟大旗帜　为全面建设社会主义现代化国家而团结奋斗——在中国共产党第二十次全国代表大会上的报告》,人民出版社 2022 年版,第 28 页。

在如何引领经济发展新常态问题上,习近平总书记强调一要正确把握发展与代价、数量与质量、速度与效益的辩证关系,以实现发展稳、代价小的持续健康发展;二要正确处理政府与市场的关系,必须"坚持和完善社会主义基本经济制度,毫不动摇巩固和发展公有制经济,毫不动摇鼓励、支持、引导非公有制经济发展,充分发挥市场在资源配置中的决定性作用,更好发挥政府作用"①。

在反腐倡廉问题上,习近平总书记强化中国共产党的主体领导地位,强调中国共产党是治国理政的领导主体,办好中国的事情关键在党。反腐倡廉是全面从严治党的关键,首先要坚持"打铁还需自身硬"的原则,从先进性、纯洁性高度强调加强党的建设,实现全面从严治党;同时,要注意当务之急是要消除精神懈怠、能力不足、脱离群众、消极腐败的"四种危险"。

在治国理政的实践中,习近平总书记善于运用辩证唯物主义方法论,在正确处理各种矛盾和问题中展现了独特的政治伦理思维特征。

四、治理现代化:建构新时代马克思主义治理伦理理论

以习近平同志为核心的党中央推进了中国国家治理体系和治理能力现代化,建构和发展了中国马克思主义治理伦理理论。

党的十八大之后,习近平在治国理政的实践中,对国家治理发表了许多重要论述,推进了中国马克思主义治理伦理理论的发展。2013 年 11 月,党的十八届三中全会提出,全面深化改革的总目标就是"完善和发展中国特色社会主义制度、推进国家治理体系和治理能力现代化"。2019 年 10 月,党的十九届四中全会审议通过了《中共中央关于坚持和完善中国特色社会主义制度　推进国家治理体系和治理能力现代化若干重大问题的决定》,提出了坚持和完善中国特色社会主义制度、推进国家治理体系和治理能力现代化的总体目标,

---

① 习近平:《高举中国特色社会主义伟大旗帜　为全面建设社会主义现代化国家而团结奋斗——在中国共产党第二十次全国代表大会上的报告》,人民出版社 2022 年版,第 29 页

即到我们党成立一百年时，在各方面制度更加成熟更加定型上取得明显成效；到二〇三五年，各方面制度更加完善，基本实现国家治理体系和治理能力现代化；到新中国成立一百年时，全面实现国家治理体系和治理能力现代化，使中国特色社会主义制度更加巩固、优越性充分展现。①

习近平新时代中国特色社会主义思想中关于治理问题的重要论述对马克思主义治理伦理理论的发展主要表现在治理的伦理思维转向和治理的伦理秩序建构两个方面。

（一）治理的伦理思维转向

"国家治理现代化"的提出是在建设中国特色社会主义进程中治理伦理思维的重大转向，即从"维稳思维"到"秩序思维"的转向与创新。伦理思维是一种"秩序思维"，重和谐、重发展、重价值。

从内容看，与"维稳思维"重"管理"不同，"秩序思维"重"治理"。一是主体发生了变化，管理的主体是政府及其相关部门和社会组织；治理的主体具有多元化，强调政府主导、社会协同、公民个体参与的有机统一。二是主要任务和职能发生了新变化。国家治理现代化强调以人民为中心加强和完善国家治理。尤其是党的十九届四中全会作出了一系列重大部署，从坚持和完善人民当家作主的制度体系，到坚持和完善中国特色社会主义的行政体制；从坚持和完善统筹城乡的民生保障制度，到坚持和完善共建共治共享的社会治理制度，充分体现了以人民为中心的发展思想，彰显了我们党治国理政的不变初心与使命担当。

从目标看，与"维稳思维"重"稳定"不同，"秩序思维"重"发展"。治理的目标从社会角度而言，旨在化解社会矛盾、实现社会公正、注重公共利益、促进社会和谐；从个体角度而言，旨在保障权益、促进自由全面发展。党的十九大

---

① 《中共中央关于坚持和完善中国特色社会主义制度　推进国家治理体系和治理能力现代化若干重大问题的决定》，《人民日报》2019 年 11 月 6 日。

倡导"坚持人人尽责、人人享有,坚守底线、突出重点、完善制度、引导预期,完善公共服务体系,保障群众基本生活,不断满足人民日益增长的美好生活需要,不断促进社会公平正义,形成有效的社会治理、良好的社会秩序,使人民获得感、幸福感、安全感更加充实、更有保障、更可持续"[1],正是体现了面向未来的发展期待。党的二十大进一步强调要"建设人人有责、人人尽责、人人享有的社会治理共同体"[2]。

从特征看,与"维稳思维"的工具性、程序性和技术性特征不同,"秩序思维"的特征是价值目的性和伦理导向性。"秩序思维"遵循伦理规范和道德约束规律,其目的是实现人的全面发展和社会的全面进步。"秩序思维"重视伦理治理的软调控力量,"以'应然'的视角看待社会治理现实,赋予治理目标、治理主体、治理手段、治理方法、治理方式等社会治理要素以新的精神特质和伦理追求"[3]。只有如此,国家治理体系和治理能力现代化水平才能明显提高,才能为政治稳定、经济发展、文化繁荣、民族团结、人民幸福、社会安宁、国家统一提供有力保障。

(二) 治理的伦理秩序建构

伦理秩序构成了国家治理现代化的"基础秩序",为国家治理现代化提供伦理结构支撑。治理的伦理结构以伦理秩序的构成为实质内容。伦理秩序以"伦理价值秩序"为基础、"伦理制度秩序"为支撑、"伦理心灵秩序"为追求,并组合形成一种结构性力量。

治理的伦理价值秩序通过伦理价值的倡导、推行和培育,为国家、社会、个

---

① 习近平:《决胜全面建成小康社会 夺取新时代中国特色社会主义伟大胜利——在中国共产党第十九次全国代表大会上的报告》,人民出版社 2017 年版,第 45 页。

② 习近平:《高举中国特色社会主义伟大旗帜 为全面建设社会主义现代化国家而团结奋斗——在中国共产党第二十次全国代表大会上的报告》,人民出版社 2022 年版,第 54 页

③ 王维国:《善治之道:当代中国社会治理创新的伦理路径研究》,人民出版社 2015 年版,第 38 页。

人的发展提供价值指导,从而在整个社会形成核心价值认同。习近平总书记在党的十九届四中全会上提出,实现推进国家治理体系和治理能力现代化的总体目标,要求坚持和完善繁荣发展社会主义先进文化的制度,巩固全体人民团结奋斗的共同思想基础。发展社会主义先进文化、广泛凝聚人民精神力量,为国家治理体系和治理能力现代化提供深厚支撑;而社会主义核心价值观作为先进文化的核心内涵,起到提纲挈领的导向作用。因此,建构治理的伦理价值秩序,必须坚持以社会主义核心价值观引领文化建设,将其融入国家治理和社会治理的各个领域和各个层面。以社会主义核心价值观凝聚社会共识和社会力量,建构中国特色社会主义治理的伦理价值秩序,已经成为推进国家治理体系和治理能力现代化的首要任务。

伦理制度秩序通过社会经济政治等方面伦理制度的建立,为国家和社会治理确立一套行之有效的道德规范秩序。习近平在党的十九大报告中指出:坚持全面深化改革,必须坚持和完善中国特色社会主义制度,不断推进国家治理体系和治理能力现代化,坚决破除一切不合时宜的思想观念和体制机制弊端,突破利益固化的藩篱,吸收人类文明有益成果,构建系统完备、科学规范、运行有效的制度体系,充分发挥我国社会主义制度优越性。[1] 党的十九届四中全会再次强调:突出坚持和完善支撑中国特色社会主义制度的根本制度、基本制度、重要制度,着力固根基、扬优势、补短板、强弱项,构建系统完备、科学规范、运行有效的制度体系,加强系统治理、依法治理、综合治理、源头治理,把我国制度优势更好转化为国家治理效能,为实现"两个一百年"奋斗目标、实现中华民族伟大复兴的中国梦提供有力保证。[2] 治理的伦理制度秩序,旨在通过坚持和完善共建共治共享的治理制度,实现社会稳定、维护国家

---

① 参见习近平:《决胜全面建成小康社会　夺取新时代中国特色社会主义伟大胜利——在中国共产党第十九次全国代表大会上的报告》,人民出版社 2017 年版,第 21 页。

② 参见《中共中央关于坚持和完善中国特色社会主义制度　推进国家治理体系和治理能力现代化若干重大问题的决定》,人民出版社 2019 年版,第 5 页。

安全。

治理的伦理心灵秩序就是在社会民众中形成公正的利益心理平衡与和谐的心理向往,激发主体自觉性、实现社会心理积极向上的状态。国家治理体系和治理能力现代化蕴含的价值愿景就是"美好生活","美好"是一种价值期待和心理满足。加强和创新国家社会治理,就是要"不断满足人民日益增长的美好生活需要,不断促进社会公平正义,形成有效的社会治理、良好的社会秩序,使人民获得感、幸福感、安全感更加充实、更有保障、更可持续"①。

国家治理现代化需要法治秩序和伦理秩序共同支撑与维护,而其中伦理秩序是基础秩序,将国家治理现代化置于伦理秩序建构的视域中,这是中国马克思主义治理伦理理论在新时代中国特色社会主义建设时期的创新。

五、建构人类命运共同体:创新马克思主义交往伦理理论

马克思在《德意志意识形态》中首次对"世界历史"进行阐述,他认为随着"各个相互影响的活动范围在这个发展进程中越是扩大,各民族的原始封闭状态由于日益完善的生产方式、交往以及因交往而自然形成的不同民族之间的分工消灭得越是彻底,历史也就越是成为世界历史"②。在《共产党宣言》中,马克思、恩格斯看到了资本空间扩张导致生产要素在全球范围内的流动,导致国家和地区之间的相互依赖关系加强,"过去那种地方的和民族的自给自足和闭关自守状态,被各民族的各方面的互相往来和各方面的互相依赖所代替了。物质的生产是如此,精神的生产也是如此"③。马克思恩格斯揭示了由于生产、交往活动空间范围的扩大,人类社会普遍交往空间和范围也不断扩大,从而打破了"各民族的原始封闭状态",民族历史必然走向世界的历史。

---

① 习近平:《决胜全面建成小康社会 夺取新时代中国特色社会主义伟大胜利——在中国共产党第十九次全国代表大会上的报告》,人民出版社2017年版,第45页。
② 《马克思恩格斯选集》第1卷,人民出版社2012年版,第168页。
③ 《马克思恩格斯选集》第1卷,人民出版社2012年版,第404页。

在全球化的今天,世界交往更是日益密切,不仅仅是生产和经济的交往日益密切,价值、文化、精神等的交往也日益频繁,世界共享着资源、环境、利益、命运,成为一个不可分割的整体。习近平总书记提出了"坚持和平发展道路,推动构建人类命运共同体",正是从日益密切的人类交往中窥探了人类命运的一致性。

2013 年,习近平总书记在莫斯科国际关系学院发表演讲,倡导构建人类命运共同体。2015 年 9 月,习近平总书记在纽约联合国总部出席第 70 届联合国大会一般性辩论并发表重要讲话,将构建以何种共赢为核心的新型国际关系与打造人类命运共同体紧密相连,丰富和发展了人类命运共同体思想。2017 年 1 月,习近平总书记在联合国日内瓦总部发表主旨演讲时提出"构建人类命运共同体,实现共赢共享"的中国方案,系统阐释了构建人类命运共同体的理论内涵和目标路径,倡导"坚持对话协商,建设一个持久和平的世界""坚持共建共享,建设一个普遍安全的世界""坚持合作共赢,建设一个共同繁荣的世界""坚持交流互鉴,建设一个开放包容的世界""坚持绿色低碳,建设一个清洁美丽的世界"①。2017 年 3 月,"构建人类命运共同体"被写入联合国安理会第 2344 号决议。

构建人类命运共同体的重大理念,以宽阔的国际视野和高度的责任担当,为处于十字路口的世界指引前行的方向,创新了马克思主义交往伦理理论。

其一,"人类命运共同体"思想体现了马克思主义交往伦理价值的"世界关切"。"人类命运共同体"思想的形成是一个由我及他、由小及大的发展过程,由最早提出建设"中华民族命运共同体",到建设"中国—东盟命运共同体",再到建设"亚洲命运共同体",最后形成了视野更广阔的"人类命运共同体"。人类命运共同体这一全球价值观包含相互依存的国际权力观、共同利益观、可持续发展观和全球治理观,超越了种族、文化、国家与意识形态的界

① 《习近平谈治国理政》第二卷,外文出版社 2017 年版,第 541—544 页。

限,为思考人类未来提供了全新的视角,为推动世界和平发展绘制了一个理性可行的行动方案。

其二,"人类命运共同体"思想是站在全人类命运的高度对未来世界秩序构想的伦理共同体方案,体现了马克思主义交往伦理的实践智慧。"人类命运共同体"思想是一种超越国家利益、超越西方现代化国家理论、超越"西方中心论"、超越民族国家和意识形态的"全球观",不仅超越了"利益共同体"的功利性,也超越了"政治共同体"的工具性。

其三,"人类命运共同体"思想坚持从人类共同利益出发,坚持"美美与共"的价值导向,推进"合作共赢、共同发展"的全球治理,展现了马克思主义交往伦理的实践功能。人类命运共同体理念从政治、安全、经济、文化和生态五个方面给出解决世界共性问题的中国方案,即"坚持对话协商、共建共享、合作共赢、交流互鉴、绿色低碳,建设一个持久和平、普遍安全、共同繁荣、开放包容、清洁美丽的世界"①。人类命运共同体强调"世界命运由各国共同掌握,国际规则由各国共同书写,全球事务由各国共同治理,发展成果由各国共同分享"的全球治理理念,秉持互惠、平等、合作、共享的基本规则,为推动全球治理体系的形成和规则的确立提供了共享的价值理念和行动指南。

六、习近平新时代中国特色社会主义思想对马克思主义伦理学的发展创新

习近平新时代中国特色社会主义思想坚持马克思主义基本原理,深刻总结和充分运用中国共产党百年奋斗的历史经验,继承弘扬中华优秀传统文化精华,根据时代和实践发展变化,以崭新的思想内容丰富发展了马克思主义,形成了系统科学的理论体系,推进了新时代中国马克思主义伦理学的发展。

---

① 《习近平出席"共商共筑人类命运共同体"高级别会议并发表主旨演讲》,《人民日报》2017年1月20日。

（一）推进马克思主义伦理学的发展

中国特色社会主义进入新时代，以习近平同志为核心的党中央继承和发展了中国特色社会主义伦理思想，不仅使得马克思主义伦理学的历史任务有了新变化，也使得马克思主义伦理学呈现出新的时代特征。

其一，马克思主义伦理学的历史任务发生了新的变化。"进入新时代"，是我们党以马克思主义时代观为理论指导，以党的十八大以来开创性的成就和根本性变革为现实依据作出的重大科学判断，准确地把握了中国特色社会主义发展的历史方位。那么，在此重大的时代变迁中，马克思主义伦理学必然要切合新时代中国特色社会主义发展、定位其历史任务。

马克思指出：判断一个变革时代"不能以它的意识为根据；相反，这个意识必须从物质生活的矛盾中，从社会生产力和生产关系之间的现存冲突中去解释"①。唯物史观认为，生产力和生产关系、经济基础和上层建筑的矛盾构成了社会的基本矛盾，成为时代变革的基本动力和显著标识。"进入新时代"，中国社会的主要矛盾由社会主义初级阶段的"人民日益增长的物质文化需要同落后的社会生产之间的矛盾"，转变为当今"人民日益增长的美好生活需要和不平衡不充分的发展之间的矛盾"。社会主要矛盾的变化，根源于生产力和生产关系、经济基础和上层建筑的基本矛盾的变化，作为上层建筑的马克思主义伦理学的历史任务也就发生了相应的变化。习近平新时代中国特色社会主义思想中明确了新时代我国社会主要矛盾变化，强调必须坚持以人民为中心的发展思想，不断促进人的全面发展和全体人民共同富裕；明确了坚持和发展中国特色社会主义总任务是实现社会主义现代化和中华民族伟大复兴，在全面建成小康社会的基础上，在本世纪中叶建成富强民主文明和谐美丽的社会主义现代化强国。在长期的历史发展中，马克思主义伦理学重要的历

---

① 《马克思恩格斯选集》第 2 卷，人民出版社 2012 年版，第 3 页。

史任务就是对资本主义进行伦理批判和道德谴责;显然,随着社会历史条件的变化,马克思主义伦理学的任务重心也发生了转移,甚至马克思主义伦理学中"人道主义""正义""平等""自由"等道德概念都需要重新加以定义和理解。

在新形势下,中国马克思主义伦理学必须担当起哲学社会科学的指导和服务功能,为中国特色社会主义建设服务。一是面对社会思想观念和价值取向日趋活跃、主流和非主流同时并存、社会思潮纷纭激荡的新形势,"如何巩固马克思主义在意识形态领域的指导地位,培育和践行社会主义核心价值观,巩固全党全国各族人民团结奋斗的共同思想基础"。二是面对我国经济发展进入新常态、国际发展环境深刻变化的新形势,"如何贯彻落实新发展理念、加快转变经济发展方式、提高发展质量和效益,如何更好保障和改善民生、促进社会公平正义"。三是面对改革进入攻坚期和深水区、各种深层次矛盾和问题不断呈现、各类风险和挑战不断增多的新形势,"如何提高改革决策水平、推进国家治理体系和治理能力现代化"。四是面对世界范围内各种思想文化交流交融交锋的新形势,"如何加快建设社会主义文化强国、增强文化软实力、提高我国在国际上的话语权,迫切需要哲学社会科学更好发挥作用";面对全面从严治党进入重要阶段、党面临的风险和考验集中显现的新形势,"如何不断提高党的领导水平和执政水平、增强拒腐防变和抵御风险能力,使党始终成为中国特色社会主义事业的坚强领导核心"①。

其二,马克思主义伦理学的时代特征发生了新的变化。一方面,新时代中国马克思主义伦理学要克服传统伦理的封闭性特征和倾向。中国传统伦理文化缺乏与其他伦理文化的交际,两千多年的伦理文化基本循着一元化道路发展,形成了一元化伦理知识结构,其最大的弊端就是缺乏自我批判能力、伦理体系固化,难以适应开放的现代伦理结构,难以对当下新的伦理诉求作出回

---

① 习近平:《在哲学社会科学工作座谈会上的讲话》,《人民日报》2016 年 5 月 19 日。

应。另一方面,新时代中国马克思主义伦理学要克服不加批判地搬用苏联模式的伦理学的基本理念、学术框架和学术方法,避免中国伦理学的知识内容和研究范式上的滞后性,从而建构具有中国特色、问题导向和中国经验的当代伦理学新范式,即中国特色社会主义伦理学。

马克思主义伦理学的新时代特征具体表现为实践特色、民族特色和时代特色。一是实践特色,就是要立足于实践。离开了具体的实践,中国马克思主义伦理学就会失去发展的基础和动力源泉,就不可能说明中国特色社会主义伦理建设的重要意义,也不可能说明中国特色社会主义伦理学的实质和价值所在。具体而言,中国马克思主义伦理学的发展必须紧扣实现现代化、民族复兴、社会主义振兴的时代主题,并使其成为马克思主义伦理学时代化的事业;必须在实现和维护人民利益基础上,把实现人民利益与道德风尚建设结合在一起,推进社会主义精神文明建设;必须尊重人民群众的首创精神,不断总结和提升人民群众的伦理道德建设经验。二是民族特色,就是要传承和创新中国传统伦理文化,展现中华民族的伦理智慧和道德精神,表现出民族的气派和风格。习近平总书记指出:"要围绕我国和世界发展面临的重大问题,着力提出能够体现中国立场、中国智慧、中国价值的理念、主张、方案。"①其关键就是如何把传统伦理文化的思想精华与社会主义的价值追求融为一体,使其成为中国特色社会主义建设的基本信念和行为准则。例如,中国传统伦理中重和谐、讲信修睦、主张和而不同、厚德载物、天人合一、协和万邦等伦理思想精华,深深影响着中华民族的价值思维、价值选择、伦理道德和行为特征,在历史上起到了推动社会发展的进步作用,需要在当代社会中继续传承。同时,如何建设具有民族特点、民族风格和民族气派的伦理学话语体系,使伦理语言的表述方式、表现形式上更能为人们所喜闻乐见、更益于理解和把握,也是民族特色的重要内容。三是时代特色,也就是在解决中国经济社会发展问题的同时顺

---

① 习近平:《在哲学社会科学工作座谈会上的讲话》,《人民日报》2016 年 5 月 19 日。

应时代的潮流,体现时代主题的要求,提升时代精神。中国马克思主义伦理学的发展既要与时代主题和世界形势的变化密切相连,对时代主题和世界潮流作出积极回应;也要积极为推动中国特色社会主义的发展和完善服务,促进社会主义制度和体制的自我完善,为经济社会的发展注入了新的精神活力;还要体现尊重世界文明多样性和发展模式的多样化,取长补短,实现自我发展。

"只有以我国实际为研究起点,提出具有主体性、原创性的理论观点,构建具有自身特质的学科体系、学术体系、话语体系"①,中国马克思主义伦理学才能形成自己的特色和优势。

(二) 发挥马克思主义伦理学的实践功能

构建中国特色马克思主义伦理学是繁荣中国特色哲学社会科学的重要任务。习近平新时代中国特色社会主义思想系统地回答了新时代坚持和发展什么样的中国特色社会主义、怎样坚持和发展中国特色社会主义等重大问题,凸显了马克思主义伦理学的实践功能。习近平对马克思主义伦理学的实践功能发挥,最重要的是体现在治国理政的伦理思维转变和治理现代化的伦理实践等方面。

治国理政的伦理思维转变具体体现在坚持和发展中国特色社会主义的基本方略中。党的十八大以来,习近平总书记在领导党和人民事业发展中,全面贯彻党的基本理论、基本路线,形成了中国特色社会主义的基本方略,即坚持党对一切工作的领导、坚持以人民为中心、坚持全面深化改革、坚持新发展理念、坚持人民当家作主、坚持全面依法治国、坚持社会主义核心价值体系、坚持在发展中保障和改善民生、坚持人与自然和谐共生、坚持总体国家安全观、坚持党对人民军队的绝对领导、坚持"一国两制"和推进祖国统一、坚持推动构建人类命运共同体、坚持全面从严治党——这些基本方略中不仅贯穿着马克

---

① 习近平:《在哲学社会科学工作座谈会上的讲话》,《人民日报》2016 年 5 月 19 日。

思主义唯物辩证法和历史辩证法,更重要的是贯穿着马克思主义伦理学的伦理立场、伦理理念和伦理原则。在伦理立场上,习近平强调要始终坚持人民立场,多次提出要"不忘初心、牢记使命","为中国人民谋幸福,为中华民族谋复兴"是中国共产党人的初心和使命,坚信党的根基和力量在人民,以实现以人民为中心的伦理认同。在伦理理念上,习近平强调"以人民为中心""人类命运共同体""创新、协调、绿色、开放、共享"的发展理念等等,以发展理念指导"四个全面"实践,推进中国特色社会主义发展。在伦理原则上,习近平积极弘扬集体主义精神,倡导新时代坚持以人民为中心的基本伦理原则;强调以实现人民群众对美好生活的向往为奋斗目标,倡导新时代公平正义的重要伦理原则;强调实现人的自由全面发展,倡导新时代坚持以人民为中心的崇高价值原则。

治理现代化的伦理实践是一个系统工程。推进国家治理体系和治理能力现代化,发展社会主义市场经济,发展社会主义民主政治,发展社会主义协商民主,建设中国特色社会主义法治体系,发展社会主义先进文化,培育和践行社会主义核心价值观,建设社会主义和谐社会,建设生态文明,实施总体国家安全观,建设人类命运共同体,坚持正确义利观,加强党的执政能力建设……一系列治理实践,都展现了马克思主义伦理学的价值指导功能。治理现代化的基本途径一是制度建设,二是伦理建设。制度建设固然重要,但是伦理作为一种价值和精神的积极动力,在社会治理中发挥着不可替代的作用。治理"不仅表现为一种制度的、技术的结构,而且表现为一种伦理的结构"①。治理实践中伦理发挥着举足轻重的作用,因为治理理念、治理方式、治理手段不仅遵循着一定的伦理原则与规范,也承载着一定的伦理精神与价值追求。推进社会治理现代化,应遵循服务、诚信、民主、法治、廉洁、责任等伦理原则,不断加强制度安排的道德引导、决策过程的伦理控制、治理行为的伦理约束等,以

---

① 吴成钢、崔彦:《论公共行政管理的伦理基础》,《伦理学研究》2006 年第 3 期。

实现治理能力和治理体系现代化水平的不断提升,推进善治。例如,党的十八大对社会主义核心价值观的概括提炼,适应了国家治理现代化的要求,从顶层设计高度为建构国家治理的价值秩序作出了规划;党的十八届三中全会报告《中共中央关于全面深化改革若干重大问题的决定》提出将"共享公平正义"作为全面深化改革的重要价值目标,为进一步增强社会凝聚力提供心理基础、道德支撑、价值识别和动力源泉。缺乏价值导向、伦理规范和心理和谐的国家治理,不可能实现和而不同、蒸蒸日上的美好景象。

(三) 拓展马克思主义伦理学的价值关切

马克思主义伦理学的价值愿景是对人类发展的美好追求。在《共产党宣言》中,这个价值理想被表述为"每个人的自由发展是一切人的自由发展的条件"①。马克思恩格斯最早赋予了"自由人联合体"作为一种真正共同体的伦理内涵。以"每个人的自由发展"来界定社会主义,深刻地表明了社会主义的本质特征,从根本上把社会主义同一切旧社会区别开来,这一思想具有超越历史阶段和超越国界的普遍性终极价值,在马克思主义伦理学理论体系中具有核心导向作用。它表明,马克思主义伦理学价值关切的对象不是人类社会发展的某个阶段,也不是世界发展的某个地域,而是对全人类发展的一种终极关切。同时,马克思还强调指出:"共产主义对我们来说不是应当确立的状况,不是现实应当与之相适应的理想。我们所称为共产主义的是那种消灭现存状况的现实的运动。"②也就是说,马克思主义伦理学的价值理想是在现实的运动中不断得以实现的。

马克思主义伦理学对世界的价值关切和价值理想,贯穿于马克思主义伦理学发展整个过程,也贯穿于中国特色社会主义发展的历史阶段。中国特色社会主义进入新时代,面临着全球化的各种机遇和挑战。如果说囿于时代和

---

① 《马克思恩格斯选集》第1卷,人民出版社2012年版,第422页。
② 《马克思恩格斯选集》第1卷,人民出版社2012年版,第166页。

国家发展条件,马克思主义伦理学的世界价值关切尚未完全得到真正落实,那么,在全球化视野下,中国马克思主义伦理学以"构建人类命运共同体"的价值主题展现的对世界的价值关切就不再是遥远的,而是当下和真实的。

马克思主义伦理学的世界价值关切的核心问题,就是如何达成共同的伦理价值共识。在新时代的伦理视野里,这个问题以"打造人类命运共同体"为核心。2015年9月28日,习近平在联合国大会发表《携手构建合作共赢新伙伴,同心打造人类命运共同体》重要讲话,深刻阐述全人类有着共同的价值共识,应继承和弘扬联合国宪章的宗旨和原则,构建以合作共赢为核心的新型国际关系,打造人类命运共同体。[①] 在全球化的今天,全球化和逆全球化矛盾交织,世界经济低迷、世界局势复杂、地区动荡等问题叠加,如何凝聚价值共识是各国顺应全球化的潮流、合作解决全球化过程中出现的复杂问题、共同应对挑战的关键。共同价值是国家之间相互合作的基础,在世界范围内广泛达成共识,才有可能团结协作、维护国际秩序的持久稳定。"和平、发展、公平、正义、民主、自由,是全人类的共同价值"[②],也是人类命运共同体的价值内涵。从此意义而言,人类命运共同体为人类社会发展提供了重要的历史路标和明确方向。

综上所述,改革开放以来,在邓小平理论、"三个代表"重要思想、科学发展观、习近平新时代中国特色社会主义思想的指导下,中国马克思主义伦理学在改革开放和社会主义现代化建设实践中确立了不同阶段的发展主题和主要任务,实现了持续的发展创新。改革开放以来中国马克思主义伦理学的新发展,创造性地解决了马克思主义伦理学在不同阶段的重大问题和实践问题,实现了马克思主义伦理学价值目标的时代化与具体化;继承与发展了马克思主义伦理学的道德学说,创新和丰富了马克思主义道德建设理论,推进了中国特色社会主义道德建设。

---

① 参见《习近平谈治国理政》第二卷,外文出版社2017年版,第522页。

② 《习近平谈治国理政》第二卷,外文出版社2017年版,第522页。

第三章　改革开放以来中国马克思主义伦理学的建设成就

理论是人们对事物和社会各方面知识的认知及论述,而理论体系则是指对某方面理论知识进行整合使之形成的体系。理论体系需要反映"学术规律"的学术体系、展示"叙述体系"的学科体系以及作为"表达体系"的话语体系的支撑。改革开放以来,我国马克思主义伦理学家和大批伦理学理论工作者在不断地开拓创新中推进了中国马克思主义伦理学理论研究,从而在学科体系、学术体系与话语体系的建设中取得了丰硕的成果,为构建中国特色社会主义伦理学理论体系作出了积极贡献。

第一节　学术体系建设:把握中国马克思主义伦理学的"学术规律"

学术体系规定着学术研究对象,限定着学术研究领域,反映着学科自身的学术逻辑与规律。张岱年、周辅成、李奇、周原冰、罗国杰、许启贤、冯定、唐凯麟等一大批伦理学家和伦理学研究者,对马克思主义伦理学相关基础理论问题进行了积极探讨和研究,为改革开放之后中国马克思主义伦理学学术体系建设作出了积极贡献。

一、明晰学术研究对象：问题、目的与特点

学术研究对象就是对要研究什么东西的确定，它规定着研究的目的。马克思主义伦理学的学术研究对象不仅明晰研究什么，还要明晰研究主题和研究任务，明晰了"研究什么"，也就明晰了"研究主题"和"研究任务"。

（一）马克思主义伦理学的研究对象

"伦理学"一词真正成为一门学问的名称是清末民初的事。日本学者在翻译英文"Ethics"时，借用了汉语中的"伦理"一词，把它翻译成"伦理学"。资产阶级启蒙思想家严复在翻译赫胥黎的《进化论与伦理学》一书时，借用了日文的意译，使用了"伦理学"概念。此后，学界达成共识，把专门研究道德的学问叫作"伦理学"。伦理学是研究社会道德现象的科学，以社会道德现象为研究对象，或者说伦理学是对社会道德现象的理论反思和升华，是一门关于道德的学问。罗国杰对马克思主义伦理学研究对象的界说，具有典型性和代表性。

罗国杰认为："伦理学是一门关于道德的科学，或者说，伦理学是以道德作为自己研究对象的科学。"①马克思主义伦理学作为一门科学，是研究道德的起源、本质、发展、变化及其社会作用的科学。离开了对于规律性的研究，离开了抽象的理论思维，也就没有了理论基石，也就不可能形成和建立任何科学的伦理学体系。从此意义而言，伦理学是一门理论科学，是一门探讨道德的规律性的科学。

道德现象是一种极其复杂的社会现象，究竟从什么意义、多大范围上和何种价值取向上研究道德，不同伦理学家有不同的看法。例如，规范伦理学认为

---

① 罗国杰：《马克思主义伦理学的探索》，中国人民大学出版社 2015 年版，第 39 页。

伦理学主要应当以道德规范为对象;应用伦理学强调应当以实际应用为目的,强调道德原则和规范的实际应用;元伦理学不同于规范伦理学和应用伦理学之处,在于它对概念和认识论问题的探索,如对道德概念语义的分析和揭示、对道德判断功能的分析、对道德逻辑规则的设立、对伦理学高度的科学性和逻辑性的追求等;描述伦理学以描述和归纳的方法对社会道德进行经验研究或事实研究,主要研究历史和现实中实际存在的和曾经存在的道德的实践样式和理论样式,研究各种道德样式存在的方式、具体内容和社会背景材料。之所以在伦理学的研究对象上有这么多的意见分歧或不同看法,是因为对"道德"的概念和"道德现象"的内涵有不同的理解。

罗国杰认为,伦理学研究对象的确立,一是要从总体上正确把握和认识道德现象,二是要认识道德现象的实质是道德关系。

其一,正确把握和认识道德现象。"只有全面地分析、研究道德的各类现象,才能从总体上把握社会关系,才能使伦理学具有完整的科学体系。"[1]罗国杰把道德现象分为道德活动现象、道德意识现象和道德规范现象。所谓道德活动现象,是指人们生活中受道德观念支配或影响的具有善恶意义的一切个体行为和群体活动。所谓道德意识现象,是指在社会道德活动中形成并反过来影响社会道德活动的各种具有善恶价值的社会意识,包括各种自发自在的社会道德心理(如道德认识、道德情感、道德意志、道德信念等)和自觉自为的社会道德意识形态(如各种道德思想、道德观点和道德理论体系等)两个方面。所谓道德规范现象,是指一定历史条件下指导和评估社会成员行为价值取向的道德要求和善恶准则,包括自发形成的判断善恶的常规惯例和自觉概括的善恶准则体系两种形态。三者紧密联系、相互制约,形成一个有机的整体。道德活动是道德意识和道德规范的实践基础,也是道德意识和道德规范得以巩固、深化、完善和实现目标的必要途径;道德意识不仅是社会道德规范

---

[1]　罗国杰:《马克思主义伦理学的探索》,中国人民大学出版社 2015 年版,第 44 页。

形成的思想前提,而且对社会道德活动有导向作用,具有向道德活动转化的趋势;道德规范则是在一定的道德活动和道德意识的基础上形成的、指导社会道德活动的准则,集中体现着社会道德意识。

由于历史和阶级的局限,马克思主义以前的伦理学说建立在唯心史观的基础之上,这些伦理学说虽然也是对社会道德现象认识的成果,但从总体上看还不是科学形态。马克思主义伦理学则不同,它运用辩证唯物论和历史唯物论来分析社会道德现象,在人类历史第一次把伦理学置于科学的基础之上,揭示了道德的起源、本质和发展规律,从而使伦理学变成一门真正的科学。

马克思主义伦理学作为无产阶级的道德科学,不仅要研究无产阶级的道德状况和社会主义社会的道德现象,还要研究共产主义道德在各方面的规律,如与社会经济基础和上层建筑的相互关系和相互作用,共产主义道德的产生、形成和发展的规律,共产主义道德规范体系的建立完善和实施的规律,等等。罗国杰指出:"只有以科学的形态再现道德,以理论思维的形式概括道德现象的各个方面,并对这些现象进行规律性的研究,找出其中固有的、隐藏在现象内部的规律性。总之,只有对道德现象的各个方面达到了规律性的认识,才能使伦理学真正成为科学,使它在社会和个人的道德生活中起指导作用,显示出强大的生命力。"[1]

其二,认识道德现象的实质反映的是道德关系。道德关系是人类社会的一种特殊社会关系,反映了社会道德现象的实质内容和特征。道德关系中矛盾的特殊性在于,"它是以体现整体利益的原则和规范为善恶标准,以必要的自我牺牲为前提来调节个人利益和社会整体利益之间的矛盾的;或者说,它是强调用节制或牺牲个人利益的原则和规范来调节个人利益和社会整体利益之间的矛盾的"[2]。因此,伦理学研究道德现象和道德关系,主要就是揭示道德关系中的个人利益和社会整体利益的矛盾。基于此,罗国杰认为伦理学要解

---

[1] 罗国杰:《试论马克思主义伦理学体系结构的特征》,《哲学研究》1983 年第 2 期。

[2] 罗国杰:《马克思主义伦理学的探索》,中国人民大学出版社 2015 年版,第 46 页。

决的基本问题就是道德和利益的关系问题。"伦理学研究道德现象和道德关系,主要就是揭示道德关系中的个人利益和社会整体利益的矛盾,并根据这种矛盾的性质和特点,总结出反映这种矛盾发展规律的道德理论,确定解决这种矛盾的道德原则和规范,提出进行道德评价的标准,以及道德教育、道德修养的途径和方法,以便不断地提高整个社会的道德水平,推动人类社会不断进步。"[1]

(二) 马克思主义伦理学的基本问题

伦理学的基本问题是伦理学研究的根本性问题,也是马克思主义伦理学所要解决的重大理论问题。张岱年和罗国杰对马克思主义伦理学基本问题的确定,较具有代表性。

1. 张岱年对马克思主义伦理学基本问题的认识

张岱年不仅著有《中国伦理思想发展规律的初步研究》和《中国伦理思想研究》等专著,而且撰写了《道德之变与常》、《现在中国所需要的新道德》及《试论新时代的道德规范建设》等数百篇论文,为马克思主义伦理思想中国化作出了独特的理论贡献。从20世纪30年代伊始,张岱年就开始运用马克思主义基本原理研究社会道德问题,形成了丰富的马克思主义伦理学思想理论体系。他也是中国现代伦理思想史上最早思考马克思主义伦理学研究基本问题的马克思主义伦理思想家。

张岱年指出:"伦理学说,自古以来,所讨论的问题虽然很多,实则可析别为两大类问题:其一为关于道德现象的问题;其二为关于道德理想和道德价值的问题。这两类问题的性质不同。道德现象的问题是把道德看作社会历史现象,从而考察探索道德演变的客观规律。道德与社会经济的关系问题即属于此类问题。道德理想和道德价值的问题是规定行动的指针、生活的目标,设定

---

[1] 罗国杰主编:《伦理学》,人民出版社 1989 年版,第 11 页。

人生的理想,当然的准则。"①

　　道德现象是在人类社会生活中产生的一种特殊而又普遍的社会现象,伦理学就是以此为研究对象的。概而言之,伦理学就是一门对全部人类道德现象进行系统的、理论的研究、概括和总结的科学。马克思主义伦理学将道德作为社会历史现象加以研究,着重研究道德现象中的带有普遍性和根本性的问题,从中揭示道德的发展规律。马克思主义伦理学建立在历史唯物主义基础之上,强调阶级社会中道德的阶级性及道德实践在伦理学理论中的意义。

　　探讨道德理想和道德价值的问题,也就是揭示道德应该是什么,道德如何启迪人生理想、如何给予行为正当性的问题,这是道德目的的追问。张岱年认为,与哲学基本问题——思维和存在关系的问题不同,伦理学基本问题不是对物质和意识关系何者为第一性、何者为第二性的问题,而是要回答意识(精神生活)和物质(物质生活)何者为基础、何者更高的问题。对此问题的正确回答,也就是对伦理学最高问题即道德最高原则问题的回答。道德价值当然离不开物质利益为基础,但把物质利益的获取抬升到超过道德价值,不是马克思主义伦理学的价值倡导。正是在这个意义上,张岱年将伦理学的最高问题界定为道德最高原则的问题。

　　张岱年关于伦理学基本问题的论述,旨在探讨关于道德演变的客观规律的问题和关于道德的最高原则的问题。对伦理学基本问题的明晰,"在 20 世纪的中国伦理思想史上应该说是独树一帜的,它涵盖了现有与应有、事实与价值、道义与功利等后来被人们在伦理学基本问题讨论中所分别强调的问题,启迪我们应该从道德现象和道德价值的双重角度去关注伦理学不同于其他学科的理论特质,把规范伦理学同描述伦理学、理论伦理学有机地结合起来"②。

---

　　① 《张岱年全集》第 3 卷,河北人民出版社 1996 年版,第 512 页。
　　② 王泽应:《20 世纪中国马克思主义伦理思想研究》,人民出版社 2008 年版,第 274 — 275 页。

2. 罗国杰对马克思主义伦理学基本问题的确定

马克思主义认为,道德是由社会物质生活条件,特别是由经济条件决定的,是社会共同的、由一定物质生产方式所产生的利益和需要的表现。罗国杰认为"道德与利益的关系是伦理学的基本问题"。他指出:"伦理学研究道德现象和道德关系,主要就是揭示道德关系中的个人利益和社会整体利益的矛盾,并根据这种矛盾的性质和特点,总结出反映这种矛盾发展规律的道德理论,确定解决这种矛盾的道德原则和规范,提出进行道德评价的标准,以及道德教育、道德修养的途径和方法,以便不断地提高整个社会的道德水平,推动人类社会不断进步。"①

将马克思主义伦理学的基本问题确定为道德和利益的关系问题,包括两个方面的内容。一是经济利益和道德的关系问题,即经济利益决定道德还是道德决定经济利益。对这个问题的不同回答,决定着对道德的起源、本质、作用和发展规律等一系列问题的不同解决。二是社会集体利益和个人利益的关系问题,即是个人利益服从社会集体利益还是社会集体利益服从于个人利益。罗国杰指出:"道德关系中矛盾的特殊性就在于,它是以体现整体利益的原则和规范为善恶标准、以必要的自我牺牲为前提来调节个人利益和社会整体利益的矛盾;或者说,它是强调用节制或牺牲个人利益的原则和规范来调节个人利益和社会整体利益的矛盾。"②对这个问题的不同回答,决定着各种道德体系的性质、道德原则的内容,也决定着道德行为选择、道德评价、道德品质的形成的途径和方法的差别和对立。

显然,道德和利益不是相悖的,利益恰恰是道德行为者的行为前提③,将马克思主义伦理学的基本问题概括为道德和利益的关系问题,符合马克思主义的唯物史观。其一,道德和利益的关系问题体现了伦理学研究对象的矛盾

---

① 罗国杰主编:《伦理学》,人民出版社 1989 年版,第 11 页。
② 罗国杰主编:《伦理学》,人民出版社 1989 年版,第 11 页。
③ 参见龚群:《论道德与利益》,《教学与研究》2008 年第 3 期。

特殊性。它反映了人类道德生活领域各种现象形态中最简单、最普遍、最根本、最经常存在着的事实,提炼和概括了伦理学的基本内容。其二,道德和利益关系问题是研究和解决其他一切伦理问题的前提和基础。它制约着伦理学对一系列问题的解决,伦理学所要研究的其他的一系列问题就是围绕这个基本问题展开的。其三,道德和利益的关系问题贯穿于伦理思想发展的始终。

(三) 马克思主义伦理学研究目的

研究目的就是回答为什么要研究的问题,也就是预期想要达到的结果。马克思主义伦理学的研究目的就如一面旗帜,指引着伦理学理论和学科的发展方向。对于马克思主义伦理学的研究目的,我国老一辈伦理学家及其之后的伦理学专家有不同的阐释。周辅成认为马克思主义伦理学研究旨在"关注人的自由和解放",周原冰认为马克思主义伦理学研究旨在阐释共产主义道德规律及其如何实践,罗国杰认为马克思主义伦理学研究旨在培养人们的共产主义道德。

1. 马克思主义伦理学应始终关注人的自由和解放

我国著名伦理学家周辅成运用马克思主义的历史唯物主义基本原理,对伦理学的研究目的作出了独到的阐释。周辅成对我国伦理学界的巨大贡献是选介和推动了国人对西方伦理学的了解和研究。他编译了《西方伦理学名著选辑》(上下卷)、《从文艺复兴到十九世纪政治思想哲学家人性论道德主义言论选集》,主编了《西方著名伦理学家评传》等著作。在进行伦理学研究时,周辅成注重马克思主义人性论和实践论的理论运用,并对伦理学研究的目的作出了马克思主义的阐释。他认为:"从人性论出发必然是建立在个人主义基础上的追求个人自由和幸福的解放;从阶级论出发,必然是建立在社会主义基础上追求阶级解放。"[①]那么,社会主义伦理学,就是以人民为主体,以实现人

---

① 周辅成:《论人和人的解放》,华东师范大学出版社 1997 年版,第 208 页。

民的自由、解放和幸福为宗旨,维护人民的价值和尊严、给予人民以伦理关怀。

一方面,马克思主义伦理学的基本价值追求就是实现正义。如何维护和促进社会正义的实现,是马克思主义伦理学的重要目的。"一个没有社会公正的社会,比一个没有仁爱、没有理性的社会,更为冷酷、黑暗、可怕!"①因此,周辅成倡导,"21世纪的新伦理学,首先不是把仁或爱(或利他、自我牺牲等)讲清楚,而是要把公正或义(或正义、公道等)讲清楚"②。

另一方面,马克思主义伦理学的基本价值功能就是维护人民的价值和尊严,为实现人民的幸福和权利提供伦理的力量。周辅成强调伦理学就是"一般人民的道德行为之学",是"涉及人民实践的理论之学"③。伦理学的价值功能就是服务人民,伦理学应该以人民的道德作为"出发点"和"最终点"。伦理学如何传承优秀的伦理文化精神传统,将互助、平等、公正、奉献、仁爱等精神发扬光大,如何为捍卫人民的人格、尊严、权利等鼓与呼,这就是伦理学的人民立场。

2. 马克思主义伦理学就是要研究共产主义道德规律及其实践

周原冰认为,马克思主义道德科学是以共产主义道德为其研究对象的科学,这一研究对象规定了其研究目的就是对共产主义道德及其规律进行系统总结。他指出:"我们研究马克思列宁主义的道德科学,就是要从无产阶级进行阶级斗争的经验教训中,总结无产阶级道德如何为社会主义和共产主义事业服务的规律,总结它如何去破除一切剥削阶级道德影响和批判地继承一切优良的劳动人民道德传统的规律,总结它如何通过无产阶级的各种革命斗争,通过同一切非无产阶级道德的斗争中求得发展的规律。我认为,这些就是今天我们研究马克思列宁主义道德科学的目的和任务。"④一方面,要科学地论

---

① 周辅成:《论人和人的解放》,华东师范大学出版社1997年版,第14页。
② 周辅成:《论人和人的解放》,华东师范大学出版社1997年版,第11页。
③ 周辅成:《论人和人的解放》,华东师范大学出版社1997年版,第76、77页。
④ 周原冰:《道德问题论集》,上海人民出版社1980年版,第28页。

证共产主义道德的合理性和正义性,以有效批判旧道德,为实现共产主义的伟大理想服务;另一方面,总结无产阶级道德如何为社会主义和共产主义事业服务的规律,在斗争中提升无产阶级道德水平。

罗国杰认为,规定伦理学研究的主要目的必须从当时阶级斗争的现实出发,从社会主义革命和社会主义建设的实际需要出发,因此,"研究伦理学的主要目的就是为了总结道德形成、发展的规律,提高人民的道德水平,从而为完成共产主义事业而奋斗"①。具体而言,主要有如下几个方面:一是总结共产主义道德形成、发展规律,这是马克思主义伦理学研究的根本目的之一。二是批判继承伦理学的遗产,对旧道德作彻底的批判,清除旧道德的影响。罗国杰指出,认真批判残余的封建阶级的和资产阶级的伦理道德观念,吸收其精华,抛弃其糟粕,彻底地清除其影响,是马克思主义伦理学研究的一个重要目的。② 罗国杰强调伦理学研究要服务于如何培养人们的共产主义道德这一根本目的。

在社会主义初级阶段,马克思主义伦理学应该致力于实现人的全面发展和精神完善化。唐凯麟指出,马克思主义伦理学应当根据人类道德生活的历史经验和发展规律,阐明道德在人的全面发展和精神完善化中的地位和作用,指示人的全面发展和精神完善化的道德机制,指出人的全面发展和精神完善化的道德目标。③ 人既是个体的存在者,也是社会的存在者,即人具有二重性特征。在社会主义社会,人的二重性具体表现为劳动者的双重身份,一方面劳动者成了国家的主人,因而也成了自己生活的主人;另一方面劳动者又是单个人、作为个体的行为主体,因而总是存在双重需要和利益的对立统一。社会主义道德就是在这种统一和对立的矛盾运动的基础上存在和发展的。在社会主义初级阶段,马克思主义伦理学就必须依据社会发展的现状和实际进程来

---

①　罗国杰:《马克思主义伦理学的探索》,中国人民大学出版社 2015 年版,第 62 页。

②　参见罗国杰:《马克思主义伦理学的探索》,中国人民大学出版社 2015 年版,第 62—63 页。

③　参见唐凯麟:《社会主义初级阶段的伦理学问题》,《湖南师范大学学报》1988 年第 3 期。

分析这个矛盾，揭示这个矛盾的客观规律和必然趋势，概括出社会主义道德的思维方式和评价标准，进而摈弃对社会主义道德的形式主义、教条主义的理解。

（四）马克思主义伦理学的基本特点

由于研究对象和研究目的的确立，马克思主义伦理学的基本特点也愈加清晰，使得马克思主义伦理学与其他学科相区别开来，而且与以往一切旧的伦理学区别开来。正是研究对象和研究目的的特殊性，决定了马克思主义伦理学既是一门哲学理论科学，又是一门社会价值科学，同时还是一门实践科学。罗国杰对马克思主义伦理学基本特点的概括，为我们区分马克思主义伦理学和其他形态伦理学提供了参考坐标。

首先，马克思主义伦理学是一门研究道德现象的科学，它从道德现象中探究道德的一般原理和道德发展的规律。马克思主义伦理学作为一门科学，"它不是对这些现象的一般考察和描述，而是考察道德现象的规律性。离开了对规律性的研究，离开了抽象的理论思维，也就不可能建立或形成任何科学的伦理学体系"[①]。马克思主义伦理学运用辩证唯物主义和历史唯物主义来分析一切道德现象，揭示了道德的起源、本质和发展规律，在人类历史上第一次把伦理学置于科学的基础之上。只有对道德现象的规律性有所认识，伦理学才能在社会生活中发挥强大的指导作用。

其次，马克思主义伦理学是一门实践性的科学。道德既不能作为脱离主观的纯粹的物质活动的行为而存在，又不能简单地归结为纯粹主观的精神世界，而是主观与客观、知和行的统一。强调实践的观点，对于伦理学研究有两个方面的意义，一是伦理学理论"都必须是从人们的道德活动的客观实践中总结出来，而且又必须用来指导、改造人和人之间的关系，培养人们的道德品

---

① 罗国杰：《马克思主义伦理学的探索》，中国人民大学出版社 2015 年版，第 86 页。

质,并在这些实践中受到检验,从而不断得到发展";二是"伦理学所阐述的理论、原则和规范,必须被付诸实践,并被人们身体力行"①。实践的观点是马克思主义首要和基本的观点,马克思主义伦理学的科学性正是在于它把道德看作是人类掌握世界的一种"实践—精神"的方式。通过实践,马克思伦理学给予我们的学科启示是:一是应当关注人,应当把人的生存、发展、完善作为一切思考的出发点和最高主旨;二是应当面向现实生活,以现实生活为基础发现新问题、思考新问题、解决新问题。

最后,马克思主义伦理学还是一门社会价值科学。道德作为一种特殊的价值形态,其特点就在于它是功利价值和精神价值的有机统一,在于外在的社会价值和内在的主体价值的有机统一。马克思主义伦理学是探究人类自身利益需求以及如何满足这种需求的价值导向系统,毫无疑问,它应该为人的发展和人类生活提供价值引导和精神支持。

概而言之,由于研究对象的确立、研究目的和基本特点的明晰,马克思主义伦理学的学术研究内容的方向也愈加清晰。

二、厘定学术研究内容:基础问题与理论体系

基础理论问题研究关系着马克思主义伦理学的主题和任务,也是马克思主义伦理学学术研究内容的主体,涉及道德本质、道德特征、道德原则、道德功能等问题。

(一) 马克思主义伦理学的基础理论问题研究

对马克思主义伦理学的基本理论问题的探讨和明晰,关系着中国特色社会主义伦理学的发展和繁荣。

1. 对道德本质的认识

道德本质问题是伦理学的元问题,关涉伦理学理论体系架构和伦理学基

---

① 罗国杰:《马克思主义伦理学的探索》,中国人民大学出版社 2015 年版,第 88 页。

本理论确立。道德的本质是道德与各种非道德的东西相区别的特殊的规定性,即回答"什么是道德"或"道德是什么"的问题。改革开放以来关于道德的本质的探讨,经历了 20 世纪 80 年代初期至中期"对道德本质问题的初步探讨"、80 年代后期至 90 年代初期关于"道德本质的规范性与主体性之争"、90 年代中期至今"多流向的道德本质研究路径"等三个阶段。① 基本上形成了如下几种观点。

其一,道德是一种特殊的社会意识形态。从社会存在与社会意识的辩证关系出发去认识道德的本质,是最具代表性的一种观点。周原冰认为,道德是一种特定的社会意识形态,"是通过在一定经济基础上产生和形成的社会舆论、人们的内心信念和传统习惯,对人们在处理人与人之间及个人与社会之间的关系的态度和行为所作出的社会评价,以及通过这种评价来调整人们对社会和人们相互之间关系的各种观念、规范、原则、标准的总和"②。这一定义,将道德作为社会意识形态来理解,并且包括了丰富的内容。罗国杰指出:"道德是一种社会的上层建筑和意识形态现象。它是由社会的物质生活条件决定的,同时又对社会物质生活条件的发展起着巨大的反作用。"③首先,道德作为一种特殊的社会意识形态,它是一种反映社会经济基础的社会意识形态,是社会上层建筑的组成部分。作为一种意识形态,道德的内容及其产生和发展变化都是由经济基础决定的,是对经济基础的反映,道德包括道德意识、道德规范体系及通过人们的道德行为所体现出的道德品质或道德境界等,都是精神现象,是社会的精神生活过程的重要组成部分,因而都是反映社会存在的社会意识。宋希仁也强调:"道德作为一种社会精神,表现为道德主体的主观性、特殊性、个体性的道德,同时又是客观的伦理关系和法则,具有客观性、普遍性、社会性。道德作为精神的东西,是社会存在的反映,相对于社会经济关系

---

① 张霄:《20 世纪 80 年代以来我国的道德本质问题研究》,《伦理学研究》2010 年第 3 期。

② 周原冰:《道德问题论集》,上海人民出版社 1980 年版,第 29—30 页。

③ 罗国杰:《马克思主义伦理学》,人民出版社 1982 年版。

而言,是属于上层建筑范畴的意识形态。"①道德就其本质而言,是一种特殊的社会意识形态。

其二,道德是一种特殊的行为规范体系,其本质在于规范性。张岱年是最早思考和探讨道德本质的中国马克思主义伦理学家,并提出了颇具特色的道德本质和道德进步论。他指出:"道德就是人们的行为的规矩或准则,也就是人们对于家庭,对于本阶级以及其他阶级,对于本民族以及其他民族,所采取的行为的一定的标准。道德在本质上是为了某一范围内的人们的利益而提出的对于人们行为的约束或裁制。"②道德作为一种行为规范,要维护和实现群体的利益。考察阶级道德的本质,还涉及道德进步的标准,判断道德优劣的标准就是社会发展的利益,凡是促进社会发展利益、推动社会进步的道德就是先进的,反之就是反动和落后的。这种观点一直是对道德本质认识的主流。例如,章海山等指出:"道德本质在于主体性和规范性的辩证统一,这种统一不应只是抽象的研究,而应当放在社会现实生活中进行考察。这种统一不应只强调某一方面,而应从主体性和规范性的辩证互动中加以认识。"③

马克思主义伦理学最根本的出发点就是要求从社会关系中寻找道德的本质,即寻找道德起源、道德发展及其规律性的根据,寻找道德的功能及其发挥作用的根据。从历史唯物主义的角度,从社会关系、经济关系和利益关系的角度出发,"道德的本质当然会表现出一种规范性与约束性,而不在于什么抽象的个人的主体性,尤其不在于将这种个人的主体性定义为一种个人的需要、欲望和冲动"④。

其三,道德是一种实践精神。道德作为一种特殊的意识形态,还表现在它是一种实践精神。道德作为实践精神,是一种旨在通过把握世界的善恶现象

---

① 宋希仁:《伦理与人生》,教育科学出版社 2000 年版,第 12 页。
② 《张岱年全集》第 3 卷,河北人民出版社 1998 年版,第 452 页。
③ 章海山、罗蔚:《伦理学引论》,高等教育出版社 2009 年版,第 83 页。
④ 罗国杰:《马克思主义伦理学的探索》,中国人民大学出版社 2015 年版,第 312 页。

而规范人们的行为,且要通过人们的实践活动体现出来的社会意识。唐凯麟认为道德特殊本质是"实践—精神",他指出"对道德的本质的全面的科学规定应该是:道德是社会意识形态和人类对现实社会的'实践—精神'掌握和占有的统一"①。"道德既是社会调节的一种特殊手段,又是人实现自身统一、精神完善的一种特殊方式,它始终根植在人和社会不可分割的联系中,是一种特殊的社会价值形态。"②道德作为一种精神与人们的道德行为或实践活动是融合在一起的,是一种实践精神。道德作为对世界的实践精神的掌握,表现为道德评价、道德修养等精神化的实践活动过程。它让人们认识什么是善和恶,引导人们扬善惩恶、为善去恶,从而形成善良的品质,促进社会风尚的改良。可以说,道德作为一种实践精神,是通过精神化的实践活动以善恶观念把握世界、塑造人格品质、改良社会风尚的。

其四,道德的本质在于人的主体性。肖雪慧在《人的主体性是一切道德活动的出发点》一文中对道德本质提出了新见解,并引起了学界关于道德本质的争论。她认为:"人不是机械接受道德准则的被动客体,而是作为道德的创造者和体现者的积极的主体。人的主体性是一切道德活动的原动力。"因此,"道德从本质上说,是人的需要和人的生命活动的一种特殊表现形式"。③

肖雪慧的观点激发了学界的广泛的争论,夏伟东在《道德本质论》一书和《略论道德的本质——兼与肖雪慧同志商榷》④一文中对此进行了驳斥,代表了占主流的传统道德本质论的观点。道德本质的规范性和主体性之争,各执一词、皆有道理。不可否认,二者存在着对立的一面,强调"规范性"实质上看到了道德的外在约束性,强调"主体性"实际上看到道德内在能动性,这也是规范伦理学和美德伦理学的不同主张。实际上,二者既对立又统一,规范性和

---

① 唐凯麟:《简明马克思主义伦理学》,湖北人民出版社 1983 年版,第 44—45 页。
② 唐凯麟:《伦理学》,高等教育出版社 2000 年版,第 38 页。
③ 肖雪慧:《人的主体性是一切道德活动的出发点》,《光明日报》1986 年 2 月 3 日。
④ 夏伟东:《略论道德的本质——兼与肖雪慧同志商榷》,《哲学研究》1986 年第 8 期。

主体性的有机结合也许才是对道德本质更为确切的理解。肖雪慧在《"道德本质在于约束性"驳论——答夏伟东同志》一文中也承认二者的统一，只不过是有主次的统一，"两相比较，道德的约束性只应有从属的性质，道德作为人肯定、发展自己的一种特殊形式的这一面才是本质的方面"①。这是非常中肯的，也符合马克思主义矛盾规律的认识原则。对此，肖群忠也认为道德本质的规范性和主体性应该是辩证统一的，道德除了作为社会意识形态的一般本质外，道德的特殊本质也就是实践精神的把握世界的方式。② 王泽应认为，道德的真正本质是主体性的集中表现的确证，是主体规约和完善自身的社会工具和社会形式。③

20 世纪 90 年代之后，关于道德本质的研究经过了 80 年代以来的争论已经呈现出"和而不同"的态势。同时，马克思主义伦理学研究由于受到西方伦理学的人道主义、个体主义等思潮的影响，关于道德本质的理解又出现了一些新观点。总而言之，坚持辩证唯物主义和历史唯物主义的基本原理和方法论，这是正确理解马克思主义伦理学关于"道德本质"内涵的科学原则和科学路径。

2. 对道德特征的把握

关于道德特征问题，周原冰、张岱年、李奇、罗国杰等伦理学家对此都有过深入的分析，形成了各具特色的观点，如认为道德具有阶级性、继承性、相对独立性、普遍性、永恒性等。对于道德特征的把握，为理解社会主义道德、推进马克思主义伦理学的发展具有重要的意义。

一是道德具有阶级性。马克思主义认为道德作为上层建筑和社会意识是社会存在的反映，一定的社会经济条件决定了一定的社会道德规范、道德思想

---

① 肖雪慧：《"道德本质在于约束性"驳论——答夏伟东同志》，《哲学研究》1987 年第 3 期。

② 参见肖群忠：《也论道德本质——兼与某些同志商榷》，《道德与文明》1987 年第 4 期。

③ 参见王泽应：《道德本质之我见》，《哲学动态》1988 年第 8 期。

范畴,因而不同的阶级有不同的道德要求、道德原则和道德理论体系。道德具有阶级性的思想被恩格斯所阐发——"人们自觉地或不自觉地,归根到底总是从他们阶级地位所依据的实际关系中,从他们进行生产和交换的经济关系中,获得自己的伦理观念。"①"一切以往的道德论归根到底都是当时的社会经济状况的产物,而社会直到现在是在阶级对立中运动的,所以道德始终是阶级的道德;它或者为统治阶级的统治和利益辩护,或者当被压迫阶级变得足够强大时,代表被压迫者对这个统治的反抗和他们的未来利益。"②由此,道德具有阶级性成为马克思主义伦理学的一个基本原理。

周原冰认为,道德的阶级性是道德的社会性在阶级社会中的具体表现,不具有阶级性的道德在阶级社会中是不存在的;每一个阶级的道德不仅反映着本阶级的利益,也反映着本阶级在社会生产中所处的地位;在阶级社会中,对立的阶级有着对立的道德理论和道德观念。张岱年指出:"阶级社会中的道德是阶级的道德,这是符合实际的科学论断。"③统治阶级的道德维护自己阶级的统治和利益,被统治阶级的道德则是进行反抗压迫斗争的武器。李奇对道德的阶级性问题作了较为全面的分析,她认为:道德的阶级性是从整个社会的角度说的,而不是从孤立的个人角度说的;道德的阶级性表现在个人身上是相当复杂的;在一定条件下,不同阶级的道德之间具有一定的共通性。

不可否认,在阶级社会中,也存在为对立的阶级或不同阶级所共同遵循的道德准则,但这些道德或多或少地受阶级关系的制约、局限和影响。道德的阶级性表明:其一,道德是历史的范畴,不存在适用于一切时代、一切民族、一切阶级,适用于一切条件的超历史的永恒的道德;其二,认清剥削阶级道德所谓的"超阶级道德"的虚伪性,不存在超阶级的道德,资产阶级所宣扬的"平等、自由"并非超阶级的,在阶级社会中它们不可避免地有鲜明的阶级内容和阶

---

① 《马克思恩格斯选集》第3卷,人民出版社2012年版,第470页。
② 《马克思恩格斯选集》第3卷,人民出版社2012年版,第471页。
③ 张岱年:《论道德的阶级性与继承性》,《社会科学》1986年第2期。

级特征;其三,马克思主义认为,一个社会中占统治地位的阶级的思想包括道德思想在社会中也居于统治地位,社会主义社会也不例外。因此,在改革开放时期,执政的共产党尤其是党的领导干部的道德品质和面貌对社会具有决定性的影响。

二是道德具有继承性。"后一时代的道德是从前一时代的道德演变而来的,前后之间也有一定的继承关系,这可谓道德的继承性。"[1]张岱年认为,封建社会的道德无论是劳动人民的道德(反剥削、反特权的道德倾向),还是统治阶级的道德(志士仁人、民族英雄的道德精神),都应该扬弃地继承。如何批判继承道德呢? 这里涉及两个关键问题。其一,对于古代思想家关于道德普遍原则的学说应作如何评价。张岱年认为,"这类道德学说,虽不可能作为实际革命斗争的武器,但是也还有一定的理论意义,可以说是人类在寻求自我认识的道路上必经的环节。而且,这些关于道德普遍原则的宣述,如果用来反对一切违反人性、背离人道的罪恶行为,也不是完全不起任何作用的"[2]。周原冰认为,必须在肯定道德阶级性的前提下来谈论道德的继承性问题,他反对那些一讲到道德继承性问题,就热心于到旧纸堆中去寻找道德遗产的珍宝的错误做法。其二,道德继承的方法论问题。李奇认为,对于道德遗产的继承,必须用历史唯物主义的观点和原则作为指针。她在《关于道德的继承性和阶级性》一文中指出:只有用历史唯物主义的阶级斗争的观点和阶级分析的方法来研究道德遗产的继承问题,才能得出正确的结论。因此,要反对只是从语言上谈论道德的继承,这种"抽象继承法"必然否定道德的阶级性、走向道德的永恒论。所谓"抽象继承法",就是从历史上不同的道德现象中抽取共同点,即抽取出最一般、最抽象的道德概念——这不过是抽掉一切阶级道德实质的空洞名词,认为这些抽象名词可以世代代继承下去。这不仅抹杀了两种对立道德传统的事实,而且否定了道德的变革性,最终将走向地主阶级、资产

---

① 张岱年:《论道德的阶级性与继承性》,《社会科学》1986年第2期。

② 张岱年:《论道德的阶级性与继承性》,《社会科学》1986年第2期。

阶级的道德永恒论。①

今天,在弘扬社会主义先进文化、建设社会主义精神文明的进程中,道德的继承性问题依然没有过时。道德的继承性,"前提是承认社会主义道德的进步性,亦即其高于并终将超越资本主义道德的历史趋势。如果把当代西方资本主义的道德视为'普世价值',那就不是道德的继承性问题,而是道德的颠覆和价值观的扭曲,就不能仅从道德的角度加以探讨,而必须从世界观、历史观方面去解决"②。

三是道德的相对独立性。道德作为精神层面的社会意识,具有相对独立性,具体表现在道德观念一经产生后反过来对经济基础或社会物质生活实践起能动的作用。李奇指出:道德的本质是一种社会意识形态,是由社会物质生活条件(经济基础)所决定的;但它同时又对社会物质生活条件(经济基础)起反作用。③ 但是,道德的这种反作用不能随意夸大,"它只能在具体条件下的具体问题上,道德(或和政治等其他意识形态一起)才表现为主要的决定的作用;没有这种条件就不能成为主要的"④。关于道德的相对独立性理解,为社会主义市场经济建设处理道德和经济的关系提供了理论指导:一方面,道德是对经济的反映,但是,道德具有能动的调节作用和导向作用,不能机械地理解为经济决定道德,它还会对经济有一定的能动作用;另一方面,道德的能动作用是有限的,仅仅依靠道德倡导是难以解决市场经济中出现的各种各样的问题,还必须依靠法治的强力作用。

马克思主义道德科学坚持道德是随着人类社会的发展变化而不断发展变化的,从来没有也永远不会有永恒不变的、终极的道德。只有用历史唯物主义辩证的观点分析道德的普遍性和永恒性问题,我们才能在社会主义道德建设

---

① 参见李奇:《关于道德的继承性和阶级性》,《新建设》1963 年第 11 期。
② 王伟光:《关于道德的阶级性与继承性》,《高校理论战线》2009 年第 8 期。
③ 参见李奇:《道德科学初学集》,上海人民出版社 1979 年版,第 45 页。
④ 李奇:《道德科学初学集》,上海人民出版社 1979 年版,第 44 页。

中避免抱残守缺、食古不化的错误倾向,才能真正实现中华传统美德的现代转化和创新。

3.对道德原则的理解

道德原则或称为道德基本原则,是一定社会或阶级用以调整个人与他人、个人与集体、个人与社会整体之间利益关系的根本指导原则;也是一定社会或一定阶级的人们在社会关系的一切领域中应该普遍遵循的准则。从对立的价值立场而言,道德原则是各种道德体系相互区别的基本标志。道德原则常常用作评价人们行为的是非、荣辱、正邪、善恶的根本标准。

20世纪80年代,周原冰对共产主义的道德原则作出了全面的分析,为改革开放之后社会主义道德建设提供了导向性参考。他认为:共产主义道德的原则和规范,是需要从无产阶级和广大人民群众为共产主义事业而进行的斗争中加以总结的。其一,人们的行为必须服从共产主义事业的客观要求,这是共产主义道德最根本的原则。从共产主义事业发展的阶段来说,不同时期有不同的要求,共产主义道德便也以这种不同的要求作为评价人们行为是非的首要标准。其二,共产主义道德要求人们的行为符合集体主义原则。作为道德规范来说,这是共产主义道德的核心,共产主义道德的其他一切规范都离不开这个核心。其三,共产主义道德要求以崭新的共产主义劳动态度对待工作,自觉地为创造高度的劳动生产率而斗争。其四,共产主义道德的另一基本原则,就是以实事求是为基础的忠诚老实。[1] 此外,周原冰尤其强调马克思主义道德科学的"党性原则"。他认为,伦理学的发展同阶级斗争的发展密不可分,马克思主义道德科学研究的首要任务,就是对共产主义道德进行科学的阐释,阐明共产主义道德的任务就是"科学地论证它的合理性和正义性,粉碎一切敌人的恶意诽谤,揭穿他们那种混淆视听搞乱人们思想的卑鄙手段;就是要

---

① 参见周原冰:《简论共产主义道德的基本原则》,《上海师范大学学报》(哲学社会科学版)1979年第4期。

从道德领域来帮助人们改造精神世界,以便从旧道德的精神罗网下解放出来"①。综而观之,"周原冰是中国马克思主义伦理思想阵营中斗争性很强的一位学者,他自始至终坚持以马克思主义的唯物史观和阶级分析方法来分析伦理道德问题,强调和凸显了道德的阶级性和社会性,肯定了马克思主义道德科学的党派性"②。对共产主义道德基本原则的研究,为中国特色社会主义道德建设提供了宝贵的理论参考。

张岱年对于道德基本原则的研究是与时俱进、遵循历史唯物主义基本原理的研究。20 世纪 30 年代中期,他曾提出了"生活理想之四原则",即"生理合一""与群为一""义命合一""动的天人合一"。改革开放之后,他提出了"建设社会主义新道德"的命题,对道德原则进行了新探索。张岱年把道德原则区分为"基本的原则"和"最主要的原则"。道德的基本原则即"对于个人来说,不要仅仅追求个人利益,而更要追求人民的利益,不要止于利己,而要致力于利人。由此更前进一步,在一定条件下,为了别人的利益,自愿牺牲自己的利益。忘己济人,舍己救人,这是崇高的道德行为"。道德的最主要的原则即"在个人利益与最大多数人的利益或民族利益不能两全的时候,要为最大多数人的利益或民族利益而牺牲个人利益以至牺牲个人的生命。为公舍生,为国捐躯,这是道德的最高要求"③。1992 年,张岱年提出了新时代的道德原则,即"为人民服务,爱国主义,社会主义的集体主义,以及社会主义的人道主义";并根据这一道德原则,提出了新时代道德规范的初步设想,即"九德":"公忠、仁爱(任恤)、信诚、廉耻、礼让、孝慈、勤俭、勇敢、刚直。"④1993 年,张岱年又把社会主义新道德的基本原则称为"新三纲":"我们今天必须肯定的三个基本原则,(1)爱国主义;(2)为人民服务的集体主义;(3)社会主义人

---

① 周原冰:《道德问题论集》,上海人民出版社 1980 年版,第 19 页。
② 王泽应:《20 世纪中国马克思主义伦理思想研究》,人民出版社 2008 年版,第 285 页。
③ 《张岱年全集》第 5 卷,河北人民出版社 1996 年版,第 354 页。
④ 《张岱年全集》第 5 卷,河北人民出版社 1996 年版,第 231—237 页。

道主义,应该是今日必须确立的新三纲。"①张岱年对道德基本原则的与时俱进的思考,为中国特色社会主义道德基本原则的确立提供了重要的理论参考。

罗国杰对道德原则的阐释,是在对中国马克思主义伦理学的理论研究和教学实践探索中形成的。"全面系统地梳理并深入研究罗国杰的道德原则思想,用全面的眼光、发展的眼光看待罗国杰对道德原则思想的探索,对于准确把握罗国杰的伦理思想体系、思想道德教育理论体系、社会主义思想道德建设理论体系以及在学术探索的过程中所表现出来的高尚精神品格,都具有提纲挈领的作用。"②1990 年,罗国杰为中国人民大学哲学系伦理学专业的研究生开设了一个学期的"道德原则研究"课,并撰写了 6 万多字的讲稿《道德原则研究》;在 2008 年完成的《伦理学新编》一书中,罗国杰分别论述了社会主义道德的基本原则、伦理学视域中的公平与正义、社会主义人道主义。2012 年,罗国杰连续发表了《关于集体主义原则的几个问题》《关于社会主义公正原则的几个问题》《关于社会主义人道主义原则的几个问题》等论文,对此问题进行了深入探讨。罗国杰指出:"道德的基本原则是道德规范体系中的最根本的指导原则,它统率着一切道德规范和范畴,体现在调整人们之间的关系的各个方面,贯穿于一个道德体系的始终。"③罗国杰认为,加强社会主义道德建设,必须坚持以集体主义为社会主义道德的基本原则,同时他还强调:"除了社会主义集体主义以外,还有一些不同的、较低层次的原则,人道主义原则、公正原则就是属于这一地位的原则。"④

一定社会或阶级的道德原则是对一定社会或阶级的道德关系的本质概

---

① 《张岱年全集》第 5 卷,河北人民出版社 1996 年版,第 427 页。

② 姚郁卉:《罗国杰道德原则思想论纲》,《齐鲁学刊》2016 年第 4 期。

③ 罗国杰:《论无产阶级道德原则和资产阶级道德原则的根本对立》,《东岳论丛》1982 年第 1 期。

④ 罗国杰:《关于社会主义人道主义原则的几个问题》,《思想理论教育导刊》2012 年第 10 期。

括,最直接最集中地反映社会经济关系和阶级利益的根本要求。马克思主义伦理学对于道德原则的界定,呈现了社会主义道德的社会本质、规定了人们行为整体的基本方向。

4.对道德社会作用的阐释

马克思主义唯物史观认为,道德作为社会意识,一旦形成后就会对社会存在产生反作用,先进的道德促进社会发展,落后的道德阻碍社会进步。周原冰认为,道德不只是消极地反映社会存在,它一旦形成就会积极地反作用于社会存在,或对社会发展起促进作用,或对社会发展起阻滞作用。革命的先进的道德,代表着新兴阶级利益和愿望,反映着新的生产力要求,对社会发展起着促进的作用,"它之所以出现就是为了形成一种新的舆论力量,以利于打破旧的舆论的束缚,帮助新的阶级解决社会发展中已经成熟了的任务,因而它一经产生和形成以后,就积极地对社会的发展起着促进作用"[1]。道德对社会存在的作用表现在两个方面:一是道德以本身特有的职能来为产生它的经济基础和阶级服务,维护经济基础和阶级的利益;二是道德能够指导和制约人们的行动。周原冰同时也认识到,道德不是孤立地发挥社会作用,而是同政治、法律等密切联系,形成一种社会制约,共同地发挥社会功能。

张岱年认为:"道德的作用有两个方面,一方面是团结本阶级中的人,消弭阶级内部的矛盾冲突;另一方面是影响其他阶级中的人而使他们也屈从于本阶级的利益。"[2]也就是说,在阶级社会中道德的社会功能一方面调和本阶级中的各种关系,另一方面协调阶级之间的利益关系。

罗国杰对道德的社会作用作出了系统思考和研究,认为道德有许多重要的功能,主要是调整的功能、认识的功能、教育的功能、评价和交流的功能。[3]其中,最主要的功能是调整的功能。人是社会动物,无时无刻都与他人、整体

---

① 周原冰:《道德问题论集》,上海人民出版社 1980 年版,第 115—116 页。

② 《张岱年全集》第 3 卷,河北人民出版社 1996 年版,第 453 页。

③ 参见罗国杰:《马克思主义伦理学的探索》,中国人民大学出版社 2015 年版,第 76 页。

发生各种关系,必然碰到各种各样的矛盾,这些矛盾归根到底是经济利益的矛盾,这个时候,就需要对这些利益关系进行调整,使个人利益与整体利益、个人幸福与整体幸福得到适当调节。但道德的调节功能主要是调整非对抗性矛盾和对抗性矛盾中的非对抗性关系,也就是说道德的调节功能在范围和力度上是有限的。在阶级社会中,道德的调整功能主要是统治阶级维护统治的工具,在社会主义社会,道德的调整功能主要是维护社会的安定团结。总的来说,道德通过内心信念和社会舆论使人们认识现实、作出善恶判断、作出正确的价值选择,指导行为。在社会主义国家,道德的社会作用与阶级社会中道德的社会作用因为服务对象和服务目的不同而不同,道德是促进社会进步的重要调节器。

20 世纪 80 年代至 90 年代,一大批伦理学研究专家和学者就道德的本质、伦理学的基本问题、社会主义初级阶段道德建设、市场经济与道德等诸多伦理学基础理论问题进行了广泛和深入的讨论。比较有代表性的如万俊人的《伦理学新论》提出了建设现代化的中国伦理文化的基本设想,并主张必须重新解释一系列重大的伦理学理论问题,以澄清长期困扰在人们心理上的道德困惑问题;许启贤主编的《新时代的伦理沉思——伦理现代化探微》,总结了新中国成立以来伦理学研究和道德建设的经验教训,对当前伦理学和道德建设的一些重要理论和实际问题进行了研究;魏英敏的《伦理道德问题再认识》和《当代中国伦理与道德》,探讨了伦理学的基本问题和社会主义初级阶段的伦理学道德建设等问题;唐凯麟、龙兴海的《个体道德论》深入探讨了个体道德的本质、结构、功能、发展等基础理论问题,以及其后的《伦理大思路——当代中国道德和伦理学发展的理论审视》,对中国特色社会主义道德建设和伦理学发展中的诸多理论和实践问题进行了全面系统的论述。

（二）共产主义道德的系统阐释

中国马克思主义伦理学家对共产主义道德作出了详细的论述,表达了各自对共产主义道德的内涵实质、基本原则的观点,也对那些对共产主义道德产生偏狭理解的错误观点进行了辨析和批判,指明了社会主义道德的发展方向和共产主义道德的先进性。

周原冰对马克思主义伦理学的学术体系建设的贡献,在于他对共产主义道德作了较为系统的阐述。改革开放之后,他在《共产主义道德通论》一书中对共产主义道德作出深入思考。在此书中,周原冰致力于透过现实社会道德生活的现象,运用马克思主义道德科学的基本原理,去剖析当前人们实际思想和认识上的矛盾。① 他反对把共产主义道德等同于社会主义社会的道德,也反对把共产主义道德说成可望而不可即、在社会主义社会里并无实践意义的一种道德理想。

周原冰从如下几个方面对共产主义道德作出了系统阐释。一是共产主义道德的科学内涵。他认为,共产主义道德是相对于人类历史上其他道德类型(如封建主义道德、资产阶级道德)而言的一种新型的社会道德体系。共产主义道德不仅有一般道德的共同性质,而且有自己特有的性质。"具体地说,它有着独特的客观基础即共产主义的事业,它有着独特的思想基础即马克思主义的世界观,它又有着独特的基本任务即运用道德武器鼓舞人们为共产主义事业而奋斗。"②共产主义道德的基本任务就是要树立新的科学的道德评价标准,以此调节人民内部的各种关系,鼓舞人们为共产主义事业而奋斗。由此,周原冰强调共产主义道德的先进性,强调提倡和进行共产主义道德教育的重要性,强调为共产主义道德普及不断创造条件。二是共产主义道德发展具有阶段性。共产主义道德可以分为三个阶段:"作为无产阶级道德时期的共产主义道德""作为统治阶级或领导阶级时期的共产主义道德""作为未来的全社会最广大的成员都能自觉遵守并成为共同行为准则时期的共产主义道

---

① 周原冰:《〈共产主义道德通论〉序》,《道德与文明》2005 年第 5 期。
② 黄伟合:《以时代精神振兴伦理学——评〈共产主义道德通论〉》,《中国社会科学》1987年第 3 期。

德"。三阶段划分,旨在说明共产主义道德在不同阶段中都有其地位、作用和任务等方面的不同特征,同时更是鲜明地指出了共产主义道德在社会主义的特殊地位和特殊表现。周原冰批评了在共产主义道德问题上的一些不切实际而急于求成的观点,他指出共产主义道德的基本任务就是为无产阶级的阶级斗争服务的说法是片面和不完整的,无产阶级夺取政权后,共产主义道德的主要任务是为巩固和发展社会主义事业而斗争。① 三是共产主义道德四个基本原则。周原冰认为,共产主义道德的科学内涵决定了共产主义道德的基本原则,即"人们的行为必须服从共产主义事业的客观要求",这是共产主义道德最根本的原则;"人们的行为符合集体主义原则",这是共产主义道德的核心;此外,还有两个重要的基本原则,即"以崭新的共产主义劳动态度对待工作,自觉地为创造高度的劳动生产率而斗争","以实事求是为基础的忠诚老实"。② 周原冰既强调了共产主义道德的实质从而为现阶段提倡共产主义道德提供了理论根据,同时又通过对共产主义道德阶段性问题、共产主义道德的基本原则分析,指出了它在现阶段的特定任务和规范要求,实质上提出了"社会主义道德"的基本内容。

罗国杰对共产主义道德的阐述,一是联系实际问题,阐释共产主义道德的必要性。主要是针对社会主义社会建设,尤其是改革开放之后社会道德状况,以及由此产生的道德困惑问题,如有些人认为共产主义道德是空话、现实的许多事情与我们讲的共产主义道德不一致的问题。罗国杰分析这些问题的原因,认为:我们讲马列主义、讲共产主义道德,我们本身也存在一个理论与实际相联系的问题,存在一个能否以身作则、说到做到和言传身教的问题。因此,"我们要求一个人的具体的人生理想、价值目标能和共产主义理想联系起来,

---

① 参见章海山:《研究道德科学的新路子——读〈共产主义道德通论〉》,《中国图书评论》1987 年第 1 期。

② 周原冰:《简论共产主义道德的基本原则》,《上海师范大学学报》(哲学社会科学版)1979 年第 4 期。

而不是把共产主义理想当做空洞的、同每个人实际的具体理想相脱离的说教；我们既不放弃很崇高的价值理想，又要把具体的价值目标和崇高的价值目标联系起来"①。二是把握共产主义道德中"个人利益与整体利益关系"这个重要问题，强调共产主义道德基本原则——集体主义原则。针对有些人认为集体主义原则"没有体现个人利益是社会主义集体利益的目标和归宿"，主张修正"集体主义"原则的观点，罗国杰认为，集体主义原则强调个人的、局部的、暂时的利益应该服从整体的、全局的、长远的利益，当个人利益与集体利益发生矛盾时，应该有一种牺牲精神，但"我们绝不能把强调集体主义原则、强调集体利益理解成为不要个性，不要个人尊严，不顾个人利益。集体主义绝不抹杀个人利益、个性和个人创造性"②。总之，理解共产主义道德的集体主义原则，要防止两种片面性："一是片面地、狭隘地去理解集体主义原则，把集体主义解释为不要个性，抹杀人的自由，不要人的尊严；另一种是认为集体主义原则是行不通的，只有个人主义原则才是可行的。防止这两种片面性，是今天共产主义道德教育中一个很重要的问题。"③

共产主义道德是人类历史上最进步、最科学的道德，并且能随着社会实践的发展而不断丰富、发展。因此共产主义道德能够始终对社会发展起积极作用。在改革开放和社会主义现代化建设新时期，共产主义道德不仅是推动经济改革的巨大精神动力，也是经济改革顺利进行的重要保证，还是抵制剥削阶级腐朽思想侵蚀的有力武器。邓小平同志曾指出："没有共产主义思想，没有共产主义道德，怎么能建设社会主义？党和政府愈是实行各项经济改革和对外开放政策，党员尤其是党的高级负责干部，就愈要高度重视、愈要身体力行共产主义思想和共产主义道德。"④

---

① 罗国杰：《马克思主义伦理学的探索》，中国人民大学出版社 2015 年版，第 125 页。
② 罗国杰：《马克思主义伦理学的探索》，中国人民大学出版社 2015 年版，第 127 页。
③ 罗国杰：《马克思主义伦理学的探索》，中国人民大学出版社 2015 年版，第 128 页。
④ 《邓小平文选》第二卷，人民出版社 1994 年版，第 367 页。

（三）道德与生活关系的阐述

道德是人类社会生活的产物，道德与社会生活紧密相连，道德的行为规范渗透到社会生活中，对社会生活起着价值规导的作用。中国马克思主义伦理学家对道德与生活关系作出了深入的思考。

道德渗透到社会生活的各个方面，对现实生活中道德问题的研究不仅是伦理学的一个重要任务，也是社会生活的迫切要求。李奇在《道德与社会生活》中，分别探讨了道德与利益、道德与产品分配、道德与政治、道德与法律、道德与宗教、道德与文艺、道德与教育、道德与科学、道德与婚姻家庭、道德与人生观等社会生活中的重要理论与现实问题。其主要观点是：其一，共产主义道德离不开社会生活，社会生活需要共产主义道德调节，树立共产主义道德理想对培养具有创造性的社会主义建设人才，确立和实践共产主义理想有着紧迫的实际意义；其二，道德就是人类社会生活的产物、社会生活需要道德准则规范调整人们在社会生活中的相互关系，因此，建设社会主义物质文明的同时必须重视精神文明建设，在社会生活中不可忽视共产主义道德的精神力量。道德与社会的其他意识形态形式相互影响、相互制约，共同对社会生活各个方面施加影响，推进整个社会生活健康、积极、向善、协调发展。

1989 年，资产阶级自由化思潮的泛滥，加之在过去相当长的时间里一些人对马克思主义道德理论的理解过于简单，造成了对马克思主义道德理论的一些困惑。周原冰以马克思主义伦理学家的理论敏锐性对此进行了深刻的批判，并阐释了道德与生活的关系。他首先廓清了当前道德理论上的三大困惑问题：一是"在社会主义初级阶段，应当怎样看待共产主义道德"，二是"在发展社会主义商品经济的条件下，应当怎样看待道德和道德的作用"，三是"在发挥主体能动性的要求下，应当怎样来看待集体主义原则"；并指出，当前道德理论上的种种困惑，几乎无一不反映了形而上学思维方法对我们的新挑战。形而上学的思维方法一方面造成了生活中孤立地寻求所谓的"个人自由""个人价值""个人尊严"和"个人利益"的现象;另一方面又反过来抹杀共产主义道德体系的集体主义原则是建立在集体和个人辩证统一基础上的,把集体主义当作敌视和反对个人需要的所谓禁欲主义来诋毁。周原冰指出:"道德和道德理论在现实生活中从来不是中性的,亦即不是超时代、超阶级(社会)的,总是有所肯定、有所否定的。它们作为人们行为规范的性质,决定了它们一定干预人们全部的社会生活,决不是如一些人所谓那样:不能干预经济生活、不能干预政治生活、不能干预文化生活,只能躲在书斋里作为纯粹的一种哲学分支来研究。"①对道德困惑的解答,旗帜鲜明地反对了社会生活中资产阶级自由化泛滥的倾向,为实现社会主义社会生活的健康良性发展矫正了方向。

道德与生活的关系研究,一直成为之后的伦理学工作者关注的重要问题。比较有代表性的如高兆明的《道德生活论》,该书以人的主体意识作为道德生活的中心,从发源论、保证论、功能论、流变论、存在论、目的论、情操论、价值论、关系论、环境论、公正论等方面阐述道德生活;尤其是系统地对幸福这一范畴进行界定,并阐释了幸福与高尚的道德生活双向互动关系。

概而言之,马克思主义伦理学家们坚定的共产主义信仰、鲜明的政治立场、深刻的理论敏锐性、对生活的伦理关怀,使得中国马克思主义伦理学的理论发展和社会生活紧密结合起来,推进了中国马克思主义伦理学生活化进程。一方面,生活需要道德。道德能够强化人的社会性和德性,提升生活的层次,使生活更加富有秩序和理性,使生活朝着更加美好的状态发展。另一方面,道德离不开生活。"脱离生活的道德和品德必将导致道德和品德的抽象化、客体化,脱离了生活去培养人的品德也必将使这种培养因为失去了生活的依托和生活的确证而流于虚空、形式、无效。"②

---

① 周原冰:《论当前道德理论上三大困惑的由来和我们的任务》,《毛泽东邓小平理论研究》1989 年第 6 期。

② 王泽应:《论道德与生活的关系及道德生活的本质特征》,《伦理学研究》2007 年第 6 期。

（四）道德修养的探究

马克思主义伦理学强调理论要为实践服务,要为培养具有共产主义道德的新人服务,因此道德修养的问题成为马克思主义伦理学重要的理论与实践问题。中国马克思主义伦理学家和伦理学工作者在理论研究中,都非常强调道德修养的重要性。

罗国杰认为道德修养是思想修养的一个重要方面,所谓道德修养"主要是指思想品质方面的'自我锻炼'和'自我改造',其中不但包括依照无产阶级道德原则和规范而进行的反省、检查、自我批评和自我解剖,而且也包括在革命和建设的实践中所形成的情操以及应达到的境界"①。罗国杰系统地论述了如何加强道德修养的问题。其一,无产阶级人性论是道德修养的前提。马克思认为人性是在一定的社会关系下,在教育和自我锻炼中不断发展变化和逐步形成的,人性不是先天的而是后天的,人性都是具体的、历史的,在人类社会中根本不可能有抽象的人性,那种把阶级性和人性等同起来的观点是错误的。从无产阶级关于人性的理论出发,"在道德教育和道德修养上,我们可以得出一个极为重要的结论:我们应该把自己看作是需要改造而且能够改造的,不要把自己看作是完美的、神圣的、不可改造的"②。由此,罗国杰论证了加强道德修养的必要性。其二,道德修养的标准问题。罗国杰指出,道德修养的标准又叫作道德理想,即一定社会中一定阶级的理想人格。根据历史唯物主义观点,任何社会或阶级的道德理想都是由一定的经济基础和政治制度所决定的,因而是具体的和历史的。无产阶级的道德理想反映着社会发展的客观需要,如为共产主义而献身,全心全意为人民服务,遵循集体主义、爱国主义、革命人道主义相统一,忠诚老实、勤奋肯干、大公无私等品质,都是道德理想的品质要求。其三,感情、意志和信念在道德修养中具有重要作用。道德感情是基

---

① 罗国杰:《马克思主义伦理学的探索》,中国人民大学出版社 2015 年版,第 239 页。
② 罗国杰:《马克思主义伦理学的探索》,中国人民大学出版社 2015 年版,第 245 页。

于善恶体验而产生的,促成人如何去行动的义务感;道德意志是道德义务、道德责任的驱使下表现出来的人们道德行为的意图,是个人在道德情境中自觉地调节行为、克服内外困难、实现道德目的的心理过程;道德信念是人们通过对社会道德规范的认识和了解,在自身强烈的道德情感驱动下,对履行某种社会道德义务产生的强烈的责任感,是对某种道德理想、道德原则和规范在内心的确信。其四,道德修养是无产阶级道德观和资产阶级道德观的相互斗争。道德修养上的自我教育和自我改造,就必须不断地同剥削阶级的道德意识、道德观念、道德原则和道德规范作不调和的斗争。

马克思主义伦理学认为,道德修养对于纯洁人们的道德意识、培养人们的道德品质、形成人们的道德行为,进而达到理想的道德境界具有重要意义。马克思主义伦理学与旧伦理学在道德修养上的重大区别之一,是特别强调道德修养和人们的道德实践活动相联系,反对闭门思过和"居敬穷理"等脱离现实的道德上的"自我完善"。这一理论传统,为中国马克思主义伦理学家所积极倡导,也为后来的马克思主义伦理学理论研究者所继承和发扬。道德修养与革命实践相结合,是马克思主义伦理学关于道德修养的基本原则和根本方法,只有实践才能够使社会主义的道德规范转化为人们的意志和品质,才能使道德教育呈现出实效性。

(五) 社会主义道德理论体系的丰富

改革开放以来,中国马克思主义伦理学工作者对社会主义道德规范体系、人道主义及人性、社会主义道德建设等问题的研究丰富了社会主义道德理论体系。

1. 关于社会主义道德体系、主要内容、规范体系等问题的研究

改革开放以来,对社会主义道德体系建设的研究主要是对其逻辑起点和必要性、如何批判继承传统道德以建构社会主义道德体系、社会主义道德体系建设的原则和方法、社会主义道德体系的内容等问题进行研究,取得了积极

进展。

其一,确立"社会主义道德"在我国道德体系建设中的中心地位。1986年,党的十二届六中全会通过《中共中央关于社会主义精神文明建设指导方针的决议》,这是以中央决议形式通过的关于精神文明建设的纲领性文件,第一次明确提出和肯定了"社会主义道德"这一概念,并提出了道德建设的基本要求是"爱祖国、爱人民、爱劳动、爱科学、爱社会主义"。"社会主义道德"概念及其内容的提出,是党中央遵循马克思主义基本原理的指导,总结新中国成立以来道德建设的经验教训,为马克思主义伦理思想贡献的一个重要范畴,丰富和发展了社会主义道德理论。

其二,对社会主义道德体系建构进行积极探索并取得了积极成果。以罗国杰为主编、焦国成和葛晨虹为副主编的《道德建设论》为典型代表,该书是我国第一部比较系统论述社会主义道德建设的学术著作。该书提出了一系列亟待解决的现实道德问题,从社会主义道德建设的必要性和紧迫性,社会主义道德建设的核心、基本原则和要求,社会主义道德建设的主要方面、社会主义道德建设的社会机制等方面,建构了一个社会主义道德建设的理论框架体系。该著作对社会主义道德建设的体系结构作了颇为全面深刻的论述,"阐述了为人民服务何以是社会主义道德建设的核心,集体主义何以是社会主义道德建设的基本原则,以及怎样弘扬为人民服务的精神、坚持集体主义道德原则。同时对爱祖国、爱人民、爱劳动、爱科学、爱社会主义的基本道德要求也作出了准确而系统的阐述,对社会公德、职业道德、家庭道德以及市场道德建设和社会道德风尚建设等问题进行了全面深入的探讨,对加强社会主义道德建设的意义、作用与途径、措施也发表了比较独特的看法"[1]。罗国杰尤其强调,建立和发展与社会主义市场经济相适应的道德体系,就要结合新挑战,进行理论创新,要毫不动摇地坚持社会主义核心价值体系在道德领域中的指导地位,用社

---

[1]　王泽应:《马克思主义伦理思想中国化研究》,中国社会科学出版社2017年版,第534页。

会主义核心价值体系来整合和引领多种多样的道德思想。① 总的看来,罗国杰的社会主义道德建设思想"强调伦理道德在治国理政中的重要地位、主张建立与社会主义市场经济相适应的道德规范体系、坚持和发展了集体主义道德原则、提出了社会主义道德建设的整体思路"②。

其三,推进社会主义道德建设不断深入发展。1996 年,党的十四届六中全会通过的《中共中央关于加强社会主义精神文明建设若干重要问题的决议》,明确提出社会主义思想道德建设的基本框架和社会主义道德的规范体系,即"社会主义道德建设要以为人民服务为核心,以集体主义为原则,以爱祖国、爱人民、爱劳动、爱科学、爱社会主义为基本要求,开展社会公德、职业道德、家庭美德教育,在全社会形成团结互助、平等友爱、共同前进的人际关系"。该决议为社会主义伦理学体系的构建确立了基本方向,使社会主义道德规范体系更加深入人心。1997 年,党的十五大报告重申了社会主义初级阶段道德建设的"核心"和"原则",强调了道德体系建设要注意先进性与广泛性的统一,即"提倡共产主义思想道德,同时把先进性的要求与广泛性的要求结合起来,鼓励一切有利于国家统一、民族团结、经济发展、社会进步的思想道德"。2001 年,党中央提出"以德治国"方略,标志着社会主义道德体系建设进入了新时期。2001 年 9 月 20 日,中共中央印发了《公民道德建设实施纲要》,提出"在新的历史条件下,从公民道德建设入手,继承中华民族几千年形成的优良传统美德,发扬党领导人民在长期革命斗争和建设实践中形成的优良传统道德,借鉴世界各国道德建设的成功经验和先进文明成果,努力建立与发展社会主义市场经济相适应的社会主义道德体系"③。2003 年召开的党的十六届三中全会、2004 年召开的党的十六届四中全会,提出了"以人为本"的理念,

① 参见罗国杰:《建设与市场经济相适应的社会主义道德体系》,《思想政治工作研究》2012 年第 1 期。

② 李建华、姚文佳:《罗国杰的社会主义道德建设思想》,《齐鲁学刊》2016 年第 3 期。

③ 《公民道德建设实施纲要》,学习出版社 2001 年版,第 1 页。

丰富发展了社会主义道德体系核心内涵。2006 年,胡锦涛提出以"八荣八耻"为主要内容的社会主义荣辱观,不仅体现了公民道德建设的目标要求,而且丰富了社会主义道德规范体系。党的十八大之后,新一届中央领导集体更加注重社会主义道德建设问题,社会主义道德体系建设进入新时代发展时期。

2. 关于人道主义问题研究

改革开放之后,人道主义问题受到学界的热切关注。20 世纪 80 年代之后,理论界关于人道主义和异化问题展开了广泛的争论,发表了许多文章,出版了多部著作。邓小平指出:"人道主义作为一个理论问题和道德问题,当然是可以和需要研究讨论的。但是人道主义有各式各样,我们应当进行马克思主义的分析,宣传和实行社会主义的人道主义(在革命年代我们叫革命人道主义),批评资产阶级的人道主义。"①倡导"社会主义人道主义"源于对"文化大革命"的反思,主要是对"文革"之中非人道的现象进行谴责。其中,胡乔木于 1984 年发表于《理论月刊》的《关于人道主义和异化的问题》一文,在当时被认为是人道主义理论研究的重大突破,结束了新中国成立前三十年将一切人道主义都当作资产阶级意识形态的简单片面的做法。② 胡乔木认为,作为伦理原则和道德规范的人道主义,即社会主义的人道主义,它由革命人道主义转化而来,是以马克思主义世界观和历史观为基础的。1993 年之后,学界关于"人文精神"的讨论,是人道主义问题在市场经济建设时期的深入展开,主要关注的问题是市场经济与人文精神有何关系、市场经济是否会导致人文精神的丧失、如何建立同市场经济相适应的"新的人文精神"。2003 年 10 月,党的十六届三中全会提出"以人为本,树立全面协调可持续的科学发展观,促进经济社会和人的全面发展"的思想,关于人道主义的研究转向了对人的全面发展问题的关注。也可以说,"以人为本"的人学转向是当代中国人道主义研

---

① 《邓小平文选》第三卷,人民出版社 1993 年版,第 41 页。

② 参见《关于人道主义和异化问题的论文集》,人民出版社 1984 年版,第 3 页。

究发展的一次飞跃。①

3. 关于人性问题的研究

如何正确看待人性和人的本质,是马克思主义伦理学的一个重要理论问题,也是社会主义道德理论的一个核心问题。改革开放以来,学术界关于人性问题的研究大致可以划分为如下几个阶段。(1)1978—1985 年,以 1978 年《实践是检验真理的唯一标准》为标志的全国范围关于真理标准问题的讨论,催生了新中国成立后第一次人性研究的高潮。此阶段主要以"人性、异化和人道主义"为主题,在对人的异化批判中理解和提升人性,恢复了对马克思主义人性问题的科学理解。(2)1986—1991 年,对人性的探讨主要与道德主体性相结合。代表性的著作有曾钊新的《人性论》,旗帜鲜明地提出"真正人的道德建立就是人性复归的到来",并作出了一个非常重要的结论:"道德产生于经济生活之中,一定社会的经济状况是产生道德的客观基础,这是究其最终根底说的。道德毕竟是在社会意识领域驰骋的具体形式,人性则是社会意识的广阔领域,从这个意义上讲,人性是产生道德的第二原因或第二基地。"②解放了思想、开阔了社会主义道德理论新视野,推动社会主义道德理论发展。(3)1992—2001 年,学术界对市场经济中人性问题进行深入探讨。自 1992 年党的十四大将社会主义市场经济体制确定为我国经济体制改革的目标,学界对人性问题的探讨逐渐改变了主要解读西方人性学说和中国古代哲学的人性论的主题倾向,开始热切关注市场经济中的人性与人的价值问题。(4)2002 年至今,人性研究围绕"人的全面发展"目标而展开。2002 年,党的十六大提出了全面建设小康社会的奋斗目标,同时强调"必须推动社会全面进步,促进人的全面发展";2007 年,党的十七大报告提出"深入贯彻落实科学发展观",其核心是"以人为本"。经历这四个阶段,学界对人性问题的认识

---

① 参见罗文东:《科学发展观与社会主义人道主义》,《山东社会科学》2006 年第 2 期。
② 曾钊新:《人性论》,中南工业大学出版社 1988 年版,第 156 页。

更加深刻,对人性的内容、人性的意义、人性的伦理价值理解更为全面和丰富。

通过对人性问题的争论,马克思主义人性论的基本观点得以明晰:其一,人性产生于一定的物质基础,有什么样的物质基础,人们就会表现出什么样的人性,无论是人性的善或恶,都是对特定物质基础的反映。其二,人性发展的目标是实现人的全面发展。人是社会的主体,人的本质在其现实性上是一切社会关系的总和,人的社会性决定了人的存在发展方式,也就是说人所追求的社会进步归根到底在于实现最高目标,即人的全面发展。概而言之,人性问题的研究及其成果,推进了马克思主义伦理学的当代发展。

综上所述,伦理学家们以及广大伦理学工作者为中国马克思主义伦理学的学术体系建构作出了杰出贡献,不仅明晰了中国马克思主义伦理学的学术研究对象,也划定了中国马克思主义伦理学的学术研究领域,并形成了具有特定研究立场、观点和方法的中国马克思主义伦理学学术研究范式。此外,广大的伦理学研究专家学者,从不同的理论视角对马克思主义伦理学的诸多问题进行了阐释,从而形成了理论研究的"合力",为清晰把握中国马克思主义伦理学的"学术规律"、建构中国马克思主义伦理学学术体系建设作出了积极的贡献。

三、善用学术研究方法:基本方法、方法拓展和方法集成

伦理学的研究与其他学科一样,要想在研究中获得进展,就必须有方法上的正确运用和创新。改革开放以来,广大伦理学工作者对中国马克思主义伦理学的学术研究方法进行了积极探索,大致可以分为三类:一是马克思主义伦理学的基本方法,即以马克思主义历史辩证法为根据的"道德的历史方法";二是自然科学研究方法在中国马克思主义伦理学的运用和拓展;三是伦理学研究方法的综合运用。

（一）基本方法："道德的历史方法"

在研究和学习马克思主义伦理学时,必须以马克思主义哲学的方法论为指导,尤其是坚持运用历史唯物主义方法。运用历史唯物主义的方法论研究中国社会的伦理道德问题,这就是"道德的历史方法",它是马克思主义历史辩证法的科学运用。所谓"道德的历史方法",就是在道德研究的方法上把道德看作一种社会历史现象,看作意识形态的一种形式,道德是社会历史环境的产物。

中国马克思主义伦理学家旗帜鲜明地强调历史唯物主义方法的运用。张岱年指出:"马克思和恩格斯在人类思想史上第一次把唯物主义原则贯彻到社会领域,给道德现象以科学的解释,建立了科学的道德学说。"①只有依据马克思主义的唯物史观,才能理解道德本质和特征。罗国杰强调:"历史唯物主义的一系列根本原理,如社会存在决定社会意识、阶级和阶级斗争等,对伦理学的研究来说,既是指导原则,又是最根本的方法论。"②周原冰在马克思主义伦理学研究中始终坚持马克思主义的唯物史观和阶级分析法,肯定马克思主义道德科学的党派性。李奇认为,以唯物辩证法和阶级分析法指导伦理学研究,打破了资产阶级伦理学家把人视作抽象人、自然人的观点,以唯物辩证法和阶级分析法取代了自然科学的方法,实现了伦理学研究方法论上革命性变革。她指出:"马克思主义伦理学的研究方法,不是用形而上学的自然科学的方法,而是用历史唯物主义的社会科学的研究方法;它的研究线索不是引向抽象行为的心理历程,而是从产生这种行为准则和规范的社会物质生活中去探索道德的根源和实质、道德和社会物质生活的辩证关系以及道德的发展规律。"③

---

① 《张岱年全集》第 3 卷,河北人民出版社 1998 年版,第 452 页。
② 罗国杰:《马克思主义伦理学的探索》,中国人民大学出版社 2015 年版,第 69 页。
③ 李奇:《道德科学初学集》,上海人民出版社 1979 年版,第 21—22 页。

马克思恩格斯指出:"共产党人的理论原理,决不是以这个或那个世界改革家所发明或发现的思想、原则为根据的。"①历史主义和阶级性是马克思主义伦理学的基本原则,道德的产生和出现是与阶级利益和社会历史条件紧密相连的。"道德的历史方法"就是要强调在伦理学研究中将道德视作一种社会历史的现象,联系实际、发现问题、与时俱进。

(二) 方法拓展:自然科学研究方法的运用

自然科学研究方法是探讨自然科学中广泛使用的观察、实验、模型、假说、归纳、演绎、分析、综合、类比等各种方法,由于自然科学研究方法的运用,现当代自然科学研究取得了丰硕的成果,也深深地影响了伦理学研究方法的建构。20世纪80年代后,我国伦理学界对自然科学研究方法的吸纳运用展开了广泛的讨论和研究。需要指出的是,对自然科学研究方法的吸纳运用,与近代资产阶级伦理学家主张以自然科学的方法研究人的道德问题、把人当作孤立静止的自然物进行物理的和心理的剖析是两个不能混淆的问题。

人的科学包括自然科学和社会科学,二者的结合是科学发展的趋势。伦理学不是一个封闭的体系,应该不断吸收现代自然科学的最新成果和研究方法。有学者认为:运用自然科学研究方法,才能从更高的科学层次上把握道德现象的多种多样的联系和结构,才能科学地分析道德的整体、综合的属性。②也有学者指出:历史唯物主义是研究伦理学的基本方法,但并不是唯一的方法,有必要把系统论、控制论、信息论引入伦理学。③还有学者提出系统方法是对马克思主义伦理学的历史的方法、阶级分析的方法、理论联系实际的方法和归纳演绎方法的必要补充,推进马克思主义伦理学的整体发展。④

---

① 《马克思恩格斯选集》第1卷,人民出版社2012年版,第413页。
② 石远:《伦理学不应是一门封闭的科学》,《道德与文明》1985年第3期。
③ 涂秋生:《伦理学的出路何在?》,《社会科学研究》1985年第3期。
④ 谭辉相、倪志安:《马克思主义伦理学应该引进系统论的研究方法》,《南充师院学报》1986年第2期。

在马克思主义伦理学研究中引入自然科学的研究方法,开拓和创新了马克思主义伦理学的研究新局面。一是加强了社会科学与自然科学的相互融合和吸收,在伦理学研究中可以吸收自然科学的最新发展成果;二是自然科学的研究方法开拓运用,增强了伦理学研究的实证性和科学性,一定程度上克服以往研究的抽象思辨性。

需要强调的是:自然科学方法和社会科学方法既有一致性,又有差异性。二者的一致性在于:两种方法都是为研究客观物质世界提供模式、程序、手段和合理性标准;二者都是为人们获取真理性认识,并且为促进对客观世界的改造这一根本目的服务;二者都需要构造理论并对理论作出评价。二者的差异性主要由社会科学与自然科学研究对象的特点所决定,社会过程是比自然过程更为复杂的动态过程,因此在伦理学研究中要充分考虑人的主体性、能动性、选择性、价值判断、价值取向等因素,采取数量化、形式化的方法求得理论的清晰性、精确性和预见性相对困难。

(三) 方法集成:伦理学研究方法的综合运用

伦理学研究对象的人文性和复杂性,决定了伦理学的研究方法并不能拘囿于自然科学的方法,而必须是多层次和多样化的,即建构富有弹性的伦理学方法群。① 也就是说,伦理学研究方法不是单一的,而常常是"方法集成"的运用。

罗国杰将伦理学的研究方法分为三个层次:一般的科学方法、社会科学的方法、伦理学的特殊方法。② 一般的科学方法,最根本的就是唯物辩证法。唯物辩证法是从物质世界、人类社会和人类思维的发展中概括出来的最完整、最深刻而无片面性弊病的关于发展的学说,在伦理学的研究中,必须自觉地掌握和运用唯物辩证法。至于那些由新技术革命所产生的新方法,如信息论、控制

---

① 宋全成、曹宪忠:《我国伦理学研究方法问题研究综述》,《理论学刊》1991 年第 5 期。
② 罗国杰:《马克思主义伦理学的探索》,中国人民大学出版社 2015 年版,第 47—53 页。

论和系统论的方法,是唯物辩证法中的某些具体方面的深化、丰富和补充,对伦理学研究具有重要作用。各门社会科学如政治学、经济学、法学、教育学、哲学的方法,对伦理学研究也是适用的。社会科学的方法主要有:历史的方法、阶级分析的方法、理论联系实际的方法等。历史的方法要求我们在研究道德现象时,不能孤立、片面、静止地进行,而是必须认真考察其各种内外机制及其相互联系和影响;阶级分析的方法就是对现实生活中的一些剥削阶级道德残余、道德领域的阶级斗争现象进行批判分析;理论联系实际的方法就是要注意发展变化中的实际,关注新情况、新问题、新联系、新要求、新视野,推进伦理学研究不断进入新境界。例如,俞吾金的《应当重视辩证法三大规律在伦理学研究中的作用》强调辩证法三大规律在伦理学研究中具有重大作用①,可以丰富伦理学方法理论,从而促进伦理学研究的健康发展。对立统一规律作为最高层次的规律为我们通常使用的伦理学方法,即历史的方法、阶级分析的方法和理论联系实际的方法提供了理论基础;为辩证地阐述道德范畴的本质提供了指导思想;为正确地理解道德评价中的行为善恶的问题和动机效果的关系问题提供了根本的方法。量变质变规律为我们研究错综复杂的道德现象提供了极为重要的方法;为我们重视道德教育提供了理论依据;使我们对道德行为的"度"的问题引起充分的重视。否定之否定规律为道德遗产继承问题的科学解决提供了方法论基础;也为合理地阐述道德发展的历史规律提供了基本的方法。

　　研究对象的复杂性决定研究方法的多样化和多层次,建构一个富有弹性、再生力强的方法论群,对伦理学研究极为必要。强调研究方法的系统性,逐渐成为马克思主义伦理学研究的共识。如有学者认为,"伦理学的研究方法包括三个结构面,即自然科学方法(老三论、新三论、模糊数学、哥德尔怪圈等),人文科学方法(结构主义、原型、释义学、现象学、语义学等),伦理学自身的方

---

　　① 俞吾金:《应当重视辩证法三大规律在伦理学研究中的作用》,《伦理学与精神文明》1984年第4期。

法(能近取譬法、内省法等)。这三个结构面可根据研究对象而灵活运用,或分化或整合"①。另有学者倡导建构一个比较详尽、合理的伦理学研究方法的系统理论,即"广泛吸收先进的一般方法论,特殊方法论和具体方法论,如系统论、控制论、信息论、耗散结构论、协同论、突变论、泛系论,阐释学,以及其他社会科学、自然科学和思维科学一切具体领域的有益方法……再造全新的方法论体系"②。该文还对这一全新的方法论体系的基本内容作出了描述:一是整体分析与要素分析;二是结构分析与功能分析;三是静态分析与动态分析;四是性质分析、数量分析与技术分析;五是模糊分析、动力分析与释义分析;六是心理分析、社会学分析、文化学分析、人类学分析等跨学科分析。总的来看,学者们共同的主张是在道德理论的研究方法上坚持历史辩证法,反对道德历史形而上学研究方法。

(四) 方法运用:应用伦理学中的研究方法

马克思主义伦理学研究方法的确立,在应用伦理学各学科中也得到了广泛的运用,推进了应用伦理学的发展繁荣。作为实践的、应用学科,从现实生活出发是应用伦理学研究的基本特征,应用伦理学应该不断吸纳、整合相关学科的研究方法和成果,不断发展出新的研究方法和手段,才能在当今时代保持旺盛的生命力。有学者指出:应用伦理学研究要实现从事实向价值、伦理的飞跃,就需要将"有着密切而全面的相互蕴含关系"的"两类研究——实证的和实践的"方法加以整合,形成跨学科的新的复合式的方法体系,尤其强调整体性的方法原则和实证的研究方法。③ 但是,在应用伦理学的具体领域中,研究方法又呈现出具体学科的方法特征。

---

① 魏磊、李建华:《伦理学研究方法新探》,《学习与探索》1986 年第 4 期。
② 胡成广:《道德系统论纲》,《齐齐哈尔师范学院学报》(哲学社会科学版)1990 年第 1 期。
③ 宣兆凯:《以现实生活为原点的应用伦理学研究方法》,《哲学动态》2007 年第 1 期。

一是生命伦理学的研究方法。较有代表性的如邱仁宗在《试论生命伦理学方法》中指出：生命伦理学的方法就是伦理学的方法[1]，如果我们遵循它们，可能比忽视它们能避免更多的错误，或者有较大的可能作出合适的道德判断，给伦理问题找到合适的解决办法。生命伦理学与其他伦理学学科一样，因其具有规范性而不能像科学学科一样基于观察和实验。

二是生态伦理学的研究方法。例如，有学者认为，生态道德的构成要素可以分解为人和自然的关系与人类规范和评价自身行为的准则体系这两个系列，因此，生态伦理学的研究方法便具有系列性，一个是生态学系列的研究方法，另一个是伦理学系列的研究方法。从生态学系列而言，生态学方法、历史唯物主义方法、一般伦理学中运用的各种具体方法分别构成了生态伦理学研究方法中生态学系列的第一、第二、第三个层次。从伦理学系列而言，一般伦理学中运用的各种具体方法、一般行为科学的方法、历史唯物主义特别是其关于社会存在和社会意识相互关系的原理，分别构成了生态伦理学研究方法中伦理学系列的第一、第二、第三个层次。[2] 再如，有学者总结了西方生态伦理学研究的四种方法：隐喻方法、类比方法、调查—列表法、数理逻辑方法。隐喻方法，表达了对自然美的热爱和尊重，成为沟通主体（人）与客体（自然）的中介，具有强烈的认识功能；类比方法运用模型形象地说明和解释原型，激发人们的联想和比较，达到在人与自然（原型）间建立伦理联系的目的；调查—列表法旨在调查生态伦理倾向，分析比较生态道德的社会舆论；数理逻辑方法就是将生态伦理观点用简明的数理逻辑关系式阐释出来的一种数学方法。[3]

三是经济伦理学的研究方法。经济伦理学是理论及实践学科的统一，既

---

[1]　邱仁宗：《试论生命伦理学方法》，《中国医学伦理学》2016年第4期。
[2]　张云飞：《论生态伦理学的研究方法》，《科学管理研究》1991年第1期。
[3]　叶平：《人与自然：西方生态伦理学研究概述》，《自然辩证法研究》1991年第11期。

是研究经济活动的伦理分析及价值考量的理论学科,又是规范经济行为与行动方式的实践学科。经济伦理学研究方法,就是考察经济活动中的道德行为,并把认识加工成为系统化的理论结构的方法。经济伦理学研究方法常常是多学科研究方法的运用和结合,主要是归纳演绎法、实证研究法(如实验法、描述法、案例法、纯经济分析及数学等)、抽象思维法、元伦理学方法、系统分析法、案例决策法等,对经济活动中的伦理现象进行分析,以论证经济行为合理性。许多著名学者,如万俊人的《道德之维——现代经济伦理导论》、章海山的《经济伦理及其范畴研究》、陆晓禾的《经济伦理学研究》、王小锡的《面向实践的中国经济伦理学》等,对经济伦理学研究方法作出了积极地探索。

四是教育伦理学的研究方法。教育伦理学是基于教育科学与伦理科学之间的一门新兴的交叉学科,根据其具体研究对象可划分为元教育伦理学、规范教育伦理学、描述教育伦理学与应用教育伦理学等形态。如有学者提出:元教育伦理学主要运用逻辑分析与语词分析方法;规范教育伦理学主要运用道德形而上法与规范分析法;描述教育伦理学主要运用描述或客观的研究方法;应用教育伦理学主要运用道德社会学或实证的研究方法①。就整体而言,教育伦理学的研究方法是以上各种方法的综合运用,同时基于教育伦理学的特殊研究领域,它具有自身独特的研究方法,比如心理分析方法、教育伦理志方法等。

综而观之,改革开放以来,中国马克思主义伦理学研究方法的探究贯彻唯物史观的总的方法论原则,坚持辩证唯物主义和历史唯物主义相统一,呈现出综合运用的趋势,在综合中创新,在创新中建构整体化和系统化科学方法体系。随着伦理学理论与实践的不断推进,中国马克思主义伦理学的方法研究必将进一步深化和系统化。

---

① 王银春、李亚莉:《教育伦理学的学科定位、理论形态及研究方法》,《唐都学刊》2015 年第 1 期。

第二节　学科体系建设：架构中国马克思
主义伦理学的"理论叙述"

学科体系就是用以表现、阐释思想体系的"叙述体系"。展示"叙述体系"的学科体系就是在研究、教学、宣传中用以表现、阐释思想体系的概念、范畴、观点和方法系统。如果说新中国成立到"文化大革命"前是中国马克思主义伦理学学科理论体系的奠基和初步发展时期、"文化大革命"期间是学科理论体系遭受严重挫折而几乎处于停滞阶段；那么，改革开放之后至社会主义市场经济体制确立，则是马克思主义伦理学学科理论体系恢复重建时期；社会主义市场经济体制确立之后至现在，则是马克思主义伦理学学科体系发展繁荣时期。构建与马克思主义伦理思想体系相一致的，在理论研究、教育教学、实践宣传中起到积极推动作用的伦理学学科体系，是改革开放之后中国马克思主义伦理学发展的首要任务。老一辈伦理学家为架构中国马克思主义伦理学的学科体系殚精竭虑，作出了巨大的贡献；一大批老中青伦理学工作者对此进行了不懈探索，作出了积极的贡献。

一、马克思主义伦理学学科体系的建构

马克思主义伦理学学科体系的建构是老一辈伦理学家们共同学术努力的结晶。其中，张岱年、周原冰、罗国杰、李奇等老一辈伦理学家在承接原有研究的基础上，为改革开放之后马克思主义伦理学学科体系的建构作出了突出贡献。

（一）张岱年对马克思主义伦理学学科理论的研究

张岱年对马克思主义伦理学进行了一以贯之、坚持不懈地研究，为建立比较完备而严整的马克思主义伦理学的科学体系作出了积极努力。张岱年不仅

对马克思主义伦理学的基本问题提出独创性见解：认为"伦理学的基本问题应是道德的性质、起源与标准的问题"①。还对道德起源和本质、道德原则和规范、道德基本特征、道德社会功能、道德进步标准等进行系统阐释，充实和丰富了马克思主义伦理学基本理论。关于道德的起源，张岱年认为"道德源于社会生活。为维持社会生活之延续，其中之个人必有一定之行为而必不能有相反之行为，即道德之原始"②。关于道德本质，张岱年认为"道德在本质上是为了某一范围内的人们的利益而提出的对于人们行为的约束或裁制"③。关于道德原则和规范，张岱年提出了"规范个人对群体或群体中大多数的行为准则"的"六达德"，即"一公忠，二任恤，三信诚，四谦让，五廉立，六勇毅"；还提出了规范"家庭生活或日常活动的准则"的"六基德"，即"一孝亲，二慈幼，三勤劳，四节俭，五爱护公物，六知耻"。④ 关于道德的基本特征，张岱年认为道德具有阶级性和继承性，道德的阶级性并不排除道德的继承性。关于道德的社会功能，张岱年认为道德就是调节人与人、人与社会的行为规范。关于道德的进步标准，马克思主义伦理学认为，对道德进步判读要放在一定的社会历史阶段和一定的阶级关系中加以具体分析，"在阶级社会的演变过程中，生产关系的每一种新形式都标志着劳动人民在反奴役反压迫的斗争中向前进了一步，因而在道德方面就向前进了一步"⑤。

总的看来，张岱年坚持用马克思主义唯物史观为指导，将伦理学研究与中国优秀传统伦理文化有机地结合起来，丰富了马克思主义伦理学学科理论，为马克思主义伦理学学科体系建构作出了积极的贡献。

---

① 张岱年、程宜山：《文化与哲学》，中国人民大学出版社 2006 年版，第 219 页。
② 《张岱年全集》第 1 卷，河北人民出版社 1996 年版，第 475 页。
③ 《张岱年全集》第 3 卷，河北人民出版社 1996 年版，第 452 页。
④ 《张岱年全集》第 3 卷，河北人民出版社 1996 年版，第 226—228 页。
⑤ 《张岱年全集》第 3 卷，河北人民出版社 1996 年版，第 454 页。

（二）周原冰对马克思主义伦理学学科发展的推动

周原冰对中国马克思主义论理学的贡献在于他对共产主义道德作了系统的阐释。

一是对共产主义道德理论体系作出系统阐释,深化了人们对共产主义道德的认识、强化了共产主义道德教育的重要作用,从理论和实践推进了中国马克思主义伦理学的发展。周原冰在《共产主义道德通论》的序言中表达了把共产主义道德作为完整体系来论述的缘由,强调对共产主义道德进行分析一方面要注重理论与实践相结合,致力于透过社会道德生活的现象,运用马克思主义道德科学的基本原理,去剖析当前人们实际思想和认识上的矛盾;另一方面,不能离开共产主义道德在社会主义社会中的特殊地位和特殊表现。他强调:不能把共产主义道德等同于社会主义社会的道德,说它在社会主义建立之前只是萌芽,而在社会主义社会建立之后又已是唯一的道德体系;更不能把共产主义道德说成可望而不可即的一种道德理想,似乎它在社会主义社会里并无什么实践意义,甚至说在社会主义社会里如果宣传和提倡共产主义道德就是犯了超越历史阶段的"左"倾错误。①

二是确立马克思主义道德科学的党性原则,肯定了马克思主义道德科学的党性特征,解决了为什么人服务的问题。周原冰坚持以马克思主义唯物史观和阶级分析方法分析伦理道德问题。他指出,一方面,马克思主义道德科学的鲜明特征就是为无产阶级开展阶级斗争服务的,是无产阶级争取彻底解放的思想武器;另一方面,马克思主义的道德科学只有转化为人们的道德实践才能发挥其改造社会的功能,为建设社会主义服务,因此,科学性和实践性相结合是马克思主义道德科学的显著特点。改革开放之后,加强建设社会主义的精神文明成为重要的战略任务,其关键是必须抵制和清除资本主义的和封建

---

① 周原冰:《坚持马克思主义道德科学党性原则》,《江淮论坛》1984 年第 2 期。

主义的腐朽没落思想的精神污染,它关系着走资本主义道路还是走社会主义道路的问题。周原冰提出,要防止"政治细菌"和"道德病毒"的侵扰,政治细菌"会使人们对党、对马克思主义和社会主义建设产生离心作用,不能团结一致地为社会主义和共产主义远大理想的实现而战斗",道德病毒"会使人们的灵魂被蛀蚀,品质被败坏,眼光变狭、操行变丑,精神颓废,心神恍惚,只看到自己而看不到他人和社会,甚至走上触犯法纪、危害社会治安的犯罪道路,同样会使人们对党、对马克思主义和社会主义建设事业产生离心作用"①。马克思主义的道德科学就必须每时每刻地决不放松清除精神污染的工作,教育人民群众去识别和抵制政治细菌与道德病毒,因此,需要保卫马克思主义道德科学的纯洁性,在道德领域内和思想战线上清除和抵制精神污染,这正体现了马克思主义道德科学的党性原则。

概而言之,周原冰对共产主义道德理论体系的论述具有重要的学科意义:其一,在研究方法论方面,强调并自觉贯彻理论联系实际的方法论原则;其二,在伦理学基本理论研究方面,对道德的外部联系和内部结构、共产主义道德的实质和发展阶段、共产主义道德的基本原则等重要问题提出了独到见解,是对伦理学体系的一种创新性突破;其三,强调伦理学与社会实践的关系,不仅反映了当前社会的道德状况和道德要求,也深化了人们的道德认识和强化了道德实践。

(三) 罗国杰对马克思主义伦理学学科建设的突出贡献

从学科性质而言,马克思主义伦理学是一门以道德现象尤其是以共产主义道德作为研究对象的系统理论科学,既是规范科学也是实践科学。改革开放以来,以罗国杰先生为代表的老一辈马克思主义伦理学家们,为中国马克思主义伦理学学科体系建设作出了突出的贡献。

---

① 周原冰:《坚持马克思主义道德科学党性原则》,《江淮论坛》1984 年第 2 期。

其一,身先士卒、组织领导伦理学教学和研究工作的顺利开展。早在1960年,罗国杰就受命负责筹建中国人民大学伦理学教研室,并于1962年撰写了《马克思主义伦理学》简编本,阐述了马克思主义伦理学的理论体系,但"文化大革命"致使伦理学学科建设的奠基努力付之东流。改革开放之后,罗国杰带领伦理学同仁,积极投入和开展马克思主义伦理学学科重建工作:1979年伦理学被教育部正式列为大学哲学课程;中国人民大学率先恢复了"文化大革命"期间中断的伦理学教学;1980年,第一次全国伦理学研讨会召开并成立了中国伦理学会;1984年,中国人民大学伦理学教研室成为全国第一个伦理学博士学位授予点,罗国杰成为我国第一位伦理学博士生导师;自1984年至2004年,罗国杰连续多年担任中国伦理学会会长,并"力求使中国伦理学会成为一个坚持马克思主义理论导向的学术团体……紧紧地把学术研究和现实生活有机地结合在一起"①。这一系列事件表明中国马克思主义伦理学学科体系建设开始迎来发展的春天。

其二,明确指导思想,校准马克思主义伦理学发展方向。罗国杰坚持马克思主义的立场、观点和方法指导马克思主义伦理学的学科建设。罗国杰带领其团队编撰了《马克思主义经典作家论道德》,深入挖掘马克思主义经典作家关于伦理道德和社会意识形态的关系、道德遗产的批判与继承、道德的原则和规范、共产主义道德、道德的教育、道德修养等思想,并以此作为中国马克思主义伦理学学科建设的重要理论基础。由此,"将伦理学学科建设自觉地服务于社会主义现代化建设的目标,所以在改革开放时期伦理学的发展过程中,罗国杰在坚持正确的政治、思想和道德导向方面发挥了公认的中流砥柱作用"②。

其三,确立中国特色社会主义伦理学的"集体主义"道德原则,为现实道

---

① 罗国杰:《罗国杰生平自述》,中国人民大学出版社2016年版,第102页。
② 陈泽环:《中国特色伦理学的开拓——罗国杰教授的贡献和启示》,《中州学刊》2018年第12期。

德生活和伦理学学科走向明确了基本原则。罗国杰在《当前有关道德问题的几点思考》《伦理学》《对几个重要提法的建议》《在 1996 年 9 月 15 日中央召开的有关会议上谈集体主义的发言》等研究成果中,阐述了社会主义集体主义作为道德原则和价值导向的重要性,正确辨析了个人利益与集体利益的关系,使得马克思主义伦理学更加适应和更好服务于中国特色社会主义建设,极大地促进社会道德风尚。

其四,建构较为完整的马克思主义伦理学学科体系。罗国杰先后撰写和主编了一系列伦理学专业著作,如《中国大百科全书·哲学卷·伦理学分卷》《伦理学名词解释》《伦理学教程》《外国伦理学名著译丛》《中国伦理学百科全书》等,尤其是主编的第一部马克思主义伦理学教科书《马克思主义伦理学》及后来的《伦理学》等著述,建构了一个较为完整且逻辑严谨的马克思主义伦理学学科体系。

在《试论马克思主义伦理学体系结构的特征》一文中,罗国杰辨析了马克思主义伦理学的体系结构及其特点。首先,马克思主义伦理学是一门全面研究道德现象的哲学理论科学,与道德意识现象、道德规范现象和道德活动现象相适应,马克思主义伦理学的体系结构分为道德基本理论、共产主义道德规范体系和共产主义道德活动体系三个部分。其次,马克思主义伦理学是一门特殊的规范科学。罗国杰尤其对共产主义道德规范体系作出了"一个基本原则""五个主要行为规范""四个范畴""两个特殊方面要求"的系统阐述。"一个基本原则"即集体主义原则;"五个主要行为规范"即全心全意为人民、共产主义劳动态度、爱护公共财物、热爱科学坚持真理、实行爱国主义和国际主义的统一;"四个范畴"即义务、良心、荣誉和幸福;"两个特殊方面要求"即爱情婚姻家庭道德方面和职业道德方面的要求。最后,马克思主义伦理学还是一门实践科学,伦理学的最终目的就是要把有关伦理道德的科学认识转化为道德实践,"伦理学中所阐述的理论、原则和规范,必须被付诸实践,被人们所身体力行"①。概而言之,罗国杰将马克思主义伦理学的体系结构划分为道德基本理论、共产主义道德规范体系和共产主义道德活动体系三部分,正是对理论伦理学、规范伦理学和实践伦理学三个进路的发展。在此结构体系之下,罗国杰展开了对马克思主义伦理学一系列的重大理论和现实问题的深入探讨,对马克思主义伦理学的基本理论、社会主义道德建设等问题进行深刻阐释。

（四）李奇对马克思主义道德学说的系统探讨

李奇作为中国马克思主义伦理学家,一生致力于马克思主义道德学说的研究,为中国马克思伦理学学科的创立和发展作出了卓越贡献。尤其是改革开放之后,其《道德与社会生活》《道德学说》等著作,推进了马克思主义道德学说的发展。

李奇认为,马克思主义伦理学的创立是人类伦理学史上的伟大革命变革,她在《道德学说》中分析了道德理论科学化的进程,并详细地阐述了马克思主义道德学说体系。该书"以史论结合的方式,深入系统地论述了马克思主义伦理学,为马克思主义道德学说成为社会科学中的一个独特学科作出了贡献"②。

一是提出道德的根源所涉及的道德意识和社会存在关系问题是道德学说的中心问题,这是"各种道德学说的理论分歧"③。社会存在决定社会意识,社会意识是社会存在的反映,这是马克思主义唯物史观的重要原理,也是规定道德学说的中心问题。社会意识对社会存在具有能动的反作用,先进的、革命的、科学的社会意识对社会发展起促进作用,落后的、反动的、非科学的社会意识对社会发展起阻碍作用,因此,要用先进的马克思主义道德学说指导和推进社会主义社会发展。

---

① 罗国杰:《马克思主义伦理学的探索》,中国人民大学出版社 2015 年版,第 98 页。
② 陈筠泉:《在李奇同志道德思想研讨会上的开幕词》,《道德与文明》1993 年第 5 期。
③ 李奇:《道德学说》,中国社会科学出版社 1989 年版,第 10 页。

二是强调个人与社会的关系构成道德学说中心问题的主要方面。道德作为社会意识形态，是社会经济关系的直接反映，而个人与社会的关系是社会经济关系中的重要内容，因此道德也是直接反映着个人与社会的关系，道德的社会功能就是调节个人与社会的关系。李奇认为，马克思对人的本质的认识科学地解决了人与社会的关系问题，人的本质是一切社会关系的总和，也就是说人是社会的人，社会由个人组成，如何处置人与社会的关系即个人利益与社会利益的关系，就成为马克思主义伦理学的重要任务。"李奇对个人利益与社会利益的关系作了辩证唯物主义的阐释与论述，丰富和发展了马克思主义的道德学说。"①

三是阐释了马克思主义道德学说的性质、特征和主要内容，积极推进马克思主义道德学说理论体系的建构和完善。李奇在《道德学说》一书中，不仅探讨了道德本质及其社会作用、道德进步及其发展规律性，还阐释了道德意识的结构和内容、道德认识的过程及其规律、道德评价及其依据、道德继承及其方法等问题，为推动中国马克思主义伦理学学科发展作出了积极贡献。

以上是较有代表性的马克思主义伦理学家为建构中国马克思主义伦理学学科体系的一些"掠影式"或粗浅的介绍，不能细致地描绘出建构中国马克思主义伦理学学科体系付出的努力和艰辛，只能敬肃言之：没有老一辈马克思主义伦理学家的筚路蓝缕和开拓创新，就没有中国特色社会主义伦理学的发展繁荣。

二、马克思主义伦理学学科体系的推进

改革开放以来，除了老一辈马克思主义伦理学家为马克思主义伦理学学科体系建设持续努力之外，一大批伦理学工作者为马克思主义伦理学学科体系建立也作出了积极贡献。

---

① 王泽应：《20世纪中国马克思主义伦理思想研究》，人民出版社2008年版，第302页。

（一）马克思主义伦理学教材建设取得丰硕成果

教材建设是学科建设的主要依托，马克思主义伦理学教材建设如何扎根中国、融通中外、立足时代、面向未来，全面提升思想性、科学性、民族性、时代性、系统性，这是中国特色社会主义伦理学建设的根本任务。如唐凯麟主编的《简明马克思主义伦理学》《伦理学教程》《伦理学》，八所高等师范院校编著的《马克思主义伦理学原理》，魏英敏等编著的《伦理学简明教程》《新伦理学教程》，万俊人的《伦理学新论》，2008 年王泽应主编的入选中央马克思主义理论研究和建设工程的《伦理学》等一系列教科书，使得中国马克思主义伦理学具有了规范科学的特征，并逐渐形成自己的体系和风格。

总的看来，改革开放以来，马克思主义伦理学教材建设呈现出如下几个特点：一是体现马克思主义伦理学中国化要求，即坚持马克思主义指导地位，立足中国特色社会主义实践，回应中国社会伦理道德问题；二是体现中国和中华民族风格，即重视对中国优秀伦理文化的传承，体现了中华文化的主体性；三是体现党和国家对伦理道德教育的基本要求，即为人民服务、为巩固和发展中国特色社会主义服务、为改革开放和社会主义现代化建设服务的基本要求；四是体现国家和民族基本价值观，即现有马克思主义伦理学教材充分体现了中国和中华民族价值观念。

（二）马克思主义伦理学体系结构的深入研究

对马克思主义伦理学体系结构的探究，更能展现马克思主义伦理学作为一门学科的科学性。比较有代表性的，如唐凯麟在《简明马克思主义伦理学》一书中，将马克思主义伦理学的体系结构分为"理论篇""规范篇""实践篇"，即马克思主义伦理学由理论伦理学、规范伦理学、实践伦理学有机组合而成，完善了已有的马克思主义伦理学基本理论。在《伦理学》（全国研究生教学用书）一书中，唐凯麟对伦理学学科体系进行了总结和创新探索，将马克思主义伦理学体系结构分为"社会道德论""个体道德论""道德规范论""道德建设论",认为马克思主义伦理学既是理论伦理学、规范伦理学和应用伦理学的统一和升华,也是义务论伦理学和功利论伦理学的统一和升华,还是道德目的论伦理学和道德工具论伦理学的统一和升华。[1] 又如,魏英敏和金可溪合著的《伦理学简明教程》在马克思主义伦理学学科体系建构上注重历史、理论和实践的结合,坚持由史入论、以史带论、论从史出。[2] 在后来的魏英敏为主编、王泽应为副主编的《新伦理学教程》,对伦理学的学科体系进行了新的探索,对马克思主义新规范伦理学的产生及意义、研究对象、研究任务、研究方法、基本问题和主要特征等进行了论述,并在此基础上探索社会主义道德规范体系问题。再如,中央马克思主义理论研究与建设工程《伦理学》首席专家王泽应的《伦理学》,作为国家精品课程系列教材,该书主要内容包括伦理学概说,伦理学的思想传统,道德的本质、结构与功能,道德的起源、历史演变与发展规律,社会主义道德的核心和原则,社会主义道德的基本规范,道德基本范畴,婚姻家庭道德、职业道德与社会公德,德心、德行、行性与道德人格,道德评价、道德教育与道德修养,伦理学发展的新领域,伦理学与人类社会的发展愿景等丰富内容,对伦理学学科体系作了比较完整地构建。

(三) 马克思主义伦理学重大基础理论问题的深化研究

如果说学科体系是一门科学理论的"骨架",那么相关重大基础理论问题则是充实和丰满学科体系的"肌肉群"。对马克思主义伦理学基础理论问题的研究,强健了马克思主义伦理学学科体系。

其一,对马克思主义伦理学基础理论问题的专门研究。对道德本质、道德

---

[1] 王泽应:《马克思主义伦理思想中国化研究》,中国社会科学出版社 2017 年版,第 520 页。

[2] 王泽应:《马克思主义伦理思想中国化研究》,中国社会科学出版社 2017 年版,第 521 页。

现象、道德功能等的专门研究,使得马克思主义伦理学的肌体更加丰满。如姚新中的《道德活动论》阐释了道德活动主体与对象、情感与理性等问题;夏伟东的《道德本质论》对道德本质及其特征进行阐释;高兆明的《道德生活论》论述了道德现象与生活问题;李建华的《道德情感论》从道德情感出发提供了当代中国道德建设的一种新视角;何建华的《道德选择论》分析了道德选择的心理机制和社会机制,以及面临道德冲突如何进行道德选择等问题;廖小平的《道德认识论引论》提出道德认识论就是在一般认识论和道德哲学或伦理学的交叉点上生长出来的认识理论。以上著作以及未在此罗列的其他著作,推动和深化了马克思主义关于道德的一般理论研究。

其二,中国伦理文化现代化问题。如万俊人的《伦理学新论》深入考察了中国现代伦理的生长、发展过程及其理论问题,对现代伦理建构的种种努力和尝试进行了评述,提出了建设现代化的中国伦理文化的基本设想,认为现代化伦理学应包括:伦理学的本体理论(道德价值原理、道德主体性原理、道德理论的方法原理)、伦理学的实践理论(道德规范系统)、道德理想理论(伦理学的超越性系统)、伦理学的文化(心理原理或系统)、伦理学评价理论等五个基本层次。又如,魏英敏的《当代中国伦理与道德》论述了社会主义初级阶段道德规范体系的层次和结构,并就如何解放思想、实事求是、与时俱进地加强社会主义道德文化建设提出了建设性意见。再如,樊浩致力于中国伦理精神的历史传统及其现代转化,其"中国伦理精神三部曲"形成了关于中国伦理精神的"逻辑—历史—现实"的诠释系统。《中国伦理的精神》是关于中国伦理精神的逻辑结构,《中国伦理精神的历史建构》是中国伦理精神历史建构的生命呈现,《中国伦理精神的现代建构》是关于中国伦理精神的现代转化和现代建构。概而言之,对伦理文化问题的研究探讨,为马克思伦理学学科建设提供了坚实的文化基础和明晰的文化价值路向。

其三,中国伦理道德建设路径问题。中国伦理道德建设问题的探讨,可以说是学科建设联系实际、面向生活的实践问题,展示了马克思伦理学学科建设实践特色。如唐凯麟的《伦理大思路——当代中国道德和伦理学发展的理论审视》对中国特色社会主义伦理学发展的许多重大理论和实践问题进行了全面系统的阐述,该书"宏观与微观相结合,观点与材料相统一,理性分析与情感的关注相得益彰,是一部以理论伦理学为基础,以规范伦理学为主导,以应用伦理学为目标和旨归,将功利论与道义论作有机整合的当代马克思主义伦理学的专论性著作"①。又如,朱贻庭等的《当代中国道德价值导向》从价值论入手,阐明道德价值导向的实质、功能,道德价值导向与道德价值取向、道德规范的关系,这一系统研究为伦理学拓开了一片新的研究领域。该书提出一个重要观点就是道德价值导向是一元的,而道德价值取向是多元的,二者是"引导与被引导,制约与被制约,限制与被限制"②的关系。再如,许启贤的《伦理道德与社会文明》论述了伦理道德与社会主义精神文明建设的重要关系及其路径;龚群的《当代中国社会伦理生活》对当代中国社会伦理道德生活存在的问题和原因进行了分析。如果说中国伦理道德建设问题是一个实践问题,那么对实践问题的认识升华,将进一步促进马克思主义伦理学的学科体系建设和完善。

概言之,广大的伦理学研究专家和学者们为推进马克思主义伦理学学科体系建设作出了不懈的学术努力,在守正和创新的研究实践中取得了丰硕的研究成果(上文所举之例不过是成果百花园中一些有代表性"花朵",难以全景式地展现百花争艳、花团锦簇的壮美)。"只有守正,坚持马克思主义的指导和社会主义方向,坚持继承和弘扬中华优秀传统文化,广泛吸取世界优秀文化成果,才能真正地创新;也只有持续不断地创新,才能不走邪路,不走旧路,实现真正的守正。"③改革开放以来,我们充分意识到中国伦理学学科与中国

---

① 王泽应:《20世纪中国马克思主义伦理思想研究》,人民出版社2008年版,第332页。
② 朱贻庭等:《当代中国道德价值导向》,华东师范大学出版社1994年版,第25页。
③ 陈瑛:《守正与创新——中国伦理学学科建设40年的历史经验》,《光明日报》2018年12月24日。

特色社会主义事业紧密联系,使得马克思主义伦理学学科体系的发展和完善迈向了新高度。

第三节　话语体系建设:塑造中国马克思主义伦理学的"话语表达"

任何一个学科都需要作为"表达体系"的话语体系的支撑,马克思主义伦理学与西方伦理学不同之处,也在于其特殊的表达词语、言说方式、语义传递、价值释义,尤其是中国马克思主义伦理学的话语表达,更需要与其学术体系和学科体系相契合的话语体系发挥阐述功能。改革开放以来,随着哲学界对苏联哲学体系的反思和批判,中国马克思主义伦理学的话语表达逐渐从苏联马克思主义伦理学话语体系的承接中开始反思、批判,并不断开拓创新。

一、苏联马克思主义伦理学话语体系的影响及其批判

从马克思主义伦理学发展的特征而言,苏联的马克思主义伦理学经历了列宁时期、斯大林时期、后斯大林时期、20 世纪 80 年代人道主义为根本原则的发展时期,在不同时期,苏联马克思主义伦理学话语体系带有不同的特征。中国马克思主义伦理学话语体系深受列宁时期和斯大林时期苏联伦理学发展的影响,在不断的承接、反思、批判中实现自身的嬗变与创新。

(一) 苏联马克思主义伦理学话语体系的发展与特征

在苏联马克思主义伦理学的发展历程中,党和国家领导人的影响因素对伦理文化起着主导作用。列宁时期(1917—1923),马克思主义伦理学的发展以道德阶级本质确证为标志;斯大林时期(1924—1953),马克思主义伦理学发展的主要特征就是马克思主义道德意识形态的确立和马克思主义伦理学学

科的初步建设。

后斯大林时期分为赫鲁晓夫时期（1953—1964）和勃列日涅夫时期（1964—1982）两个阶段，在此时期马克思主义伦理学发展的主要内容是"以道德意识形态和道德理论形态相结合""以思想价值体系与科学研究体系相统一""以道德争论和道德选择相结合"为标志①，此时期马克思主义伦理学研究的教条主义倾向严重，空谈道德理论成为构建道德知识体系的基本方法。20世纪60年代之后，"反斯大林运动"使得苏联伦理学呈现出理论化和体系化的倾向，其主要发展特征表现在"伦理学范畴之争确立学术研究的科学转向，道德判断标准之争奠定理论认识的真理基础，价值问题之争引发伦理思想的多元趋势"②三个方面。苏联伦理学科学化倾向对于学科体系的建构固然必要，但是执着于道德本质、道德结构和功能、道德价值、道德判断、道德意识等道德理论问题的知识性阐释，最终把苏联伦理学导向了理论与实践的脱节和严重的教条主义，道德说教之风造成了对马克思主义伦理学的僵化理解，伦理学的创新被一定程度地压制。

20世纪80年代初，戈尔巴乔夫主政时期（1985—1991）积极推动苏联的经济、政治和军事等多项领域体制改革，在政治文化领域中将从资产阶级人道主义批判中总结出的社会主义人道主义无限扩大，最终导致泛人道主义和抽象人道主义，与马克思主义伦理原则越离越远。总的来看，80年代之后，苏联伦理学出现了两个令人匪夷所思的现象：其一，"人道主义"成为苏联社会的最高道德准则，占据了马克思主义伦理学研究的主导地位，并最终成为"新思维"鼓吹下的"全人类道德"的价值标杆，伦理学的学术研究背离了真理标准而滑向虚无。其二，苏联伦理学开始对西方资本主义伦理学流派和思想鼓与

---

① 武卉昕：《马克思主义伦理学的苏联范式及当代启示》，《湖北大学学报》（哲学社会科学版）2019年第2期。

② 武卉昕：《苏联马克思主义伦理学史上的几个重大理论争论与现实结果》，《马克思主义与现实》2015年第4期。

呼,甚至集体主义道德原则和共产主义道德教育被抨击,从道德极权主义和道德专制主义解放出来的呼声甚嚣尘上,苏联伦理学逐渐背离了马克思主义伦理学的方法论和基本原理。

(二) 对苏联马克思主义伦理学话语体系的反思与批判

苏联马克思主义伦理学的话语表达在自身发展中形成了鲜明特点。

其一,伦理学研究对象的"窄化"限定了话语表达形式。苏联伦理学的研究对象被定义为"道德现象"和"道德关系",而道德通常被理解为"调整人们相互关系的行为原则和规范的总和"。对伦理学研究对象及其内涵的窄化或片面性理解,缩小了伦理学的研究领域,马克思主义伦理学被界定为规范性的学科。由于对马克思主义伦理学学科性质的规定,致使其话语表述体系无疑偏重于"规范性",从而"误读"或窄化了伦理学的研究对象和方法,甚至在有些时候对伦理学的认知偏离了辩证唯物主义方法论原则。

其二,伦理学的意识形态化设定了话语表达的"说教"特征。在话语表述方式上,囿于苏联模式的伦理学框架而不加批判地搬用,伦理学话语表述呈现出明显的说教特征。苏联伦理学在伦理学研究和伦理学话语表达带有浓厚的意识形态色彩,更强调伦理道德的教导和训诫。这些特点导致马克思主义伦理学话语体系建设呈现出知识内容与生活实际的隔阂,以及表达范式上的机械和刻板。

其三,在话语表述的思想深度上,由于话语表述方式的机械模仿,对马克思主义的深层思想阐释的深度不够。强化伦理学话语的意识形态功能和道德说教的社会教育功能,往往导致对马克思主义深层思想缺乏反思与检验,如何提炼和传递马克思主义伦理观念往往表现出深度不够。

苏联传统马克思主义伦理学的阐释体系或教科书体系的影响持续了很长时间。20 世纪 80 年代以来,我国哲学界展开了对传统的马克思主义哲学教科书体系的反省、批判和解构，为马克思主义伦理学话语体系创新发展开启了新景象。

二、中国马克思主义伦理学"话语表达"创新

对苏联马克思主义伦理学的批判借鉴，尤其是对一些理论思潮（如对人道主义问题的讨论、西方资本主义伦理思想的教条主义崇拜）的批判反思，为马克思主义伦理学"话语表达"创新提供了前提基础；改革开放以来中国特色社会主义建设实践，为马克思主义伦理学"话语表达"创新提供了广阔的场域。

（一）话语思维创新

"话语表达"创新首先表现为中国马克思主义伦理学在马克思主义方法论指导下实现"话语思维"创新。改革开放以来，在邓小平、江泽民、胡锦涛、习近平等党和国家主要领导人的积极倡导下，中国马克思主义伦理学坚持马克思主义指导地位，坚持马克思主义伦理学的基本立场、观点和方法，破除对马克思主义伦理学的条条框框束缚和僵化教条的理解，在中国特色社会主义建设实践中开创中国马克思主义伦理学话语体系建设新局面。

话语是被表达的思维，话语体系建设创新以"话语思维"创新为关键，而话语思维创新以方法论为指导。马克思主义辩证唯物主义和历史唯物主义方法论，是实现中国马克思主义伦理学话语体系思维创新的根本指导。

其一，坚持唯物主义辩证法，中国马克思主义伦理学话语体系研究改变了偏重纯粹语言符号和话语语义的语言学研究，更多地指向了中国特色社会主义生活实践中的伦理新问题、新情况和新解答，呈现出"伦理批判"的特质，即在伦理现实的批判中把握伦理话语的生成规律、拓展真理与价值相统一的伦理话语新语境。例如，在改革开放之初强调物质文明和精神文明"两手抓"，在社会主义市场经济体制建设中强调"三个代表"重要思想，在社会生活中强

调"八荣八耻"的社会主义荣辱观、社会主义核心价值体系和社会主义核心价值观的系统表述。历史唯物主义方法论指导下,马克思主义伦理学始终关注中国特色社会主义的"发展"主题,"发展是硬道理""发展是执政兴国的第一要务""科学发展观的第一要义是发展""实现中华民族伟大复兴的中国梦"等论断,形成了具有中国特色的发展伦理思想,使得马克思主义伦理学话语体系具有了鲜明的时代性。

其二,坚持历史唯物主义方法,不仅立足于现实的人及其本质来把握伦理学的发展规律,而且明确将"为人民服务"作为伦理学的价值立场。立足于现实的人及其本质,是马克思主义历史唯物主义的精粹,也是中国马克思主义伦理学与苏联伦理学"人道主义"立场的重大区别。人的本质"在其现实性上,它是一切社会关系的总和"①,人的本质在于社会属性,表现在各种社会关系中,强调个人与社会的统一。据此,中国马克思主义伦理学将现实的人作为社会道德存在和发展的前提,强调从人的社会属性对道德问题进行考察,强调要从一定的社会关系包括阶级关系中去认识和把握道德属性和道德规律。对现实的人的历史唯物主义立场,决定了中国马克思主义伦理学的服务对象和价值目的,就是站在人民的立场上,为人民谋利益。全心全意为人民服务,作为中国共产党的立党宗旨在马克思主义伦理学的发展中得到了提倡和弘扬。罗国杰将"为人民服务"作为社会主义道德建设的核心,倡导"将'为人民服务'这一道德核心贯穿在我们的集体主义原则之中,贯穿在'爱祖国''爱人民''爱劳动''爱科学''爱社会主义'的五项基本要求之中,贯穿在职业道德、社会公德和家庭美德的建设之中"②。全心全意为人民服务的道德观是中国马克思主义伦理学的重要标识,体现了社会主义道德的先进性,是区别于其他伦理学形态的重要特征。尤其是改革开放以来,实现人民群众的根本利益成为社会主义道德建设的根本衡量标准。无论是邓小平"三个有利于"思想中"有

①　《马克思恩格斯文集》第 1 卷,人民出版社 2009 年版,第 505 页。

②　罗国杰:《马克思主义伦理学的探索》,中国人民大学出版社 2015 年版,第 339 页。

利于提高人民的生活水平",还是江泽民"三个代表"重要思想中的"代表最广大人民的根本利益",抑或是胡锦涛科学发展观中的"以人为本",乃至习近平系列重要讲话中的"人民主体地位",都是在不断地明确和深化人民群众的根本利益是社会主义道德建设的根本标准。①

(二) 话语内容创新

中国马克思主义伦理学在封建主义道德和资本主义道德的双重批判中实现"话语内容"创新。任何一种伦理文化的形成必然与其民族历史紧密相连,伦理理念、道德观念、道德机制等都源自独特的民族生活方式和历史境遇,因此马克思主义伦理学理论的中国化发展必然要增强伦理理论的民族认知和民族认同,建设共同的伦理话语及其共同的伦理信仰支撑。改革开放之后,西方伦理文化的涌入在一定程度上造成了对"批判继承"和"批判吸收"的双重影响。但是,一大批伦理学家和伦理学研究者从不同的角度展开了对封建主义道德和资本主义道德的批判,创新了马克思主义伦理学的"话语内容"。

一方面,在对中国传统伦理的批判继承中创新伦理话语内容。例如,陈瑛的《中国伦理思想史》开启了对中国伦理学思想史的研究;罗国杰在《中国传统道德》(六卷本)中对中国伦理学史进行梳理,系统总结了中国传统伦理道德的精华,在《规范卷》中论述了公忠、正义、仁爱、中和、孝慈、诚信、宽恕、谦敬、礼让等传统道德规范,并赋予其当代道德建设的时代意义;何怀宏在《良心论》中以恻隐、仁爱为道德发端之源泉,以诚信、忠恕为处己待人之要义,以敬义、明理为道德转化之关键,以生生、为为为群己关系之枢纽,构建出一种适应于现代社会的个人伦理学体系。再如,陈谷嘉的《儒家伦理哲学》、唐凯麟的《成人与成圣》、葛晨虹的《德化的视野:儒家德性思想研究》等,一大批著作在批判继承中国传统伦理文化中焕新了伦理学的话语内容。

---

① 参见吴潜涛:《中国化马克思主义伦理思想研究》,中国人民大学出版社 2015 年版,第306—307 页。

另一方面,在对西方伦理思想的批判吸收中更新马克思主义伦理学的"话语内容"。章海山的《西方伦理思想史》是最早系统研究西方伦理史的著作,该书坚持马克思主义的唯物史观,对西方伦理思想进行了系统研究;罗国杰和宋希仁的《西方伦理思想史》(上、下卷)是对西方伦理思想研究经典范例;周辅成编著的《西方伦理学名著选辑》是具有较高学术价值的西方伦理学研究的文献资料;万俊人在《伦理学新论——走向现代伦理》中构建了一种人学价值论的伦理学体系,在《寻求普世伦理》中构建了一种全球伦理的可能共识;等等。这些著作在对西方伦理文化的批判吸收中,创新了中国马克思主义伦理学的"话语内容"。中国马克思主义伦理话语体系建设,必须正视中国传统道德文化、充分发掘传统道德资源,将优秀的传统伦理话语元素融入伦理学话语体系,只有珍视珍贵的民族传统和共同伦理信仰,并以共同的伦理话语加以确认和宣扬,中国马克思主义伦理学话语内容才能焕发中国特色;同时,在国际文化交往实践日渐频繁的全球化大背景下,西方伦理思想和伦理话语的涌入似乎势不可当,但是中国马克思主义伦理学话语体系建设必须避免"崇洋媚外""拾人牙慧",避免痴迷于西方伦理学概念术语和话语表达范式而忽视中国的道德脉络和道德叙事,避免在话语元素、话语立场、言说方式、话语指向等方面缺乏中国态度等现象。例如西方自由主义将个人自由置于伦理话语的中心位置,功利主义将"利益"和"功利"作为伦理话语的出发点,等等,都是马克思主义伦理话语体系建设中值得谨慎对待的问题。

(三) 话语功能创新

"话语功能"创新指中国马克思主义伦理学话语表达的效果或目的的创新,它在理论研究和道德教育的统一中得到实现。

改革开放之后,中国马克思主义伦理学改变了传统苏联伦理学留存的意识形态色彩和强调道德教育训诫功能的状况,在马克思主义伦理学的理论研究和道德教育方面,更加"以人为本"。在理论研究上,"实现好、维护好、发展好最广大人民的根本利益""促进社会公平正义""发展为了人民、发展依靠人民、发展成果由人民共享""人民至上"等表述,成为马克思主义伦理学理论研究的重要价值理念,建设和创新引领中国社会发展进步的社会主义道德体系成为马克思主义伦理学理论研究的重要内容。在道德教育上,如何促进人的全面发展、促进公民道德养成、培育担当民族复兴大任的时代新人成为重要目标,例如,《新时代公民道德建设实施纲要》继续将"爱祖国、爱人民、爱劳动、爱科学、爱社会主义"的"五爱"要求作为公民的重要道德规范;强调以社会主义核心价值观建构道德规范、强化道德认同、指引道德实践;等等。道德的话语功能更贴近新时代人的需要,体现以实现广大人民利益和促进人的全面发展的价值目标。

(四) 话语实践创新

话语来源于实践,话语又指向实践,在实践中开拓发展的道路。马克思主义伦理学话语表达创新必须遵循马克思主义的实践立场和观点,在中国特色社会主义建设中实现"话语实践"创新。改革开放之后,马克思主义伦理学不断汲取时代营养、回应时代问题、切合时代主题,在与中国具体道德生活实践相结合的过程中推进"话语实践"创新。

"话语实践"创新最为典型的例子就是社会主义道德规范体系逐渐完善。社会主义道德规范体系是与社会主义经济、政治制度相适应并能促进社会主义事业健康发展的道德原则和规范的总称,在中国特色社会主义建设实践的不同阶段,其话语表述也展现着创新特色。1996 年,党的十四届六中全会通过的《中共中央关于加强社会主义精神文明建设若干重要问题的决议》全面总结了我国社会主义道德建设的经验教训,创造性地提出了适应社会主义市场经济体制的社会主义道德规范体系框架,即一个"核心"就是为人民服务、一个"原则"就是社会主义集体主义、五个"基本规范"就是爱祖国、爱人民、爱劳动、爱科学、爱社会主义,一个"主要领域"就是社会公德、职业道德和家庭美德,一个"总目的"就是要在全社会形成一种团结互助、平等友爱、共同前进的新型人际关系。2001 年,中共中央颁布《公民道德建设实施纲要》,强调社会主义道德建设要坚持以为人民服务为核心,以集体主义为原则,以爱祖国、爱人民、爱劳动、爱科学、爱社会主义为基本要求,以社会公德、职业道德、家庭美德为着力点。2019 年,党中央、国务院颁布《新时代公民道德建设实施纲要》,强调"坚持马克思主义道德观、社会主义道德观,倡导共产主义道德,以为人民服务为核心,以集体主义为原则,以爱祖国、爱人民、爱劳动、爱科学、爱社会主义为基本要求,始终保持公民道德建设的社会主义方向";"坚持以社会主义核心价值观为引领,将国家、社会、个人层面的价值要求贯穿到道德建设各方面,以主流价值建构道德规范、强化道德认同、指引道德实践,引导人们明大德、守公德、严私德"。不同阶段、不同重点、不同任务、不同目的,话语实践也呈现出不同的特色。正如习近平总书记指出:"当代中国正经历着我国历史上最为广泛而深刻的社会变革,也正在进行着人类历史上最为宏大而独特的实践创新。这种前无古人的伟大实践,必将给理论创造、学术繁荣提供强大动力和广阔空间。这是一个需要理论而且一定能够产生理论的时代,这是一个需要思想而且一定能够产生思想的时代。"①

马克思主义伦理学是向实践开放并不断发展的,马克思主义伦理学的话语体系建设也是一项开放和持续的实践活动,正如恩格斯指出:"在一切哲学家那里,正是'体系'是暂时性的东西。"②话语体系建设是理论内容与表达形式的统一体,其目的不只是解释世界,更重要的是改造世界。如何在波澜壮阔的中国特色社会主义建设实践中,凸显中国马克思主义伦理学话语体系的科学性和革命性,将是中国马克思主义伦理学发展的重要任务。

---

① 《习近平关于社会主义文化建设论述摘编》,中央文献出版社 2017 年版,第 72—73 页。
② 《马克思恩格斯选集》第 4 卷,人民出版社 2012 年版,第 225 页。

第四章　改革开放以来中国马克思主义伦理学在各个领域的应用分析

　　自 20 世纪 70 年代始,运用马克思主义伦理学的基本理论来分析社会建设和社会生活中的道德现象、道德实践问题,成为中国马克思主义伦理学发展的一个重大新趋向,马克思主义伦理学的原理、方法在各个领域的应用成为学科发展和理论研究的重要主题,由此推进了中国应用伦理学的兴起和发展。需要说明的是,在此讨论的应用伦理学研究,主要是从马克思主义立场、观点和方法在伦理学各个领域运用的角度而言,属于"大马伦"①的问题,是在较为宽泛意义上对马克思主义伦理学在各个领域应用研究的概述。随着改革开放以来西方应用伦理学的引介以及中国特色社会主义伦理实践的需要,马克思主义伦理学理论研究日益深刻,其与生活实践相结合的趋势日益密切,马克思主义伦理学在各个领域的应用愈加广泛。从此意义而言,中国应用伦理学既不是伦理原则和规范在现实领域的简单运用,也不是对具体实践的经验性总结,而是从各自领域的独特视角出发,对马克思主义伦理学实践规律的探索和

————————

　　①　张霄:《"大马伦"与"小马伦":马克思主义伦理学研究的两个概念》,载《马克思主义与伦理学》第 1 辑,社会科学文献出版社 2020 年版,第 117—136 页。该文提出:"小马伦"是对马克思恩格斯伦理思想(伦理学)的简称,"大马伦"是对"小马伦"的延伸,即马克思主义伦理思想(伦理学)的研究。

伦理价值共识的展望。在此,在对马克思主义伦理学在各个领域应用研究的发展历程与进展、特点与规律作出概述之后,选取马克思主义伦理学对于政治伦理、经济伦理、生命伦理、生态伦理、科技伦理、网络伦理及其学科发展等六个方面的"典型"应用作相应的分析说明。

第一节　中国马克思主义伦理学在各个领域应用研究的整体分析

马克思主义伦理学在各个领域的应用研究开始于改革开放之后,一是源于社会各个领域的伦理问题逐渐增多,需要伦理学对此作出回应,并给予其发展的合理性价值引导;二是国外应用伦理学的兴起和传入,激发了中国伦理学界对应用伦理学的广泛思考和理论研究。对马克思主义伦理学在各个领域应用研究的情况作大致的整体分析,旨在总结规律特点、放眼学科发展未来。

一、马克思主义伦理学应用研究的发展历程与主要进展

党的十一届三中全会确立了"解放思想、实事求是"的思想路线,推动了马克思主义伦理学研究的实践转向,激发了应用伦理学研究的学术热情。

(一) 研究发展历程

应用伦理学在中国的萌芽和兴起,体现了中国马克思主义伦理学研究的新的发展方向,即伦理学的应用趋势。大致而言,改革开放以来,中国马克思主义伦理学应用研究可以划分为尝试和初步发展时期、较有成效的发展时期、繁荣时期等三个阶段。

1978—1990 年是马克思主义伦理学应用研究的尝试和初步发展时期。马克思主义伦理学应用研究受到重视有三个原因。其一,随着改革开放的逐渐展开,经济体制改革带来了经济领域的系列问题。与此同时,医疗卫生体

制、司法体制、政治体制等领域改革也逐步展开,并使得各种问题也凸显出来。各个领域的问题需要马克思主义伦理学给予应对、引导。概而言之,"从某种意义上讲,应用伦理学产生于中国社会政治、经济、文化及价值观念重大变革的历史背景,与此同时,应用伦理学的勃兴反过来又对社会价值理念、社会政治的民主生态以及中国道德哲学本身的与时俱进起到了积极的推动作用。"①其二,20 世纪 60—70 年代在欧美兴起并蓬勃发展的应用伦理学开始进入中国,逐渐有一批国外的应用伦理学论著被译介,这种新的伦理学样式以其对现实问题的关注和求解,迅速给中国伦理学界思考和探寻中国社会问题的研究提供了积极启示和研究范式。其三,应用伦理学研究越来越受到关注还跟一些马克思主义伦理学专家学者的积极倡导是分不开。1986 年周纪兰在《甘肃社会科学》发表题为《积极开展对应伦理学的研究》的文章,引起了学界广泛重视和积极响应;罗国杰在《军人伦理学新编》的序言中、魏英敏在《我国十年来的伦理学》中,分别对"什么是应用伦理学"等作出了阐释。在专家学者的努力研究和共同关注之下,应用伦理学逐渐成为学科关注的新的增长点。在这种情况下,应用伦理学逐渐被伦理学界所热捧并相继有一批研究成果问世,如《医学伦理学问题初探》(蔡根法)、《政治家道德初探》(臧乐源)、《安乐死问题之我见》(王宝章)、《家庭伦理》(章海山)、《生命伦理学》(邱仁宗)、《现代科技与道德》(宋惠昌)、《教育伦理学》(王正平)、《科技伦理学》(徐少锦)等。

1990—2000 年是马克思主义伦理学应用研究较有成效的发展时期。这一时期应用伦理学研究的积极进展主要表现在两个方面:对应用伦理学基础理论问题的研究有较大突破,在质量上有较大的提升。如周纪兰的《应用伦理学》、王伟等的《中国伦理学百科全书——应用伦理学卷》、陈瑛和丸本征雄主编的《应用伦理学的发轫》、余潇枫的《应用伦理学》等,着重对应用伦理学基础理论问题进行研究。从现有研究成果可以看出,"学界对应用伦理学的

---

① 参见甘绍平:《应用伦理学在中国的兴起》,《学习与实践》2006 年第 10 期。

学科性质、研究对象和研究方法等问题较之前都有了更加深刻地理解和认识"①。其二,一些专业应用领域的优秀研究成果开始出现。如刘湘溶的《生态伦理学》、李春秋的《教育伦理学概论》、周鸿书的《新闻伦理学论纲》、王小锡的《中国经济伦理学——历史与现实的理论初探》、厉以宁的《经济学的伦理问题》、王明旭的《医学伦理学》、李培超的《环境伦理学》等。

2000 年至今,是马克思主义伦理学应用研究的繁荣时期。在这一时期,马克思主义伦理学应用在领域上更加扩展,在深度更加深化。其一,应用伦理学问题成为学术研讨和学术交流的重要主题内容。2000 年 6 月,"第一次全国应用伦理学讨论会"在无锡举行,之后,几乎每年在全国各地都有应用伦理学"总问题"或"分问题"的研讨会,极大地激发了学者们对应用伦理学的研究热情,带动了更多的伦理学研究者的关注和投入。其二,在经济伦理、政治伦理、生态伦理、媒体伦理、科技伦理、性别伦理、生命伦理等领域都取得了积极进展和可喜研究成果。一是随着社会主义市场经济建设的深入,经济伦理的理论和实践问题成为学术热点。如王泽应的《义利观与经济伦理》、王小锡的《面向实践在中国经济伦理学》和《道德资本与经济伦理》等,对经济建设的问题进行了理论反思。二是政治伦理建设问题备受关注。随着政治体制改革的深化,政治制度建设、党的建设、执政问题等成为热点。如代表性的成果有李建华的《执政与善政:执政党伦理问题研究》、彭定光的《政治伦理的现代建构》、高惠珠的《新时期的政治伦理》等等。三是生态伦理问题成为与经济建设相伴生的重要研究问题。经济的增长伴随着资源的消耗、环境的破坏,引起了学界的广泛重视。如较有代表性的有何怀宏的《生态伦理》、曾建平的《自然之思》、杨通进的《环境伦理:全球话语中国视野》等。四是生命伦理研究作为当代的一门交叉学科,植根于当代生物学和医学的发展之中。在著名生命伦理学家邱仁宗教授的积极推动和领导下,生命伦理学专业委员会于 2008 年

---

① 王小锡等:《中国伦理学 70 年》,江苏人民出版社 2020 年版,第 109 页。

筹建,并于 2014 年被中国自然辩证法研究会正式批准成立。现在,随着人体器官移植、人工流产、体外受精技术、维持生命的治疗等各种医学实践问题的出现,生命伦理学的研究也取得了积极进展。除此之外,在教育伦理、媒体伦理、科技伦理、性别伦理等领域,学界也进行了广泛的探讨并取得一定成果。

尤其在 2021 年,国务院学位委员会在《关于对〈博士、硕士学位授予和人才培养学科专业目录〉及其管理办法征求意见的函》中,新增应用伦理学为哲学一级学科。"应用伦理学"地位的提升无疑是哲学研究领域的一个重大事件,为应用伦理学的发展开辟了新天地。

(二) 研究主要进展

我国应用伦理学研究的主要进展表现在学科性质定位、分支学科认定、基础理论问题研究、研究范式和方法、专门研究机构建设等几个方面。

其一,关于应用伦理学的学科性质定位。对应用伦理学的学科性质,学界基本上可以分为两种观点。一是认为应用伦理学不是一门真正的学科,它没有一个完整的理论体系,只是一个松散、缺乏严密逻辑结构的"应用问题群";或者说,应用伦理学基本上还只是一个相当笼统的概念,它只不过是关于诸如医学、经济、政治、生态、科技及国际关系等不同领域的现实的伦理问题之研究的一个总称;甚至有学者指出不能要求应用伦理学成为一个独立学科,否则它就不是哲学和伦理学的研究而是其他具体学科的研究。[①] 二是认为应用伦理学应该有独立的学科体系和理论形态。如赵敦华明确反对"应用伦理学就是应用性的伦理学,或者是伦理学的应用"的流行观点,认为"应用伦理学是伦理学的当代形态",是一个"独立学科体系和完整的理论形态;应用伦理学的

---

① 参见江畅:《从当代哲学及其应用看应用伦理学的性质》,《中国人民大学学报》2003 年第 1 期。

意义不是应用的伦理学,而是被应用于现实的伦理学的总和"。① 实际上,应用伦理学理论随着实践发展也在不断深化,其解决实践问题的理论能力也在不断增强,即伦理学理论与生活实践相结合日益深刻。应用伦理学作为伦理学新学科的兴起,正是这种结合的新的理论表现。因此,应用伦理学既不是原有伦理原则和规范在应用领域的简单运用,也不是具体实践的经验性总结,而是从各自领域的独特视角出发对伦理价值共识的探索与展望。

其二,关于应用伦理学的分支学科认定。学术界有不同的观点,但大致的共识是分为经济伦理、环境(生态)伦理、生命(医学)伦理、科技伦理、制度伦理、企业(管理)伦理、互联网伦理、宗教伦理等八个方面。对此,朱贻庭在《伦理学词典》和卢风等在《应用伦理学概论》中,都持此类观点。经济伦理主要讨论市场与伦理的关系、经营观念与经济伦理原则、经济全球化与经济伦理、雇主与雇员的伦理关系等。环境(生态)伦理主要讨论消费与生态环境保护的关系、动物权利与动物保护伦理等。生命(医学)伦理主要讨论生殖伦理问题、基因问题、性伦理等问题。科技伦理主要讨论技术监督与伦理道德的关系、科技进步对社会道德观念和道德进步的影响等,还讨论科技创新活动中人与社会、人与自然和人与人关系的思想与行为准则,它规定了科技工作者及其共同体应恪守的价值观念、社会责任和行为规范。制度伦理主要探讨制度的伦理属性及其伦理价值的概念。企业(管理)伦理主要通过对企业性质、企业与社会的关系的问题探讨,对企业经营伦理问题和管理道德问题进行分析。网络伦理主要探讨人与网络之间的关系,以及在网络社会(虚拟社会)中人与人的关系。宗教伦理是以宗教信仰为基础的道德修养体系,主要探讨人与超越性对象、人自身灵与肉或精神与肉体、人与人、人与社会、人与自然诸关系的处理原则。

其三,关于应用伦理学的基础理论问题研究。主要关涉理论基础、研究对

---

① 赵敦华:《道德哲学的应用伦理学转向》,《江海学刊》2002 年第 4 期。

象、研究目的等问题。关于这些问题有不同的回答,比较有代表性的如廖申白阐释了应用伦理学的几个基本问题,即"应用伦理学应用什么""应用伦理学应用于什么""应用伦理学为了什么而应用""应用伦理学怎样应用"①。在理论基础上——关于"应用伦理学应用什么",就是应用"伦理学理论",主要有"体系的和部分的"两种方式。在研究对象上——关于"应用伦理学应用于什么",主要是应用于"行为""主体""事件",使行为合理化、优化主体、使事件符合伦理原则。有学者认为,应用伦理学应用于制度,如市场制度、企业制度、税收或财产转移制度、教育制度和医疗制度等;还有学者认为,应用伦理学的研究对象不仅包括道德境遇的判断方法和伦理规范的选择原则,而且包括伦理道德行为的实施技巧。② 在研究目的上——"应用伦理学为了什么而应用",应用伦理学把伦理学原则应用于个人的、制度的行为以及事件,直接的目的是解决实际的伦理纷争,求得一个伦理社会的共识和集体的行为选择。在研究方法上——"应用伦理学怎样应用",应用伦理学应用于个人与制度的行为与事件的基本方式是一种双向思考过程,也就是一种"反思平衡"。

其四,关于应用伦理学的研究范式和方法。应用伦理学的研究范式与传统伦理学相比较,发生了三个"转向"。一是随着研究对象领域分工的专门化,应用伦理学研究范式由原来的"混合型"转向了"领域化"。有学者指出:应用伦理学绝非是所谓伦理学原理在具体生活领域中的应用,也不只是词语的改变,毋宁说它是伦理学面对市场社会建立以来出现的诸多伦理难题和伦理困境所完成的人类伦理致思范式的一次总体性和根本性的转换。③ 二是由于其强烈的问题意识和问题观照,应用伦理学研究范式由原来的"理论型"转向了"问题化"。应用伦理学产生于社会生活现实问题的思考和求解,也在新问题的产生中不断探索和发展,使得伦理思维方式发生了与传统伦理学不一

① 廖申白:《什么是应用伦理学?》,《道德与文明》2000 年第 4 期。
② 参见孙春晨:《应用伦理学的几个基本理论问题》,《光明日报》2000 年 7 月 4 日。
③ 参见晏辉:《应用伦理学:伦理致思范式的现代转换》,《自然辩证法研究》2004 年第 8 期。

样的转变。三是应用伦理学所执着的伦理批判是建设性和开放性的,应用伦理学研究范式由原来的"原则设定"转向了"伦理建议"。这表现在:应用伦理学将民主对话、民主协商的观念与方法引进伦理学①;在伦理规则以及伦理建议的给定方式上,它是建设性和商谈性式的,而不再是以往的"行政命令"②;应用伦理学把伦理学原则应用于个人的、制度的行为以及事件,直接的目的是解决实际的伦理纷争,求得一个伦理社会的共识和集体的行为选择。③ 关于应用伦理学如何研究的方法问题,当前学界比较认可的方法就是强调理论联系实际的方法、跨学科交叉综合研究法、实证研究法,还有周密调查和深入体验、权衡利害和相互协商、规范化和制度化的方法等。

其五,关于应用伦理学的专门研究机构建设。20 世纪 90 年代之后,随着应用伦理学研究的扩展和深入,应用伦理学专门研究机构纷纷成立,为应用伦理学研究搭建了学科平台。例如,南京师范大学的经济与教育伦理学研究中心、复旦大学建立应用伦理学研究中心、中国社会科学院成立应用伦理学研究中心、北京大学成立应用伦理学研究中心等,还有一些大学和科研机构成立了应用伦理学研究室。此外,应用伦理学学术研讨会,如"经济伦理研讨会""政治伦理研讨会""生态伦理研讨会"等几乎每一年在全国各地召开,为促进应用伦理学的学术研究提供了交流的渠道。专门研究机构的成立和学术研讨会的召开,使得应用伦理学研究有相应的学科平台、经费保障、交流途径,推进了应用伦理学的繁荣发展。

二、马克思主义伦理学在各个领域应用研究的特点与规律

马克思主义伦理学在各个领域的应用研究,主要就是遵循马克思主义哲学方法论、遵循马克思主义伦理学的基本原理和伦理原则,对各个领域的问题

---

① 甘绍平:《应用伦理学:冲突、商议、共识》,《中国人民大学学报》2003 年第 1 期。
② 参见晏辉:《应用伦理学:伦理致思范式的现代转换》,《自然辩证法研究》2004 年第 8 期。
③ 廖申白:《什么是应用伦理学?》,《道德与文明》2000 年第 4 期。

进行伦理思考,开拓出中国应用伦理学的新发展和新气象。

(一) 研究特点

整体性。虽然应用伦理学从研究领域而言,涉及诸如国际伦理、政治伦理、经济伦理、媒体伦理、科技伦理、性别伦理、生命伦理、生态伦理等分支,但是应用伦理学研究的意旨不仅仅在于对个体行为作伦理甄别和价值评价,而更执着于对整个社会的行为关联的考量,常常是涉及整个社会性、民族国家性的,甚至人类全球性的问题。有学者指出,与传统伦理学不同,应用伦理学则主要涉及整个社会的行为关联,"应用伦理学的研究对象不仅仅是个人的伦理,而且主要是指整体的伦理;应用伦理学的目标是要靠社会结构与制度的调整(结构伦理)、靠决策程序的设定(程序伦理)、靠社会整体的共同行为(团体伦理)来实现的"[①]。有学者认为,即使在个人伦理方面,应用伦理学则缩小了其范围,主要探讨个人如何遵守公共生活中的"游戏规则",而不是个人如何过一种"好生活"("做人"),更不是"独善其身";应用伦理学则在规范论的基础上,探讨"紧迫性"的重大公共生活问题,以形成相应的基本共识或者共同信念。[②] 因此,总的看来,应用伦理学的研究对象不仅仅是个人的伦理,而且主要是指整体的伦理,是对整体性和未来性的责任与义务的探究。

现实性。与传统伦理学以臆想或假设的事例来说明有关的道德原则(即"假如……该怎么办")不同,应用伦理学所讨论的问题都是现实存在着的,有些问题甚至具有紧迫性,针对这些问题,需要伦理学进行回应或解答。质言之,应用伦理学恢复了实践的概念在伦理学讨论中的应有地位,它使伦理学的讨论从关注态度、情感、愿望转到关注境遇、需要和利益,使哲学家重新回到寻求"公正""合理"的道路上。[③] 改革开放以来,我们面临的社会问题增多,无

---

① 甘绍平:《应用伦理学的特点与方法》,《哲学动态》1999 年第 12 期。
② 《学说史中的应用伦理学》,《光明日报》2007 年 7 月 24 日。
③ 廖申白:《什么是应用伦理学?》,《道德与文明》2000 年第 4 期。

论从问题领域还是问题的复杂性而言,都是传统伦理学未曾观照过的,如生态伦理问题、基因伦理问题、网络伦理问题、科技伦理问题等,这些在过去未曾出现或者未被充分重视的问题,逐渐进入伦理学研究的视野,并形成了具有各个领域学科特色的伦理理论。

应用性。对"应用伦理学"而言,"应用"(applied,angewandte)首要含义就是"实践",应用伦理学的"应用性"就是针对现实的伦理问题进行有效思考和求解,提出可以直接运用于实践的价值判断和价值原则,有效指导实践。应用伦理学在发展过程中,越来越凸显轻理论而重应用、轻体系而重问题、轻抽象而重具体的特征,对相应领域进行了卓有成效的伦理理论建构和伦理实践指导。总的看来,随着实践的不断发展,应用伦理学的理论也在不断深化,从而不断增强了它解决实践问题的理论能力。

开放性。开放性是应用伦理学研究的重要特点,是保持时代敏感性、问题针对性和系统创新性的根本。开放性是应用伦理学把握社会发展需求和学科发展逻辑、不断拓展学科前沿的前提条件,也是其不断产生新观点、新方法、新要求的动力源。一方面,问题导向和服务导向越来越成为我国应用伦理学发展的功能定位;另一方面,秉持开放理念、创新与拓展学科前沿与视野越来越成为我国应用伦理学发展的学科要求和共识。如此,应用伦理学的研究范围之"广"、应用领域之"广"、发展前途之"广",必将推进当代中国应用伦理学的发展繁荣。

(二) 研究规律

对应用伦理学研究规律的总结正如对应用伦理学开放性的把握一样,是一件困难的事情,但是从改革开放以来应用伦理学发展历程和特点,可以窥见一斑,这也是对其未来发展的一种预期。

第一,从对行为规范和伦理规章的探究,转向应用伦理的思想和精神资源、信仰支持体系、世界观和自然观等深层次问题的关注。与应用伦理学关注

"能否应用""如何应用"等问题的最初状况不一样,随着各领域学科理论的深化,应用伦理学从"理论肤浅"逐渐转向了"理论厚重"。与最初是为了回应伦理争论和现实问题不同,当前应用伦理学更注重思想资源和哲学基础的重要作用。例如,何怀宏在讨论生态伦理问题时指出,生态伦理在思想和精神资源方面有中国古代的生态伦理思想(儒家的"天人合一""生生不息"思想,道家的"道法自然"思想,中国佛教中惜生护生思想);同时也注意在今天的中国人中有影响的各种精神信仰体系,例如基督教、伊斯兰教以及原始宗教中的有关思想;在哲学基础方面,有必要探讨适合于中国国情的、能为最大多数人接受的生态哲学的各种理论要素,以便在此基础上建设我们自己的生态伦理哲学。①

第二,为了解决伦理冲突,应用伦理学研究从"各执一词""立规定矩"逐渐向寻求认识的"最大公约数"、达成伦理共识转变。在一个价值观念多元的社会里,试图建立一种能够涵盖所有的问题且所有的个体均能无条件认可的共识的努力是不切实际的。"达成一致的首先不是某种具体的立场、某种具体的观念,而是一个中立的程序——交往对话,共识首先只能是关涉规范与价值之多元性的处置程序,共识只能是在程序问题上才是可能的、有意义的。"②

第三,应用伦理学的发展应该是由经验的部分、基础理论部分以及实践的部分构成的一个持续的实践过程。和理论伦理学一样,它们都由这三部分组成,但应用伦理学的三个层面和理论伦理学的三个层面有着重要区别:经验部分"涉的主要不是个体的经验,而是类的经验";理论部分"它的道德思维主要不是个体的,而是类的;它关心的主要是类的德性、规范和语言,侧重于寻求普适的伦理和人权的原则";应用部分"它的程序主要不是个体独白的,而是民主商谈的;它的价值主要不是个体独善其身的,而是类的共同关切和发展;它的精神主要不是个体自律的,而是通过近乎法制的强制的他律,力图达到类

---

① 参见何怀宏:《应用伦理学的挑战和问题》,《天津社会科学》2001 年第 3 期。
② 甘绍平:《应用伦理学:冲突、商议、共识》,《中国人民大学学报》2003 年第 1 期。

的自律;它的运行机制主要不是个体的意志和良心,而是类的意志和良心(通常体现为伦理委员会的意志和良心);它的目的不仅关心个体的自由,更关心类的自由和人权,追求个体自由和类的自由的统一"①。

　　第四,应用伦理学理论研究和发展应遵循主导的价值观念,形成价值共识。应用伦理学以探讨解决人们在现实生活中的道德困惑为己任,积极回应时代发展的新课题,为人们提供价值判断、价值选择和价值导向,这既符合社会需要,又合乎伦理学发展的内在逻辑。有学者提出:当代应用伦理学的前沿性课题的实质就在于确立尊重人权的原则,普及尊重人权的原则,协调不同族群之间、当代人与未来人之间在权益上的矛盾与冲突。自由、民主和保障人权是应用伦理学几个支柱性的主导的价值观念。② 学界达成的基本认识是,应用伦理学是基于人类对美好生活的追求建构的向善的实践哲学,对我国社会转型期所产生的各类错综复杂的矛盾、科学技术飞速发展所引发的新的社会伦理问题,都需要马克思主义伦理学给予合理的理论阐释及其价值引导。

第二节　中国马克思主义伦理学在各个领域"典型"应用略析

　　改革开放以来,马克思主义伦理学在各个领域应用研究,催生了各领域应用伦理学的实践和学科发展,无论在研究内容,还是研究成果,抑或是队伍建设和学术交流等方面都取得了积极进展。可以这样说,中国应用伦理学的发展和繁荣,从原理、规范和方法层面而言就是马克思主义伦理学在各个领域的应用。在此,选取马克思主义伦理学对于政治伦理、经济伦理、生命伦理、生态伦理、科技伦理、网络伦理及其学科发展等六个方面的"典型"应用加以分析说明。

---

① 任丑:《应用伦理学的逻辑和历史》,《哲学动态》2008 年第 3 期。
② 参见甘绍平:《应用伦理学:冲突、商议、共识》,《中国人民大学学报》2003 年第 1 期。

一、政治伦理研究及学科发展

改革开放以来,马克思主义伦理学在政治领域的运用研究成为学术热点并取得了丰硕的研究成果,促进了政治伦理学的学科发展。

政治伦理学成长阶段(1978—2000)。党的十一届三中全会之后,社会主义政治民主建设和政治体制改革成为我国政治建设和政治生活的重要主题。为了适应政治领域改革的需要,我国伦理学界开始了对政治伦理学的密切关注并取得积极进展。研究内容从最初对政治与道德的关系、政治道德问题的探讨;之后对市场经济条件下政治体制改革和领导干部道德建设等问题的关注;然后拓展到中国传统政治伦理问题、行政伦理问题、政府道德问题、政治伦理化与伦理政治化等问题研究。在此期间,有研究专著 20 余本,如李新霖的《从左传论春秋时代之政治伦理》、杨丙安和唐能赋等的《政治伦理学》、吴灿新的《政治伦理学新论》、许国贤的《伦理政治论》、任剑涛的《伦理政治研究》、王春峰等的《干部道德理论与实践》等。政治伦理问题的研究丰富了政治伦理学的内涵,尤其是基础理论问题研究促进了政治伦理学作为一门学科理论的成形。同时,随着研究深入,研究视野也逐渐开阔,这一时期中国政治伦理研究出现的一个新气象就是学者们开始关注西方政治伦理研究,如罗国杰先生的《论马基雅弗利的伦理思想》一文开了研究西方政治伦理思想的先河。随后,西方政治伦理思想的研究成为国内政治伦理研究的新的热点。

总的来看,在政治伦理学的成长阶段,我国政治伦理研究工作得到了较快的发展。一是政治伦理研究的内容日益丰富,涉及的学科和门类越来越多,研究取得长足的进展;二是研究队伍在不断壮大,越来越多的伦理学工作者投入政治伦理学的研究领域。对政治伦理学研究的重视和所取得的成果,有效地推动社会主义精神建设和社会主义政治民主建设。

兴起繁荣阶段(2001 年至党的十八大前)。2001 年初,江泽民同志指出建设有中国特色社会主义要坚持法制建设、依法治国的同时也要坚持道德建设,以德治国。"以德治国"的提出,为当时的政治伦理学研究工作提出了任务和指明了方向。这一时期,政治伦理学研究呈现出两个特点:研究成果丰硕、数量大增,研究专著和学术论文分别是此前数十年总和的 5 倍多和 10 倍多;研究内容更广且越发注重解决现实问题,内容涉及中国传统政治伦理思想研究、政治伦理理论与现实问题研究、政治伦理建设研究、马克思主义政治伦理思想研究等领域的各种问题。

在此阶段,政治伦理学的基础理论研究和实践问题研究取得丰富成果,如探讨政治伦理与政府、执政党、国家治理、和谐社会等之间的关联,主要集中在对政治伦理主体、政党伦理、行政伦理、制度伦理、契约伦理等方面。如万俊人、何怀宏、任剑涛和李建华四位学者在《伦理学研究》"政治伦理"专栏分别发表的《政治伦理及其两个基本向度》、《政治家的责任伦理》、《政治伦理:个人美德,或是公共道德》和《从政治合法性看执政党伦理》的论文荟萃,较为典型地反映了这一时期政治伦理学研究的致思路向。

这一时期主要的学术专著有任剑涛的《伦理政治研究》、彭定光的《政治伦理的现代建构》、陶艳华的《马克思政治伦理思想研究》、尹益洙的《中国儒家政治伦理思想研究》、张桂珍的《政治制度伦理:历史发展及当代中国的实践》、肖祥的《中国马克思主义政治伦理思想发展研究》、刘浩林的《井冈山精神与新时期政治伦理建设》等 100 余部,对中国传统政治伦理思想、马克思主义政治伦理思想、政党伦理、行政伦理、制度伦理、契约伦理等问题进行了深入研究,并且研究内容越来越注重解决现实问题。此时期的学术研究论文呈现出百花齐放状态,注重理论和现实相结合,力求用政治伦理理论来解决现实问题。

继续深化阶段(党的十八大以来)。学者们除了对中外政治伦理持续关注外,对政治伦理的中国实践问题给予了广泛关注,如对社会主义民主政治、共享性政治伦理、中国共产党政治伦理思想、政治伦理与公民认同、国家治理现代化的政治伦理问题、社会主义核心价值建构的政治伦理问题、治国理政中的政治伦理思想等问题的思考研究。从理论成果而言,学者们在中国传统政治伦理研究、马克思主义政治伦理思想研究、西方政治伦理思想研究、国家治理现代化等方面取得积极成果。有代表性的如李建华的《国家治理与政治伦理》、邓安庆的《现代政治伦理与规范秩序的重建》、刘琳的《马克思政治伦理思想研究》、戴木才的《中国特色政治伦理》、周谨平的《社会主义核心价值观的政治伦理内涵》、魏青松的《中国共产党政治伦理思想研究》、方乐天的《中国伦理政治大纲》等代表性专著。自从党中央提出中国特色社会主义进入新时代,我国学界掀起了对政治伦理学研究的新的热潮,研究成果十分丰富,涉及范围广阔,引起了较为广泛的影响。尤其围绕治国理政、国家治理体系和治理能力现代化的主题,政治伦理研究成果异彩纷呈。代表性的研究问题和观点展现在众多论文中,如戴木才的《论现代政治伦理的发展潮流》、彭定光的《论中国"强起来"的政治伦理基础》、袁祖社的《现代共享性政治伦理范型:经验、知识及其信念——"文化公共性"的实践叙事与价值逻辑》、李建华的《当代政治伦理研究与"中国问题"》等。随着全球化的发展,中国如何顺应当代全球政治伦理变革的客观要求,对中外政治伦理发展进行反思、扬弃,为全球政治伦理变革贡献中国方案,将成为政治伦理研究的一个重要主题。

从学科建设而言,其一,学者们对政治伦理学研究多领域的学术关注,如对政治哲学、国家伦理、政府伦理、政党伦理、民族伦理、国际政治伦理等领域的研究,推进了中国特色社会主义政治伦理学学科建设。其二,学者们对政治伦理学学科体系、伦理规范和基本范畴的研究,构架了政治伦理学的学科基础。如杨丙安、唐能赋等的《政治伦理学》较早地系统研究政治伦理学的研究对象、任务方法、理论基础、原则规范和行为实践,初步建构了一个政治伦理学的学科体系。孟晓主编的《政治伦理学》和吴灿新主编的《政治伦理学新论》从政治制度和行政管理等方面探讨了我国政治伦理建设的新途径。同时,学者们结合当前我国社会主义政治伦理建设实践,提出了不同的伦理规范,如尽职尽责、廉政勤政、公平公正、务实高效等;"立党为公、执政为民""依法办事、公正无私""清正廉洁、艰苦奋斗""坚持真理、修正错误""遵纪守法、率先垂范"等规范。另有学者探讨了政治伦理学的基本范畴,如王泽应在《我国政治伦理学研究的回顾与展望》一文中认为,政治伦理的基本范畴是政治道德关系的必然要求和反映,主要包括"正义、公平、民主、廉洁、务实、勤政、高效、任贤"等。其三,学者们对西方政治伦理学的研究借鉴,丰富了中国特色社会主义政治伦理学的学科资源。如万俊人《现代西方伦理学史》(上、下卷)、《20世纪西方伦理学经典》(共四卷),分别以"伦理学基础:原理与论理""伦理学主题:价值与人生""伦理学限阈:道德与宗教""伦理学前沿:道德与社会"为主题,对西方传统政治伦理思想和近代欧美知名政治哲学思想家的政治伦理思想进行推介;龚群的《追问正义——西方政治伦理思想研究》以正义问题为基本切入点,系统梳理了西方政治伦理正义思想的发展脉络;等等。这些西方政治伦理研究的新成果对中国政治伦理学界起到非常大的影响。

从基础理论而言,学者们对政治制度伦理、政治主体伦理、政治道德、政治伦理资源等的研究,构筑了中国特色社会主义政治伦理学的基础理论。改革开放初期,学界对政治与道德关系的探讨为政治伦理学研究提供基础;1992年之后中国确立了社会主义市场经济体制,为适应社会主义民主法制建设和政治体制改革的需要,政治道德建设、政治体制改革、干部道德建设成为此阶段政治伦理学研究重大问题;进入21世纪,在以德治国与依法治国并重的倡导下,法制建设与道德建设成为研究热点;党的十八大之后,国家治理现代化的政治伦理研究、新时期政治伦理建设研究等成为亮点。以上这些成果,反映着政治伦理学理论发展的逻辑脉络、主题内容和鲜明特征。

从理论指导而言,学者们开始关注现实社会生活中的一系列社会和政治问题,诸如公平和效率的关系问题、制度伦理问题、执政伦理与官德建设问题、民主自由问题、社会正义与和谐社会问题等;尤其对中外共同关注的公平与正义、权利与权力、善政与善治、全球化与政治伦理等问题的研究,不仅为中国特色社会主义政治实践提供了政治伦理价值导向,更重要的是提供了及时的理论指导。尤其进入新时代,把握政治伦理理论的形成依据和内在逻辑规律,推进中国特色社会主义政治伦理学新形态建设,成为学者们共同的责任。

二、经济伦理研究及学科发展

改革开放以来,马克思主义伦理学在经济领域的运用,推进了经济伦理学的基础理论发展和学科构建,这是马克思主义伦理学应用性的典型展现。在马克思主义经济伦理思想指导下,我国经济伦理学取得了快速发展。

1978—1992年,是经济伦理学初步萌芽时期。这一时期,经济伦理学对于改革开放中许多经济问题、经济体制改革的一些重大问题尚未展开研究,作为学科体系的经济伦理学也尚未建立。经济伦理学主要探讨的是经济活动的具体经济伦理问题,如经济与伦理的关系、企业与道德的关系、市场与伦理的关系、"发家致富"的道德问题等。比较有代表性的成果有王昕杰、乔法容编著的《劳动伦理学》《企业伦理文化——当代西方企业管理的新趋势》、杜建国的《经济管理伦理学》等。

1993—2000年,是中国经济伦理学的初步发展时期。1992年10月党的十四大提出建立社会主义市场经济体制的经济改革目标,激发了学界对经济与道德的关系的思考,围绕市场经济需不需要道德、市场经济需要什么道德、市场经济怎样获得道德等重大问题进行了更加深入地探讨,经济伦理学的学科体系日渐发展起来。这一时期,研究队伍逐渐壮大,学科也逐渐形成,研究成果大幅增长。代表性的如厉以宁的《经济学的伦理问题》、刘光明的《经济运行与伦理》、刘小枫的《经济伦理与近现代中国社会》、孙慕义的《后现代卫生经济伦理学》、万俊人的《道德之维:现代经济伦理导论》等。其中王小锡的《中国经济伦理学》被认为是标志中国经济伦理学学科正式形成的里程碑式的著作。①

---

① 王泽应:《道莫盛于趋时——新中国伦理学研究 50 年的回溯与前瞻》,光明日报出版社 2003 年版,第 294 页。

2001—2012 年,是经济伦理学的繁荣发展时期。2001 年中国正式加入世界贸易组织(WTO),同时市场经济的发展和中国进一步改革开放,内外两重因素极大地促进了经济伦理学的发展。围绕如何完善和推进市场经济、建构和谐社会、处理经济发展与生态文明建设之间的矛盾、处理全球化中跨国经济交往中的经济伦理问题,学者们进行了大量的研究并取得了丰硕的成果。此时期,学术研究呈现深耕思想史研究、厚植基础研究、注重交叉研究、突出拓新性研究的研究特色,出现了原创性的经济伦理学范式,诸如"道德生产力""道德资本""经济德性""经济道德人""道德经营""国有资本人格化""乡土伦理"等。① 代表性的成果据中国国家图书馆"文津检索"达 230 余部著作,如周中之的《经济伦理学》、汪荣有的《当代中国经济伦理论》、王泽应的《义利观与经济伦理》、孙春晨的《市场经济伦理研究》、陆晓禾的《经济伦理学研究》、王小锡的《道德资本与经济伦理》和《面向实践的中国经济伦理学》等。

2013 年至今,是经济伦理学的新时代发展时期。党的十八大之后,中国特色社会主义进入新时代,经济伦理学的发展进入新的阶段。学界对习近平新时代中国特色社会主义思想中的经济伦理意蕴、经济伦理问题、全球化中的经济伦理问题等展开了研究。如孙英的《经济伦理学》、何建华的《经济伦理与分配正义》、向玉乔的《国家治理与经济伦理》、王小锡主编的每年度出版的《中国经济伦理学年鉴》等。这一时期,随着国际学术交流的拓展,国内学者的经济伦理学原创性著作开始被翻译到国外,引起了国际学术界的关注,比如王小锡的《中国传统经济伦理》《道德资本论》等被翻译成多国语言出版发行。

改革开放以来,我国经济伦理学的理论与实践研究在如下几个方面取得了积极进展。

其一,经济伦理学的学科定位。社会主义市场经济建设的理论和实践需

---

① 张志丹:《中国经济伦理学 40 年:历程、创新与展望》,《江苏社会科学》2019 年第 2 期。

要,迫切地要求构建我国经济伦理学的学科体系。关于经济伦理学的学科定位,需要明晰两个问题。一是从研究对象对经济伦理学进行学科界定。如夏伟东认为:经济伦理学是以社会经济生活中的伦理道德现象为研究对象,揭示经济活动中道德的形成、发展和发挥作用的规律,为社会和个人的经济行为确立道德价值准则和道德理想的科学。① 二是从学科理论基础确定经济伦理学的学科依据。经济伦理学是经济学与伦理学相互联姻的边缘学科,经济学和伦理学是经济伦理学的共同学科基础。如王小锡认为经济伦理学的学科依据在于对经济与伦理、经济学与伦理学等关系的廓清,他指出:经济伦理学是经济学和伦理学通过互相交流和补充而形成的一个学科整体,为经济伦理学提供了学科理论依据;我国以社会主义公有制为主体的经济制度,为经济伦理学的创建提供了坚实的社会根基。② 余达维等认为:在市场起着决定性作用的今天,经济伦理的理论基础可以从人的自由全面发展理论、经济秩序理论、制度变迁理论、社会公正理论等中寻找根据。③

其二,关于经济伦理学的学科建构。有学者提出,一些学者为了抢占中国经济伦理学的制高点,在研究还很不深入的情况下就急于建立中国经济伦理学的所谓体系,这是一种急功近利的倾向,并且会产生限制中国经济伦理学自由发展的消极影响。④ 有学者认为:经济伦理学学科体系框架的设计有两种思路,一是以伦理学原理中的伦理原则或道德规范为依据来设计经济活动和经济交往的伦理程序从而建构相应的学科体系,二是沿用和模仿经济学的知识结构和系统构建经济伦理学的学科体系。但是学科体系的建构并不是当前

---

① 参见夏伟东:《经济伦理学是什么》,《苏州科技学院学报》(社会科学版)2004 年第 1 期。
② 参见王小锡:《经济伦理学的学科依据》,《华东师范大学学报》(哲学社会科学版)2001 年第 2 期。
③ 参见余达淮、赵苍丽、程广丽:《经济伦理学的理论基础和时代主题》,《江苏社会科学》2015 年第 1 期。
④ 参见吴新文:《当代经济伦理学研究:危机与出路》,《中华读书报》2003 年 4 月 9 日。

急迫的任务,而是对现实经济伦理问题的研究和破解。① 显然,随着经济伦理问题研究的深入,学科体系的探索和建构也将是学科发展的必要任务。为此,王小锡等在国家社科基金项目"中国经济伦理学体系研究"的结项成果中认为:构建中国经济伦理学体系首先要坚持马克思主义经济伦理思想的主要内容及其方法论指导;其次要批判地继承中国传统经济伦理思想的主要内容;最后要顺应市场经济和全球化对中国经济伦理学提出的实践性要求。②

　　其三,关于经济伦理学基本问题研究。随着社会主义市场经济建设的深入,经济伦理学基本问题研究成为学术热点而备受重视。有学者认为经济伦理学的问题分为本体论问题和基本论域问题两类,前者指经济伦理学概念、经济伦理概念、经济与伦理道德关系、经济伦理学范畴、经济伦理学的人性假设等;后者包括道德的经济功能、分配伦理、经济公平正义、消费伦理、经济诚信、企业伦理、经济伦理思想史、经济制度伦理、循环经济伦理、慈善伦理等。③ 有学者认为经济伦理学的前沿问题主要有学科基本理论研究及其框架问题、经济伦理学基本问题以及有关"道德生产力"和"道德资本"的争论、对金融危机的伦理研究以及资本—财富和金融伦理研究的兴起等问题。④ 有学者指出,针对当前我国经济伦理学研究的现状,应对市场经济伦理问题、利益关系的伦理问题、经济伦理与公共生活伦理的关系、经济全球化中的伦理问题等予以特别重视并加以深入研究。⑤ 有学者认为研究的时代主题应该包括经济全球化进程中的伦理问题、金融危机引发的各个领域及各种主题的伦理问题、经济伦理问题研究的政治维度等。⑥ 总的看来,尽管各位学者主张各异,但理论问题

　　① 参见孙春晨:《经济伦理学:从构建体系走向问题意识》,《哲学动态》2005年第1期。
　　② 参见《中国经济伦理学体系研究》,《江苏社会科学》2008年第5期。
　　③ 参见张志丹:《中国经济伦理学40年:历程、创新与展望》,《江苏社会科学》2019年第2期。
　　④ 参见陆晓禾:《最近五年我国经济伦理学理论前沿概论》,《伦理学研究》2015年第6期。
　　⑤ 参见孙春晨:《经济伦理学:从构建体系走向问题意识》,《哲学动态》2005年第1期。
　　⑥ 参见余达淮、赵苍丽、程广丽:《经济伦理学的理论基础和时代主题》,《江苏社会科学》2015年第1期。

和实践问题无疑是经济伦理学所关注的基本问题。

其四,经济伦理学的专门研究机构纷纷成立,学术研讨会不断召开,极大地促进了经济伦理学的学科发展。2000 年 5 月,中国第一家省级经济伦理学会——河南省经济伦理研究会成立;同年 6 月,全国第一次经济伦理理论研讨会在南京师范大学举行。2001 年 5 月、2002 年 10 月第二次、第三次全国性的经济伦理理论研讨会又分别在华东师范大学和河南财经学院召开,经济伦理学理论研讨会成为系列性全国研讨活动。2010 年 10 月,中国伦理学会经济伦理学专业委员会成立并通过了《中国伦理学会经济伦理学专业委员会章程》,选举产生了首届中国伦理学会经济伦理学专业委员会理事会和常务理事会,王小锡教授当选首届中国经济伦理学会会长,王泽应、王淑芹、龙静云、李兰芬、刘可风、孙春晨、周中之、陆晓禾、葛晨虹当选为副会长。从此,中国经济伦理学研究有了全国性的学会组织支撑。与此同时,一些高等学校把"经济伦理学"引进了大学课程,"经济伦理"方向硕士点、博士点设置并开始招生,极大地促进了经济伦理学的研究。

其五,关于经济伦理学研究的发展趋势。有学者提出经济伦理学的趋势展望表现为四个聚焦趋向,即:聚焦金融危机以及延伸和生成的经济伦理研究走向,聚焦中国市场经济及其"中国特色"经济伦理研究趋向,聚焦企业和经济中的伦理、创新与福祉研究趋向,注重中国传统和现实资源的经济伦理研究趋向。①

改革开放以来中国经济伦理学取得丰硕成果的同时,一些问题也需要进一步思考和有待深入研究。

一是注重学科体系建构和理论实践问题研究并进。理论体系和问题研究是学科发展的两个重要方面,理论体系建构首先要立足于问题研究的进展;其次,它是一个不断推进的过程。因此,盲目的体系建构或"完满体系"的学术

---

① 参见陆晓禾:《最近五年我国经济伦理学理论前沿概论》,《伦理学研究》2015 年第 6 期。

追求,不仅会造成对学科发展的禁锢,还会阻碍问题研究持续深入。

二是加强理论与实践相结合,避免"空对空"。在理论与实践关系问题上,既要重视宏观的经济伦理理论的研究,同时注重微观的经济伦理情感、观念、行为的过程及规律探究,既要避免脱离理论的盲目实践,也要避免脱离实践的空洞理论。

三是在研究方法上,要继续坚持马克思主义的方法论,注重理论联系实际,加强多学科的知识融合,有选择地借鉴和吸收西方经济伦理学的研究成果。尤其要强化实证研究和实验研究,在研究经济伦理问题时必须深入经济实践活动,开展调查研究、实验分析、综合概括和哲学论证,才能揭示经济行为的道德合理性及其相关规律。同时,要注意多种研究方法的综合运用,如归纳演绎法、实证研究法、抽象思维法、元伦理学方法、系统分析法、案例决策法等。

四是要加强中西经济伦理思想的融会贯通,加强中西经济伦理研究的学术交流。目前国内学界陆续译介了西方众多经济伦理学著作,对于促进我国经济伦理研究起到了重要作用,但由于译著水平等因素影响,如何借鉴、消化和吸收西方经济伦理资源为我所用,依然是一个值得深入探讨的问题。此外,中国经济伦理学研究成果如何加强与西方学界交流、如何"走出去"、如何彰显中国经济伦理自信等问题,有待进一步加强。

三、生命伦理研究及学科发展

生命伦理问题成为马克思主义伦理学的关注主题,深受国外生命伦理学研究的影响。生命伦理学是于 20 世纪 60 年代在欧美国家产生和发展起来的一门新学科,并于改革开放之后在中国受到热切的关注,并得到蓬勃的发展。1987 年邱仁宗出版我国第一部《生命伦理学》著作,将生命伦理学界定为运用伦理学的理论和方法,在跨学科跨文化的情境中,对生命科学和医疗保健的伦理学方面,包括决定、行动、政策、法律,进行的系统研究。① 改革开放之后,中国的生命伦理学研究在如下几方面取得了积极进展。

其一,生命伦理研究的学科建构问题。尽管作为一门应用规范伦理学,生命伦理学不谋求建立体系,而以问题为取向,其目的是如何更好地解决生命科学或医疗保健中提出的伦理问题。但是对生命伦理学研究的内容层次和理论结构组成进行探讨也是有必要的。比较有代表性的观点是:一是生命伦理学的定位。有学者提出构建我国生命伦理学,其根本定位在于我们应当怎样以"尊重人的生命"和"尊重一切生命"的方式在一起美好地生活。② 二是生命伦理学的研究内容。邱仁宗认为生命伦理学包括理论层面、临床层面、研究层面、政策层面、文化层面等内容。③ 三是关于生命伦理学的学科体系。孙慕义将其分为"原理(原道)、原论(原法)与原用(原实)"三部分。原理(原道)包括元生命伦理学、文化生命伦理学、生命神学。原论(原法)包括生命伦理学的学科诞生、形成与发展、基本体系、基本原则、研究对象方法与学科价值、对现实问题的指导技术等。原用(原实)即应用生命伦理学,包括医务伦理学、生命存在与死亡伦理学、卫生政策与卫生经济伦理学、公共卫生与预防医学的伦理问题、人口与社会生命伦理学以及自然环境、生态、动物权利的伦理学。④总的看来,学界一致的意见是,生命伦理学包括理论生命伦理学和应用生命伦理学两大部分。

其二,关于生命伦理学的理论研究问题。2007 年 10 月,"第一届全国生命伦理学学术会议"在湖北武汉召开,对生命伦理学的一些重要问题(干细胞研究和再生医学的伦理问题、涉及人的生物医学研究中的伦理问题、生物医学

---

① 邱仁宗:《生命伦理学:一门新学科》,《求是》2004 年第 3 期。

② 参见迟学芳、佟子林:《生命文化视域中我国生命伦理学建构的定位》,《哲学研究》2016年第 6 期。

③ 参见邱仁宗:《生命伦理学:一门新学科》,《求是》2004 年第 3 期。

④ 参见孙慕义:《生命伦理学的学科框架、原则及相关问题之我见》,《医学与哲学》(人文社会医学版)2010 年第 10 期。

研究中动物实验和动物生物技术中的伦理问题、公共卫生中的伦理问题)展开了热烈而富有建设性的讨论。此后,"全国生命伦理学学术会议"基本上每年都举行,讨论的主要问题是:生命科学和生物技术中的伦理问题、公共卫生中的伦理问题、临床实践中的伦理问题,以及生命科学的哲学和文化层面等问题。关于生命伦理学的研究问题,比较有代表性的是田海平对此的系统思考,他提出中国生命伦理学在"问题域"之基本架构或问题取向上呈现出日益清晰的三大层次,即"以文化为问题取向""以原则为问题取向""以难题治理为问题取向"。① 在生命伦理学视域中,伦理学问题通常被划分为两个层次:第一层次是"实质伦理问题",回答"应该做什么"的问题,它旨在解决"道德朋友之间"的共识难题;第二层次是"程序伦理问题",回答"应该怎么做"的程序问题,它旨在解决"道德异乡人之间"的共识难题。②

其三,关于生命伦理学的研究方法。生命伦理学是属于实践伦理学的一门学科,社会实践中产生的问题往往是新的,除了过去那种解决旧问题或常规性问题的理论演绎方法,还需要进行调查研究、分析新问题的特殊性,或运用哲学或伦理学的理论和方法进行分析批判论证,以解决新问题。因此,对于新问题的解决往往是靠类似归纳的方法来提出解决方案,然后在实践的检验中得到修改、补充和完善。代表性的观点,如田海平提出以"对话"和"商谈"的研究方法,推进生命伦理学的跨学科研究;以对"问题"或"难题"的充分关注,推进生命伦理学的跨文化研究;以"现状调查"和"国情对策"的研究,探索生命伦理学的中国道路。③ 有学者提出以地球生态医学和生命生态医学为基本内容的生命伦理学,必须进行研究方法的变革,重建能够包容实证法和描述法

---

① 田海平:《中国生命伦理学的"问题域"还原》,《道德与文明》2013 年第 1 期。

② 田海平:《生命伦理学的中国难题及其研究展望——以现代医疗技术为例进行探究的构想》,《东南大学学报》(哲学社会科学版)2012 年第 2 期。

③ 参见田海平:《生命伦理学的中国难题及其研究展望——以现代医疗技术为例进行探究的构想》,《东南大学学报》(哲学社会科学版)2012 年第 2 期。

于其中的生态化综合的整体方法。①

其四,生命伦理学研究的责任使命问题。生命伦理学研究者不仅负有对现实生命伦理问题进行批判的责任使命,也负有在国际上发出中国生命伦理学研究者的声音的责任使命。作为中国生命伦理学的开创者与奠基人,邱仁宗同时也是最早在国际生命伦理学界发出中国声音的学者。

总的看来,生命伦理学在中国已然成为学术研究的热点,如何坚持辩证唯物主义和历史唯物主义的基本原理方法,更好地为科学技术和人的研究提供理论指导;如何对生命伦理问题进行整体性思考而不是"碎片化"关注;如何提升生命伦理学研究者的素质,推进我国生命伦理学研究走向高质量发展……依然有广阔的拓展空间。

四、生态伦理研究及学科发展

自 20 世纪 80 年代以来,随着全球生态问题和危机日益凸显,生态伦理问题受到学界广泛关注并成为研究的热点问题。尤其是党的十八大将生态文明建设与经济建设、政治建设、文化建设、社会建设并列作为"五位一体"总体布局,生态伦理问题更是成为马克思主义伦理学的关注热点,对其研究取得了丰硕的成果。

其一,关于生态伦理学的基本问题。学界围绕生态伦理的基本内涵、理论渊源、不同流派、发展困境、破解路径等问题进行了富有成效的研究。一是生态伦理内涵的问题,大多从人与自然关系、生态和谐发展的角度理解生态伦理的内涵。如卢风、肖巍等学者认为生态伦理就是指人与自然环境之间的道德关系②;生态伦理学的基本理念可归约为生态道义论和生态价值论③。二是生态伦理理论渊源的问题。毫无疑问,传统生态伦理思想是生态伦理理论的

---

① 参见唐代兴:《生命伦理学研究的当代视阈与方法》,《道德与文明》2018 年第 1 期。

② 参见卢风、肖巍:《应用伦理学导论》,当代中国出版社 2002 年版。

③ 参见肖巍:《生态伦理学何以可能》,《复旦学报》(社会科学版)2000 年第 2 期。

重要渊源,众多学者探讨了儒、释、道文化中生态伦理思想,为今天生态伦理和生态文明建设提供了丰富的文化资源;马克思主义经典著作中蕴含着的丰富生态伦理思想,是中国特色社会主义生态伦理建设的指导性文化资源;丰富的西方生态伦理思想为我国生态伦理学研究不仅提供了理论资源也提供了方法论资源,批判借鉴西方生态伦理思想成为我国生态伦理研究的一股热潮,如唐凯麟对西方生态伦理思想产生发展的现实缘由、学理背景、逻辑框架、发展趋向作了深入研究①。三是生态伦理与社会发展相结合的相关研究。例如:生态伦理与经济发展问题,有学者倡导发展循环经济模式以解决经济发展与生态和谐的矛盾,建构政府、企业和公众共同推动经济发展和保护生态环境的新模式。生态伦理与政治发展问题,有学者或将生态伦理研究置于政治文明建设之中对党执政理念展开研究,或与中国特色社会主义总布局相结合展开研究,或与社会主义核心价值观相结合展开研究,或与实现美好生活相结合展开研究,等等。生态伦理与少数民族文化发展问题,众多学者挖掘少数民族文化中独具特色的生态伦理思想,阐释其对生态伦理和生态文明建设的重要意义。四是生态伦理的建设路径研究。如余谋昌提出确立和遵循生态伦理的价值观念、道德原则和行为规范是推进生态伦理发展、建设生态文明的首要问题。②越来越多的学者倡导建构中国特色的生态伦理体系、全社会范围内设立生态伦理委员会、加强生态伦理的全民终身教育。

其二,生态伦理学的学科性质研究。学者们从 20 世纪 80 年代开始关注生态伦理的研究,并将该学科称为生态伦理学。生态伦理学的研究对象和研究目的决定了生态伦理学的学科性质。学界主要争论是:生态伦理学研究对象是人与自然的关系,还是人与人的关系? 研究目的是对人与自然的关系进行哲学思辨,还是对人与人之间的关系进行利益协调? 如有学者认为:生态伦

①　参见唐凯麟:《系统探究西方生态伦理思想的尝试》,《光明日报》2004 年 11 月 30 日。

②　参见余谋昌:《确立生态伦理观念推动生态文明建设》,《中国环境报》2010 年 3 月 18 日。

理学的研究对象是以自然为中介的人与人之间的关系,对人与自然的关系进行哲学思辨,是生态伦理学的重要内容,但研究的最终目的是协调人与人之间的利益关系。① 另有学者提出:生态伦理学虽然具有鲜明的应用特征,但从其研究对象的拓展性、结构上的系统性和内容的创新性上看,它应属于理论伦理学。② 还有学者指出:生态伦理学的最主要特点是把道德研究从人与人关系的领域扩大到人与自然关系的领域,研究人对地球上的生物和自然界行为的道德态度和行为规范。③ 生态伦理学是一门以"生态伦理"或"生态道德"为研究对象的应用伦理学。

其三,西方生态伦理学发展研究。20 世纪 80 年代以来,中国学者立足于本国实际对西方伦理学进行解读、讨论,以期推进生态伦理的建构。如对西方伦理学的系列关注:法国哲学家、医生、诺贝尔和平奖获得者史怀泽和英国环境学家利奥波德创立了生态伦理学,前者提出尊重生命的伦理学,后者提倡伦理学研究的对象要从人和社会领域扩展到人和自然界的大地伦理学。

其四,对中国传统生态伦理文化资源的发掘与生态建设研究。学者们比较一致的看法认为中国传统文化资源中包蕴着丰富的生态伦理思想,可以为我们解决人类生态问题提供许多有益的资源支持。探讨的问题涉及:中国传统文化中"正德、利用、厚生、惟和"的生态伦理原则;儒家传统生态伦理思想与生态文明;各民族如侗族、苗族、壮族、畲族等的生态伦理思想;中国传统生态伦理的传承和运用;等等。

其五,对生态伦理学的发展省思。如万俊人在"我们如何建构生态伦理"的思考中指出:一种"基于责任"的广义生态伦理的建构方法不仅应当是超越"人类中心主义"的,而且应当是超越狭隘科技理性或纯粹"科学主义"的,而要实现这种方法论上的超越,就需要恢复和重建人类哲学传统中古老的宇宙

---

① 参见张钦:《生态伦理学研究对象与理论归宿反思》,《学术论坛》2006 年第 12 期。
② 参见刘湘溶:《浅论生态伦理学的学科性质》,《道德与文明》2003 年第 5 期。
③ 参见任重:《全球化视阈下的生态伦理学研究述论》,《生态环境学报》2012 年第 6 期。

本体论,至少应当从比如说中国古老的道家学说或者海德格尔的"存在论暨本体论"的哲学重建中,获取某些关于"生存"和"伦理"的智慧与灵感。① 刘福森指出生态伦理学的困境主要表现就是人理与物理的冲突造成了确立人与自然之间伦理关系的理论障碍,为此必须彻底超越近代理性主义的主体性哲学、科学主义、功利主义和西方现代伦理学的思维框架,回归前理性的、前逻辑的、前概念的、前科学的古代自然观和建立在体悟的、情感基础上的非理性主义的伦理学。② 李义天认为:生态伦理学的使命是谋求生态保护的道德理由和依据;对生态问题的讨论必须突破伦理学层面,去挖掘那些阻挠人们保护生态的政治症结。③

显然,学界对生态伦理问题的探讨是热烈而卓有成效的,但当前生态伦理学研究存在的问题依然是值得深入思考和探究的。例如,一是生态伦理的研究范围和视域需进一步拓展。如何跳出和超越西方生态伦理所设定的理论框架和既定范围,在全球生态伦理研究赢得话语权的问题;如何展开对马克思主义生态伦理思想系统性研究的问题,尤其是对毛泽东思想和中国特色社会主义理论体系中生态伦理观的全面系统研究;如何从实践出发加大对我国传统生态伦理的研究力度问题;等等。二是生态伦理的研究方法和范式有待进一步创新。理论推演和逻辑论证固然必要,但调研、统计、对比、实证等研究方法的运用更为契合生态伦理学科"应用性"的需求。三是生态伦理的研究思维和指导思想有待创新。囿于传统的研究视界和固定的思维模式,就无法有效应对人类生态的新问题,尤其是生态问题的"全球化"日益突出,类似肆虐全球的新冠疫情这样的重大灾难和风险,需要他者性、境遇性、复杂性的责任思维,才能实现人类生态治理实践的"集体行动"。

---

① 参见万俊人:《生态伦理学三题》,《求索》2003 年第 4 期。
② 参见刘福森:《生态伦理学的困境与出路》,《北京师范大学学报》(社会科学版)2008 年第 3 期。
③ 参见李义天:《生态伦理学的使命与宿命》,《天津社会科学》2009 年第 3 期。

五、科技伦理研究及学科发展

随着当代科学技术的发展,如何运用马克思主义伦理学的原理和方法对其作出伦理考量,成为马克思主义伦理学研究的新趋向。我国学界对科技伦理的关注几乎是 21 世纪以来的事情。

关于科技伦理,这是一个富有争议的课题。否定者认为,科学研究的目的是追求客观真理,判断科学知识及理论的标准是真与假,而不是道德意义上的好与坏,因此在价值上是中立的。肯定者认为,科学作为实践行为逃脱不了道德评价,一个有责任意识的科学家不仅要着眼于理论目标,而且要考虑为了达到此目标所使用的手段的合法性,并进而顾及投入这一手段可能产生的后果。因此,科技伦理的核心问题就在于:探寻科学家在其研究的过程中、工程师在其工程营建的过程中是否以及在何种程度上涉及以责任概念为表征的伦理问题。① 显然,经过争论,学界对此问题达成了具有共同倾向性的认识,这也是科技伦理存在和发展的前提。

关于科技伦理的基本问题,学界对此研究主要集中在如下几个方面。一是科技与伦理的关系问题。如有学者提出,科学与伦理的协调发展,才能塑造健全的社会和整全的人②。二是关于科学技术的伦理价值和科学技术应用中的伦理价值研究。有学者提出,科学技术的伦理价值指科学活动本身具有规范和精神的伦理道德意义;而科学技术应用中的价值则表现为积极和消极两个方面,积极方面即促进人类社会进步和发展、提高人类对自然和自我的认识水平,消极的方面即科技的不当应用和任意地扩张影响了人类的生活与进步。三是关于科技伦理的维度问题。有学者对科技伦理的形上维度进行了研究,认为形上维度关涉着对科学技术的研究对象、判断方式、追求目标以及科

---

① 参见甘绍平:《科技伦理:一个有争议的课题》,《哲学动态》2000 年第 10 期。
② 参见张华夏:《现代科学与伦理世界——道德哲学的探索与反思》,湖南教育出版社 1999 年版,第 343 页。

技活动主体的主体性进行道德哲学审视,由此生成了科技伦理的本体论之维、认识论之维、价值论之维、主体性之维,分别关涉自然与社会之互维性、事实与价值之互维性、真与善之互维性、科学自由与意志自由之互维性,揭示了自然与社会、事实与价值、真与善、科学自由与意志自由之间的伦理张力及其所关涉的伦理关系。① 四是对科技伦理基本原则的探讨,如认为科技伦理应该遵循人道原则、生态原则、可持续发展原则等。五是关于科技的"伦理治理"研究。2019 年 5 月雷瑞鹏、翟晓梅、朱伟、邱仁宗联合在《自然》杂志发表研究论文,在总结贺建奎事件教训的基础上提出"重建中国伦理治理","伦理治理"这一概念被广泛接受并得到了国内外积极响应。由他们主编的《人类基因组编辑:科学、伦理学与治理》,比较早地系统关注了"伦理治理"问题。2019 年 10 月,党的十九届四中全会《决定》提出"健全科技伦理治理体制",为建设科技强国提供了伦理指导。有学者提出新兴科技带来的涉及人类生命健康安全、隐私保护、家庭和社会关系、生态安全、资源分配等的科技伦理问题,使既有科技管理体制面临巨大挑战,引发一系列社会问题甚至社会风险,并影响科技本身的持续健康发展,因此要推动治理方式从传统的"做了再说"向现代的"适应性治理"转型。②

人类社会进入 21 世纪,科学技术的发展日新月异,科学技术实践活动的目的、方式、后果都要受到社会伦理道德的巨大影响,科技伦理问题成为时代发展的前沿问题。如何坚持当代中国的马克思主义科技观和伦理观,引导和推动我国科技事业发展,成为科技伦理研究必须回应的重要问题。其一,以社会主义先进文化引领科技伦理道德建设的前进方向。社会主义先进文化尤其是先进的价值观念,为科技伦理道德建设注入了文化活力。其二,加强对科技工作者及相关人员的科技理性和科技责任的研究。科技工作者不仅要对知识和信念的客观真实性负责,坚持真理原则,更要为这些知识和信念的正确传播

① 参见陈爱华:《科技伦理的形上维度》,《哲学研究》2005 年第 11 期。
② 参见李泽泉:《新知新觉:健全科技伦理治理体制》,《人民日报》2020 年 2 月 19 日。

和公正使用负责,坚持价值原则。其三,强化科技伦理道德教育,提升公民道德素养。其四,构建科技伦理建设的研究平台。通过研究平台建设,组织力量开展科技伦理研究,促进新时代科技伦理发展。

"在这种科技时代已成为一个伦理时代"(M.诺维克语)的当代社会,尽管科技伦理未能给出如何解决人类社会当前所面临诸多问题的具体答案,但科技伦理的研究讨论,必将激发社会公众对科技发展作出正确的伦理评判,并引导人类社会生活朝着更美好的方向发展。

六、网络伦理研究及学科发展

互联网给我们的生活带来了便利和丰富多彩,也带来了计算机网络犯罪、病毒程序的流行、信息私有权和信息交流自由之间的冲突、信息成本与信息收益难以控制等问题,尤其在21世纪的"网络时代",运用马克思主义伦理学的基本原理和道德规范,对网络问题作出伦理评判和价值引导,成为伦理学研究的热点。

国外网络伦理研究可以最早追溯到20世纪50年代,并在20世纪60年代受到关注,于90年代成为研究热点。我国网络伦理研究起步较晚,以陆俊、严耕在《国外社会科学》发表的《国外网络伦理问题研究综述》一文为标志,"网络伦理"一词才逐渐被中国学界所熟知。我国网络伦理研究主要在如下几个方面取得进展。一是网络伦理的学科建构。20世纪90年代,西方学界网络伦理研究从技术层面向社会层面转向、网络伦理学取代计算机伦理学,受其影响,我国学界开始了对网络伦理学的学科建设的关注。严耕、陆俊和孙伟平共同出版了我国该领域的首部专著《网络伦理》,刘钢出版了首部译著《信息技术的伦理方面》。此后,大量关于网络伦理研究的著作和论文开始出现。如李伦的《鼠标下的德性》、张震的《网络时代伦理》、黄寰的《网络伦理危机及对策》,以及大量的研究论文,推进了我国网络伦理的学科建设。二是网络伦理问题研究深入展开。学者们主要从如下几个方面展开研究并取得积极成果:信息使用问题——如信息欺诈与信息垄断、信息安全与信息污染、信息滥用与信用危机等问题;网络犯罪问题——如无政府主义泛滥、危害国家社会和公共安全、个人隐私与知识产权保护、网络诈骗和偷窃行为、破坏计算机程序数据信息、侵犯知识产权等问题;网络伦理文化问题——网络造成的"快餐文化"、数字异化和人际交往冷漠、网民道德意识淡漠、外来文化与民族文化冲突等问题;网络伦理原则和规范问题——网络伦理的基本原则、应遵循的伦理规范、网络伦理秩序等问题。三是网络伦理建设实践研究。一方面,党中央和政府对网络伦理建设给予了极大关注。党的十八大以来,政府有关部门依法对网络领域有害信息开展集中清理整治活动,将一些严重扰乱网络秩序、造谣中伤的人绳之以法,利用网络违法获利的行为也得到了有效遏制,垃圾邮件和信息大量减少,淫秽色情信息被及时清理,网络空间变得日渐清朗起来。[①]2015 年 12 月 16 日,习近平主席在第二届世界互联网大会开幕式上的主旨演讲中指出:"要加强网络伦理、网络文明建设,发挥道德教化引导作用,用人类文明优秀成果滋养网络空间、修复网络生态。"[②]习近平主席的讲话为深入推进中国网络伦理建设指明了方向。另一方面,全国大专院校积极参与了网络伦理建设实践活动。2000 年 12 月 26 日,北京大学、清华大学、中国人民大学及北京师范大学向全国大学生发出了《大学生做文明网民倡议书》,号召大家"做文明网民,树网络新风";2001 年 4 月 6 日,全国首个大学生网络文明协会在华北电力大学(北京)成立,推动了我国网络伦理实践。

就现有研究状况而言,中国网络伦理研究主要沿袭了西方网络伦理研究的发展模式,遵循从研究机构的理论研究向行政机构的规范制定转化的发展路径[③],如何紧密联系实际,探索中国特色的网络伦理研究范式还有待进一步加强。其努力的方向如下:一是整合和继承中国传统伦理文化资源,加强传统

[①]　参见李萍:《推进网络伦理建设》,《光明日报》2015 年 12 月 23 日。

[②]　《习近平谈治国理政》第二卷,外文出版社 2017 年版,第 534 页。

[③]　参见蒋艳艳:《当代网络伦理研究的中西对比》,《自然辩证法研究》2016 年第 6 期。

伦理思想和道德规范资源的甄别和挖掘,推动网络伦理建设。二是借鉴国外先进网络伦理研究的经验成果。国外网络伦理研究起步早,研究成果丰硕,如网络伦理中心、网络伦理协会等做法和经验,值得我们好好学习借鉴。三是把握未来网络伦理发展的特点和趋势,提升网络伦理的实践功能。网络伦理具有自主性、开放性、多元性,网络伦理建设中如何遵循尊重、平等、公正和允许原则,展现应有的人文关怀,这是网络伦理建设应有的路向。四是加强网络伦理规范研究。网络伦理规范如何适应互联网技术的创新应用,必须加强网络伦理规范的研究,如梳理网络伦理和网络法制的关系,发挥网络伦理规范的价值规导作用;成立网络伦理建设专门机构,强化网络文化的审核、管理、监督;等等。五是加大网络问题的研究力度,牢固构筑网络伦理的理论基础,提高网络伦理问题化解的针对性。六是网络人的道德建设。网络是工具,人是主体,如何培育网络人平等、责任、权利与义务的道德意识和道德素质,塑造网络人的道德自律,这是网络伦理建设的重要任务。新时代,加强中国特色的网络文化建设,构筑中国特色的网络伦理体系和网络伦理秩序,是中国特色社会主义先进文化建设的重要内容。

第三节　中国马克思主义伦理学在各个领域的应用特征及其问题略评

马克思主义伦理学作为中国主流伦理学的学科形态,鲜明的人民立场和实践立场、科学的辩证唯物主义和历史唯物主义方法论、强烈的批判功能和独特的意识形态功能,使其在中国伦理学发展中独领风骚,并为其在社会生活的各个领域应用提供了先进性保障。

一、马克思主义伦理学应用的科学性与现实性

中国马克思主义伦理学在各个领域应用是否可能、何以可能? 这不仅关

系到中国马克思主义伦理学的科学性确证,也关系到中国马克思主义伦理学的发展前景。中国马克思主义伦理学的深入应用,从根本上说是社会的现实需求所推动的。

(一) 马克思主义伦理学应用的科学性

其一,马克思主义伦理学的科学方法论为伦理学的各个领域应用提供了道德哲学指导。"作为社会意识形态的道德"与"作为历史发展过程中的道德"构成了马克思主义伦理学的历史唯物主义维度,"现实的人与人的本质"构成了马克思主义伦理学的现实性维度,历史性维度和现实性维度编织了马克思主义伦理学应用的科学性之"网"。宋希仁指出:"唯物史观第一个用批判的意识认识社会生活的规律性",并充分论证了"道德作为社会意识或精神生产,其产生和内容都取决于人们的物质活动和物质交往关系"[1]。历史唯物主义不仅注重从社会关系考察道德,而且注重从历史发展过程中的连续性、统一性中考察道德发展的规律性。宋希仁还强调:"历史唯物主义为解释伦理的起源、发生、发展、变化过程提供了社会学和历史学依据,对人类道德的演变规律给出了前人所没有的独到的解释。这是历史唯物主义带给伦理学的质的改变。"[2]此外,马克思恩格斯从"现实的人"和人的"社会关系的总和"的本质出发,分析了道德对于人的存在和利益关系调适的重要性。历史性维度和现实性维度为马克思主义伦理学的应用提供的不仅是历史发展规律的洞见,也提供了处置现实利益关系的导向。

其二,马克思主义伦理学的价值观、研究主题和对象为伦理学的各个领域应用规定了发展方向。罗国杰先生指出:"马克思主义伦理学认为,人的价值问题,实质上就是人生目的和人对社会的关系的问题,也可以说就是人怎样生

---

① 宋希仁:《马克思恩格斯道德哲学研究》,中国社会科学出版社 2012 年版,第 184 页。

② 《伦理学与马克思主义:历史、方法与文化——访中国人民大学宋希仁教授》,载李义天、张霄编:《传承与坐标:马克思主义伦理思想访谈录》,中央编译出版社 2020 年版,第 14 页。

活才算值得、怎样生活才有意义的问题"①。"马克思主义伦理学强调,培养个人选择价值目标的能力,是一个很重要的任务。"②马克思主义伦理学的应用及其对应用伦理学的指导,就在于为应用伦理学提供价值方向、价值判断和价值选择的根据。唐凯麟指出伦理学的主题即"伦理学要解决的是人的生存、人的发展以及生命的价值与意义的问题;伦理学是关于人的自由发展和人的精神完善化的价值科学"③。这个主题实际上就是对自由与必然关系问题的解决。自由是人的本质要求,而人作为社会存在物要受到客观世界必然性的束缚,只有遵循规矩才能实现由必然向自由的发展,这就是为什么人类社会需要伦理道德规范的制约。人类纷繁复杂的社会实践活动的价值动因就是从必然向自由的迈进,只有伦理道德规范才能保证其价值正当性和合理性,这就是应用伦理学的"合法性"所在。基于此,伦理学的根本问题或研究对象就在于处置好人与人、个人与社会、个人与自然的关系,从"我们应当如何生活"转向"我们应当如何行动",应用伦理学从社会生活实践领域对"我们应当如何行动"的伦理原则、伦理规范、伦理价值等作出了回答。

其三,马克思主义伦理学为适应时代道德主题的转换而不断提出实践道德课题,推动了马克思主义伦理学的应用发展。"时代道德主题转换提出的实践道德课题,恰恰为马克思主义伦理思想中国化的大发展大繁荣提供了新的生长点。"④应用伦理问题的产生就是时代道德主题在实践中的呈现。例如,为适应中国特色社会主义发展而提出的"科学发展观",深刻回答了发展道路、发展模式、发展战略、发展目标和发展手段等问题,从而形成了马克思主

---

① 罗国杰:《马克思主义伦理学的探索》,中国人民大学出版社 2015 年版,第 155 页。

② 罗国杰:《马克思主义伦理学的探索》,中国人民大学出版社 2015 年版,第 159 页。

③ 《马克思主义伦理学的几个基本问题——访湖南师范大学唐凯麟教授》,载李义天、张霄编:《传承与坐标:马克思主义伦理思想访谈录》,中央编译出版社 2020 年版,第 56 页。

④ 王泽应:《马克思主义伦理思想中国化最新成果研究》,中国人民大学出版社 2018 年版,第 27 页。

义发展伦理思想；经济建设迫切需要正确的价值导向，"应用规范伦理学的方法和目的来探讨具体的商业道德问题"①的商业伦理则为经济运行和商业发展提供了价值导向系统。

其四，马克思主义伦理学的基本问题与应用伦理学的基本问题具有内在契合性，为马克思主义伦理学的应用提供了广阔的时代场域。"问题就是时代的口号"，每一个时代有每一个时代的问题，以问题为中心才能抓住时代本质。对马克思主义伦理学基本问题的认识，实质上廓清了马克思主义伦理学的主要目的，即总结道德形成、发展规律，提高人们的道德水平，实现更好的生活。应用伦理学的兴起，实际上是对生活实践中"应用问题群"的解释和阐明。应用伦理学旨在将伦理学的基本原则应用于社会生活，对社会生活各领域进行道德审视。实际上，应用伦理学的任何一个学科分支都是对"问题"的伦理省思，都是为了更好地实现人与社会的发展、实现美好生活。就此而言，马克思主义伦理学与应用伦理学在问题导向和问题域上具有高度的内在契合性。

（二）马克思主义伦理学应用的现实性

改革开放以来，马克思主义伦理学的应用在各个领域得以展开并取得丰硕成果，尤其在经济伦理、生态伦理、科技伦理、生命伦理、医学伦理等热点领域的应用研究得到快速发展。马克思主义伦理学应用的现实性是受道德发展的必然性和社会生活实践需要所决定的。

马克思主义伦理学应用是社会历史过程中道德发展的必然性反映。马克思主义伦理学不仅注重从社会关系中认识道德及其发展过程，而且注重道德在历史发展过程中的连续性、统一性和规律性。既然社会关系是伦理道德产生的场域，社会关系的变化必然触发伦理道德的发展。为适应中国特色社

---

① ［美］P.普拉利：《商业伦理》，洪成文、洪亮、许冠译，中信出版社 1999 年版，第 12 页。

主义的发展,作为社会意识的伦理道德必然也呈现出发展的必然性,马克思主义伦理学应用实质上是道德发展必然性的具体体现。以罗国杰先生为代表的中国马克思主义伦理学家在应用伦理的探索中作出了表率。他的《人工生殖技术应用的道德思考》《加强对生态伦理学的研究》《伦理责任与生态环境》《应当重视生态伦理学研究》等系列成果,充分证明了正是在各个领域的应用中,马克思主义伦理学的社会实践功能得以展现。

马克思主义伦理学应用还受社会生活实践需要所决定。生活的展开并不是停留于"人的生存如何可能"的问题,而是执着于"什么是更好的生活""如何实现更好地生活"的追问。马克思主义伦理学在各个领域的应用,并非为各个领域提供具体的原则和规范,而是为其构建必要的价值原则、提供正确的价值导向。人的解放和自由发展是马克思主义伦理学所遵从的基本价值原则,它也成为现代社会基本的价值原则。基于这个基本价值原则,"什么是更好的生活"成为应用伦理在各个领域可以"公约"的目标追求。由此,马克思主义伦理学对社会生活实践的指示,体现在:其一,为各个社会生活领域确立发展的价值目标;其二,为各个社会生活领域确立价值导向——人是目的,应用伦理如果背离了这个目的,也就丧失了应有的价值功能;其三,为各个社会生活领域提供克服困境的价值方法,即实现事实与价值、生活世界与意义世界、真理与价值的相互统一。

现实就是一种以人的感性活动为前提的积极的生成,是主客体相互作用的结果,现实性要求正是立足于当代生活,对异化、消费、生产、价值、意义等问题进行批判性思索,以期对社会主义建设和现代化问题作出指导,由此展现了马克思主义伦理学的当代意义,敞开了马克思主义伦理学新时代发展之途,马克思主义伦理学因此获得了生生不息的生长动力。

综上而言,科学性与现实性的统合,为马克思主义伦理学开辟了广阔的应用前景。德国伦理学家施贝曼(Robert Spaceman)曾言:"伦理是人对于现实的成熟状态"①,伦理学因而是对现实成熟状态思考的一种理论阐释或总结。中国马克思主义伦理学就是在科学性和现实性的指导下,在经验总结中和新的实践探索中不断地建构与发展。

二、马克思主义伦理学应用存在的问题略评

尽管马克思主义伦理学在很多领域得到了广泛应用并取得了丰硕成果,但仍存在一些问题是值得思考和继续深入探究的。

(一) 马克思主义方法论的指导和运用有待加强

马克思主义方法论是一个丰富的方法论体系。马克思主义方法论的主要贡献就是为人类认识和实践的发展提供了"实践辩证法"、"唯物辩证法"和"历史辩证法"锐利的思想武器。

当前,应用伦理学研究在理论联系实际方面、唯物辩证法和历史辩证法等运用方面有待进一步加强。有学者对应用伦理学"为学术而学术"的学究式研究提出了批评,认为应用伦理学要求研究者以直面现实的态度参与、体验并反思实际生活②。另有学者批评指出,应用不是单纯的理论应用和推广,也不是简单的原理逻辑与演绎,而是创造性的建构与应用,要求把伦理学基本原理和规范创造性应用到现实领域。③ 还有学者指出,不同于传统伦理学的理论论证从独立于其他判断的、不证自明的、先验的或永恒的理念出发,就可以直接或间接地产生出所有重大的道德判断,应用伦理学的方法是"关联性"的方法(论证不仅仅依赖于一种前提,而是依赖好几个判断或者诸多因素),因而所达到的共识并不一定体现着某种绝对的正确,而或许仅仅是一种相对的合

---

① Vgl.Stephan, *Wehowsky：Gespraeche Ueber Ethik*,Muenchen,1995,S.49,转引自甘绍平:《伦理学的当代建构》,中国发展出版社 2015 年版,"序言"第 3 页。

② 参见卢风、肖巍:《应用伦理学概论》,中国人民大学出版社 2008 年版,第 83 页。

③ 参见郭广银:《应用伦理学的拓展路径》,《南京工业大学学报》(社会科学版)2003 年第 3 期。

理,或达到问题的某种近似的解决。① 因此,一种唯物辩证的和历史辩证的方法就显得十分的重要。

(二) 应用伦理学的实际应用能力有待提升

与传统伦理学适用范围的局限性不同,应用伦理学主要涉及整个社会的行为关联,如政治伦理、经济伦理、科技伦理、生命伦理、生态伦理等,涉及民族国家甚至全球或整个人类,因此应用伦理学的应用能力的提高关涉整体性、全球性、未来性的责任与义务,是一种整体伦理、结构伦理、程序伦理和团体伦理。

当前,制约应用伦理学的实际应用能力的因素:一是存在理论与实践脱节的现象,因而难以对具体问题进行科学、深入地分析。二是对国际或外国问题的关注较多,对中国问题的关注度和敏锐性有待提高。应用伦理学要想取得突破,就必须直面中国社会建设中出现的实际问题,积极探究解决之道。三是应用伦理学的学科分支的本土化程度不高,一些研究者习惯于“套用”西方理论、概念和范式,难免有“橘生淮南则为橘,生于淮北则为枳”的“水土不服”状况,迫切需要中国应用伦理学理论的创新发展。例如,生态伦理建设中,如何传承中国生态伦理思想、吸收西方生态伦理思想,并结合中国生态伦理建设实践,既不生搬硬套也不生吞活剥,创立具有中国特色的社会主义生态伦理学,这是生态伦理学应用的可行路径。

(三) 应用伦理学的学科体系有待进一步完善

应用伦理学的诞生源于“问题”,但这并不意味着应用伦理学研究拘囿于“问题研究”。应用伦理学研究在一定阶段偏重于问题研究似乎并无不当,但学科的发展不应忽视“体系构建”——虽然任何理论体系的建构都免不了受

---

① 参见甘绍平:《应用伦理学的特点与方法》,《哲学动态》1999 年第 12 期。

到争议,但是作为"叙述体系"的应用伦理学体系对于其学科发展却是必需的。

应用伦理学的学科体系应该从两个层面理解。一是应用伦理学各个分支作为有独特研究对象和研究主题而相对独立的学科,应该有其相应的理论体系。如经济伦理学、政治伦理学、生态伦理学、生命伦理学等,由于各自的独特性规定以及面临问题的不断出新,只有不断完善各自学科体系才能够促进自身的发展。二是应用伦理学作为一个系统的整体,既有整体性的基本理论问题(如应用伦理学的研究对象、研究方法、核心原则等)需要廓清;其目标实现也是社会整体协同构建的过程,任何一个分支的应用伦理实现并不是本学科独立的事情,要靠社会整体结构与制度的调整、社会整体决策程序的施行、社会整体的共同行为来实现,如经济伦理与政治伦理相关联、经济伦理与生态伦理相关联、科技伦理的与生命伦理相关联等。因此,当前应用伦理学学科体系建设面临两个任务:一是各分支的学科理论体系的建设和完善,突出学科分支的问题性和针对性;二是作为总体理论的应用伦理学基本理论的科学化和整体化,并使之成为各应用伦理学学科分支的理论指导和发展依据。

第五章　改革开放以来中国马克思主义伦理学建设的基本经验与价值守望

"马克思列宁主义伦理学乃是新的、更崇高的道德关系的创造性伦理学。它不仅提出爱人、尊重人、保持人的尊严的原则,而且也开辟实际实现这一原则的现实途径——通过人们的相互活动,通过革命地、实践地改造生活环境。"①改革开放以来马克思主义伦理学在中国的发展,不仅在创造和丰富崇高的道德关系方面取得了宝贵的经验,而且为实现人的尊严和美好生活赋予了价值动力、指示着远大的价值愿景。

第一节　中国马克思主义伦理学建设的基本经验

改革开放以来,中国马克思主义伦理学实现了进一步发展创新,在学科理论发展与基础理论问题研究、伦理思想演进与理论体系建设、伦理秩序建构与实践指导、理论形态发展与研究范式创新等方面取得了丰富的经验。总结经

---

①　[苏]季塔连科主编:《马克思主义伦理学》,墨生、重耳译,上海人民出版社1981年版,第50页。

验是为了应对中国马克思主义伦理学理论创新面临的种种挑战,更好地展望未来。

一、学科理论发展与基础理论问题研究的双向推进

改革开放以来,马克思主义伦理学发展与改革开放实践主题相结合,实现了学科理论发展与基础理论问题研究的双向推进,从而呈现出了中国特色社会主义伦理学发展的新气象。

学科理论内含学科支撑理论、基础理论和应用理论。中国马克思主义伦理学是马克思主义伦理学的规律、原则、方法与中国革命建设的道德实践和中国优秀传统伦理文化相结合的产物,其学科支撑理论正是以马克思主义哲学、马克思主义伦理学、中国传统哲学等相关学科为基础,遵循马克思主义哲学原理和马克思主义伦理学原理的基本指导,同时充分吸收中国传统哲学的伦理资源,从而获得了马克思主义伦理学中国化的新形态。基础理论是指导学科教学和研究实践的根本指导思想和方法论。中国马克思主义伦理学发展以马克思列宁主义、毛泽东思想、邓小平理论、"三个代表"重要思想、科学发展观、习近平新时代中国特色社会主义思想为根本指导思想,并运用马克思主义哲学方法论(主要是辩证唯物主义方法论、历史唯物主义方法论、价值方法论)、理论与实践相统一的具体科学方法论而得以健康发展。如果说基础理论明晰了概念、范畴与范畴体系组成的学科逻辑体系,那么应用理论则是如何直接用于指导学科教学、研究实践和生活实践。中国马克思主义伦理学应用理论就是坚持实事求是、以人为本、开拓创新的基本原则下伦理学的专门化和应用化的理论构成。

中国马克思主义伦理学的学科理论发展从学科体系建设和学术体系充实的两个方面不断推进。改革开放以来,构建适应马克思主义伦理思想体系新发展,推动在理论研究、教育教学和实践运用中发挥积极作用的伦理学学科体系,仍然是中国马克思主义伦理学发展的首要任务。以罗国杰先生为代表的

马克思主义伦理学家以及一大批伦理学工作者为马克思主义伦理学学科体系建立作出了积极贡献,使得中国马克思主义伦理学具有了规范科学的特征,并逐渐形成自己的体系和风格。

学术体系规定着研究对象和研究领域,并反映着学科自身的发展逻辑与规律。学术体系的建构是与基础理论问题研究有机统一、共同推进的。一方面,基础理论问题的廓清和结论是构成学术体系发展的基本要素,支撑起学术体系的框架并使学术体系更加丰满。另一方面,学术体系的建构依赖于对基础理论问题深入研究和解决,并不断开辟理论研究的新领域。

中国马克思主义伦理学的学科理论发展与基础理论问题研究的双向推进,一方面,使得中国马克思主义伦理学逐渐走出"苏联模式"教条化影响,开创了中国特色社会主义伦理学研究新气象,社会主义伦理学理论体系得以确立并得到快速发展;另一方面,中国马克思主义伦理学理论进展与社会主义精神文明建设相结合,极大地改善了社会道德风尚和精神文明水平,社会主义道德规范体系得以形成和逐渐丰富。

二、伦理思想演进与理论体系建设的互促发展

在中国马克思主义伦理学发展创新的过程中,马克思主义中国化理论成果为马克思主义伦理思想演进作出了积极贡献,从认识体系、价值体系、制度体系、实践体系等方面推进了中国马克思主义伦理学理论体系建设。

改革开放以来,党和国家主要领导人在建设中国特色社会主义实践中,立足发展实际,应对新形势、迎接新挑战、担当新使命,提出一系列伦理新思想、新命题和新观点,为马克思主义伦理学理论形态建构发挥了主导作用,从伦理认识体系、伦理价值体系、伦理制度体系和伦理实践体系方面推进了马克思主义伦理思想体系的发展和丰富。

从伦理认识体系而言,中国马克思主义伦理学秉承了马克思主义伦理思想的辩证唯物主义认识论,建构了契合中国特色社会主义改革开放实践的伦

理学新形态。改革开放四十多年来,中国马克思主义伦理学坚持马克思主义的实践观和真理观,建构了伦理认识体系的完整形态:在认识论原则上,不仅实现了伦理认识上的"解放思想、实事求是"的伟大变革,也在改革开放的实践中积极探索和发现社会主义伦理建设规律;在认识论辩证法上,坚持认识是"实践、认识,再实践、再认识"的不断深化的能动辩证发展过程,不断推进对社会主义本质和中国特色社会主义特征的伦理认识,积极探索中国特色社会主义伦理建设规律;在认识检验标准上,强调在发现问题、解决问题的伦理实践中不断检验和发展真理;在认识发展规律上,既看到认识具有反复性、无限性,又看到认识的上升性和前进性,从而正视改革开放和市场经济建设出现的种种"伦理丧失""道德危机"等问题,更满怀信心地倡导和践行社会主义核心价值观、追求社会和谐、实现美好生活;在认识论原则、认识论辩证法、认识检验标准、认识发展规律的科学认知中,开辟中国马克思主义伦理学与时俱进、开拓创新的发展道路。

就伦理价值体系而言,马克思主义伦理思想与资产阶级伦理思想最大的不同就是实现了人类伦理思想史上"从为少数人向为大多数人转变"的伦理价值革命,并确立了"实现人的自由全面发展"伦理价值目标。改革开放以来,中国马克思主义伦理学高扬马克思主义伦理思想的价值旗帜,致力于探求如何消除人与自然、人与社会、人与人、人与国家、人与自身的伦理关系中存在的对立和冲突,形成了中国特色社会主义核心价值体系,确立了国家层面、社会层面和个人层面相统一的社会主义核心价值观。

就伦理制度体系而言,中国马克思主义伦理学对中国特色社会主义经济、政治、社会、文化、生态等领域的发展作出了伦理佐证、伦理规导和伦理设计。伦理制度体系是社会基本制度的伦理诉求及其如何实现的制度化安排的综合体现,是制度伦理化的体系呈现。伦理制度体系必然由合伦理性与合道德性的制度构成,并通过一系列的政策、法规、条例、原则和规范体现出来。改革开放以来,中国特色社会主义伦理制度体系不断发展完善:在经济上,坚持以公有制为基础,实行按劳分配,消灭剥削、消除两极分化,最终实现共同富裕为基本价值追求,体现了价值理性与制度理性辩证统一、公平与效率辩证统一的基本原则;在政治上,坚持"党的领导、人民当家作主、依法治国"有机统一,展现了中国特色社会主义民主的旺盛生命力;在社会发展上,构建和谐社会、切实维护与实现社会公平与正义,努力实现人民日益增长的美好生活需要;在文化上,坚持以马列主义为指导,以培育"四有"公民为目标,发展面向现代化、面向世界、面向未来的,民族的科学的大众的社会主义伦理文化,为中国特色社会主义建设提供精神动力和智力支持;在生态建设上,坚持以人为本,以人与自然、环境与经济、人与社会和谐共生为宗旨,实现科学发展、可持续发展。

就伦理实践体系而言,改革开放以来中国马克思主义伦理学形成了教学实践和应用实践相统一的实践体系,为提升社会主义精神文明提供了实践支撑。从伦理学教学实践看,1979 年中国人民大学率先恢复了伦理学教学,并最早设立了伦理学专业,迄今有 20 多所高校设置了伦理学专业,很多学校将伦理学课程作为通识课程开设。从应用实践看,伦理学广泛服务于经济、政治、文化、社会公共事务、行政、医学、生态等实践领域,为社会主义建设提供全方位的伦理评判和伦理指导,并为解决经济伦理问题、政治伦理问题、生态伦理问题、生命伦理问题、网络信息伦理问题、公共生活伦理问题、国际交往伦理问题等"问题集"积极求解。理论最终要落实到实践、为实践服务。实践是马克思主义的鲜明品格,中国马克思主义伦理学充分展示了这种实践品格,体现了合规律性与合目的性的统一。

三、伦理秩序建构与改革开放实践的辩证统一

伦理秩序既是一种实然的结构性存在,也是一种包蕴着良善价值追求的应然秩序状态。与法治秩序的"刚性约束"不同,伦理秩序作为"基础秩序",为改革开放实践提供伦理结构支撑和深层的价值动力。改革开放以来,中国

马克思主义伦理学切合中国改革开放的实践需要，实现了伦理秩序建构与改革开放实践的辩证统一，推进了中国社会的全面进步。

改革开放四十多年，中国马克思主义伦理学着重于以"价值秩序"为基础、"制度秩序"为支撑、"心灵秩序"为追求，形成一种结构性力量推进了伦理秩序建构。

伦理价值秩序旨在通过伦理价值的倡导和培育，为国家、社会、个人提供分层次的价值指导，进而形成社会核心价值认同。在中国马克思主义伦理学形成时期，张岱年、周辅成、周原冰、李奇、罗国杰、许启贤等老一辈伦理学家为社会主义伦理价值秩序的建立作出了杰出贡献。如张岱年对真与善的道德价值的阐析，周原冰对共产主义道德价值原则的系统研究，李奇通过对道德价值与社会生活关系的阐释，罗国杰对马克思主义伦理价值的阐述和共产主义道德的价值宣扬，使马克思主义道德价值学说更加深入人心，推进了社会主义伦理价值秩序的形成。在中国马克思主义伦理学发展繁荣时期，马克思主义伦理学向注重应用、面向实际转变，价值的建构与社会主义精神文明建设紧密结合。主要表现在三个方面：一是中国马克思主义伦理学聚焦于破解社会主义市场经济体制建设过程中凸显的道德问题，并通过对道德本质探究、伦理精神建构、市场经济伦理批判、社会问题的道德反思等研究推进了社会主义道德价值的认识。伦理学理论研究与市场经济建设这一个改革开放的重要实践主题相适应，在激发和引导人们的进取竞争、独立自主、公平正义、民主平等、权利规则等思想意识和价值观念变化发挥重要的作用。二是以社会主义建设重大理论和现实问题为研究重点和突破点，社会主义公平正义价值观念和价值诉求日益成为全社会的共同追求。三是在马克思主义伦理学的价值指导下，马克思主义伦理价值在经济伦理、生命伦理、政治伦理、生态伦理等应用伦理学领域得到多维度拓展和实践应用，极大地推进了社会主义道德建设和精神文明建设，使得社会伦理资源的"整合力"和当代伦理精神塑造的"引领力"进一步增强。尤其是党的十六届六中全会第一次明确提出"建设社会主义核心价值体系"的重大命题和战略任务;党的十七大进一步指出了社会主义核心价值体系是社会主义意识形态的本质体现;党的十八大明确提出"倡导富强、民主、文明、和谐,倡导自由、平等、公正、法治,倡导爱国、敬业、诚信、友善,积极培育社会主义核心价值观";党的十九大提出要培育和践行社会主义核心价值观——至此,社会主义伦理价值秩序基本形成。

伦理制度秩序旨在通过伦理制度的建立为社会确立一套行之有效的道德规范秩序。在改革开放初期,伦理学界对共产主义道德的实质和基本原则、马克思主义道德科学的党性原则、集体主义和个人主义区别与联系、马克思主义人道主义和资产阶级人道主义的区别、社会主义制度下人的异化、人性与需要等问题作了进一步理论廓清,为建构社会主义伦理制度秩序夯实了基础。尤其是《中共中央关于加强社会主义精神文明建设若干重要问题的决议》明确提出社会主义道德规范体系;《公民道德建设实施纲要》以社会公德、职业道德、家庭美德、个人品德为着力点,对公民道德的要求进一步规范化;《中共中央关于构建社会主义和谐社会若干重大问题的决定》进一步明晰了社会主义道德的基本原则、主要内容、规范要求,重点强调了"爱国、敬业、诚信、友善"等道德规范;《新时代公民道德建设实施纲要》对加强新时代公民道德规范建设提出了更新更高的要求。以上关于道德规范建设的中央文件使社会主义道德规范体系得到制度化发展,极大地推进了社会主义伦理制度秩序建构。

改革开放以来中国马克思主义伦理学的发展,不仅促进了伦理价值秩序和制度秩序的构建,同时也为广大民众建构和谐的心灵秩序提供价值支撑。其一,通过对集体主义与个人主义、道德与利益、公平与正义等伦理学核心问题的理论廓清,广大民众对马克思主义利益观有了辩证科学的认识,进一步激发对物质利益合法追求的积极向上心态和对公平公正利益分配的渴望心理。其二,通过对人道主义、人性、道德心理、道德主体性等伦理问题的新探索,解放了思想,开阔了社会主义道德理论新视野,开辟了社会主义道德研究的心理路径和主体性路径,为激发社会民众的道德主体性和引导社会心理健康和谐发展提供了理论和实践指导。其三,民主、自由、平等、权利、共享等核心价值得到了伦理学广泛和深入的理论论证,使这些价值理念日益深入人心。民众不仅初步实现了对社会主义民主政治的积极期待,也极大地增强了对中国特色社会主义的道德价值认同。

实践证明,作为"最好动力"的伦理秩序通过主体的塑造、实践的价值规导、公民创造性的激发,与作为"最强动力"的市场经济辩证统一,推动着中国特色社会主义改革开放深化发展,这是改革开放四十多年中国马克思主义伦理学建设的重要经验。

四、理论形态发展与研究范式转换的互动创新

马克思指出:"理论在一个国家实现的程度,总是决定于理论满足这个国家的需要的程度。"①中国马克思主义伦理学的理论形态创新发展与研究范式转换,是在与改革开放实践需要的良性互动中得以实现的。改革开放四十多年中国马克思主义伦理学理论发展以"本真形态"、"时代形态"、"中国形态"和"创新形态"四种形式得以呈现。

"本真形态"体现了中国马克思主义伦理学本质属性,所追问的是马克思主义伦理学的本真精神。明确的指导思想、理论支撑、研究对象、学科性质等确立了中国马克思主义伦理学的"本真形态"。改革开放初期,对伦理学"本真形态"的理解被深深地打上了苏联伦理学理论模式的烙印,但也为伦理学新形态发展提供了较大的形式和内容上的变革空间。

"时代形态"追问的是在改革开放实践中马克思主义伦理学应该是什么、应该怎么样。改革开放在"摸着石头过河"中前进,中国马克思主义伦理学应该是什么和应该怎么样随着对改革开放的认知和理解的深化而清晰。在关于

---

① 《马克思恩格斯选集》第 1 卷,人民出版社 2012 年版,第 11 页。

真理标准问题、"姓社"和"姓资"等重大问题的讨论之后,关于对改革开放的质疑逐渐消退。我国伦理学界对改革开放的"道德滑坡"质疑、对市场经济"负面效应"的质疑,也逐渐随着对改革开放的正确定位和定性而逐渐转变,如何推进改革开放良性深化和社会主义市场经济健康发展成为中国马克思主义伦理学的主要任务,伦理学的"时代形态"逐渐展现风采。

"中国形态"追问的是与中国特色社会主义发展相适应的伦理学特征是什么。改革开放以来,随着对中国特色社会主义探索实践的深入以及中国特色社会主义理论逐渐成熟,中国特色伦理学意识在伦理学界逐渐觉醒和增强,中国马克思主义伦理学研究逐步迈入了繁荣发展阶段。尤其是党的十八大以后,伦理学研究不仅在对经济、政治、社会、文化和生态领域伦理道德问题的持续关注中不断深化,也将学术视野拓展到经济全球化和当代科学技术发展前沿。伦理学的"中国特色",也伴随着"中国道路"进一步彰显了"中国价值"和"中国声音"。马克思主义伦理学的"中国形态"必将在新时代实现新发展,在构建人类命运共同体的价值实现中达到新高度。

"创新形态"追问的是在建设中国特色社会主义新时期如何创新中国马克思主义伦理学。改革开放初期,中国马克思主义伦理学带有明显的"苏式"风格,伦理理论缺乏民族维度和中国范式。改革开放以来,中国马克思主义伦理学新形态的探索与改革开放实践实现辩证统一和相互推进。随着计划经济体制向市场经济体制的转轨,以及社会主义思想道德建设的基本框架和社会主义道德规范体系的提出,社会主义伦理学体系的构建确立了基本方向;随着中国特色社会主义建设事业的不断推进,中国特色伦理学意识、学科体系、学术体系、话语体系、实践体系都在实现不断创新发展。

"本真形态"、"时代形态"、"中国形态"和"创新形态"标识着中国马克思主义伦理学创新发展的状态和特征,而这种创新发展是以伦理学研究范式转换为主要依托而实现的。

改革开放初期,中国马克思主义伦理学研究基本遵照苏联伦理学研究范式来阐释伦理学的基本问题,对道德的起源、本质、功能和特征的理解凸显哲学的"党性原则","苏联马克思主义伦理学"特征明显。这种研究范式对于伦理学发展的主要作用在于确定了中国马克思主义伦理学的学科性质、研究对象、主要任务、方法论等,为学科体系建立奠定了基础,但其对苏联马克思主义伦理学教条化搬用和缺乏中国特色等弊端也显而易见。20 世纪 80 年代中后期,随着对苏联模式马克思主义哲学体系和苏联马克思主义学者研究方法的反思和批判,我国伦理学界开始突破苏联伦理学中哲学本体论的传统思维模式,在研究范式上发生了两个显著的转变:一是对道德本质特征的理解视角发生变化,原来那种从"社会学视角"将道德理解为维护特定阶级利益的工具、为特定阶级的利益服务的观点受到了质疑,从"伦理学视角"对道德的人性基础和普遍性特征的研究逐渐为人们所接受和欢迎;二是批判对实践基础和主体性原则的忽视及其造成现实的人的失落等弊端,进一步凸显马克思主义实践观点,凸显对主体、人性等问题的关注。

以 1992 年邓小平南方谈话为契机和 1993 年党的十四届三中全会通过了《中共中央关于建立社会主义市场经济体制若干问题的决定》为起点,中国马克思主义伦理学的研究范式着重向破解社会主义市场经济体制建设过程中凸显的道德问题转变,伦理学理论、原理和道德问题的研究取得丰硕成果。进入21 世纪,中国马克思主义伦理学在迎接新挑战中继续发展,伦理学研究范式在坚持理论问题与实践问题相统一、继承与创新相统一的原则,以社会主义建设重大理论和现实问题为研究重点和突破点,推进了学科和理论的繁荣发展,尤其是伦理学基本理论研究日趋深入,在坚持马克思主义伦理学基本原理下实现应用伦理学的兴起和发展。党的十八大之后,围绕中国特色社会主义伦理道德建设、实现中华民族伟大复兴中国梦主题,马克思主义伦理学研究范式呈现出新特点,一是深度关注和破解中国特色社会主义伦理道德建设问题,二是对马克思主义伦理学在中国发展进行了总结性研究,三是深切关注传统伦理文化、民族伦理文化当代价值及其生活实践。

中国马克思主义伦理学的理论形态发展与研究范式转换的互动创新,从改革开放的实践出发观照社会主义伦理现实,推进了中国特色社会主义伦理学的形成和发展。

综上所述,改革开放是当代中国最鲜明的特色,改革开放以来中国社会发生了巨大变化,尤其是社会道德理论与实践取得积极进展,中国马克思主义伦理学建设取得了显著成就。对中国马克思主义伦理学建设的丰富经验加以总结,是推进中国特色社会主义伦理学理论创新的迫切需要。

第二节　中国马克思主义伦理学的价值坚守

作为哲学理论科学的伦理学是一门社会价值科学,以阐释和探究道德价值规律为己任,以规导和创造优良的社会价值运行为目的。伦理学的价值科学属性决定了中国马克思主义伦理学的价值功能、价值任务和价值目标,尤其在实现中华民族伟大复兴的时代要求下,中国马克思主义伦理学作为探究人们自身利益需求以及如何满足这种需求的价值导向系统,毫无疑问,应该为人的发展和社会生活提供价值引导和精神支持。而其中关切要害的问题是:中国马克思主义伦理学的价值关切何以必要? 价值实现如何可能? 增强"中国特色社会主义"的价值自信、价值主导力和价值影响力,是作为当代价值科学的中国马克思主义伦理学的时代使命。中国特色社会主义伦理学建设首先需要对"自我镜像"进行辨识,通过价值独断主义批判、中国优秀传统伦理价值的内蕴力转化、中国特色社会主义"主题价值"的活力激发以实现价值坚守。

一、中国马克思主义伦理学的价值实现之问

中国马克思主义伦理学以社会主义建设实践中的道德现象和发展规律为研究对象,遵循功利价值和精神价值、外在社会价值和内在主体价值的有机统一,对于伦理价值的辨析贯穿于社会主义道德生活的一切领域,而价值不仅是

为我的"一种本质力量的确证"①,更是社会发展的共同追求。从应然性角度看,任何伦理学理论总是有价值指向的,中国马克思主义伦理学的价值指向更是明确的。如何认识和评估价值、选择和追求价值、生产和创造价值、实现和消费价值,不仅构成了社会主义生活的全部内容,也决定了中国马克思主义伦理学的理论旨趣。但是毋庸讳言,当前中国马克思主义伦理学的价值实现尚存在一些问题,值得我们伦理学人共同省思。

（一）基于"中国特色社会主义"主题价值而确立的价值自信有待凸显

中国特色社会主义发展阶段已经不同于新民主主义革命和社会主义革命的社会发展阶段,更不同于苏联的马克思主义发展阶段,因此中国伦理学的社会条件、时代主题、理论目的已经呈现出了崭新的要求。

19世纪80年代,马克思主义伦理学说在俄国获得了新的发展,形成了列宁伦理思想。在马克思主义伦理思想史上,列宁为马克思主义伦理思想的继承、丰富和发展作出了积极的贡献。但是自20世纪30年代,出于政治的需要,马克思主义被绝对化、教条化,伦理学的发展也因为强调为政治服务而被封闭,主要表现为四个方面的问题:从伦理学体系看,由于马克思主义伦理学说的世界观与方法论、辩证法与认识论、自然观与历史观的统一被割裂,理论体系的人道化、非理性化、新教条主义化明显;从伦理学致思范式看,束缚于党性原则,忽视了伦理学的主体性原则,造成现实的人的失落;从伦理学方法看,未能充分体现马克思主义伦理学说的革命性和实践性,造成了理论研究与实践的不协调;从伦理学话语体系看,伦理学话语变成了一种可以普遍套用的操作话语,话语体系的批判功能和价值功能被遮蔽。

中国马克思主义伦理学的发展是随着马克思主义伦理学的传入并结合中

① 马克思:《1844年经济学哲学手稿》,人民出版社1985年版,第82页。

国革命、建设的历程而得到发展的,但是这种"传入"是经俄国中转,深受苏联伦理学的影响,存在着明显的苏式化特征,由此造成了中国伦理学价值自信的"先天不足"。其一,政治价值被抬高而道德价值被压抑。在相当长的时期内,伦理学理论发展带有强烈的政治化意识和政治化倾向,在一定程度上造成伦理学建设政治色彩浓厚,造成价值取向的偏颇。其二,价值功能被扭曲,伦理道德教育的实践价值被销蚀。在道德教育上,以政治教育取代健康人格培养;在道德评价上,以政治立场评价取代道德品质评价;在道德社会效果上,道德目标脱离实际,道德陷入空泛无力。其三,道德价值的本土性和民族性没有彰显。马克思主义伦理学中国化的不彻底性,造成伦理学建设对中国传统伦理价值重视不够、对传统资源的利用不足、伦理文化的民族特色不强。

如何坚持马克思主义伦理学说的价值观念、继承中国传统伦理文化价值精华,在社会主义建设和全面深化改革的进程中彰显时代价值,打造属于中国特色社会主义"主题价值",在价值自觉基础之上建构价值自信,这是当前中国马克思主义伦理学建设面临的紧迫问题。

(二) 基于现实价值关切的价值主导力有待增强

伦理学是探究人类道德需求以及如何满足这种需求的价值导向系统,为人的发展、社会进步提供价值引导,毫无疑问,伦理学应该着眼于生活实际、着眼于人的未来发展,凸显实践性。实践性即凸显实践的观点、立足中国实际,并以此为基点去重新审视、理解、阐发伦理学理论,从而重新阐发被遮蔽了的实践精神。

毋庸讳言,当前中国马克思主义伦理学对实践的契合性、适应性有待提升,存在的主要问题有两个。一是现实观照有待进一步加强,视域有待进一步拓展。直面当代中国的现实问题是中国马克思主义伦理学建设与繁荣的关键,因为只有正确地捕捉、及时地回答中国当代社会发展中的新问题,尤其要对全面深化改革、从严治党、建设小康社会、依法治国、市场经济建设、国家治理现代化等问题倾注热情和关心,才能保持伦理学生命力以及对大众的吸引力,否则就背离了伦理学的现实向度。二是现实性与学术性的二元间距有待弥合。理论是为了指导实践的,学术研究是为了实践运用的。当前,一些伦理学研究者执迷于书斋问题,搞所谓的"纯学术",自命清高,自成一隅,对现实问题漠不关心,或丧失"话语权力",或"对可言说者言说,对不可言说者沉默",造成了现实性与学术性背离,从而禁锢了伦理学的生命力。

展现实践精神是伦理学应有的特质,在"实践—精神"的互动中,中国马克思主义伦理学的价值主导力既体现在对现有社会价值的规导、避免社会陷入价值狂热,还体现在倡导先进的价值观念、引领社会价值的进步,推动社会发展。正如 J.弗莱彻在《境遇伦理学》指认的"境遇"意在说明伦理不能脱离特定、具体的价值存在或价值场域,中国伦理学如果脱离了自身发展的"境遇",中国特色的价值关切将无从实现,中国马克思主义伦理学的价值引导力将无从安放。

(三) 基于价值传播的价值影响力有待提升

现代性道德的危机暴露了以价值主题化和普遍规范化为特征的现代性道德话语霸权①;但是当代伦理话语是否应该或必然陷入利奥塔式"道德都将是'审美'的快感"②的后现代"诅咒"呢? 这种判断当然是没有根据的。只有在此前提性预设中,我们对中国伦理话语体系及其价值传播力和引领力存在的问题的认识才能是客观理性、并且满怀未来期待的。

当前,存在的主要问题如下:一是对本土伦理话语资源重视不够而对西方伦理崇尚有加。伦理学研究中一些学者热衷于搬弄西方伦理理论、西方伦理术语,甚至有些学术文章喜欢套用西方学术话语体系,言语方式西化倾向严

---

① 邓伯军、王岩:《后现代伦理话语和社会主义荣辱观》,《伦理学研究》2008 年第 3 期。

② [法]让-弗朗索瓦·利奥塔:《后现代道德》,莫伟民译,学林出版社 2000 年版,"引言"第 1 页。

重,一定程度上患了"母语失语症"。此种情况造成了第二个问题,即文风晦涩。一些研究论文的文风表现为字眼生僻、概念抽象、语言晦涩,难以读懂,甚至一些人把字句别扭、思想模糊、引证繁多、意见不明当作时尚。以上两个问题必然导致第三个问题,即伦理学话语的价值引导力未能有效实现。一方面,我们的伦理道德话语对于引领民众道德意识、达成伦理价值共契、淳化社会道德风尚的能力和效果有待增强;另一方面,我们的伦理道德话语在国际交往中的道义宣扬、发展伦理彰显、价值引领等方面的效果不尽如人意,我们的伦理价值认同、价值信赖度有待提升,而这不仅关系着文化道德的合法性即"道德正当"在国际伦理交往中的辨识度与共识度,还关系着中国道路的世界意义如何在更大范围内获得伦理认同和道义支持。鉴于此,如何构建中国马克思主义伦理学的话语体系,通过话语传播价值、通过传播实现价值引领乃是一项紧迫而艰巨的任务。

二、价值坚守:中国马克思主义伦理学的"自我镜像"辨识

"自我镜像"就是如何看待自己,是一种自我形象的认识。自我镜像模糊,就不可能自知,更谈不上自信。在实现"中华民族伟大复兴的中国梦"成为中国社会发展主题的今天,中国比过去任何时候都需要清晰地认清自我和传播价值,一方面向国人、向世界说明我们"从何处来""走什么路""向何处去",另一方面让世界更加全面、客观和理性地认识中国社会主义及其世界价值。价值自信和价值传播基于"价值坚守"。伦理学的"自我镜像"辨识,是对自身传统伦理文化价值的清晰认知、自觉继承、积极弘扬,也是对本国和本民族现阶段倡导的伦理价值积极认同和自觉遵循。

(一) 价值独断主义批判

价值坚守不是价值独断主义!中国马克思主义伦理学要想迈开现代性的步伐,就不能故步自封、价值固化,就必须对价值独断主义进行批判。什么是

价值独断主义？有何危害？19世纪德国著名的哲学家康德曾批判莱布尼茨、沃尔夫等人的哲学体系无视人的认识能力的条件和范围,就断定人的理性能力是全能的、绝对可靠的,可以发现宇宙的真相。康德认为无视认识的条件和对象范围,在未能考察人们的认识究竟是如何可能的之前就狂妄地作出武断的、绝对的结论,这是理性的误用,①这种独断论注定是要破产的。独断论在价值判断和价值选择上的表现就是价值独断论。价值独断主义是"表现于价值理论和价值观念中的独断主义,指人们对自己价值判断的立场和限域缺少自省就断然下结论的习惯。它主要表现为价值观念上的知识主义、普遍主义和绝对主义"。"价值独断主义的根本弱点,是无法正视和包容多元化的社会现实。它总是要以排他的方式来坚守自己,因此经常置身互不相容的两极对立"。②

人们容易犯价值独断主义的错误,常常是因为每一个人都是生活在一定价值体系占主导的社会环境中,在自身的价值主体性尚未形成或觉醒之前就已经受到社会价值体系的影响,甚至控制。例如,在社会生活中,价值观念差异、争执、冲突是如此的剧烈,是因为一些人固执于价值己见,对自己的价值判断深信不疑,有些人甚至以价值主导者的身份高高在上地指责"未合时宜"的他人,更可悲的是,这些人从来没有设身处地地想过异己价值观念是否存在合理性。再如,在国际交往中,西方发达国家常常对其他国家颐指气使、指手画脚,自认为自己掌握着自由、民主、人权的价值真谛,以上帝的身份发言或指责,这同样是价值独断主义的表现。所以福山的"历史终结论"才会自信的认为资本主义制度是"人类社会形态进步的终点""人类统治的最后形态"。

价值独断主义不仅会导致社会生活中的思想专制和道德强迫,容易造成"同而不和"的道德状况,窒息道德之"善"的生机,还会加剧个体与个体、个体

---

① 参见陈修斋、杨祖陶：《欧洲哲学史稿》,湖北人民出版社1983年版,第417页。
② 李德顺：《价值独断主义的终结——从"电车难题"看桑德尔的公正论》,《哲学研究》2017年第2期。

与群体、群体与群体之间的价值分裂、价值冲突,消解诸如"生活共同体""命运共同体"的向心力与凝聚力,甚至戕害"和平"与"发展"的最基本价值追求。如何有效地消除价值独断主义,依然是当今伦理道德建设需要解决的问题,由此也成为中国马克思主义伦理学建设面临的重要研究主题。

(二) 中国优秀传统伦理价值的内蕴力转化

中国马克思主义伦理学的时代创新需要运用现代性眼光批判、发掘、发扬中国传统伦理文化中积淀几千年的伦理价值,处理好"返本"与"开新"的关系,在继承中做到"价值坚守"。

马克思指出:"人们自己创造自己的历史,但是他们并不是随心所欲地创造,并不是在他们自己选定的条件下创造,而是在直接碰到的、既定的、从过去继承下来的条件下创造。"①这种"过去继承下来的条件"不仅仅指物质生产和生活条件,当然也指文化(包括伦理、价值、观念、意识等)条件。吉登斯认为:"马克思的格言'人们创造历史'实际上表明的是一种特定文化动力,而不是对整个人类过去状况的描述。"②五千多年的文化沉淀和价值结晶已然成为一个古老民族发展的"根"。从这个意义上说,伦理文化作为创造社会历史的文化动力,总是承继并延续着传统,并在此基础上实现新的创造。如此,我们才能理解美国诺贝尔经济学奖得主道格拉斯·诺斯曾提出"路径依赖"的概念同样具有人类文化学的意义——他认为如果一个国家不知道自己过去从何而来,不知道已面临的现实制约、传统影响以及文化惯性,就不可能知道未来的发展方向。

中国伦理文化有着丰富的价值传统,这种价值传统在当今时代保持着理论与现实的张力。例如,其一,对人之存在价值和价值主体的肯认,如孔子云:"天地之性人为贵","人者,其天地之德,阴阳之交,鬼神之会,五行之秀气也"

---

① 《马克思恩格斯文集》第 2 卷,人民出版社 2009 年版,第 470—471 页。
② [英]安东尼·吉登斯:《现代性的后果》,田禾译,译林出版社 2000 年版,第 44 页。

(《礼记·礼运》),《老子》云:"道大、天大、地大、人亦大,城中有四大,而人居其一"。其二,对人生价值的追求超越,如叔孙豹云:"太上有立德,其次有立功,其次有立言"(《左传·襄公二十四年》)。其三,对价值理性与工具理性的有机统合,如《左传》载曰:"正德,利用、厚生,谓之三事","正德"属于价值理性,"利用"则属于工具理性,然后达到"厚生"之目的,满足人的生存需要;再如《大学》"八纲目"中"格物、致知"的工具理性与"诚意、正心"的价值理性的统一,反映了对人生价值目标的追求。其四,"天人合一""中和为用""己所不欲,勿施于人"的整体和谐、辩证思维伦理智慧,对于全球化时代国际交往伦理的建设具有重大的现实价值。概而言之,如何正确处置价值问题、作出科学的价值评价、获得合理的价值认识,纵观人类伦理文化思想史,中国传统伦理文化丰富的智慧值得发扬光大。

正是基于中国传统伦理价值的历史性和当代性考量,传统伦理价值的现代转化才显得愈加重要,而这正是中国伦理学实现价值坚守的前提和根基。从文化人类学意义而言,任何一种文化的发展都是所有以前世代文化的累积、递进和创新,尤其对于中国传统文化血脉中流淌的伦理价值精神,不仅有转化的必要亦有转化的必然。总结、辨析中国传统伦理价值理念,并为现代所践行,无疑是伦理学建设的发展逻辑。中国马克思主义伦理学的发展如果失去了共同的语言和珍贵的民族传统,也就失去了"根",无"根"的伦理学难以塑造深入人心的社会价值观,也不可能言及理论自信,更谈不上走向世界。

三、中国特色社会主义"主题价值"的活力释放

中国马克思主义伦理学的时代创新必须坚持马克思主义的价值立场和价值方法,贴近当代社会生活,置身于中国特色社会主义的价值场域,在实践中打造、创新、引领、培育社会主义核心价值观,在践行中实现"价值坚守"。

随着社会主义市场经济建设的深化、社会生活领域的扩展、社会交往范围从"熟人社会"向"陌生人社会"的转变、社会流动性的日益增强,生活方式和观念的差异日渐显现,价值差异甚至价值冲突日渐明显,如何在公共生活中重建文化价值共识便显得愈加重要和紧迫。从党的十六届六中全会对社会主义核心价值体系的提出,到党的十八大对社会主义核心价值观的提炼,就是试图通过社会核心价值观的确立,实现公共社会生活的指导和引领。社会生活史已经说明,要想让人们过健康的道德生活、实现社会和谐发展、营造健康向上的社会道德氛围,就必须确立具有感召力的社会主义核心价值观并通过公民的价值认同而实现伦理秩序的建构。

改革开放四十多年,中国经济社会发生了巨大的变化,物质财富有了极大增长。但是伴随市场经济建设而来的拜金主义、见利忘义、道德冷漠等行为比比皆是,现实生活中严重的道德危机表明人们对生活意义、伦理价值和道德目标等产生严重的、普遍的怀疑。伦理道德的颓废不仅会导致人们对其自身生存意义的茫然失措,也会导致现实生活的无所适从。培育和践行社会主义核心价值观,其目的就是通过伦理价值观的宣扬,实现民众的价值认同与价值自觉,进而和谐人际交往、纯化生活风尚、优化社会环境。中国特色社会主义建设需要整个社会伦理文化的提升和全民道德素质的普遍提高,从此目的而言,中国马克思主义伦理学建设的"价值坚守",必须围绕社会主义核心价值观,打造中国特色社会主义"主题价值"并激发其价值活力,既要强调"富强、民主、文明、和谐"作为国家层面的价值目标,也要强化"自由、平等、公正、法治"作为社会层面的价值取向,还要突出"爱国、敬业、诚信、友善"作为公民个人层面的价值准则。实现中国马克思主义伦理学建设的"价值坚守",要以能否促进社会进步发展作为主体需要的最高尺度和终极性标准,指引民众作出正确的价值选择,避免陷入价值相对主义、价值虚无主义、民族虚无主义,认清认识社会主义的价值取向和价值优势,坚定走中国特色社会主义道路。一个民族要成为伟大的民族,必须有共同的语言和共同语言背后的共同的价值取向和价值信仰,唯其如此,我们才能够对"自我镜像"的聚焦变得真实而清晰,这是"价值坚守"的真义。

第三节　中国马克思主义伦理学的价值解放

价值解放就是在价值坚守的基础上,在主导社会价值体系架构中实现和而不同的价值自由。实现从价值坚守到价值解放的融通,这是中国马克思主义伦理学价值实现的更高阶段和更重要的要求。通过对价值相对主义和价值自由主义的"幻象"的批判、价值解放的主体塑造、价值自由的张力释放等,实现在价值坚守基础之上的价值解放。实现价值坚守与价值解放的融通,这是中国特色社会主义伦理学走向价值自由并最终实现价值自信和价值自强的必由之路。

一、价值解放不是价值相对主义和价值自由主义的"幻象"

其一,价值解放与价值相对主义最根本的区别就是二者的内在根据不同。价值解放的内在根据是价值主体性的生成、提升和彰显。尽管其主体是人,但价值解放不是主体多元化扩散,也不是同一主体在不同条件、不同阶段的多样性变化和相对性呈现。价值相对主义的根据是认为价值具有属人性,主体不同价值就因人而异、因时而异、因地而异,甚至"怎样都行",从根本上而言价值相对主义是经验原则的作祟。

现代社会价值领域的最大挑战莫过于价值相对主义的盛行及由此导致的价值虚无主义。现代西方社会的价值变迁跌宕起伏、令人担忧。遭受了"上帝死了"之后的价值颠覆,西方社会并没有找到另一种安置心灵的方式,以致当代后结构主义大师福柯通过人与社会文化的关系考察之后,惊世骇俗地宣告"人死了"——这种连价值主体也彻底颠覆引起的争论与恐慌甚至超过了尼采宣告"上帝死了"。西方现代社会对价值信仰的对象和价值主体的摧毁,导致了比"怎样都行"更可怕的"怎样都不是"的价值虚无主义。现代道德生活面临危机,正如美国学者宾克莱指出,在被称为"相对主义的时代","使人想要找到他能够为之坚定地毫不含糊地献身的终极价值的希望大大破灭了"。① 中国现代社会的当代转型同样也遭受了价值相对主义导致的价值虚无主义侵扰。有人认为 20 世纪 20 年代前后的社会变革一定程度地造成了传统价值的崩溃,80 年以来改革开放的最大变化导致了绝对价值的"祛魅",革命价值的社会引导力消退,新的社会主导价值尚未形成,人们在普遍的功利主义驱使下陷入价值选择的茫然,导致了"美德的去圣化"和"崇高的消解",以致人们"正在精神深层中经受着来自于价值秩序混乱的道德困惑与道德不幸"②。

其二,价值解放也不是价值自由主义的"随意"和"漫不经心",不是打着自由旗号的价值"凌辱"和"侵犯",更不是以反对主流政治架构为能事的价值判断和价值选择的"随心所欲"。一方面,价值解放不是价值不定、价值摇摆或价值放纵,而是价值主体性的确立与获得,它意味着个体得到最大限度的理解和尊重的同时,实现个体自由与共同秩序融洽。马克思所言"任何一种解放都是使人的世界和人的关系回归于人自身"③,正是从价值主体性维度对解放进行诠释。另一方面,价值解放不同于自由主义的"价值自由",因为自由主义的所谓价值自由是只强调"我的自由"而不顾"他的自由",对于"我",怎样都行;对于"他",则以我的价值为价值。自由主义在经历了古典自由主义、主张国家干预的自由主义之后,在 20 世纪初发展成为主张回复古典自由主义的新自由主义,其实质和核心是宣扬资本主义私有制和市场自由的普遍性,反对社会主义。与古典自由主义对"自由"的理解稍有不同,新自由主义认识到

① [美]L.J.宾克莱:《理想的冲突——西方社会中变化着的价值观念》,马元德等译,商务印书馆 1994 年版,第 52 页。
② 金生鈜:《德性与教化》,湖南大学出版社 2003 年版,第 2 页。
③ 《马克思恩格斯全集》第 3 卷,人民出版社 2002 年版,第 189 页。

自由应该是制度框架内的自由,而不是放任自流,但在价值观上则鼓吹所谓的"民主万能""民主和平""民主同盟"等,推行"价值外交"和"价值渗透",企图打造"自由和民主之弧"。自由主义对自由价值的理解和实践,只能造成价值争端和价值反抗,对于全球化的国际伦理秩序建构的危害是值得警惕的。

中国马克思主义伦理学必须把握时代特征,匡正价值相对主义和价值自由主义的随意性和模糊性,激发价值主体性,增强民众正确的价值选择能力。

二、价值解放的主体塑造

价值主体包括个人主体、社会主体和国家主体,其中个人主体的品格塑造了社会主体,影响并成就了国家主体的整体风貌,换而言之,个人主体是价值主体的基本和主要构成。价值解放通过公民价值主体性的生成壮大和在现实生活中心灵秩序的建构而实现。首先,建立在价值合理化认知基础之上培育价值主体性。人的主体性是道德活动的内在依据,"主体性是一切道德活动的原动力",主体性原则应该成为时下道德建设的首要原则。① 所谓价值合理化就是对客体与主体关系的正确价值评价,即客体在何种程度上符合主体的真正需要、在何种程度上能够被主体真正确认并同时成就了主体。② 恩格斯指出:"人只须认识自身,使自己成为衡量一切生活关系的尺度,按照自己的本质去评价这些关系,根据人的本性的要求,真正依照人的方式来安排世界,这样,他就会解开现代的谜语了。"③恩格斯所指的"现代之谜"的谜底应该意指人如何在现代社会生活中实现一种健康、全面、自由的发展。而这归根到底乃在于人之需要的价值合理化定位。当人能够理性地、自觉地、自愿地选择道德生活和道德行为,这就是价值合理化认知的价值主体性获得。其次,"回到现实生活中去",在现实生活中锤炼主体的价值角色,建构主体的心灵秩序。

---

① 参见肖雪慧:《人的主体性是一切道德活动的原动力》,《光明日报》1986 年 2 月 3 日。

② 参见肖祥:《淡泊论》,湖南教育出版社 2011 年版,第 39 页。

③ 《马克思恩格斯全集》第 3 卷,人民出版社 2002 年版,第 521 页。

现代社会生活纷繁芜杂、空间极大扩展,增强人的主体意识和选择能力,才能激励人们自觉地扬善抑恶、提高道德境界、趋向道德自由。"历史不过是追求着自己的目的的人的活动而已"①。伦理道德的发展也应该是"追求着自己的目的的人的活动"。因为,人"是由于具有表现本身的真正个性的积极力量才是自由的"②。因此,中国马克思主义伦理学必须关注改革开放以来民众的生存、生活的变迁,通过对社会物质、精神现实的考察,实现从价值层面对人之幸福、社会和谐、民族进步、国家发展的肯定和引导,从而使主体自觉内化社会主义伦理道德规范、践行社会主义核心价值观,实现心灵秩序的和谐安顿,达到价值解放。

三、价值自由的张力释放

"自由"从来都是一个备受争议的概念。近代以来,康德重视自由的伦理价值,认为它"构成了纯粹的、甚至思辨的理性体系的整个建筑的拱顶石"③。康德强调自由是道德律存在的理由,同时强调自由在理性中的重要作用,但他对自由的最大误解就是将自由与必然绝对对立。黑格尔反对康德把自由和必然的对立,但对其关于自由是理性自己决定自己的思想赞赏有加,如此黑格尔确立了绝对精神世界里关于自由和必然的认识。但显然,在精神领域把握自由不可能真正认知自由和必然的关系。直到马克思恩格斯通过实践观创立,才科学地解决了二者的关系。自由是通过必然的认识而获得的认识与改造自身和世界的能力。"自由不在于幻想中摆脱自然规律而独立,而在于认识这些规律,从而能够有计划地使自然规律为一定的目的服务。"④从自由的辩证唯物主义理解而言,基于价值坚守的价值自由是主体(不仅是个人主体,还包

---

① 《马克思恩格斯文集》第1卷,人民出版社2009年版,第295页。
② 《马克思恩格斯文集》第1卷,人民出版社2009年版,第335页。
③ [德]康德:《实践理性批判》,韩水法译,商务印书馆1999年版,第2页。
④ 《马克思恩格斯文集》第9卷,人民出版社2009年版,第120页。

括社会主体、国家主体)的自由,但价值自由源于对价值客体特性及其规律的把握,价值自由必然是合规律性与合目的性的统一、个人自由与社会自由的统一。

基于以上对价值自由特征的认识,中国马克思主义伦理学建设的任务定制的内在根据乃在于个人和国家主体的价值自由。

其一,尊重"以人为本"的个人主体价值自由,深化对个人主体价值的重视以促进社会发展。近代以来,人的价值问题备受关注。康德以对"人是目的"的价值目标自觉性认识的卓见,极大地肯定道德对人自身的价值。马克思则从资本主义的经济社会发展批判中阐明了自己的伦理价值主张,他在《共产党宣言》中对社会主义的本质特征作了描绘,即"每个人的自由发展是一切人的自由发展的条件"①。我国对人的价值的重视并将其作为国家社会发展规划的重要目标,始于 2003 年党的十六届三中全会首次将"人的发展"作为科学发展的核心理念纳入国家发展战略,实现了社会主义发展的重大价值转向。"解放生产力、发展生产力、消灭剥削、消除两极分化,最终达到共同富裕"的社会主义本质与人的全面发展具有统一性,人的发展是社会发展的重要部分和最终目标。四十多年改革开放实践,正是朝着人的全面发展的目标而努力,并取得了积极的进展。今后,中国马克思主义伦理学如何通过价值辨析、价值选择、价值倡导,引领国家社会更加尊重人的权利、促进人的自由、释放人的尊严、提升人的幸福,将仍然是一个重要的理论命题。

其二,弘扬"中国道路"的国家主体价值自由,抬升国家主体价值以塑造国家形象。社会主义市场经济的建设、中国国家实力的提升、"中国道路"影响日益扩大,极大地提高了中国的国际影响力。当前"中国道路"在经济实力获得了国际的认可,但是文化价值"软实力"的影响却有待提升。西方世界对

---

① 《马克思恩格斯选集》第 1 卷,人民出版社 2012 年版,第 422 页。

中国发展的价值影响的疑虑主要表现为以下几方面:一是中国的发展是否具有充分的价值影响。如美国美中贸易委员会前主席柯白认为:中国崛起遭遇到价值观或曰意识形态的困境,中国软实力影响微乎其微,是一种不包含道德或规范意义的崛起。① 二是中国发展是否构成对西方的挑战。埃及前驻华大使贾拉尔认为中国民主模式挑战西方,他指出:"中国模式值得研究,值得关注,其经验与长处值得也能够学习",尤值一提的是中国的发展价值,"中国政治、文化、哲学的发展演化始终离不开和谐、共识、共存这些概念,主导性原则始终是和谐、和解和共存"②。三是中国的发展是否将会造成价值威胁。英国学者斯蒂芬·哈尔珀曾在其著作《北京共识:中国专制模式如何主宰 21 世纪》中认为,中国政府主导的市场经济发展模式正在取代西方的自由政治和自由经济,并扩大其世界影响。与美国等西方国家积极推行"价值观外交"不同的是,中国并没有充当一个布道者的角色,但正是这种"不作为"反而使其具有了吸引力,其承载了自身独特意识形态的发展模式正在被很多国家学习和效仿。马丁·雅克在其著作《当中国统治世界:中国的崛起和西方世界的衰落》中提出,中国崛起改变的将不仅是世界经济格局,还将彻底动摇西方国家的思维和生活方式。

基于以上价值的疑虑或误判,中国马克思主义伦理学就应该以探究中西伦理体系价值影响力西强我弱的根源与原因、共同性和特殊性以及提升价值影响力的可能与条件等作为当前的主要任务。一要致力于用"中国伦理智慧"思考、破解中国特色社会主义建设面临的各种问题,为实现中华民族伟大复兴的中国梦提供伦理方案,为中国道路提供伦理诠释和价值佐证。"中国道路的自信,决不是一种现象的张扬或经验的自我夸张,更不是一种精神意志

① 柯白、魏柳南等:《激辩中国道路——世界中国学论坛观点集粹》,《社会观察》2013 年第4 期。

② 柯白、魏柳南等:《激辩中国道路——世界中国学论坛观点集粹》,《社会观察》2013 年第4 期。

的自我满足,甚至自以为是。中国道路的自信,应是把中国道路中自在的潜在精神揭示出来,上升为自在自为的或自觉的价值理念。"①二要致力于突破"西强我弱"的价值话语权格局,塑造中国的国家身份和大国形象。中国马克思主义伦理学在理念上倡导"和合平等""和而不同"的价值理念,改变"以我为主"或"自毁形象"的文化价值交往,增强价值自信;在实践上既要倡导尊重价值差异、加强沟通了解、消除隔阂、减少错位,还要致力于打造交流平台,妥善解决国际矛盾分歧,维护相互合作安全与和平发展大局,以此形成影响区域和世界的中国核心价值观。三要增强前瞻性,寻求价值共识、占领价值高地,提升中国价值的国际影响力和引领力。英国学者马丁·雅克尽管对中国崛起持一种价值疑虑,但他也作了中肯的价值预判:"19 世纪,英国教会世界如何生产;20 世纪,美国教会世界如何消费;如果中国要引领 21 世纪,就必须教会世界如何可持续发展。"②当前的国际交往已经超越了"互利共赢"周边外交理念,从利益因素主导上升到价值认同和情感认同,因此基于价值选择的一致性和价值理念的契合性才能最大限度地彰显价值共识度。基于此,中国马克思主义伦理学必须有一种开放的国际视野,彰显中国对世界的发展价值关切与引领,为解决世界性难题探索创新途径。例如,中国马克思主义伦理学是否能够或在多大程度能够为促进世界经济一体化、国际关系民主化、国际秩序公正化、文化交往平等化、生态发展共识化等给予价值关切、提供价值方案,关系着提升中国伦理价值的国际影响力并展现中国道路创新的伦理价值。

新时代,习近平总书记强调:"要按照立足中国、借鉴国外,挖掘历史、把握当代,关怀人类、面向未来的思路,着力构建中国特色哲学社会科学"③。构

---

① 谭培文:《社会主义自由的张力与限制》,《中国社会科学》2014 年第 6 期。
② ［英］马丁·雅克:《如果 20 世纪止于 1989 年,那么 21 世纪则始于 1978 年》,伊文译,《卫报》2006 年 5 月 25 日。
③ 习近平:《在哲学社会科学工作座谈会上的讲话》,《人民日报》2016 年 5 月 19 日。

建中国马克思主义伦理学则是哲学社会科学的重要主题。价值坚守是中国马克思主义伦理学发展的根基,价值解放则赋予其时代的使命和广阔的视界。就此而言,实现价值坚守与价值解放的融通,中国马克思主义伦理学将焕发出春天般的生机与活力。

下 篇

新时代中国马克思主义
伦理学发展前瞻

改革开放带来了经济生活、政治生活、精神生活、思维方式、价值观念等的深刻变化,这些深刻变化在中国马克思主义伦理学的演进和发展中得到体现和论证。改革开放以来,中国马克思主义伦理学建设取得了辉煌成就,为改革开放注入了磅礴的价值动力。新的时代,如何以整体和未来为思维导向,提升中国马克思主义伦理学研究水平,增强中国特色社会主义伦理自信,需要伦理学工作者为之付出艰辛的努力,这是责任也是光荣。

在学科发展定位上,建设适合中国社会主义发展道路的中国特色社会主义伦理学新形态。正如黑格尔指出:"只有当一个民族用自己的语言掌握了一门科学的时候,我们才能说这门科学属于这个民族了。"①因此,中国特色社会主义伦理学需要以问题为导向,充分吸收中国传统伦理思想、现当代伦理理论、西方伦理思想的理论资源,深化对中国社会问题和世界发展问题的理论自觉,不仅对中国发展也对世界和人类命运给以价值关切,从而体现中国特色社会主义伦理学的发展要求和鲜明特色。2017 年,中共中央印发的《关于加快构建中国特色哲学社会科学的意见》强调中国哲学社会科学要充分体现继承性、民族性、原创性、时代性、系统性、专业性,这也为中国特色社会主义伦理学建设提出了基本要求。

在研究内容及其应用上,提升伦理学对现实问题及其解决的有效性,让伦理学真正切入老百姓的日常生活,这是伦理学理论创新的当务之急。"理论

① [德]黑格尔:《哲学史讲演录》第 4 卷,贺麟、王玖兴译,商务印书馆 1978 年版,第 87 页。

一经掌握群众,也会变成物质力量。理论只要说服人[ad hominem],就能掌握群众;而理论只要彻底,就能说服人。"①理论是为了指导实践的,学术研究是为了实践运用的,只有避免现实性与学术性的二元对立,避免伦理学堕入"纯学术""书斋式"研究而造成生命力的禁锢,中国特色社会主义伦理学理论研究才能真正做到"说服人""掌握群众"。因此,在研究内容上,给予民众社会生活的道德关怀,对涉及人类生存和发展根本命运问题施以伦理关切,这是中国特色社会主义伦理学研究本真之义。在研究应用上,提高伦理学应用研究的开放性和现实关注度,这是中国特色社会主义伦理学走进大众心灵、淳化生活风尚的必由之路。

在研究方法上,除了坚持以"问题"为中心外,还要注意以下两方面:一是重视整体性研究方法的运用。中国特色社会主义建设是整体性的事业,伦理学研究需要对此进行整体性研究;伦理学理论创新既不能故步自封、独守一隅或自以为是,也不能"洋教条"泛滥或患上"母语失语症",丧失中国学术话语体系,而应该整体性地对待各种伦理思想、理论和流派,"坚持和发扬学术民主,尊重差异,包容多样"。二是重视加强实证调查方法运用。例如,对经济、政治、文化、社会、生态领域中的效率与公平、民主与法制、先进文化与大众文化、民生等问题的伦理学研究,不应该仅仅停留在理论探讨和学术阐释层面。如何运用实证调查方法对民众的伦理心理变化、道德素质发展变化特征、社会风尚演变规律等进行探究,这是中国特色社会主义伦理学研究融入社会建设的必要手段。

---

① 《马克思恩格斯选集》第1卷,人民出版社2012年版,第9—10页。

第六章 新时代中国马克思主义伦理学建设的发展逻辑、现实要求与目标展望

  无论从确立中国特色社会主义理论自信,还是从建构中国社会发展的伦理秩序,抑或是从推进伦理学自身发展的需要而言,建设中国特色社会主义伦理学已然成为一个紧迫的问题。对我们身处其中的社会生活领域和面临的社会文化问题作出理论审视或判断不仅是学人对学术研究责任担当的表现,亦是对生活世界积极反思的努力,这种责任和反思正是社会主义文化建设与繁荣的助推力。波澜壮阔的中国特色社会主义建设实践为我们提供了伦理思想和道德生活的场域,我们需要何种伦理理论指导、佐证和推进中国特色社会主义社会建设? 尤其在中国特色社会主义道路已经初步展现具有世界意义的发展价值的当今时代,我们应该怎样建设中国特色社会主义伦理文化以彰显文化价值自信,这是新时代中国马克思主义伦理学建设必须回答的问题。那么,新时代中国马克思主义伦理学建设的发展逻辑是什么? 有怎样的现实要求? 有何具体目标?

第一节　新时代中国马克思主义伦理学
建设的发展逻辑

任何一种伦理文化都是继承历史上的伦理文化,并结合所处时代的社会现实所创造和发展的。如何传承马克思主义伦理学,这是中国特色社会主义伦理学建设要廓清的理论前提性问题,也是获得更广泛理论认同和理论自信的重要问题。质言之,不明晰马克思主义伦理学发展的中国进路,中国特色社会主义伦理学建设就难以迈开理论创新的步伐。

一、逻辑起点:马克思主义伦理学实现伦理思想史革命性变革

马克思主义伦理学实现了伦理思想史的革命性变革,主要表现在铸造了现实性和批判性的伦理学品格,形成了马克思主义历史辩证法。对马克思主义伦理学品格的传承和对马克思主义历史辩证法的科学运用,成为新时代中国马克思主义伦理学建设的逻辑起点。

（一）马克思主义伦理学的现实性和批判性品格是新时代中国马克思主义伦理学的传承基因

马克思主义伦理学实现了伦理思想史上的革命性变革,突出地表现在现实性和批判性品格的铸造。

在马克思看来,只有从"社会生活的物质方面"才能真正地理解社会历史的发展,社会生活是一个统一发展的辩证过程,政治生活是社会生活的有机组成。马克思恩格斯从社会存在(现实的人的生活过程)出发,对传统形而上学进行了颠覆性批判,不仅在哲学史上具有变革的意义,更重要的是在政治生活史上具有重大的现实意义。

现实性就是指道德生活作为人类社会历史过程具有存在的实在性和必然

性。马克思主义伦理学的现实性突出地表现在对现实生活的关注和对"现实的人"的理解。首先,马克思对一切旧唯物主义和唯心主义脱离"生活的现实性"和"现实性的人"的错误进行了批判。马克思指出他们共同错误就在于都不理解"感性的人"及其"活动"。例如,鲍威尔把人归结为"批判"的"自我意识";斯蒂纳在批判费尔巴哈的基础上,把人规定为"唯一者";费尔巴哈把人只看作"感性对象",而不是"感性活动",没有从人现有的社会联系和周围生活条件来观察人,他所把握的仍然是"抽象的人"。① 马克思指出能动的生活过程才是历史发展的真谛,"只要描绘出这个能动的生活过程,历史就不再像那些本身还是抽象的经验主义者所认为的那样,是一些僵死的事实的汇集"②。其次,马克思对人类社会生活的现实性理解,蕴含着对现实的人的科学认识。在《德意志意识形态》中,马克思对"现实的个人"作出了诠释,即"以一定的方式进行生产活动的一定的个人,发生一定的社会关系和政治关系……社会结构和国家总是从一定个人的生活过程中产生的"③。社会生活是人类活动的基本内容,人类活动的基本特征就是事实性与价值性的统一,也就是说,在社会生活中总是蕴含着人的价值目的和道德指向。

批判性就是运用实践的立场、观点、方法批判和变革现实,对当代社会伦理事实作出真假、对错、善恶、美丑的独立判断和深刻分析。马克思主义伦理学的批判性一方面表现在对资本主义社会的伦理现实的批判,这是马克思不同于"学院派"哲学家之处,其理论变革并不停留于思想中,而在于将新世界观运用到对现实生活的批判中;另一方面,还表现在通过对资本主义经济状况及其对主体造成的困境的剖析和批判,为人和社会的发展指明了目标。现代资本主义经济的发展造成了经济技术进步与人的发展之间尖锐矛盾,造成了人的种种异化,造成了消费与生活分离、生活世界和意义世界分裂。马克思通

---

① 参见《马克思恩格斯选集》第 1 卷,人民出版社 2012 年版,第 157 页。
② 《马克思恩格斯选集》第 1 卷,人民出版社 2012 年版,第 153 页。
③ 《马克思恩格斯选集》第 1 卷,人民出版社 2012 年版,第 151 页。

过对资本主义社会的本质及其造成人之困境的现实进行了伦理批判,从而确立了"每一个人的自由与全面发展"作为社会伦理的最终目标和最高价值追求,为当代社会伦理道德的发展提供了必然性路向。

概而言之,从其产生而言,马克思主义伦理学是在反对资产阶级的斗争实践中形成的,反映了无产阶级斗争的需要和利益,是无产阶级关于人和人之间道德关系的理论概括;还是批判吸收人类优秀伦理思想成果而形成的,如古希腊伦理思想以及法国唯物主义哲学家、德国古典哲学家、空想社会主义者的伦理思想等。从创立的影响与效果而言,马克思主义伦理学不仅结束了"旧的伦理思想以抽象的人性或神性来研究人类道德的神话",而且"抛弃了旧的伦理思想割裂主观与客观关系的错谬"①,从而使伦理学真正成为一门同生活实践密切联系的科学。

鉴于此,新时代马克思主义伦理学的发展和创新必须传承马克思主义伦理学的现实性和批判性品格。一方面,要坚持伦理事实与伦理价值相契合的原则。马克思主义伦理学不仅要揭示人类社会道德发展和上升的规律,更重要的是通过对社会伦理事实的分析和批判,展望人的美好的道德价值追求。另一方面,把握二者统一的关键点是如何实现人的更好地发展、社会关系更好地协调。马克思认为:"人不是在某种规定性上再生产自己,而是生产出他的全面性;不是力求停留在某种已经变成的东西上,而是处在变易的绝对运动之中。"②也就是说,人的生存和发展必定是伦理价值追求的过程,当代社会的发展必然需要更高远的伦理价值理想作指导。

（二）马克思主义历史辩证法的运用是新时代中国马克思主义伦理学发展的科学性保障

马克思主义历史辩证法,是马克思恩格斯运用科学的世界观、辩证唯物主

---

① 王泽应:《20世纪中国马克思主义伦理思想研究》,人民出版社2008年版,第2页。
② 《马克思恩格斯全集》第30卷,人民出版社1995年版,第480页。

义和历史唯物主义方法论,在揭露资产阶级道德本质的不断斗争中形成的,并由于科学的历史辩证法的运用,马克思主义伦理学于19世纪40年代得以初步确立形成。在《莱茵报》时期的实践促使马克思恩格斯完成了从唯心主义向唯物主义,从革命民主主义向共产主义的转变。在对资产阶级剥削、不公平的批判和政治斗争中,尤其是关于林木盗窃案的辩护失败,使他们窥探到道德与物质利益的紧密联系,并认识到工人阶级不断觉醒的道德意识是消灭这种不公平的革命动力。在对黑格尔法哲学的批判中马克思主义伦理思想初步建立了正确的方法——"对物质生活关系"即市民社会的在先性肯定。在《德法年鉴》时期马克思恩格斯通过《论犹太人问题》和《〈黑格尔法哲学批判〉导言》对"政治异化""宗教异化",进而对"人的异化"的批判,促使其伦理思想彻底完成向唯物主义和共产主义转变。马克思从人的异化揭露资本主义金钱统治的本质,并且指出"这种异己的本质统治了人,而人则向它顶礼膜拜"①。这个金钱的"神"是道德乱象的重要根源,因此,要使人类解放就要否定私有制,"推翻那些使人成为受屈辱、被奴役、被遗弃和被蔑视的东西的一切关系"。"使人的世界和人的关系回归于人自身。"②这样,马克思恩格斯在政治斗争实践中同时完成了其伦理任务的定制。在历史唯物主义创立时期,马克思恩格斯完成了向历史唯物主义和科学共产主义的转变,实现了伦理学方法与逻辑的统一,马克思主义伦理学正式"出场"。而这个过程是在不断的实践斗争和理论思考中得以展开:《1844年经济学哲学手稿》通过对"异化劳动"的剖析来分析现实社会问题,对"历史经济的动因"的探寻成为马克思伦理致思的基本方法;《神圣家族》中通过对布鲁诺·鲍威尔伦理观点的批判,马克思恩格斯完成了从异化观向实践观、从抽象人向现实人的观点的转变,使马克思主义伦理学发展具有了历史唯物主义的科学方向;在《关于费尔巴哈的提纲》中,马克思从唯物主义视角分析社会历史,从实践的角度解释人的本质,

①　《马克思恩格斯全集》第3卷,人民出版社2002年版,第194页。

②　《马克思恩格斯全集》第3卷,人民出版社2002年版,第189页。

从而实现了伦理学说的历史观和认识论革命;而在《德意志意识形态》中,通过对费尔巴哈的人本主义、鲍威尔的有神论、斯蒂纳的利己主义以及当时德国流行的人道主义的批判,马克思恩格斯最终完成了伦理学说的历史唯物主义方法变革。在此时期,马克思恩格斯确立了实践作为认识论的首要和基本的观点,将"现实的人"和"现实的关系"作为人的解放的前提基础,从而确立了伦理学的唯物主义基本立场,实现了伦理学的历史唯物主义方法论变革;同时,还对伦理价值目标即"人的全面自由发展"作了经济学哲学论证,并且确立了实现这一伦理价值目标的重要伦理原则,即"只有在共同体中,个人才能获得全面发展其才能的手段"①,从而实现自由。此后,马克思主义伦理学在不断与小资产阶级错误伦理思想论战、与工人运动相结合、在革命实践中不断验证和发展,展现了对人类命运的道德关怀。

马克思主义历史辩证法的运用,使马克思主义伦理学科学地阐释了道德的基本特征,揭示了人类社会道德生活的发展规律。马克思恩格斯运用道德的历史方法阐明了现存伦理秩序本身就是一个矛盾的统一体,而社会主义作为一种真实的社会形态,必然要超越资本主义的具体的历史阶段,实现道德生活的发展和进步,实现人的更全面自由地发展。"马克思主义包含了一种自然主义,因为它是一种历史主义形式,它将道德看成是一种社会历史的现象,并且试图将其道德观和政治观置于这种理解的基础之上。这样,它就向那种把社会主义的政治和道德价值只是看作独立于社会历史理论的主观偏好的思想提出了质疑。"②显然,坚持道德的历史辩证法,是新时代中国马克思主义伦理学发展科学性的重要保证。

---

① 《马克思恩格斯选集》第 1 卷,人民出版社 2012 年版,第 199 页。
② [英]肖恩·塞耶斯:《马克思主义与人性》,冯颜利译,东方出版社 2008 年版,第 157 页。

二、前车之鉴:马克思主义伦理学"苏联式"演进

马克思主义伦理学经过四十余年的发展,于19世纪80年代在俄国获得了新的发展,即列宁伦理思想。为了适应俄国社会革命和十月革命胜利之后政权的巩固,列宁伦理思想主要表现在革命伦理、政党伦理和民主法治的制度伦理三个方面。推翻沙皇的专制统治是俄国民主主义革命的首要任务,列宁革命伦理适应时代发展的要求,切合革命发展的实际需要,其伦理标准就是要看它是否符合大多数人的根本利益。十月革命之后,加强政党伦理建设以应对苏维埃政权中出现的铺张浪费、贪污受贿、官僚主义等腐败现象成了主要任务。社会主义制度建立之后,列宁对民主法制问题进行了不懈探索。概而言之,列宁伦理思想继承、丰富和发展了马克思主义伦理思想。

自20世纪30年代起,马克思主义在政治干预下被绝对化、教条化,马克思主义观点被简单化为政治公式。这一时期伦理学的发展强调为政治服务,其批判现实、改造现实的功能得不到应有的发挥。60年代至80年代中期是"苏联伦理学"独立发展时期,于1961年出版的施什金的《马克思主义伦理学》为其诞生标志。"苏联伦理学"时期是马克思主义伦理学发展史上的一个特殊阶段,这一时期伦理学发展出现了新的变化,即改变了原来单纯为政治服务而转向对研究方法论、研究对象和研究内容等的探究,这种科学性转变推进了伦理学理论学科的积极发展。1988年苏共提出"人道的、民主的社会主义"路线,宣告了"苏联伦理学"的终结。苏联伦理学在一定程度上丰富和发展了马克思主义伦理学,并成为其发展史上的一种"独特风景"或"特殊样式"。

但是,苏联伦理学的缺陷也是毋庸讳言的。

其一,苏联伦理学受苏联马克思主义哲学体系的束缚,没有展现出马克思主义伦理思想的精神实质。长期以来,苏联马克思主义哲学只是作为僵化的教条和公式被运用,马克思主义哲学被体系化和教条化,任何对马克思主义哲学的发展都被视为对马克思主义哲学的背叛,致使传统的马克思主义哲学越

来越背离时代、远离现实。在这种情况下,马克思主义经典作家的极富创见和方法论意义的哲学观念在苏联伦理学的发展中被公式化、教条化,马克思主义活生生的伦理思想变成了一种可以普遍套用的操作话语,伦理学学科因而失去了发展的活力,它的批判现实、改造现实的功能得不到应有的发挥。因此,苏联马克思主义伦理学没有能够担当社会伦理道德建设的"行动指南",而成为一种政治说教或政治教条。

其二,伦理学的学术研究理论脱离实际。如人道化、非理性化、新教条主义化等是苏联伦理学脱离自身国情的表现。由于受政治化的影响深重,伦理学就失去了发展的活力,活生生的思想内容就变成了一套固定不变的政治操作话语,道德教育变成了道德说教,单纯的道德说教造成了马克思主义伦理学的僵化而越来越落后于时代的脚步。一些伦理学研究者"虚构伦理学图式和理论",不是去研究现实生活的实际经验、人们交往和处理彼此关系的经验,而是凭借零碎的、不完整不系统的材料,甚至完全脱离实践地去虚构道德理论、规范、模式。① 马克思曾明确指出:"新思潮的优点就恰恰在于我们不想教条地预测未来,而只是希望通过批判旧世界发现新世界。"②由于教条主义和理论抽象化,伦理学的学术活力逐渐受到遏制、伤害而慢慢窒息。

其三,伦理学现实功能乏力,如对如何解决苏联伦理学家公认的现实道德生活中两大问题——"干部官僚主义"和"劳动者懒惰、缺乏积极性和主人翁精神"等处于"失语"状态。在伦理学研究中,空谈道德理论成为构建道德知识体系的基本方法,从而窒息了创新的观点和自由的思想。苏联伦理学"要么完全束缚于哲学党性之中,要么抛弃任何道德标准,总是不能恰如其分地结合国情来进行真正科学意义上的研究;理论研究与道德实践不协调,要么滞

---

① 参见杨远:《苏联改革与苏联伦理学》,《道德与文明》1989 年第 1 期。
② 《马克思恩格斯全集》第 47 卷,人民出版社 2004 年版,第 64 页。

后,要么超前;这是苏联解体伦理学层面上的症结所在"①。

尽管作为马克思主义伦理学发展的一个非常重要而不可忽略的历史阶段,苏联伦理学为马克思主义伦理学的发展作出了积极探索;但是由于历史、政治、社会发展等原因,其发展的弊端是不容忽视的,对其进行批判、反省和总结,是马克思主义伦理学发展必然要求。20 世纪 80 年代末期,苏联伦理学界逐渐认识到了这些弊端,并开始了反思和反省,主要表现在发表和出版了伦理学家和伦理学工作者的一系列对苏联社会生活中的道德问题、伦理学研究的问题以及道德教育和道德宣传中的问题文章和著作。如 B.依万诺夫的《共产主义道德、社会主义道德、人的尊严》,IO.M.斯莫梭采夫的《对阿尔汉格尔斯基的著作〈马克思主义伦理学:对象、结构、基本方面〉的思考》,IO.B.萨格莫诺夫的《公共道德:规范和评价的统一问题》等文章;出版了吉塔连柯主编的《马克思主义伦理学》(第 3 版 1986),古谢诺夫主编的《马克思列宁主义伦理学原理》(1987),《道德教育的迫切问题》(1987),《社会主义道德和道德教育研究的方法论问题》(1987),《共产党人的道德理想》(1987)等著作。

苏联伦理学的"前车之鉴",为中国特色的马克思主义伦理学建设提供了可供借鉴的经验教训:伦理学理论形态的建构是内容和形式、理论和体系的具体、历史地统一,其实质是要在历史与逻辑、内容与形式、理论与体系的统一中实现总体性和动态性发展。马克思主义伦理学是不断发展和变化的,马克思主义伦理学的理论新形态也会随着时代的发展而发生变化,新时代中国马克思主义伦理学形态建构的关键就在于继承马克思主义伦理精神、结合当代中国的具体实际推进理论创新。

三、内在逻辑:马克思主义伦理思想的"深层结构"

马克思主义伦理学实现了人类社会道德认识的飞跃,这种飞跃基于马克

---

① 武卉昕、王春林:《从苏联伦理学到新伦理学:苏联解体的伦理学批判》,《南京社会科学》2006 年第 6 期。

思主义伦理思想的深层结构而呈现,并构成了新时代中国马克思主义伦理学建设的内在逻辑。明晰马克思主义伦理思想深层结构及其在中国当代发展保持旺盛生命力的缘由,是承继马克思主义伦理学的基因和血脉、建设新时代中国马克思主义伦理学的重要理论前提。

(一) 共时性结构

共时性(Synchronicity)是一种"有意义的巧合",两个或多个事件同时发生,其间隐含某种联系的现象。马克思虽然没有在其著作中提出伦理学的概念,但是在对于马克思主义伦理思想的表层、中层和深层的理论分析中,我们发现这些理论要素并非是孤立的,而是形成一个有机整体,构成了马克思主义伦理学的有机体。

从共时性结构而言,马克思主义伦理思想结构由三个部分组成。

其一,在与资产阶级和小资产阶级伦理道德思想观点论战过程中表现出来的具体的伦理观点、分析结论和实践总结等构成了其表层结构。例如,在同魏特林空想共产主义的论战中,马克思不仅表现了对无产阶级的道德同情和道义支持,更重要的是坚守了历史唯物主义的基本原则,确立了符合社会发展规律的伦理价值导向;在同以赫斯、格律恩、克利盖等为代表的"真正的社会主义"的论战中,马克思批判了试图弥合阶级矛盾、反对阶级斗争的"普遍的爱",阐明了道德的阶级性;在同蒲鲁东小资产阶级社会主义论战中,马克思确立了无产阶级的立场,这个立场也是马克思主义伦理学的基本立场。

其二,以唯物史观为方法论指导形成的关于伦理道德发展规律的社会历史理论,这些理论构成了马克思主义伦理思想的中层结构。《资本论》最为系统而深入地展现出马克思主义方法论的本质特征,为马克思主义伦理学的创立提供了唯物史观和辩证法的方法论支撑。一方面,唯物史观在《资本论》中的运用不仅确立了经济学研究的"历史科学方法",也为伦理批判敞开了路径。《资本论》的科学性在于历史科学方法的确立,这种科学性从《哲学的贫困》到《资本论》得到了完整的论证和继承。《哲学的贫困》批判古典政治经济学家及像蒲鲁东的一些社会主义者所犯的错误，"经济学家们都把分工、信用、货币等资产阶级生产关系说成是固定的、不变的、永恒的范畴。……没有说明产生这些关系的历史运动"①。在《资本论》中，马克思洞察了资本剥削的秘密、揭示了资本主义历史运动和历史规律，将自己的理论与古典政治经济学相区别，真正的"历史科学"得以产生出来。在经济学研究的历史科学方法的确立和运用过程中，"唯物主义历史观已经不是假设，而是科学地证明了的原理"②。高擎唯物主义历史观旗帜，马克思在对资本主义经济现象和经济规律进行资本批判同时，也展开了价值反思和伦理批判。在不断与小资产阶级的错误思想进行论战和与工人运动相结合的革命实践中，马克思主义伦理思想不断得到发展和验证，其体系化和科学化逐渐成为现实。另一方面，辩证法在《资本论》中的运用，展开了对资本主义的伦理批判，并为马克思主义伦理学确立了研究主题。作为马克思主义哲学方法论体系"总方法"的辩证法，在《资本论》中得到最为精湛和系统的运用。"马克思对于政治经济学的批判就是以这个方法作基础的，这个方法的制定，在我们看来是一个其意义不亚于唯物主义基本观点的成果"③。马克思在《资本论》中对辩证法的本质进行了界定，"辩证法在对现存事物的肯定的理解中同时包含对现存事物的否定的理解，即对现存事物的必然灭亡的理解；辩证法对每一种既成的形式都是从不断的运动，因而也是从它的暂时性方面去理解；辩证法不崇拜任何东西，按其本质来说，它是批判的和革命的"④。"批判的和革命的"特征如何展示呢？马克思在《资本论》中批判继承黑格尔劳动辩证法，在劳动价值论的论证中凸显劳动者的革命主体性，从而确立了科学的劳动辩证法。

①　《马克思恩格斯文集》第 1 卷，人民出版社 2009 年版，第 598 页。
②　《列宁专题文集　论辩证唯物主义和历史唯物主义》，人民出版社 2009 年版，第 163 页。
③　《马克思恩格斯选集》第 2 卷，人民出版社 2012 年版，第 13 页。
④　《马克思恩格斯全集》第 44 卷，人民出版社 2001 年版，第 22 页。

其三,关于人的存在、人的发展、人的自由等伦理理论构成了马克思主义伦理思想的深层结构。如果说《1844 年经济学哲学手稿》通过对"异化劳动"的批判对伦理价值目标作了经济学哲学的论证;《神圣家族》从物与物的关系背后发现了"人与人的关系"并初步确立了其伦理思想的唯物主义立场;《关于费尔巴哈的提纲》由于科学实践观的确立而实现了其伦理思想的认识论革命变革;《德意志意识形态》由于以唯物史观为核心的新世界观创立,其伦理思想初步实现了历史唯物主义方法变革;那么,《资本论》通过对资本主义经济现象的批判,最为系统而深入地展现出马克思主义人学旨趣。一是揭示了人性与道德的关系。人性的发展与道德的进步具有一致性,道德进步表现在对人性扭曲的批判和对人性美好的张扬。对资本主义的批判,就是对人性被摧残的现状的批判;对人的本质的洞见,就是对人性科学地认识。二是揭示了道德异化的根源,即商品拜物教作为一种异化的道德意识产生于资本主义经济关系中,对商品拜物教的批判也就是对道德异化的批判。三是揭示了人类社会的道德理想,即无产阶级道德及其发展将预示着人类道德的未来发展,这就是《资本论》描绘的"以每个人全面而自由的发展为基本原则"的伦理应然状态。

历史唯物主义作为"科学思想中的最大成果"①、"唯一科学的历史观"②,在其指导下,马克思对人的本质有了科学的理解,因而人性、人的道德问题应当在社会关系中得到理解和阐释;同时,马克思进一步明晰了道德作为社会意识受社会存在所决定,从而科学地解决了道德的起源、本质、功能,以及道德的阶级性、道德发展的动力和道德发展的规律性等一系列问题,为伦理学成为一门科学建构了基础理论。而其中,马克思主义伦理思想中关于人的异化生存状态的伦理批判、关于人的自由全面发展的伦理目标理想,正是新时代中国马克思主义伦理学建设的内在逻辑和理论支撑。当代伦理学的时代使命就是为

---

① 《列宁选集》第 2 卷,人民出版社 1995 年版,第 311 页。
② 《列宁全集》第 1 卷,人民出版社 2013 年版,第 112 页。

人的发展和人类生活提供价值引导,为实现社会良性运行提供伦理规范和价值目标。

(二) 历时性结构

历时性,是分别从动态、纵向的维度考察社会结构及其形态的一种视角,它侧重于以社会经济运动的过程以及过程中的矛盾运动发展的规律为基础,把握社会形态。历时性结构就是发展过程的一种结构性存在。

从历时性结构而言,关于人的发展主题的"深层结构"贯穿于马克思主义伦理思想发展的整个过程。从马克思的博士论文时期至 1845 年,马克思主义伦理思想的关注中心聚焦于人的生存、存在状态和人的解放;《德意志意识形态》(1845)至《共产党宣言》(1848),马克思恩格斯逐渐创立和完善了科学的社会历史理论,即唯物史观,马克思主义伦理学由此获得了科学的方法论;自 19 世纪 50 年代起,马克思主义伦理学说逐渐实现了向社会实践的转化,并定下了"人的自由全面发展"的伦理价值的终极关怀目标,由此马克思主义伦理学在实践中开辟了更广阔的人的发展场域。

马克思主义伦理思想在人类伦理思想发展史上最重要的贡献就是对现实的人的认识和对主体性的把握,并将其贯彻在其伦理思想的发展过程中。其一,在哲学史上,马克思主义实现了从"抽象的人"转到了"活生生的"现实的人,从人的活动出发切入历史,强调应当把事物、现实、感性当作人的实践活动去理解,由此区别于旧哲学。马克思指出:"从前的一切唯物主义(包括费尔巴哈的唯物主义)的主要缺点是:对对象、现实、感性,只是从客体的或者直观的形式去理解,而不是把它们当作感性的人的活动,当作实践去理解,不是从主体方面去理解。因此,和唯物主义相反,唯心主义却把能动的方面抽象地发展了,当然,唯心主义是不知道现实的、感性的活动本身的。"①马克思卓越

---

① 《马克思恩格斯选集》第 1 卷,人民出版社 2012 年版,第 133 页。

之处在于：从现实的人出发，把主体和客体结合起来，最终找到了理解人的真正之途。其二，马克思主义深刻把握和彰显了人的主体性。马克思指出："全部人类历史的第一个前提无疑是有生命的个人的存在"①。这里的人不是抽象、纯粹的自然人，而是从事生产实践活动的人，即作为历史主体的人。"有意识的生命活动把人和动物的生命活动直接区别开来。正是由于这一点，人才是类存在物。或者说，正因为人是类存在物，他才是有意识的存在物，也就是说，他自己的生活对他是对象。"②其三，人类社会历史的发展离不开主体的作用。"并不是'历史'把人当做手段来达到自己——仿佛历史是一个独具魅力的人——的目的。历史不过是追求着自己目的的人的活动而已。"③

纵观马克思主义伦理学说的形成发展历程，人的主题始终贯穿其中，并逐渐积淀成为其伦理思想的深层结构和隐性理论。马克思主义伦理思想的深层结构向我们揭示：伦理学应当把人的发展完善作为理论出发点和最高主旨；伦理学应当面向现实生活，致力于发现、思考和解决现实生活中的新问题，这正是新时代中国马克思主义伦理学建设的内在逻辑和活力之源。

第二节　新时代中国马克思主义伦理学建设的现实要求

2017 年 5 月，中共中央印发《关于加快构建中国特色哲学社会科学的意见》，强调指出"坚持和发展中国特色社会主义，必须加快构建中国特色哲学社会科学"，为新时代中国马克思主义伦理学建设提出了迫切的现实要求，这就是如何建设具有中国特色、问题导向和中国经验的当代伦理学新范式，即中国特色社会主义伦理学。

---

① 《马克思恩格斯选集》第 1 卷，人民出版社 2012 年版，第 146 页。
② 《马克思恩格斯全集》第 3 卷，人民出版社 2002 年版，第 273 页。
③ 《马克思恩格斯文集》第 1 卷，人民出版社 2009 年版，第 295 页。

一、理论创新:适应新时代发展需要

加强中国马克思主义伦理学理论创新是中国伦理学发展的理论要求。改革开放以来波澜壮阔的中国特色社会主义建设取得了伟大的成就,在政治、经济、文化、社会、生态文明等各个领域也出现了新的伦理需求,但是原有伦理学理论已经表现出一定程度的时代滞后性,理论发展与实践要求之间不相一致的矛盾越来越突出。毋庸置疑,我国现有伦理学理论体系为中国社会的当代转型和社会主义道德建设作出了重要的贡献,但是不容回避的是,国际形势和社会主义建设已经发生了日新月异的巨变,由于未能完成传统伦理现代转型以及以苏联马克思主义伦理学为基础的伦理学体系与中国话语之间存在间隙,该理论体系已经明显地滞后于世界伦理理论的前沿和现实的中国道德生活。

伦理学理论的滞后性主要表现在如下几个方面。

其一,现有伦理学理论建设依然未能完全实现传统伦理的转型、继承和创新,显示了中国马克思主义伦理学理论建设的"先天不足"。一方面,克服传统伦理的封闭性特征和倾向,实现传统伦理创新有待继续努力。中国有着丰富的传统伦理文化资源,为世界文明和人类进步作出了突出贡献。但长期以来,我国传统伦理文化缺乏与其他伦理文化的交际,表现出同质化特征,基本属于"同质异构性的内部文化"。① 因此,两千多年的伦理文化发展基本循着一元化道路发展——儒家伦理由此走向传统伦理的中心地位。这种一元化伦理知识结构最大的弊端就是缺乏自我批判能力导致伦理体系的固化,无论"我注六经"还是"六经注我",都以儒家伦理原典为真理,这就使传统伦理难以适应开放的现代伦理结构,难以对当下新的伦理诉求作出回应。同时,造成的另一弊端就是,致力于维护血缘宗亲的儒家传统伦理强调对宗法伦理的服

---

① 万俊人:《论中国伦理学之重建》,《北京大学学报》(哲学社会科学版)1990 年第 1 期。

从,伦理道德成为服务君主专制政治统治的工具,不仅使伦理外化成为"精神枷锁"、压制人的主体精神,而且伦理要求被泛化为政治伦理规范、道德成为政治人格的衡量标准,这与尊崇人性、倡导自由、追求平等的现代伦理理念相距甚远。另一方面,继承"传统"时我们需要更理性、更求实。历史上我们似乎很难平和地对待自己的传统,辉煌时我们傲视世界、唯我独尊,陶醉于传统;受西方文明威胁和凌辱时,我们厌弃的往往又是最不能离舍的传统。这种困扰直到近现代我们似乎仍然未能正确地、彻底地解决好,常常在自傲和自卑中彷徨,既缺少海纳百川的虚怀若谷,又缺少面向未来的自强自信。同样地,不能正确处置"传统",中国伦理学建设就难以发展和创新,因为纵贯古今、绵延数千年的中国传统伦理有着完整的理论主题、范畴术语、运思方式和言说体系,在一定程度上仍有诠释真理、指导生活的力量。避免中国传统伦理陷入合法性危机,就是要挖掘、孵化其对现代伦理问题继续发问、解答的权力,并以现代性关怀浇灌之、培育之。就此而言,中国特色社会主义伦理学建设不是要不要传统的问题,而是如何实现传统的现代转化的问题。

其二,在马克思主义伦理中国化过程中我们热衷于套用苏联马克思主义伦理学的基本理念、学术框架和学术方法,对马克思主义的深层思想重视不够、在马克思主义思想中提炼马克思主义伦理观念"火候不足",显示了伦理学理论建设的"消化不良"。造成的不良后果就是:一方面,囿于苏联模式的伦理学框架而不加批判的搬用,导致中国伦理学呈现出知识内容和研究范式上的滞后性;另一方面,由于缺乏深层反思与检验,我们对伦理学的认知偏离了辩证唯物主义方法论原则,从而"误读"或窄化了伦理学的研究对象和方法。受苏联伦理学影响,伦理学的研究对象被定义为"道德现象"和"道德关系",而道德则被理解为"调整人们相互关系的行为原则和规范的总和",这种片面性理解缩小了伦理学的研究领域,致使伦理学仅仅成为规范性的学科。①

---

① 万俊人:《论中国伦理学之重建》,《北京大学学报》(哲学社会科学版)1990年第1期。

其三,社会主义改革和建设实践不断产生新情况、新矛盾、新问题,这种严峻挑战造成了理论与实践对接的"时间差",显示了伦理学理论建设的"应接不暇"。现实世界总是不断变化的,如何适应这种快速变化,对之加以研究、诠释和总结,产生新范畴、形成新理论、创新言说语式,将是消除伦理学理论"滞后性"、实现不断创新的基本理路。

二、发展特色:增强伦理学的中国特色

现行的中国马克思主义伦理学没有能够充分体现中国特色,尤其是符合中国特色社会主义特征的要求。所谓中国特色,乃是包括伦理文化主体地位、衡量标准、个体独立性、话语权力等表现出来的一种总体特征。我国当代主流伦理学受苏联伦理学范式的影响深重,导致对马克思主义伦理思想理解上的隔膜感和对中国社会现实认识上的疏离感,不仅造成了对这种"异域新说"转化中的无力,还造成了伦理学的言说方式和建设路径未能完全融入中华民族的特殊语境,导致了一种理论思维的疑惑与迷失。

现行伦理学中国特色的缺失主要表现在理论建设、学术范式、价值立场等方面还有待进一步改进。

一是对理论建设而言,现有伦理理论缺乏民族维度。近现代以来,贫穷落后挨打的事实使得中华民族致力于救亡图存的过程中对西方的"科学""民主"吹捧有加,对中国传统伦理文化的断然决然的排斥不仅致使我们如同"将婴儿和洗澡水一同倒掉"一样否定了中国传统伦理的合理性,更为严重的是全面摧毁了我们的道德自信。无视伦理文化的形成与民族历史的必然联系,无视伦理观念和道德机制源自独特的民族生活方式和历史境遇,致使伦理理论缺乏民族认知和民族认同。中国伦理学的发展如果失去了共同的语言、共同伦理信仰和珍贵的民族传统,就成了"无根"的伦理学,这样的伦理学是谈不上走向世界的。因此,正视中国传统道德文化、充分发掘传统道德资源,将优秀的传统道德元素融入伦理学体系,建立系统化的民族伦理理论,我们依然

任重道远。

二是对学术范式而言,现有伦理范式缺乏中国特质。在全球化大背景下,国际文化交往实践日渐频繁,中国与不同国家伦理文化交流逐渐增多。但是在这一过程中,一方面由于缺乏对中国传统伦理文化历史的理性分析,更由于一定程度和一定范围存在的"既然落后,传统都坏"的历史虚无主义影响;另一方面由于异文明(主要是强权意识形态)的强势,西方伦理思想和伦理话语的涌入似乎势不可当,中国伦理学界出现了大量引入西方伦理理论,甚至倾向于借助西方伦理学学术方法研究中国伦理问题的现象。这就造成了我们的伦理学无论是学科划分、知识提炼、分析工具的采用还是学术评价,都热衷于借用国外既有的范式,却在一定程度忽视了从中国的道德脉络和道德叙事中形成属于自己的伦理思维、言说方式和研究范式。

三是对价值立场而言,现有伦理立场缺乏中国态度。伦理学是价值之学,任何一种伦理学理论都有自身的价值立场。处于一定道德共同体的人们由于所处的社会条件、道德要求、时代特征的共同性,会在长期的社会生活实践中形成趋同性的价值理念,并以这种价值理念凝聚社会共识。共同的道德立场和价值理念通过伦理学的基本理论和伦理原则反映出来。例如西方自由主义将个人自由置于伦理话语的中心位置、功利主义重视个人利益的基础上,强调群己权界并重视社会利益、社群主义观照共同体的利益等。如何将社会主义共同体的伦理立场展现于中国特色社会主义伦理学中,例如以集体主义作为伦理原则,或者以国家、社会、个人层面的社会主义核心价值观作为价值主题,建立中国独特的学术理论流派,仍需作筚路蓝缕地探寻。

三、国际交往:提升中国道德话语权

当前,全球话语权"西强我弱"的格局依然明显,现行中国伦理学理论难以形成世界对话权。尽快摆脱"国大声弱"的困局,需要提升中国的国际话语权。但是我们常常关注于政治交往、政治主张的政治话语权,而忽视了更重要的向世界传递价值观念和伦理主张的道德话语权。道德话语权是指一定伦理身份主体的道德话语生成、传播、接受和认同而影响受众道德观念和道德行为的能力。它是一种包括道德传播力、道德认同力和道德引领力等相互作用所构成的合力。

在国际新形势下,提升中国道德话语权既面临着机遇,也面临挑战。世界多极化、经济全球化、文化多样化和社会信息化的国际新形势,为提升中国道德话语权的引领力提供了契机。但是同时,中国道德话语权面临种种挑战。一是国际政治经济发展的挑战对中国道德话语权的挤压。国际政治经济发展不仅对我国政治经济发展带来挑战,也随之对中国道德话语权带来压力。当前,倡导和平发展、共同发展,倡导建设共同利益观、可持续发展观和全球治理观等面临诸多困难;西方发达国家尤其是美国积极推动"超区域"贸易协定谈判,试图继续掌控新一轮国际经济贸易规则制定的主导权,在亚太地区的战略竞争不断加剧,对中国经济增长带来阻力。如何减少和消除对中国经济社会发展的疑虑和担忧,如何规避和化解合作发展的争端和伦理风险,需要凸显中国道德话语体系的价值传播力和引领能力。二是现代西方哲学以及各种社会思潮的挑战。例如,20世纪80年代后期兴起的后现代主义思潮,沉睡在语言游戏之中,陶醉于无目的的形式与话语解构之中,他们声称决无真理可言,坚决反对话语具有元语言权,叙述上故意杂乱无章、极尽晦涩之能事。如何批判其错误、拒绝"腐蚀"、消除负面影响,是中国道德话语体系建构必须深入思考的问题。三是科学技术发展对伦理话语体系的挑战。科学技术的突飞猛进无疑给社会生活带来诸多伦理问题,尤其工具理性一旦摆脱价值理性的制约,钳制了社会生活领域,必然对社会、文化、个体产生不可估量的侵蚀作用。伦理学一旦失去价值理性的功能,文化低俗化必然导致精神的异化,现代化也必然偏离正常的轨道。

因为道德话语权赢取的价值认同和道德信赖,有时候甚至能够带来比单纯的经济实力或政治话语影响更大的国际认同和国际道义支持。那么,如何在国际交往中提升中国道德话语权?

其一,提升中国道德话语权主要是通过对话伸张本国和本民族的道德诉求,增进其他国家和民族对自己的道德理解和道德认同。20世纪50年代中国提出的"和平共处五项原则",不仅仅是外交政策理念,更是中国伦理价值宣言;不仅赢得了第三世界国家对我们的赞同和拥护,也赢得了国际社会对新中国的信赖和尊重。

其二,伦理学的国际对话除了向世界传递我们的价值观念、伦理主张和道德内涵,更要以我们的道德理论影响、引导其他文化群体对于道德的理解和价值判断。但是,毋庸讳言的是当前中国伦理道德的话语体系还未承担起为中国崛起所应该赢得的合法性、正当性。例如,美国的"自由民主"价值观念似乎比中国的"亲、诚、惠、容"的价值主张更具影响力;再如,中国奉行的"以邻为善、以邻为伴"外交理念和"睦邻、富邻、安邻"的外交方针尚未发挥出有力的价值影响和道义力量。因此,如何形成中国独特道德话语体系,在伦理对话中形成比较优势,甚至成为道德价值的引领者;如何通过学术整合,在国际伦理学的舞台上发出中国伦理学集体的声音,这是中国伦理学不可回避的问题。

其三,在妥善处置国际伦理问题中彰显中国智慧。一是在充分吸收中华文明和借鉴世界文明基础上打造新型中国道德话语体系,致力于用"中国智慧"破解实现民族复兴的中国梦实践中的种种问题。二是积极解决国际交往出现的伦理矛盾与问题,寻求价值共识、占领价值高地。各国经济发展、政治制度、文化习俗、社会发展、宗教信仰、自然环境等迥异,会造成伦理文化差异、道德价值取向、道德观念的不同,因此伦理交往要致力于加强沟通了解,消除隔阂、减少错位。三是强调和合平等,倡导"和而不同"。改变"以我为主""自毁形象"的交往细节,打造国际伦理交流平台,为妥善解决国际矛盾分歧提供伦理建议,为维护合作安全与和平发展大局发出道德呼声,以此形成影响区域和世界的中国核心价值观。

四、现实指导：引领新时代社会生活

正如康德以其对人的自觉性认识的卓见，使他在立志建立一种纯粹属于"人类学事件"的伦理学时就深刻地认识到了道德对于人类自身和现实生活的目的意义——人要尊严地存在，就必须有理性地选择道德的生活方式和行为方式。今天，伦理学的建构与发展必须对社会生活提供引领，即伦理学要透过人性的内在上升和外在扩展，使人性的道德价值取向和道德潜能得以显现。

对生活的现实性强调和引领是马克思主义的哲学旨趣，也是马克思主义伦理学的基本精神。"哲学不仅在内部通过自己的内容来说，而且外部通过自己的表现，同自己时代的现实世界接触并相互作用。"[1]正如马克思透过纷繁复杂的商品现象揭示了商品之谜即隐藏在物与物背后的人与人关系一样，马克思正是透过丰富多彩的生活现象探究了生活之谜，即作为社会性存在的人所置身其中的社会关系。对于中国马克思主义伦理学而言，引领新时代社会生活的理论责任应当落实在社会生活种种社会关系的矛盾化解中。

其一，引领人与社会的伦理关系。马克思曾言："只有在社会中，人的自然的存在对他来说才是人的合乎人性的存在，并且自然界对他来说才成为人。"[2]人是社会的人，社会是人的社会，离开社会，人的本质和特征也失却了解释的依托而无法把握。马克思主义伦理学的任务不是"解释世界"而在于"改变世界"，在社会生活的能动过程中协调社会关系，并在社会关系中确证人的本质。

据此，新时代马克思主义伦理学建设，要致力于实现如下两个方面的目标。一是如何调适人与社会的关系，使人能够在社会生活中不仅实现个体的

---

[1] 《马克思恩格斯全集》第 1 卷，人民出版社 1995 年版，第 187 页。
[2] 《马克思恩格斯文集》第 1 卷，人民出版社 2009 年版，第 187 页。

发展,也能够促进社会共同体的健康发展,避免"道德的人与不道德的社会"①状况。个体以何种方式生存于社会当中,其实是关涉人的价值存在的问题,也就是以何种价值观念、价值选择、价值实现协调人与社会关系的问题。二是如何在社会公共生活中营造公平正义、积极向上的社会氛围,从而促进个人的自觉自由发展。美国社会学家丹尼尔·贝尔(Daniel Bell)曾指出:"每个社会都设法建立一个意义系统,人们通过它们来显示自己与世界的联系。……这些意义体现在宗教、文化和工作中。在这些领域里丧失意义就造成一种茫然困惑的局面。"②在马克思主义的人学思想中,实现人的解放和发展根植于人与社会关系的协调,并体现在人与社会共同体的良性互动中。正如马克思指出的:"要不是每一个人都得到解放,社会也不能得到解放。"③"只有在共同体中,个人才能获得全面发展其才能的手段,也就是说,只有在共同体中才可能有个人自由",而且只有"在真正的共同体的条件下,各个人在自己的联合中并通过这种联合获得自己的自由"④。人与社会的发展是辩证统一的过程,如何在现实生活中构建和谐良性的社会环境以促进人的全面发展,依然是新时代马克思主义伦理学的未竟之责。

其二,引领人与人的伦理关系。社会主义的初级阶段并没有超越马克思描绘的人与人的异化状态。也就是说,马克思批判的资本主义社会条件下异化劳动造成的劳动产品和劳动者相异化、劳动本身和劳动者相异化、人同自己的类本质相异化、人同人相异化等四种异化现象,在社会主义初级阶段中仍然存在。其中,人与人的异化现象没有因为政治倡导和道德宣扬而消失,相反在一定程度上存在着和恶化着。人与人的异化如不信任、欺骗、仇视、伤害等不

---

① 万俊人主编:《20世纪西方伦理学经典伦理学限域:道德与宗教》,中国人民大学出版社2004年版,第340—341页。

② [美]丹尼尔·贝尔:《资本主义文化矛盾》,赵一凡等译,生活·读书·新知三联书店1989年版,第197页。

③ 《马克思恩格斯全集》第26卷,人民出版社2014年版,第311页。

④ 《马克思恩格斯选集》第1卷,人民出版社2012年版,第199页。

和谐现象必然导致生活中的种种矛盾冲突,人被当作工具或手段而不是目的。因此,中国马克思主义伦理学建设的一个重要任务就是如何优化人与人之间的伦理关系,使每一个人尽量"以一种全面的方式,就是说,作为一个总体的人,占有自己的全面的本质"①,并促成个人与他人的关系和谐,使人的全面发展获得现实的社会根基。

其三,引领人与自然的伦理关系。马克思曾说:"自然界是人为了不致死亡而必须与之处于持续不断的交互作用过程的、人的身体,所谓人的肉体生活和精神生活同自然界相联系,不外是说自然界同自身相联系,因为人是自然界的一部分。"②人与自然界是一个有机的整体。自然界是人之生存的保障,不仅为人的物质生活提供吃喝住等基本生存满足,同时也为人的"精神生活"提供自然性基础。人在改造自然使之变成"为我之物"的时候,自然也会对人的行为作出回应。恩格斯早就警告过:"我们不要过分陶醉于我们人类对自然界的胜利。对于每一次这样的胜利,自然界都对我们进行报复。"③我们终将为自己的愚蠢付出代价,这是因果规律,也是自然法则。

概而言之,从中国当代社会生活的实际出发,与中国特色社会主义建设的实践相结合,关注民生,关注物质与精神生活的进步,是马克思主义伦理学实践性的体现,正是从对社会生活中种种伦理矛盾的化解中,新时代中国马克思主义伦理学正散发出春天般的生机活力。

第三节　新时代中国马克思主义伦理学建设的目标展望

当前中国马克思主义伦理学面临的主要任务或目标就是构建先进的伦理

---

① 马克思:《1844 年经济学哲学手稿》,人民出版社 2000 年版,第 85 页。
② 马克思:《1844 年经济学哲学手稿》,人民出版社 2000 年版,第 56—57 页。
③ 《马克思恩格斯文集》第 9 卷,人民出版社 2009 年版,第 559—560 页。

思想体系、优良的伦理规范体系以及促进这种伦理思想和伦理规范得以贯彻实施的伦理道德运行体系,引领新时代社会生活。因此新时代中国马克思主义伦理学必须立足于中国独特的伦理文化传统、基本国情和社会现实,承载引领中国社会主义发展的独特时代使命。

一、复合型伦理发展思路:适应新时代社会全面整体转型

当代中国正处在大改革、大发展、大提升的历史关键期,所谓"关键"的背后是社会的整体大转型。关于社会转型,主要有三种理解:一是指社会体制转型,即从计划经济体制向市场经济体制的转变;二是指社会结构变动,即指一种整体的和全面的结构状态过渡,而不仅仅是某些单项发展指标的实现,其主要内容包括结构转换、机制转轨、利益调整和观念转变;三是指社会形态变迁,即指中国社会从传统社会向现代社会、从农业社会向工业社会、从封闭性社会向开放性社会的社会变迁和发展。正确把握社会转型期的形势和任务,无疑是中国马克思主义伦理学目标展望的前提和基础。

在社会转型时期,人们的行为方式、生活方式、价值体系都会发生明显的变化。我国改革开放所推动的社会转型是一种以经济转型带动社会转型的单一性转型。在单一性经济社会转型模式中,伦理道德话语总是围绕着经济要素而构建,我们的伦理道德标准也总是向市场经济倾斜,不但肯定个人价值、经济利益,而且把经济价值的实现作为道德评价的主要尺度。功利主义的道德形态开始出现并蔓延。显然,偏重某一价值的伦理道德体系是无法有效统领社会的,只会导致道德价值的偏狭,甚至带来道德内在价值的强烈冲突。党的十八大之后,中国社会进入全面转型期,即经济、政治、文化、社会、生态文明等诸要素的协调发展期。在社会全面转型的伦理秩序中,经济、政治、文化、社会、生态文明等诸领域的价值目标都应受到同等尊重和认同,没有任何价值目标处于绝对的优先地位而排斥其他价值。当然,我们承认社会各领域的价值诉求的同等重要并不是要否认价值共识,相反,对于社会生活而言,价值共识

是不可或缺的。唯有如此,我们才能期待超越个人差别而形成一致的伦理行动。问题在于,促成社会合作的价值目标要具有广泛的包容性,要能够兼容社会各个领域的价值标准,这就需要复杂性伦理思维和统合性伦理思维,只有这样才能建立复合型的价值目标体系并由此构建适应社会全面转型的伦理秩序。如果说单一经济社会转型以经济理性为基础,那么社会全面转型则须建立在公共理性之上。与经济理性关于人性的自利假设不同,公共理性从公民角度理解人的本质和人际关系。前者是对人性的简化,把人性中与市场机制相符的部分单独提取出来,作为市场运行的逻辑原点;后者则是对人性的丰富,帮助人们在复杂的社会情景中认识自我角色、认识自己所担负的道德责任。公共理性本身具有"共同意识"的意义,在它的牵引下,人们才能本着对于社会"善"的追求,通过重叠共识达成基本的、一致性的伦理认同,借以消除因个人差异所形成的道德张力,使公共伦理生活成为可能。这将为我们综合地、均衡地考虑社会诸领域的多元道德需求提供理性支持。

党的十八大以来,中国社会发展进入新时代。从经济、政治、文化、社会、生态文明"五位一体"建设,到"四个全面"的整体战略推进,再到"四个自信"的全面展开,标志着我们虽时有感触但未曾从理论层面高度关注的社会全面转型时代已经悄然来临。它迫使我们在经济社会发展和思想文化建设诸领域要全面创新理念和方法,形成适应社会全面整体转型的复合型伦理大思路,以此来适应由单一经济社会转型向社会全面转型所发生的深刻而往往鲜为人知的变化。这种复合型伦理大思路的特点就在于超越个体、超越单一性,进而在复杂中求明晰,在不确定中求选择,在选择中求再生,在再生中求蜕变,建立基于"人类"思维的共同体伦理,从而避免伦理道德的区隔化、碎片化。

二、伦理学新形态建设:中国特色、中国风格和中国气派

构建中国特色社会主义伦理学是着力构建体现中国特色、中国风格和中国气派的中国特色哲学社会科学的重要任务。新时代中国马克思主义伦理学

新形态即中国特色社会主义伦理学,就是与中国特色社会主义理论体系相对应的伦理学理论体系,是改革开放以来以邓小平伦理思想为其最初形态,其后以及未来中国伦理学的发展理论所构成的具有中国经验的伦理学新范式和新体系。

新时代中国马克思主义伦理学要植根于中国道德土壤,从而彰显"中国特色"。植根于中国传统伦理文化资源、承续中华民族伟大的道德传统、具有独特气质和风骨,是新时代中国马克思主义伦理学的传承特色。一是伦理价值观念的中国特色。中国几千年积累的伦理资源、道德智慧、极具特色的伦理道德思想体系,是新时代中国马克思主义伦理学的文化之根。传统道德文化不仅强调个人修养和人格完满,更强调对国家社会的责任和奉献。例如"闲居非吾志,甘心赴国忧"(曹植:《杂诗七首》)、"士不可以不弘毅,任重而道远"(《论语·泰伯》)、"士见危致命,见得思义"(《论语·子张》)等,展现了"以天下家国为己任"的社会责任感,这是与西方伦理文化的最大差异,这种价值理念依然是构建中国特色社会主义先进伦理价值体系的宝贵资源。二是道德思维方式的中国特色。中国传统伦理的天人合一、和谐共生等伦理观念,从整体性视角对待社会道德生活,在处理人际与社会关系中倡导兼顾个体性与社会性的统一,这是与西方伦理学相比较最具有中国特色的独特道德思维方式。三是道德关怀的中国特色。人类社会的自私贪婪、道德沦丧势必导致社会动荡、战乱频发,甚至导致国家分裂、人类消亡。中国传统道德文化中"由德生和""以德促和"的道德观念,不仅体现广博的道德关怀,更是一种生存的道德智慧。需要指出的是,当代伦理建设不能照搬传统伦理以规导现代社会。那种谋求将传统伦理作现代移植并试图将它作为现代道德体系以规导当代社会的理论努力,实际上是无视中国社会发展与国际大势的崭新面貌按照历史"刻舟求剑"。因此,新时代中国马克思主义伦理学必定是传承先进传统伦理观念,凝聚当代中国的道德共识,以现代道德思维对社会生活进行伦理反思,以中国道德话语表达新时期伦理诉求。以普遍认同的道德生活方式实现伦理价值。

新时代中国马克思主义伦理学要立足于当代中国社会生活实践,从而体现"中国风格"。新时代中国马克思主义伦理学的中国风格在于其独特的实践性品格,体现在对实践思考的学术努力中。一是反映中国独特的国情。中国国情具有显著的特点,例如中华文明是世界文明史上唯一延续发展至今而没有中断过的文明,这种文明传统造就了中国人看待世界、社会、人生独特的价值体系和道德精神;中国是一个社会主义国家并形成了中国特色社会主义发展道路,历史和实践证明中国道路是成功的,这种成功不仅仅是经济发展的成功,也是文化价值和伦理道德建设的成功,展现了团结、和谐、进取的民族精神;中国是一个正发生深刻变革的国家,勇于探索、改革创新、珍惜和平、具有包容和国际担当。因此,新时代中国马克思主义伦理学的建构和发展不可能脱离自身的历史文化、不可能脱离中国人的精神世界,也不可能脱离当代社会发展进步。二是立足于中国独特的道德实践环境。中国社会正处于转型变革时期,日渐增多的道德问题和道德诉求给伦理学带来了崭新挑战。独特的道德实践环境为伦理学的重塑提供了广阔的道德场域,如何探寻新的研究方法和论理方式,有效实现社会主义核心价值观引领、凝聚道德共识,正是展现新时代中国马克思主义伦理学中国风格的应有之义。就此而言,新时代中国马克思主义伦理学的中国风格展现的不是理论思辨,而是一种实践风采。

新时代中国马克思主义伦理学要着眼于中国乃至世界重大问题的伦理思考,从而体现"中国气派"。首先,具有强烈的问题意识是新时代中国马克思主义伦理学的基本特征。马克思超越常人的理论敏锐性就在于他善于捕捉时代问题,"在前人认为已有答案的地方,他却认为只是问题所在"[1]。新时代中国马克思主义伦理学研究尤其应该聚焦人民群众普遍关注的社会热点问题,

---

[1]　《马克思恩格斯全集》第45卷,人民出版社2003年版,第21页。

如经济建设中的效率与公平问题、政治建设中的民主与法制问题、文化建设中的先进文化与大众文化问题、社会建设中的和谐与民生问题等。其次,以我国改革开放和现代化建设的实际问题为中心,勇于进行新的实践和新的发展,这是新时代中国马克思主义伦理学的现实向度。"全部社会生活在本质上是实践的。"①关注实践、从实践中来、到实践中去,这是新时代中国马克思主义伦理学发展的动力源泉。最后,新时代中国马克思主义伦理学关注国际问题,对世界发展给予价值关切,展现大国的伦理责任担当。《中国的和平发展》白皮书(2011年)提出以"命运共同体"新视角寻求人类共同利益和共同价值;党的十八大报告倡导在谋求本国利益和发展的同时,要以"人类命运共同体意识"给予他国合理关切、促进共同发展。构建"人类命运共同体"既是"和平与发展"世界主题的历史延伸,也是新形势下国际交往伦理建设的时代要求。随着中国在国际交往中的影响和地位不断提升,中国在建构新时代的国际交往伦理应该付出更多的努力和贡献更大的力量,如在完善全球治理机制,为世界经济健康稳定增长提供保障;加强对话协商以解决矛盾分歧,共同维护和平发展;促进合作共赢,让各国人民共享发展成果;推进开放包容、尊重多样性和差异性,增强发展活力等方面,贡献中国方案的伦理智慧。

新时代中国马克思主义伦理学的"中国特色"、"中国风格"和"中国气派",不仅要求深化对中国伦理现实观照的理论自觉,也要有效对接中国社会发展的重大问题需求,还要给予世界发展以价值关切和价值倡导,这是新时代中国马克思主义伦理学的发展要求、时代蕴含与鲜明特色。

三、伦理文化复兴:统合传统伦理文化、革命伦理文化与社会主义伦理文化

党的十九大报告明确指出:"推动中华优秀传统文化的创造性转化、创新

---

① 《马克思恩格斯选集》第1卷,人民出版社2012年版,第135页。

性发展,继承革命文化,发展社会主义先进文化,不忘本来、吸收外来、面向未来,更好构筑中国精神、中国价值、中国力量,为人民提供精神指引。"①这个论述为新时代伦理文化建设提供了目标指导和可行思路。

(一) 伦理文化复兴将孕育先进的伦理价值意识并推进伦理价值的实现

一方面,在文化的产生、积累和创造过程中,人们形成了对价值和意义的认识,由此获得了伦理价值意识,并借此不断确证人类自身的本质和特性。离开文化或舍离文化世界的价值意义,人不仅不能准确地认识外部世界对自我的存在价值,也不能觉知自我的价值需要,也就无法建立起外部存在价值和人自身价值需求的良性互动关系,人的生存就可能陷入"无意义的存在"。简言之,伦理价值意识就是在文化世界中的一种"意义"建构。因此,文化越发展,人的伦理价值意识越明晰;文化越进步,人的伦理价值意识越高尚。

另一方面,从价值实现理论而言,文化推进伦理价值实现。在文化实践活动中,人一旦对诸如食、色、性等生存本能欲望有了主体的自主自觉,生物需要就转化成了伦理价值需要;当伦理价值需要主体化为伦理价值意识,并以心理结构和观念形态得以固定,人就形成了伦理价值判断、伦理价值选择和伦理价值思维,这就是伦理价值实现过程。

(二) 统合传统伦理文化、革命伦理文化与社会主义伦理文化以实现伦理文化复兴

其一,中华优秀传统伦理文化的创造性转化与创新性发展。费孝通先生曾经提出"文化自觉"的观点,他认为:"生活在一定文化中的人对其文化有自

---

① 习近平:《决胜全面建成小康社会 夺取新时代中国特色社会主义伟大胜利——在中国共产党第十九次全国代表大会上的报告》,人民出版社 2017 年版,第 23 页。

知之明,并对其发展历程和未来有充分的认识。"①他把文化自觉概括为"各美其美,美人之美,美美与共,天下大同",以强调文化的多样性和彼此的尊重与合作。中华优秀传统文化积淀着中华民族最深沉的伦理价值和伦理精神追求,成为今天中华民族奋发进取的精神动力。

其二,革命伦理文化的继承和弘扬。革命文化是在争取民族独立、自由和解放过程形成和发展起来的特殊形态政治文化,其重要特色就是充盈着民族抗争、奋斗、前进的精神凝练。中国革命文化是以马克思主义理论为指导在中国长期的革命实践中形成的,其主题是政治文化。美国著名政治学家阿尔蒙德认为,政治文化是一定时期内一个民族特定的政治态度、政治情感和政治信仰,它是由本民族的历史和当代社会、经济、政治进程所促成的。在政治文化中孕育的革命伦理价值观、革命伦理精神,不仅是中国革命战争年代的动力之源,也是改革开放和社会主义现代化建设新时期宝贵的精神财富。

其三,发展和建设社会主义先进文化。社会主义先进文化内含着马克思主义指导思想、中国特色社会主义共同理想、以爱国主义为核心的民族精神和以改革创新为核心的时代精神、社会主义荣辱观等基本内容。社会主义文化的"先进性"不是时间性的特征描述,更不是形式上的标新立异,而是伦理价值内涵的更新和伦理价值引导力的创新。

中华伦理文化复兴是新时代中国马克思主义伦理学的重要任务,我们需要一种海纳百川的虚怀若谷,更需要一种面向未来的自强自信。

四、对自由、平等、正义、和谐、美好等人类重要福祉的关注与推进

自由、平等、正义、和谐、美好等价值目标是人类重要的福祉,也是马克思

---

① 费孝通:《经济全球化和中国"三级两跳"中的文化思考》,《光明日报》2000 年 11 月 7 日。

主义伦理学主要的伦理关怀,关涉伦理秩序的建构和优化。伦理秩序是通过伦理规范的约束和社会个体对伦理规范约束的心理认同而实现的社会秩序,它包含有两层含义,一是指作为调整社会关系的伦理规范体系,二是通过一定的规范体系而建立的人与人、人与社会的合理、良性、有序的应然状态。作为一种规范体系,伦理秩序随着社会生活的个体化、经济交往的自由化、人际交往的复杂化、社会结构的多元化、价值观念多样化而发生变革;作为一种应然状态,伦理秩序是一个社会发展追求的良好运行状态。①

从伦理制度的角度而言,如何在社会主义的制度框架内建构适合中国国情的自由、平等、正义、和谐、美好的伦理制度,优化社会伦理制度秩序,则是中国马克思主义伦理学学科发展的重要努力方向。

从伦理观念的角度而言,自由、平等、正义、和谐、美好等观念深入人心却依然没有成为现实,对这些人类重要福祉倾注伦理关怀,并激励和引导人们努力追求,优化伦理心灵秩序,这是中国马克思主义伦理学的理论功能目标。伦理秩序不仅以制度秩序为表现形式,还作为一种主观性追求和表达,并以心灵秩序的形式得以呈现。

具体而言,自由、平等、正义、和谐、美好之所以是人类重要的福祉所在,是因为它们既关涉伦理制度秩序建构,也关涉伦理心灵秩序建构。一是自由。自由是人类共同的价值追求。从社会制度的理想形态而言,自由是社会形态发展的内在要求,是社会主义的本质体现和内在逻辑。马克思指出:"我们的目的是要建立社会主义制度,这种制度将给所有的人提供健康而有益的工作,给所有的人提供充裕的物质生活和闲暇时间,给所有的人提供真正的充分的自由。"②从主体发展状态而言,自由是主体摆脱束缚、充分展示主体性的状态。恩格斯这样说道:"自由不在于幻想中摆脱自然规律而独立,而在于认识

---

① 参见肖祥:《中国马克思主义政治伦理思想发展研究》,甘肃人民出版社2011年版,第254—255页。

② 《马克思恩格斯全集》第28卷,人民出版社2018年版,第652页。

这些规律,从而能够有计划地使自然规律为一定目的服务……自由就在于根据对自然界的必然性的认识来支配我们自己和外部自然。"①概而言之,自由不仅是个体存在状态的标志,而且是社会状态的标志。二是平等。恩格斯指出:"一切人,作为人来说,都有某些共同点,在这些共同点所及的范围内,他们是平等的,这样的观念自然是非常古老的。但是现代的平等要求与此完全不同;这种平等要求更应当是从人的这种共同特性中,从人就他们是人而言的这种平等中引申出这样的要求:一切人,或至少是一个国家的一切公民,或一个社会的一切成员,都应当有平等的政治地位和社会地位。"②当代社会中,平等依然如此重要,因为没有平等就不可能有主体间的真正伦理关系,社会就会充满怨恨,就不可能有真正的发展进步。三是正义。美国当代伦理学家罗尔斯认为"正义是社会制度的首要价值"③。从发展的观点来看,正义观是动态的,它是随着社会的发展进步与人们的认识能力的提高而变化的;正义又是历史的,每一个时代有每一个时代的主流正义观。"给予每一个人以其应得的东西乃是正义概念的一个重要的和普遍有效的组成部分。没有这个要素,正义不可能在社会中兴盛。"④对于中国特色社会主义建设而言,正义是社会主义的根本特征和伦理追求,也是其他价值目标实现的根本保障。正如列宁所言:"社会主义是世界历史的结局部分,是世世代代关于公正、善良、幸福的幻想的最终体现。"⑤四是和谐。当公正成为美德,社会系统中各部分、各要素处于一种相互协调的状态,社会就进入和谐社会。和谐社会作为社会进步形态,倡导一种积极的良性的群己互动,保障的是主体创造性的自由。和谐社会是

---

① 《马克思恩格斯选集》第 3 卷,人民出版社 2012 年版,第 491—492 页。

② 《马克思恩格斯选集》第 3 卷,人民出版社 2012 年版,第 480 页。

③ [美]约翰·罗尔斯:《正义论》,何怀宏、何包钢、廖申白译,中国社会科学出版社 1988 年版,第 3 页。

④ [美]E.博登海默:《法理学:法律哲学与法律方法》,邓正来译,中国政法大学出版社 1999 年版,第 264 页。

⑤ 《列宁全集》第 32 卷,人民出版社 1972 年版,第 205 页。

个体的理性能力、能动性、自主性得到极大提高的社会,和谐社会从更高的层面对人的生存、人的尊严、人的幸福以及符合人性的生活条件作出肯定,从而使人们达到精神自由,使心性和谐达到心灵秩序的安顿。五是美好。党的十九大对中国社会发展作出了全新判断:我国进入中国特色社会主义新时代,社会主要矛盾已经转化为"人民日益增长的美好生活需要和不平衡不充分的发展之间的矛盾"。从"物质文化需要"到"美好生活需要",从"落后的社会生产"到"不平衡不充分的发展",反映了人们生活价值目标追求的变化。当前,全国人民都在追求美好生活的道路上努力奋进,新时代中国马克思主义伦理学应该责无旁贷地为实现美好生活鼓与呼。

中国仍然处于并长期处于社会主义初级阶段,自由、平等、正义、和谐、美好等方面存在的问题由于社会经济发展的不平衡性与不充分性仍然十分突出,对这些问题的真正解决依然任重而道远。因此,对自由、平等、正义、和谐、美好等人类重要福祉的关注将继续成为新时代中国马克思主义伦理学研究的重要主题。

第七章　新时代中国马克思主义伦理学
发展面临的挑战及其应对

改革开放实现了当今中国全方位的创新驱动,对经济、政治、文化、社会、心理等带来了焕新变化。如何建设中国特色、中国风格和中国气派、适合中国社会主义发展道路的伦理学新形态,既充满挑战,又充满期待！中国马克思主义伦理学的发展创新面临的挑战是多维的,既有民主政治建设的"伦理瓶颈"挑战,也有贫富分化与核心价值认同的挑战;既有社会伦理整合的挑战,也有西方价值强势与伦理话语权"西强我弱"的挑战;还有人类命运共同体价值倡导的国际认同和"伦理信任"的挑战。而应对挑战也应该是多方法和多手段的,但最为主要的是:从方法而言,坚持马克思主义"道德的历史方法"及其中国实践;从叙事方式而言,则应该积极应对现实文化挑战,紧扣美好生活、家国情怀与人类关怀的时代交响,着力于话语实践与话语权力的价值建造。

第一节　新时代中国马克思主义伦理学
发展面临的挑战

中国马克思主义伦理学要实现理论创新,就要积极应对挑战;中国马克思主义伦理学研究者既要有危机意识又要有责任意识,对伦理学发展充满信心和期待。

一、民主政治建设的"伦理瓶颈"

民主政治建设是人类社会近现代以来凸显的重要发展课题,坚持和发展社会主义民主政治是改革开放以来中国共产党和国家建设的重要主题。当前中国民主政治建设面临的现实挑战来自两个方面。

一是西方民主政治建设带来的挑战。西方个人主义主体理论源远流长,尤其是文艺复兴之后,现代意义上的个人主义主体观得以确立。尽管被认为是西方现代哲学奠基人的笛卡尔提出"我思故我在"的哲学命题备受质疑,但无疑他在确证了人类知识的合法性的同时也确立个人的认知主体地位;对现代自由主义产生重大影响的英国政治哲学家洛克的"天赋人权""个人政治平等理论"体现了对个人自由权、生命权、财产权的推崇,进一步凸显了个人的权利主体地位;以康德、黑格尔为代表的德国古典哲学,主张理性具有至高无上的地位和权威,更是强调个体的价值主体地位。综而观之,尽管现当代的哲学家们对"理性自立为王"作出了不懈地批判,并试图以"主体间性"(哈贝马斯)、"多元他者"(德里达)和"重叠共识"(罗尔斯)等理论超越唯理主义,但是对认知主体、权利主体、价值主体的高度重视,无疑成为影响西方政治民主建设最为重要的思想遗产。个体主义提倡"摆脱精神奴役、追求个性自由"、提倡维护人的尊严和个性等,在民主政治建设中固然有其重要价值。但是作为一种伦理原则,个人主义把个人与社会对立起来,一切从个人需要出发,个人至上,反对统一的社会道德标准。作为一种看待社会的方法论,个人主义者采取"化约主义"(Reductionism)或"原子主义"(Atomism)的方法来看待"社会整体",认为在封闭的人性体系内个人能解决人类所有的问题,容易陷入个人决定论。就个人主义对社会发展的作用而言,个人主义的极大膨胀和恶性发展,很容易导致集体意识和社会责任的匮乏或丧失,容易造成个人与社会、自我与他人的冲突,成为社会发展的否定性因素。

二是中国传统政治文化创造性转化的挑战。而中国政治文化传统中强调整体主义，血缘宗亲、家国同构、天下大同，"公义"和"公利"的心理印象根深蒂固。中国传统的整体主义因其和的精神——如"礼之用，和为贵"（《论语·学而》），仁的精神——如"好仁者，无以尚之"（《论语·里仁》），大同精神——如"大道之行也，天下为公，选贤与能，讲信修睦……"（《礼记·礼运》），自强精神——如"士不可以不弘毅，任重而道远，仁以为己任，不亦重乎？死而后已，不亦远乎"（《论语·泰伯》），礼的精神——如"克己复礼为仁，一日克己复礼，天下归仁焉"（《论语·颜渊》），成为中国政治民主建设积极的精神元素。如何辨析和有效应对个人主义在民主政治建设中的消极影响、如何对中国传统文化精神实现创造性转化，这是中国特色社会主义民主政治建设理论发展不可绕过的问题。

如何站在人民群众的立场而不是站在政治精英和利益集团的立场，为建设体现人民意志、保障人民权益、激发人民创造活力的社会主义民主政治作伦理价值引导、伦理价值判断和伦理价值改进，应该成为马克思主义伦理学研究义不容辞的责任。

二、贫富分化与核心价值认同

党的十九大明确了新时代我国社会主要矛盾是人民日益增长的美好生活需要和不平衡不充分的发展之间的矛盾。发展不平衡主要表现之一，就是社会各阶层发展不平衡，阶层分化与固化同时存在，极少数权贵阶层占据绝大多数财富，造成社会较为严重的贫富不均，这是未来中国发展的最大隐患。发展不充分主要表现之一，就是发展成果没有完全实现社会共享，社会向心力不足，没有形成全民共享共识，制度安排有待更加充分有效。贫富分化必然造成利益认同难以达成，从而影响甚至破坏社会的核心价值认同，最终影响社会和谐发展。

首先，我们不能讳言当前中国贫富分化的问题。改革开放带来民众最剧烈的冲击和影响就是利益心理的变化。贫富分化已经成为不争的事实,利益失衡导致心理的失衡和病态,会严重影响社会和谐建设和人们对美好生活向往的信心。利益观念的异化,必然导致价值观和美德的"去圣化",使民众在社会主义核心价值认同上大打折扣。

其次,坚持公平正义原则,化解存在的问题。我们要采取积极措施应对问题,其中的基本原则就是坚持公平正义。所谓公平正义,就是社会各方面的利益关系得到妥善协调,人民内部矛盾和其他社会矛盾得到正确处理,社会公平和正义得到切实维护和实现。

再次,正确运用利益分析法分析当前社会利益问题,实现利益认同,为实现社会主义核心价值认同打下心理基础。一方面我们才能避免被虚假的崇高所统治,以一种平和的心态合理合法地追求利益;另一方面我们才能努力化解利益矛盾和冲突,追求社会公平正义。推进全面深化改革,实现利益认同,增强社会凝聚力,不仅为道路自信、理论自信、制度自信注入春天般的生机,更向世界展现"中国道路"的价值魅力。

最后,以利益认同为动力,促进和巩固社会核心价值认同。一个拥有公平正义的利益格局、广大民众实现基本利益认同的社会,才能实现社会核心价值认同,才能实现真正的和谐社会!新时代中国特色社会主义伟大成就及其呈现出的强大社会凝聚力正透露着"各美其美,美人之美,美美与共,天下大同"的朝晖!

综上而言,中国马克思主义伦理学研究的一项重要任务是如何切入民众"生活世界",确立社会主义义利观,构筑起思想和观念的"价值世界"和"价值理想",使得实现美好生活既有现实之根又有理想之光,这是一项重要任务。

三、社会伦理整合

弗朗西斯·福山在《大断裂:人类本性与社会秩序的重建》一书中指出:"大断裂"表明社会的各因素、各部分之间失去了有机联系,互不支撑,甚至互相损害,从而使社会处于"支离破碎"的境地。① 由于我们正处在由传统向现代与由现代向后现代的双重转型中,一方面会使传统社会的"关系纽带"断裂;另一方面也会使原本不太成熟的现代社会日趋"板块断层",从而带来社会伦理断裂日趋严重——表现为个体伦理与社会伦理、人类伦理出现了断裂,甚至伦理与道德也出现了断裂,从而使社会伦理生活区隔化、碎片化。②

社会伦理整合,旨在化解各种伦理关系之间的矛盾和冲突,最终实现人与人之间的协调、个人与群体、人类的协调,人与大自然的协调,建构一个身心和谐、人伦和谐以及天人和谐的和谐社会。当前,社会伦理整合的主要任务在于以下方面。

其一,个体道德与社会公共伦理整合。现代社会个人主义的恶性发展实实在在地导致了人们社会责任和集体意识的衰弱,还造成个人与社会、自我与他人的冲突。在现实中我们常常看到伦理分裂的现象,个体道德未能为个人的行为进行道德定位,公共伦理未能为协调人际提供合理秩序,人己、义利的矛盾冲突时时发生。个体道德与社会公共伦理整合,就是要弘扬个体道德,建构公共伦理秩序。马克思主义伦理学倡导的整体观,为个体道德与社会公共伦理整合提供了科学指导。一方面,马克思主义从实践出发去理解人、理解社会,即从"现实的个人"出发理解社会,使得马克思主义伦理学整体观超越了个体主义者又超越了以往的整体主义者。另一方面,马克思主义伦理学在辩证思维的方法论上,科学地解决了人的个性与社会性的关系。人的活动越具有社会性,人就越具有独立性,用马克思的话说,"人是最名副其实的政治动物,不仅是一种合群的动物,而且是只有在社会中才能独立的动物"③。在实现现代社会生活的美好向往的今天,迫切需要个体道德与社会公共伦理进行

---

① 参见[美]弗朗西斯·福山:《大断裂:人类本性与社会秩序的重建》,唐磊译,广西师范大学出版社 2015 年版,第 28 页。

② 参见李建华:《伦理连接:"大断裂"时代的伦理学主题》,《浙江社会科学》2019 年第 7 期。

③ 《马克思恩格斯选集》第 2 卷,人民出版社 2012 年版,第 684 页。

整合,只有正确地处理了个体与整体的关系,即个体的充分发展只有在集体中才能实现,而集体的生存和发展也是通过每一个个体而存在和发展的,才能避免莱茵霍尔德·尼布尔所说的"道德的人"与"不道德的社会"矛盾,建构和谐的社会秩序。

其二,传统伦理与现代道德的整合。伦理整合有一个重要的主题,就是连接传统与现代。对中国伦理思想的价值进行评估、转化和创新,一直是伦理学界关注的焦点。毋庸置疑,马克思主义伦理学中国化内含着马克思主义伦理文化与博大精深中国传统伦理文化的有机融合。传统伦理与现代道德的整合面临两个方面的问题:一是马克思主义伦理文化在当代中国的发展面临什么问题,二是传统主流伦理文化即儒家伦理在当代中国的传承面临什么问题。就此问题,许多专家学者进行了积极的理论思考。就传统伦理与现代道德的整合方式而言,坚持历史唯物主义立场、观点和方法,推进传统伦理思想的创造性转化和创新性发展是最为基本的理论研究范式。我们倡导的是马克思主义的民族化范式理论,既坚决反对民族虚无主义、"全盘西化论",又坚决反对传统保守主义、复古主义。①

其三,群体伦理与人类伦理的整合。埃德加·莫兰认为:"近代社会造成了全体—社会—种属'三位一体'关系拆解和断裂"②,由于个人主义的泛滥,不仅造成个人与群体的矛盾,还造成了"小群体"与人类的矛盾。今天,我们在摒弃现代激进的个人主义的时候,要着眼于人类整体,消除人我之间的对立,建立一种整体的、平等的人类整体的关系。一些后现代主义思想者认识到"个人主义已成为现代社会中各种问题的根源"③——这种思想给我们思考群体伦理与人类伦理关系问题一种切近的启示。就人与自然的和解与协调而

---

① 参见《批判地继承中国传统伦理道德文化:中国现代伦理学发展的一个基本条件——唐凯麟教授访谈录》,《伦理学研究》2010 年第 4 期。

② [法]埃德加·莫兰:《伦理》,于硕译,学林出版社 2017 年版,第 39 页。

③ [美]大卫·格里芬:《后现代精神》,王成兵译,中央编译出版社 1998 年版,第 10 页。

言,反映的其实就是群体伦理与人类伦理的关系。按马克思的观点,"社会是人同自然界的完成了的本质的统一"①。无论从哲学的层面还是从科学的层面探讨人与世界、人与自然的关系,人们的普遍共识已经形成:地球是我们的家园,人与自然是一个有机整体;人类是一个休戚与共的命运共同体,共建与共享是我们唯一的选择。

其四,心灵秩序与制度秩序的整合。法国著名的社会学家孔德提出"以仁爱为原则,以秩序为基础,以进步为目的"②的社会秩序,并重视社会秩序、整合、凝聚问题。伦理秩序是社会秩序的基本架构或坚实基础。"伦理秩序"作为一种"伦理关系的结构性存在"③,一方面,作为一种规范体系,伦理秩序随着社会生活的个体化、经济交往的自由化、人际交往的复杂化、社会结构的多元化、价值观念的多样化而发生变革;另一方面,作为一种应然状态,伦理秩序是一个社会发展追求的良好运行状态。

现实生活中,心灵秩序的建构与制度秩序的建构及其二者的整合,是伦理建设的重要问题。伦理秩序首先是一种客观性关系结构,这种结构自身具有客观交往规则,并以制度秩序为表现形式;其次是作为一种主观性追求和表达,并以心灵秩序的形式得以呈现。中国伦理秩序的制度和心灵的双重建构,才能使得公众民主意识、参与意识、生活共同体意识日益提升;对国家和民族的认同进一步激发整个社会的创造性和凝聚力;对社会主义的核心价值认同才能成为建设社会主义的不竭动力,一个全体人民各尽所能、充满创造活力的社会才能健康发展。

中国特色社会主义建设是一项整体推进的事业,需要从整体上进行价值引导和推进。但是当前存在的片面的实用主义倾向严重,政治、经济、社会、文

---

① 《马克思恩格斯全集》第 42 卷,人民出版社 1979 年版,第 122 页。
② [英]艾伦·斯温杰伍德:《社会学思想简史》,陈玮、冯克利译,社会科学文献出版社 1988 年版,第 10 页。
③ 高兆明:《制度公正论:变革时期道德失范研究》,上海文艺出版社 2001 年版,第 59 页。

化、生态等领域发展常常被某些人或某些群体狭隘的利益需求所左右,甚至为了满足所谓的"价值需求"而违背科学事实。如何建立社会主义伦理共同体意识、实现社会伦理整合、消除条块化与整体性矛盾风险、推进社会主义整体进步,将是中国特色社会主义伦理学研究面临的紧迫课题。

四、价值挑战与伦理认同

中国道路取得的成就为世界所瞩目,但是西方世界存在着对中国道路质疑的杂音不绝于耳,有些学者和政客认为中国的崛起正遭遇到价值观的困境,是一种不包含道德意义的崛起。今天,西方国家"普世伦理"等伦理话语依然影响广泛,中国马克思主义伦理学如何应对西方价值与伦理话语挑战,提升中国特色社会主义伦理话语体系的影响力和认同度,依然任重而道远。

中国道路即指中国特色社会主义的发展道路,中国道路的价值实质是对中国特色社会主义的发展道路的价值生产、价值认识、价值评判、价值实践。中国马克思主义伦理学如何对中国道路的价值进行深入阐释,这是应对西方价值观念和伦理话语挑战的必要手段。中国道路事实上包括三个层面的价值内涵:一是中国道路的中国意义与世界意义,这是价值认知层面的显性价值;二是中国道路的中国意义与世界意义后面的价值,即中国道路的崛起是有价值观的崛起,这是价值观念层面的隐性价值;三是中国道路的价值究竟如何破解可持续性发展的中国难题与世界难题,引领中国与世界的当代与未来,这是价值认同层面的实践价值。

"在21世纪的文献中,中国崛起已成为一个公理性观点(Axiom Point),正是'中国崛起'而不是其他任何话题,引领着关于未来的国际关系的种种猜想。"①正是如此,中国马克思主义伦理学更加有责任回答"中国道路的中国意

---

① David Scott,"*The Chinese Century*"? *The Challenge to Global Order*, Hampshire:Palgrave Macmillan,2008, p.14.

义和世界意义何以可能"的问题。

其一,中国道路如何破解自身的后发展难题。中国道路面临的后发展难题主要是面对一元板结型的"经济社会结构"发展难题;社会生产力的发展要求如何才能和最大多数劳动者的利益相一致的"李嘉图难题";如何破除多维贫困的难题。从中国社会发展实践来看中国道路的中国意义,其核心在于有效回答了如何破解自身的后发展难题,走出了一条中国特色的社会主义道路。对此的研究,包括如下问题:(1)中国道路如何科学把握社会主义本质。社会主义的本质是解放和发展生产力,其根本目的是消灭剥削、消除两极分化、最终达到共同富裕。改革开放40多年来,中国发展道路紧扣社会主义的本质要求,大力发展生产力,不断实现全体人民共同富裕,不断促进人的全面发展,不断推进政治、经济、文化、社会的全面进步。(2)中国道路如何选择和推进经济体制转型。通过建设和逐渐完善社会主义市场经济体系,让大多数社会成员共享现代化福利,从而使社会活力得到全面激发。(3)中国道路如何破除制约社会发展的体制机制障碍。持续改革和新形势下全面深化改革,努力消除"经济市场、政治计划"的不匹配,放宽环境,中国道路正努力消除体制机制的阻滞。(4)中国道路如何实现"经验发展"向"科学发展"的变革。中国道路从探索走向经验、从"摸着石头过河"走向改革理性化,并不断实现科学发展观。

其二,中国道路如何破解世界的世纪性发展难题。如何实现可持续性发展是当今世界面临的世纪性难题。从世界发展来看中国道路的世界意义,其核心在于中国道路的"特色"向世界展现了示范性价值。对此的研究,包括如下问题:(1)中国道路如何避免所谓的"颜色革命"。崛起的中国维护政治社会稳定,正在努力走出依附性积累阶段和受资本主义不平等交换体系剥削状况,实现世界体系中半边缘状态向中心位移。(2)中国道路是否可能避免"中等收入陷阱"。中国致力于改变政策措施使增长与环境可持续性更好地匹配,重视绿色增长,发展低碳经济;加强科技创新,提高劳动力素质;改变城乡二元结构,激发劳动力能量;倡导"民富为先、民生为本",积极改善民生,扩大中等收入群体,共享改革红利。(3)中国道路是否可以走出"有增长无发展"、"无未来增长"与"无根发展"等怪圈。中国道路正在逐渐实现由"物本发展"向"人本发展"、由"黑色发展"向"可持续发展"转变。

其三,中国道路如何实现人类发展价值关切,构建"人类命运共同体"。中国道路的中国意义和世界意义在对"人类命运共同体"的理论和实践关切下实现了特殊性与普遍性的融通。对此的研究,包括如下问题:(1)实现中国道路的中国意义和世界意义的辩证统一问题。世界历史性理论语境中的中国发展道路具有特殊性,但对于发展中国家乃至世界发展而言又具有一般性特征。(2)构建"人类命运共同体"中的中国道路的历史性和现实性、机遇和挑战、基本路径问题。(3)中国道路对于构建"人类命运共同体"有何价值,即如何从实践论、认识论、价值论多维把握中国道路对于实现全人类发展具有普适性价值。

五、人类命运共同体价值倡导的国际认同和"伦理信任"

中国积极倡导"构建人类命运共同体"是基于对世界大势的准确把握而贡献的中国智慧,既是中华民族实现"天下大同"的伦理情怀的体现,也是"以和为贵""己所不欲,勿施于人"伦理之道的运用。但不容忽视的是,国际社会上有些国家和政要对人类命运共同体价值倡导持质疑态度,甚至有"阴谋论"之说。如何应对跨文化交流的伦理风险,如"文化误读"导致"价值贬损"、诚意缺损造成"交流迷失"、利益博弈造成"责任消解"、保守主义导致"价值阻滞"等问题。

如何提升人类命运共同体价值倡导的国际认同和"伦理信任"?中国马克思主义伦理学必须积极开展理论研究,不仅要提炼中国传统伦理价值,还要关注西方伦理价值范畴及其话语表达、话语心理,提升伦理价值的话语整合、话语反馈、话语传播、话语认同能力,凝练出为各国所接受和信任的伦理价值传播话语。一是建构"人类命运共同体"的历史性和现实性研究。构建"人类命运共同体"既是"和平与发展"世界主题的历史延伸,也是新形势下的寻求共同发展的时代要求。中国国家领导人在国际场合多次重申构建人类命运共同体,并率先垂范,努力践行。构建"人类命运共同体"既是"和平与发展"世界主题的历史延伸,也是新形势下寻求共同发展的时代要求。二是中国道路建构"人类命运共同体"面临的机遇和挑战研究。世界多极化、经济全球化、文化多样化和社会信息化的国际新形势,为构建"人类命运共同体"提供了机遇;同时,中国倡导"人类命运共同体",倡导和平发展共同发展,倡导建设国际权力观、共同利益观、可持续发展观和全球治理观等面临诸多困难。处理好机遇和挑战,必将促进人类整体的发展。三是建构"人类命运共同体"的基本路径研究。"创新"为促进共同发展提供不竭动力,"和平"为促进共同发展提供安全保障,"合作"为促进共同发展提供有效途径,"包容"为促进共同发展提供广阔空间。

第二节　马克思主义"道德的历史方法"及其中国实践

在对马克思主义理论发展逻辑的众多争辩中,"历史主义论证"和"道德论证"的争论是最具代表性的两种方式,前者从历史必然性出发,旨在展现马克思主义理论的历史唯物主义底蕴,其缺陷在于将历史规律简化为因果律,犯了机械决定论的舛误;后者从道德有效性出发,旨在强调马克思主义理论蕴含的道德向度,其缺陷在于夸大了伦理道德因素在社会发展中的作用,在理论上无视马克思主义道德理论的历史性,在实践上容易滑入伦理改良主义。显然,执迷于"历史主义论证"的马克思主义叙事方式往往欠缺价值激情,难以充分展现马克思主义理论的时代精神和价值引领作用;陶醉于"道德论证"的马克思主义叙事方式往往缺乏历史唯物主义底蕴而踯躅于应然性或合理性构想,难以充分发挥马克思主义理论现实价值。对马克思主义"道德的历史方法"作出分析,就是探讨如何撷取两种思路的合理性,探究一种融合历史必然性论证和道德论证的马克思主义发展理路,为构建一种联结应然与实然、实现从理论走向实践的中国马克思主义伦理学理论形态提供方法论指导。

一、"历史主义论证"批判:马克思主义理论叙事的伦理价值回归

所谓"历史主义论证"就是将历史主义看成一种社会的命定论或机械的决定论,并倡导以这种历史决定论看待人类社会发展。在对马克思主义哲学的评价中,西方历史决定论者认为建立于历史决定论之上的马克思主义理论是"价值无涉"或"伦理中立"的。"历史决定论"概念的首倡者、英国著名哲学家波普尔指出:历史决定论作为一种探讨社会科学的方法,"它假定历史预测是社会科学的主要目的,并且假定可以通过发现隐藏在历史演变下面的'节律'或'模式'、'规律'或'倾向'来达到这个目的"①。波普尔甚至将马克思主义指斥为"历史主义的最纯粹的、最发达的和最危险的形式"②。历史决定论最主要的论证方式就是将马克思主义简化为经济决定论,将历史规律简化为因果律,将历史规律与自由、事实与价值对立起来。

如若不能拨开笼罩于历史决定论的"迷雾",马克思"道德的历史方法"的科学性就难以得到彰显,唯物史观的科学性就难以在马克思主义伦理学的中国实践中获得更广泛地接受和应用。基于历史决定论的"历史主义论

①　[英]卡尔·波普尔:《历史决定论的贫困》,杜汝揖、邱仁宗译,上海人民出版社2009年版,第2页。

②　[英]卡尔·波普尔:《开放社会及其敌人》第2卷,郑一明等译,中国社会科学出版社1999年版,第144页。

证"常常强调经济力量在社会历史发展中的决定作用、强调整体对个体控制的绝对优势,因此,对"历史主义论证"的批判关键在于廓清如下几个问题。

其一,社会历史发展的决定力量是"单一"的经济力量还是"总体"的力量?历史规律的科学性是否拒斥价值性?"历史主义论证"将马克思主义标签化为"经济决定论",否认马克思主义理论的伦理价值维度。例如,西方一些实证主义的拥趸者常常以所谓的科学性对待马克思主义,认为马克思主义作为科学理论是排斥道德的,将科学性与价值性割裂开来,试图将马克思主义变成一门适应现代资本分析的中立的科学。西方马克思主义分析学派也有一种观点认为马克思是非道德主义者,如在对马克思主义"正义"问题的争论中,美国学者罗伯特·查尔斯·塔克(Robert Charles Tucker)在其《马克思主义革命观》中与分析的马克思主义者艾伦·伍德(Allen W.Wood)在其《马克思对正义的批判》中,共同设置"马克思没有基于正义批判资本主义"和"马克思否认资本主义不正义"的"塔克—伍德命题"(Tucker-Wood Thesis),伍德甚至指斥马克思主义与道德是不相容的。

事实是,马克思主义从来没有执迷于将经济因素作为引起历史变革的唯一因素,而是将其认作最强大的、具有决定性的因素而已。马克思指出:"人们按照自己的物质生产率建立相应的社会关系,正是这些人又按照自己的社会关系创造了相应的原理、观念和范畴。"①也就是说,社会是由"物质生产""社会关系""原理、观念和范畴"组成的结构,其中"物质生产"是最基本的层次,各种"社会关系"和"原理、观念和范畴"最终都能够从物质生产中得到合理的解释,它们构成了社会发展和变革的合力因素。与西方历史决定论的"简单化"和"片面化"不同,马克思也倡导历史决定论,但其历史决定论的论证方式是辩证的和批判的、论证视域是总体的和全面的。一方面,马克思的历

① 《马克思恩格斯选集》第1卷,人民出版社2012年版,第222页。

史决定论是对社会历史发展的辩证把握。马克思批判继承了黑格尔辩证法，将辩证法推向了唯物的和历史的发展阶段。马克思指出："辩证法在对现存事物的肯定的理解中同时包含对现存事物的否定的理解，即对现存事物的必然灭亡的理解……辩证法不崇拜任何东西，按其本质来说，它是批判的和革命的。"①由于辩证方法的运用，马克思历史决定论的批判性得以凸显：在对旧唯物主义历史观的批判中探究历史发展的必然性，在对资本主义生产方式的批判中指明人类社会的发展趋势，在对人的异化的批判中阐明人的发展阶段特征，说明了人的主观能动性和社会主体的巨大动力作用。另一方面，马克思的历史决定论是对历史及其发展规律的总体把握，而不囿于微观、局部、个别事实或现象的诠释。正是在此意义而言，卢卡奇认为："对马克思主义来说，归根结底就没有什么独立的法学、政治经济学、历史科学等等，而只有一门唯一的、统一的——历史和辩证的——关于社会（作为总体）发展的科学。"②

马克思历史决定论的"辩证的、总体的"方法的积极启示在于：一方面，对社会历史发展规律进行科学的考察，不能单纯从经济事实的角度去分析，还应该从政治、文化、伦理等多元角度去判断。正如法国结构主义马克思主义者阿尔都塞所言："真正的马克思主义从不把各因素的排列、每个因素的实质和地位一劳永逸地固定下来，从不用单一的含义去确定它们的关系；只有'经济主义'（机械论）才一劳永逸地把各因素的实质和地位确定下来。"③另一方面，在对资本主义社会历史现象进行考察的时候，不能局限于对社会经济现象的描述和解释，还应该以广阔的价值视野洞悉马克思对资本主义的伦理批判和社会主义的价值畅想。在马克思的历史主义的洞见中，价值与事实、真理尺度与价值尺度并不是割裂的，这样我们才能够理解马克思关于生产方式、社会关系、社会规律性等内容的认知性考察与人的发展、社会进步的价值性期待是其

---

① 《马克思恩格斯文集》第 5 卷，人民出版社 2009 年版，第 22 页。
② ［匈］卢卡奇：《历史与阶级意识》，杜章智等译，商务印书馆 1992 年版，第 77 页。
③ ［法］路易·阿尔都塞：《保卫马克思》，顾良译，商务印书馆 1984 年版，第 184 页。

理论中两个不可分割的维度,前者构成了其唯物主义社会历史理论,后者构成了其道德批判和价值理想的伦理学理论。

其二,社会历史规律是否造成社会与个人的对立?社会历史规律支配之下个人的伦理责任和社会的价值目标是否被消解?"历史主义论证"秉持整体主义方法论,将个人置于历史规律的控制之下,个人在势不可当的社会力量面前,总是显示出"孤立无援"。"历史决定论者"故意消解个人的自由选择权利和伦理责任,由此败坏了马克思的自由和平等的伦理主张,致使个体与社会、平等与公正、自由与责任处于价值分离的状态。显然,"历史决定论者"将个人与社会置于对立之中,与马克思主义唯物史观中"现实的人"的理解相去甚远。

马克思早在"包含着新世界观的天才萌芽"的《关于费尔巴哈的提纲》中就批判了旧唯物主义对人的直观、抽象的理解,不能正确理解人的现实性和人的本质,也就不能理解人与社会的关系,也就难以把握人类社会历史发展的规律。马克思指出,人是具有社会现实性的人,个人是属于一定的社会形式的,不是抽象的。一方面,全部社会生活在本质上是实践的,抛开了历史进程和社会实践,对人的理解就会陷入抽象化;另一方面,人的活动是对象性、实践性的活动,离开社会实践和历史过程,只能陷入"一种抽象的——孤立的——人的个体"[1]的直观。马克思强调,人的存在不是机械唯物主义所说的自然的机械的存在,不是黑格尔的"自我意识",也不是费尔巴哈的抽象的类存在,正是"现实的人"的相互联系组成了人类社会,"应当避免重新把'社会'当作抽象的东西同个体对立起来。个体是社会存在物。因此,他的生命表现,即使不采取共同的、同他人一起完成的生命表现这种直接形式,也是社会生活的表现和确证"[2]。马克思旨在说明,人虽然是个体的社会存在,但只有从"总体上"才能真正理解人的主体存在。人的特殊性使他成为一个现实的、单个的社会存

---

[1] 《马克思恩格斯文集》第1卷,人民出版社2009年版,第501页。
[2] 《马克思恩格斯全集》第3卷,人民出版社2002年版,第302页。

在物,同时,人作为现实的社会主体,又总是作为人的生命表现的总体而存在,个体和社会、个体生活和类生活不是对立的而是统一的。概而言之,马克思从处于现实的、在一定条件下进行的发展过程的人出发,从人的社会生活和交往关系去考察人的思想意识和道德意识——这种历史唯物主义的方法,是"真正的实证科学开始的地方"①,是"道德的历史方法"的建造。

此外,"历史主义论证"者将历史唯物主义指责为"经济决定论"还有一个理由,就是认为即便马克思批判了资产阶级道德虚伪性,却没有很好地阐释和论证伦理道德在社会发展中的作用。需要澄清以下问题:其一,没有充分论证伦理道德在社会发展所起的作用是否就能够证明马克思主义是"经济决定论"? 显然,这在逻辑上不具有合理性,没有充分论证并不意味着马克思并不重视伦理道德的作用;而据此认为马克思主义是"反伦理倾向"的,则是出于消解马克思主义理论科学性的险恶目的。其二,从斗争实践的实际情况和革命理论创建的需要而言,马克思对资产阶级道德虚伪性的批判是一种主次分明的"重点论"策略。在阶级斗争的实践中,马克思认识到推翻资产阶级的统治仅仅凭道义的激励和道德的鼓动是不够的,只有让无产阶级认识社会发展规律和自身所处的阶级地位,才能取得解放斗争的胜利。在理论创建的过程中,如何对以费尔巴哈、鲍威尔和施蒂纳为代表的各式各样唯心史观的思想进行分析和批判,成为马克思主义唯物史观创建的首要任务。对此情况,晚年的恩格斯作出了解释,由于长期同唯心主义作斗争,重视对资产阶级道德虚伪性的批判,却对作为上层建筑的伦理道德的反作用阐述不够,很少正面论述伦理动机在社会主义革命中的作用。实际上,马克思的科学社会主义从未抛弃伦理因素在社会发展中的作用,从不否认伦理原则对经济基础的反作用,唯物史观强调伦理道德受经济基础所决定,在阶级社会中只有统治阶级的伦理观点起支配作用。

---

① 《马克思恩格斯选集》第 1 卷,人民出版社 2012 年版,第 153 页。

当然,西方学者也不乏"公正者",例如分析的马克思主义创建者和旗手科恩(Gerald Allan Cohen)指出,马克思认为资本主义建立在不正义的基础上,实质上就是对资本家所做的事情是不道德的进行批判,在这个意义上,"马克思主义者认为,资本主义本身是不正义的……而这样的论述需要道德论证而不是历史论证"[①]。科恩还对那些无视马克思主义道德观的人进行了驳斥:"如果马克思主义道德观是相对主义的,那么,马克思主义者就不能声称他们所坚持的道德判断或规范性政治观点是客观的。而如果这些判断和原则不是客观的,则任何一个理性的人都没有理由认为他应该为这些判断或原则所约束。如果这样,马克思主义便不具备任何客观价值。"[②]再如胡萨米的"分配正义的道德观"、柯亨的"权利应得道德观"、凯·尼尔森的"激进平等的道德观"、史蒂文·卢克斯的"解放的道德观"等,他们坚持认为马克思主义与道德并非水火不容、马克思的资本批判与道德批判是一体的、马克思经济批判理论并不存在道德空场。

综上所述,"历史主义论证"将历史规律简化为因果律,将个人与社会对立起来,是一种罔顾事实与价值相统一的社会历史偏见,违背了马克思主义伦理学所坚持的"道德的历史方法"。

马克思主义伦理学"道德的历史方法"展现在对资本主义社会伦理现实的剖析和批判中,其价值诉求体现在人类解放及人的自由与全面发展的价值畅想中,体现了价值和事实相统一的基本原则。首先,事实与价值的统一构成了社会伦理生活的基本内容和基本特征。作为社会生活重要领域之一的伦理生活,必然在事实基础上指向价值和目的。伦理生活首先是实然性伦理关系的展开,然后才是应然性价值目标的追求。所谓实然性伦理关系,就是说伦理关系的形成以社会经济关系发展的必然性为基础,反映着现实的社会利益关

---

① G. A. Cohen, *History*, *Labour*, *and Freedom*, Oxford: Clarendon Press, 1988, p.302.

② G. A. Cohen, *If You're An Egalitarian*, *How Come You're So Rich?*, Harvard University Press, 2000, p.103.

系。显然,作为实然性的社会存在方式的"伦理关系",必定反映着客观必然性和必要性的"应该",促使人能够把生活与社会统一起来。也就是说,事实与价值的统一乃是社会存在和社会生活的基本方式。其次,事实和价值的统一总是蕴含着"应该怎样""如何更好"的道德表达或价值追求。如何调节人的社会关系、实现人的更好的发展,这种客观要求蕴含着伦理价值的诉求。在现实的境遇中,"资本的统治"完成了对"人的统治","资本具有独立性和个性,而活动着的个人却没有独立性和个性"①。现实的个人如何把握自身命运,求得社会关系的平等与和谐,这是马克思主义伦理学的价值追求和价值理想,即实现人类解放、人的自由与全面发展。最后,事实和价值的统一使得马克思主义伦理学理论区别于西方资产阶级的道德理论。马克思主义经典作家坚决反对所谓的抽象道德,而是强调具体问题具体分析,与资产阶级空洞的民主、自由、权利等伦理价值观相区别。马克思恩格斯认为,伦理关系不只是思想的关系,而是生产、分配、交换以及其他一切交往的关系反映。通过对资本主义经济事实和道德现象的批判,马克思主义伦理理论一方面旗帜鲜明地否定了压抑人性的旧制度;另一方面又从现实批判中论证了符合社会历史发展规律的价值目标,指示了人类社会的伦理理想。

二、"道德论证"批判:马克思主义道德理论的历史科学性确证

在对人类社会历史发展的认识和探究中,无论是现代空想社会主义,还是当代伦理社会主义,抑或是西方"马克思学"等诸种理论,均陶醉于对社会历史发展的应然性或合理性构想,强调伦理力量在社会历史发展中的重要作用。受此影响,许多学者执迷于"道德论证"的马克思主义叙事方式,忽视了马克思主义理论的历史科学性。

对社会发展作"道德论证"一直都是空想社会主义的理论努力。就其激

---

① 《马克思恩格斯选集》第 1 卷,人民出版社 2012 年版,第 415 页。

进态度和实践尝试而言,其建立"理性和永恒正义的王国"的愿望"表现为18世纪法国伟大的启蒙学者们所提出的各种原则的进一步的、据称是更彻底的发展"。① 但是,从其对社会发展规律的认识而言,空想社会主义者对资本主义制度的批判仍然集中于私有制造成的不平等现象,因而并没有超越资产阶级的启蒙学者;从其对社会弊病的批判有效性而言,空想社会主义者将理性、正义、自由、平等、博爱等伦理原则视作自然的法权原则和永恒的伦理原则,沉迷于对未来的构想而缺乏现实的斗争精神。这种"道德论证"遭到了马克思和恩格斯的批判:空想社会主义者自认为发现了社会发展的"永恒正义"和"永恒真理",自认为洞悉了"理性"的秘密,但是他们提出的社会主义原理和消除资本主义弊端的方法,并未从阶级斗争的实践中寻找答案,而只不过是头脑的臆想,完全背离了历史发展的客观规律。

在社会主义理论发展的过程中,对马克思主义作"道德解读"或"论证"的"伦理社会主义"理论也是值得审慎关注的。"伦理社会主义"的代表、德国社会民主主义理论家伯恩斯坦,从道德视角强调马克思批判资本主义的意义,尤其认为《资本论》对资本主义最根本的批判就在于其强大的道德优势。他认为,"《资本论》中充满以道德判断为基础的用语。把雇佣关系称作一种剥削关系,就假定了道德判断,因为若谈到刻画人与人之间的关系,剥削这个概念总是包含着不正当的侵占的污点、诈取的污点"②。质言之,《资本论》的道德立场优势是展开对资产阶级道德批判的道义根据。19世纪后期,伦理社会主义伴随着新康德主义学派的出现不断发展。尽管新康德主义的不同流派从不同方面不同角度出发来利用和重新解释康德,但在社会主义发展的问题上,其共同的主要特点是"反对按照社会发展的科学规律来论证社会主义实现的必

---

① 《马克思恩格斯选集》第3卷,人民出版社2012年版,第391页。

② [德]爱德华·伯恩斯坦:《社会主义的历史和理论》,马元德等译,东方出版社1989年版,第239页。

然性和社会主义信念,认为社会主义是某些永恒的伦理原则的实现"①。新康德主义在客观上和实质上有一种摧毁历史唯物主义的意图。两次世界大战期间,各国社会党和社会民主党以不断"修正"或"改造"的方式"坚持"马克思主义,或抛弃了马克思主义的一些原理,或根据自己的需要重新解释马克思主义。伦理社会主义在这样的时代背景下继续发展。以1951年"社会党国际"成立为标志,伦理社会主义在欧洲的发展将社会民主主义运动推进到了当代民主社会主义阶段,民主社会主义理论成为各国社会民主党、社会党的改良主义意识形态。"社会党国际"宣称"多元主义"和"多元化",极力鼓吹各种价值观念共存。在多元思想的影响下,欧洲社会党反对马克思主义唯物史观、反对把经济因素作为历史根源,于是在背离马克思主义的道路上越走越远。如法国社会党宣称坚决维护自由、平等、博爱和人道主义等价值;德国社会民主党认为历史唯物主义犯了一个"致命的错误",就是"把伦理排除在决定人的社会生活目的的力量之外"②;奥地利社会民主党倡议民主社会主义"要把社会伦理目的提到首位";西班牙工人社会党强调"社会主义是伦理和理性。社会主义同时也是道德观念发展的动力和合乎情理的行动。伦理是我们生存和政治实践的基本原则"③。总的看来,欧洲社会党的理论主张,一是强调社会发展的动力是道德、理性的力量,道德的原则是社会进步的唯一原则;二是认为人类社会的发展不是由社会客观规律决定的,而是人类伦理要求和道德需要所推动的;三是用伦理的标准作为批判的武器,不仅批判资产阶级违背理性和道德造成了资本主义社会的经济危机、剥削压迫、人的异化、殖民扩张等问题,也从伦理道德的角度批判社会主义国家的专制独裁并由此制造了民主、自

---

① 殷叙彝:《民主社会主义和伦理社会主义》(上),《当代世界社会主义问题》1996年第4期。

② 殷叙彝:《民主社会主义和伦理社会主义》(下),《当代世界社会主义问题》1997年第1期。

③ 曹长盛:《民主社会主义模式比较研究》,东北师范大学出版社1996年版,第106页。

由、人权等令人担忧的问题。总的看来,伦理社会主义及其民主社会主义的发展(1951 年社会党国际成立大会通过《民主社会主义的目标与任务》的纲领性文件,正式高举起"民主社会主义"的旗帜),在价值观上逐渐放弃以马克思主义作为理论指导,误入伦理改良主义的"歧路"。与之相反,马克思的科学社会主义理论认为只有通过革命推翻资本主义制度,建立以公有制和人民掌权的社会主义制度,才能实现民主和自由,并最终实现全人类解放和人的自由全面发展。基于此,马克思主义道德理论的历史科学性只有在社会历史发展规律的认识和遵循中才能得以确证,这样的判断在马克思主义伦理学的当代发展中依然闪耀光辉。

在西方资产阶级学术界出现的"马克思学"研究现象也是值得关注和仔细辨析的。"马克思学"研究者有一个思想倾向就是夸大伦理因素在社会发展中的作用,质疑马克思"科学社会主义"历史必然性。他们认为"科学社会主义"并不是能够经受检验的科学预见而只是一种历史预言,马克思的社会主义理论在实际中能够发挥作用的只是其伦理因素,而现实社会主义的受挫往往是因为它们过分认真地看待马克思的社会主义学说的科学性。[1]"马克思学"学者们执着于揭示马克思社会主义学说的伦理实质,视从科学向伦理的回归称为"马克思的第二次降世"。[2] 首次提出"马克思学"概念的法国哲学家吕贝尔认为,乌托邦的伦理因素在整个马克思的学说中具有比理论的科学更为重要的地位,甚至应该被当作马克思一生工作的"主驱动力"。吕贝尔对马克思科学社会主义曲解的根本原因就是夸大伦理因素在社会发展中的作用,将马克思的学说视为用黑格尔式的辩证法证明过的伦理学,从而导向了"伦理社会主义"。"马克思学"作为西方资产阶级学者对马克思生平、事业、

---

[1] 参见侯惠勤:《析马克思主义意识形态理论的"冲突"》(上),《中共南京市委党校南京市行政学院学报》2007 年第 1 期。

[2] 苏联科学院哲学所编:《〈资本论〉哲学与现时代》,吉林人民出版社 1983 年版,第 60—61 页。

著作和思想专门研究的一种学术现象描述,一方面说明了马克思主义在资本主义世界深刻的当代影响不容忽视,另一方面也说明对马克思思想和马克思主义的不同解释已然成为意识形态斗争的重要领域。

综而观之,对马克思主义作"道德论证"的各种理论形态,确实在一定程度上从道德有效性出发呈现了马克思主义的道德向度,激发了主体的价值热情和未来憧憬,但是对社会主义的本质和价值目标作"纯粹的"伦理道德解读,这是一种"历史的道德方法"而不是"道德的历史方法",对于推进社会主义历史发展在方法论上是错误的。由于方法论的错误,导致了其理论和实践的局限性也是显而易见的——在理论上消解了马克思主义道德理论的历史性维度,在实践上容易将马克思主义道德努力导向伦理改良主义,从而曲解了马克思主义道德理论的历史科学性。马克思主义道德理论的历史科学性表现在三个方面:其一,道德具有阶级性,那种将道德视为"恒久的原则"或普遍适用的"永恒真理",将道德原则凌驾于"历史和现今的民族特性的差别之上",这是一种永恒真理观和永恒道德观的谬误。其二,道德还具有历史性,道德总是具体的历史的,"善恶观念从一个民族到另一个民族,从一个时代到另一个时代的变更得这样厉害,以致它们常常是互相直接矛盾的"①。历史进程是受内在的一般规律支配的;问题只是在于发现这些规律,"共产党人的理论原理,决不是以这个或那个世界改革家所发明或发现的思想、原则为根据的"②。其三,基于道德的阶级性和历史性分析,任何道德观念都产生于特定的社会历史条件,因此,"马克思的方法是历史的而不是道德的"③。也就是说,"马克思主义不包含分析历史的道德方法,而是具有分析道德的历史方法。它不可能也没有呼吁普遍的道德原则或道德价值,因为马克思主义最根本的见解就

---

① 《马克思恩格斯选集》第3卷,人民出版社2012年版,第469—470页。
② 《马克思恩格斯选集》第1卷,人民出版社2012年版,第413页。
③ [英]肖恩·塞耶斯:《马克思主义与人性》,冯颜利译,东方出版社2008年版,第156页。

是认为,道德是一种社会历史性的现象"①。

三、"道德的历史方法"的中国实践

基于"历史主义论证"批判和"道德论证"批判,"道德的历史方法"的历史必然性和道德有效性的双维度特征得以凸显。建立于"历史主义论证"批判和"道德论证"批判之上的"道德的历史方法",不仅强化了马克思主义理论叙事的伦理价值,更重要的是确证了马克思主义道德理论的历史科学性。以"道德的历史方法"为指导,马克思主义道德理论中国化发展则表现为学科建设实践、理论批判实践、道德建设实践、社会生活实践的综合探索。

(一) 学科建设:"道德的历史方法"为中国马克思主义伦理学发展提供方法支撑

从学科建设实践而言,"道德的历史方法"为马克思主义伦理学的发展确立了根本方法,为马克思主义伦理学的发展提供了科学的方法支撑。历史辩证法是"革命的科学"诞生和发展的方法论指导,而"道德的历史方法"作为历史辩证法在道德理论的具体运用,无疑为马克思主义伦理学的创立、发展提供了方法的保障。过去的和现在的非马克思主义道德理论,如"空想共产主义者"、"小资产阶级社会主义者"或"伦理社会主义者"们在反对压迫、追求自由的过程中作出了各种理论努力,由于脱离对社会历史生活过程的分析,常常使自己陷入主—客对峙的认识论陷阱,无法摆脱"无根"的社会科学危机,他们探寻各种所谓的"革新的科学",不过是"在自己头脑里找寻科学"罢了。与他们不同的是,马克思主义伦理学以历史辩证法对社会道德事实进行历史辩证地分析,这样,"由历史运动产生并且充分自觉地参与历史运动的科学就不再

---

① [英]肖恩·塞耶斯:《马克思主义与人性》,冯颜利译,东方出版社 2008 年版,第 150 页。

是空论,而是革命的科学了"①。

由于"道德的历史方法"的科学运用,马克思主义伦理学理论就不是停留于对道德生活世界进行"范畴地"把握,而是在社会历史生活中得以建构和发展,从而敞开了马克思主义伦理学的中国化发展道路。一方面,中国马克思主义伦理学发展不是对中国传统伦理原典和德目体系的重新诠释,而是要建立其历史价值与现实生活的联结,在对传统伦理的理论主题、范畴术语、运思方式和言说体系的批判中,发掘其诠释真理的价值和启示生活的力量;另一方面,中国马克思主义伦理学发展也不是对苏联马克思主义伦理学的基本理念、学术框架和学术方法的生硬嫁接,而是要在社会主义建设的实践中力求学术内容和研究范式上跟进,实现学术体系、学科体系和话语体系的新发展。

（二）理论批判:"道德的历史方法"提升中国特色社会主义道德理论的价值功能

由于"道德的历史方法"的坚守,马克思主义伦理学及其中国化发展就执有了科学的"批判武器"。从理论批判实践而言,"道德的历史方法"提供了一种历史的、辩证的伦理批判方法,为我们认识资本主义经济剥削现象、对社会主义市场经济的资本运行进行有效规约、消除社会不公正提供了理论武器。

"道德的历史方法"使得对资本主义的伦理批判具有了"历史批判"的深度和"辩证批判"的锐度。"历史批判"就是遵循伦理价值的历史演进规律,对那些违背历史规律、夸大历史事实、虚构思想蓝图的理论展开批判,揭示其历史的"非合法性"。在"历史批判"的视域中,现代空想社会主义、资产阶级的伦理主张、当代伦理社会主义或西方"马克思学"等理论的缺陷暴露无遗:他们要么无视伦理价值的历史发展规律,不是抱怨社会无视他们的"天才设想",就是感叹社会历史偏离了自己设计的价值轨道;要么否认伦理价值活动

———————————

① 《马克思恩格斯文集》第1卷,人民出版社2009年版,第616页。

的过程性和发展性,不承认伦理理论对道德活动的指导,导致不切实际的价值空想。在马克思主义看来,任何道德理论都产生于特定的社会历史条件,只有与社会历史的现实需要相契合才具有理论的合法性,"道德的历史方法"为理论的价值生成提供了方法。"辩证批判"体现在马克思对资本批判的同时展开了伦理批判,凸显了"经济—伦理批判"的双螺旋结构,实现了对资本主义总体性辩证审查。① 资本主义是一个历史发展的过程,其经济发展遵循着资本逻辑,其伦理道德受制于资本主义生产方式和经济事实,单纯的伦理批判会掩盖资本主义不公正的真正根源,单纯的经济批判难以对资本主义造成的不公正进行全面深刻驳斥。因此,对资本主义社会的批判必须从经济—伦理的双重维度展开。

"道德的历史方法"的"历史批判"和"辩证批判"双向度,为建设健康公正的社会主义市场经济提供了价值路径,这就是用伦理规约资本、用伦理批判引导资本运行。马克思指出,资本所遵循的"道德"就是"尽可能多生产剩余价值"②,这是资本的本性使然。中国特色社会主义伦理理论的价值功能就体现在对具有"本性"的资本作出准确定位,在批判中实现规约和引导。基于对资本经济事实的历史分析和辩证批判,既不是静止的实证分析,也不是"概念游戏",而是对人类社会发展必然性的洞察,如此才能"把伦理学的内容蕴含在对现实的科学的经济学分析之中,把科学与价值目标、经济规律和道德规律有机地统一揭示出来了"③。

概而言之,"历史批判"和"辩证批判"为我们审查社会伦理问题和道德现象提供了历史标准和价值标准的科学参照,使得马克思主义道德理论的现实批判功能在中国特色社会主义道德理论建构中熠熠生辉。

---

① 肖祥:《〈资本论〉中马克思主义伦理学的理论旨趣》,《马克思主义研究》2020 年第 2 期。

② 《马克思恩格斯文集》第 8 卷,人民出版社 2009 年版,第 533—534 页。

③ 罗国杰:《中国伦理学百科全书·马克思主义伦理思想史卷》,吉林人民出版社 1993 年版,第 591 页。

（三）道德建设：“道德的历史方法”为求解社会道德建设问题提供钥匙

“问题却是公开的、无所顾忌的、支配一切个人的时代之声。”①中国特色社会主义建设中的伦理道德问题，正是时代脉搏跳动的回声。“道德的历史方法”为我们如何正确看待、如何有效解决中国特色社会主义建设的道德问题提供了钥匙。

正确看待中国特色社会主义建设中存在的道德问题，我们需要对这些“问题集”的共振声音准确“听诊”，以剔除不和谐的杂音。“道德的历史方法”的“听诊”功能就在于为我们辨析问题提供正确指导。一是在全社会确立正确的道德价值观。道德作为一种社会意识是经济基础的反映，既受经济基础的制约又对经济基础具有能动反作用。对道德的价值作出评价，既要看决定道德发生发展的经济基础的性质，也要看道德对经济基础发挥作用的性质。中国特色社会主义道德体系产生于与以往社会相比较而言更为先进的经济基础之上，并且对经济基础发挥着积极的促进作用，因而其价值的进步性和优越性是前所未有的。二是辩证分析和对待当前中国特色社会主义社会建设出现的伦理道德问题。“道德的历史方法”要求我们要全面、整体、联系地对社会主义道德状况作出客观辩证分析。“如果不是从整体上、不是从联系中去掌握事实，如果事实是零碎的和随意挑出来的，那么它们就只能是一种儿戏，或者连儿戏也不如。”②只有把道德问题放置于生产力和生产关系、经济基础和上层建筑的双维度历史变革的总进程中，我们才能辨析道德问题产生的根源、分清道德问题的主次。只有把握道德反作用于经济基础、道德与上层建筑其他方面相互作用的总联系，我们才能认清解决道德问题的必要性和紧迫性，自

---

① 《马克思恩格斯全集》第 1 卷，人民出版社 1995 年版，第 203 页。
② 《列宁全集》第 28 卷，人民出版社 1990 年版，第 364 页。

觉地弘扬先进道德、反对腐朽道德。

正确解决中国特色社会主义建设存在的道德问题,需要一把开启问题之锁的钥匙,这就是坚持"道德的历史方法",以广阔的历史视野对这些问题进行"求解"。其一,认清社会主义道德发展的主流和趋势。生产方式是人类社会发展的决定力量,生产方式的发展必然带来社会的进步,受其所决定的上层建筑的发展趋势必然是不断进步的。中国特色社会主义作为历史发展的最先进社会形态,其道德要求和道德总体状况无疑也具有先进性。因此,经济进步与道德进步的协调共振,是必然发展趋势,亦即在经济进步中探寻道德进步的更高标准,在道德进步中推动经济更快更好地进步。其二,在实践中有效聚焦人民群众普遍关注的社会道德热点问题,在发展中破解问题、求得更大的进步。改革开放四十多年的社会发展已经证实,正是对各个领域的道德问题不断破解,中国特色社会主义伦理秩序才逐渐建立和完善。当前我们仍然要积极应对执政考验、改革开放考验、市场经济考验、外部环境考验,有效防范精神懈怠的危险、能力不足的危险、脱离群众的危险、消极腐败的危险,增强解决道德问题的信心。其三,扩展伦理视野,将中国的发展置于世界发展的场域中,关注国际伦理问题,对世界发展给予价值关切,提供伦理建议,如阐发传统伦理智慧,贡献中国伦理文化智慧;促进伦理共识,应对全球社会风险;完善全球治理机制,构建全球伦理以解决矛盾分歧等。

(四) 社会生活:"道德的历史方法"为实现美好生活指示道德关怀路向

从社会生活实践而言,"道德的历史方法"为实现美好生活向往指示了道德关怀路向。所谓道德关怀,就是伦理道德通过"实践—精神"的方式掌握世界、深入社会、切入生活,为人和社会的发展倾注德性的温暖、闪耀出道义的光辉。

"道德的历史方法"包蕴着对人类社会发展的历史性和现实性的道德关

怀。历史性不仅指对过去历史的一种洞见,更重要的是指一种立足于时代而具有的历史意识。黑格尔在《历史哲学》中认为"世界历史无非是自由意识的自我进展"①,自由不是任意妄为,而是遵循理性而行动,质言之,历史就是理性潜能逐渐实现为自由的过程。黑格尔对历史发展变化的深邃洞见得到了恩格斯的高度评价,恩格斯指出黑格尔历史辩证法的革命性质"正是在于它彻底否定了关于人的思维和行动的一切结果具有最终性质的看法"②,从而对黑格尔的历史发展观点作了唯物主义改造,提出世界是一个"过程的集合体"。由此,历史性从绝对理性转向了现实生活,并落实在社会发展和从事实践活动的人。"道德的历史方法"展现的历史性道德关怀在于以下方面。其一,社会道德产生于一定社会历史条件下所遇到的一定的物质前提、现实基础、相关生活条件等,因此只有从"社会生活的物质方面"才能真正地理解社会道德的发展要求和发展规律;其二,社会道德的发展总是与人类社会生活方式的变化相一致,并在社会生活的变化中使人的本质力量逐渐彰显;其三,社会生活是一个连续的总体性过程,个体生活、群体生活、公共生活的统一是社会道德发展的实践场域,只有在"总体性"的生活中,才能实现伦理道德从个体存在向社会存在和类存在的提升。

如果说"历史性"道德关怀体现了辩证法的历史智慧,那么"现实性"道德关怀则揭示了辩证法的现实观照。在马克思主义唯物辩证法视域中,"现实性"是"现实的人"及其"活生生的感性活动的展开"。马克思强调对"现实的描述"是"能动的生活过程",而不是"僵死的事实的汇集"③,因此社会道德的发展既反映着现实的人和现实生活的必然要求,也由人的现实生活过程的变化所决定。"道德的历史方法"展现的现实性道德关怀在于以下方面。其一,人的发展是社会发展始终如一的价值目标。在现代纷繁芜杂的社会生活中,

① ［德］黑格尔:《历史哲学》,王造时译,上海书店出版社1999年版,第18页。
② 《马克思恩格斯选集》第4卷,人民出版社2012年版,第222页。
③ 《马克思恩格斯选集》第1卷,人民出版社2012年版,第153页。

如何促进人的自由全面发展乃是社会道德建设的立足点和归宿。其二,社会道德建设要为现代生活确立价值导向。社会发展不仅是物质财富的增长更是精神财富的创造,社会道德建设就是要为物质生产、社会交往、社会关系优化提供精神动力;社会发展还是一个自我价值与社会价值相统一的过程,社会道德建设就是要为如何安置好二者关系提供价值指示。其三,社会道德建设要为化解现代困境提供正确的价值选择方法。社会发展常常将人置于现代困境,如经济发展与人的异化之间的矛盾、技术进步与人的控制之间的冲突、消费与生活分离、生活世界和意义世界分裂等,社会道德建设就是要化解困境、解决问题,使人们在实现事实与价值、生活世界与意义世界、真理与价值的统一中不断趋向美好。

通过对"历史主义论证"批判,"道德的历史方法"展现了社会历史的伦理批判逻辑,这种"内隐"的伦理批判逻辑与"外显"的经济批判逻辑共同构成了马克思主义理论叙事方式,使得马克思主义在揭示人类社会历史发展规律的同时洋溢着美好的价值向往;通过对"道德论证"批判,马克思主义"将道德看成是一种社会历史的现象,并且试图将其道德观和政治观置于这种理解的基础之上。这样,它就向那种把社会主义的政治和道德价值只是看作独立于社会历史理论的主观偏好的思想提出了质疑"①。"道德的历史方法"因为闪耀着指示未来的价值光辉而温暖,因为确证了马克思主义道德理论的历史科学性而深邃,马克思主义道德理想因此而散发出诱人芬芳。

第三节　新时代中国马克思主义
伦理学的叙事方式

"后福特主义"作为 20 世纪 80 年代之后西方工业社会生产组织的一种

---

① ［英］肖恩・塞耶斯:《马克思主义与人性》,冯颜利译,东方出版社 2008 年版,第 157 页。

新模式,促使社会发展呈现个体化、液态化和碎片化特征,其解构宏大叙事、理论范式"微化"、生活观念变焦的文化转向影响和激发了当代文化的新变化。为应对西方当代文化挑战,担负着中国特色社会主义文化价值构建使命的中国马克思主义伦理学责无旁贷。中国马克思主义伦理学如何实现研究经验、现实需要和未来发展的协调统一?如何承继向来重视宏大叙事的经验传统,同时适应新时代美好生活的现实需要和理论发展的未来追求,重视对生活、个体、人性、心理等微小但却重要的问题关注,即如何实现"宏大叙事"与"伦理关怀"的融契,从而展现马克思主义伦理学对现实的深沉观照?这是中国马克思主义伦理学发展面临的时代问题。

一、叙事境况:"后福特主义"文化特征与现实挑战

西方工业社会的"后福特主义"发展对当代文化造成了深刻影响,导致文化理念转向、理论范式"微化"、生活观念变焦等新变化。受此影响,中国马克思主义伦理学的叙事方式面临着公共价值要求与个体价值选择的相互背离、时代主题要求与伦理学研究"微化"倾向的相互错位、话语表达的价值性承诺与"话题作品"的浅薄性戏谑之间裂缝拉大等现实挑战。

福特主义(Fordism)和后福特主义(Post-fordism)作为 20 世纪工业社会生产组织变化的两个阶段,与之相应的文化理念呈现出不同的特点。福特主义一词最早由安东尼奥·葛兰西提出,用以描述和概括美国式的大工业化生产模式,即以市场为导向,以分工和专业化为基础,以标准化、批量生产、垂直一体化的组织结构为基本特征。福特主义阶段规模化、流水线化的生产方式制约和影响着社会的政治和文化,反映在文化观念上就是对"宏大叙事"的执迷和社会发展的总体性伦理逻辑的强化。继"福特主义"之后,20 世纪 80 年代之后的"后福特主义"的生产模式,则以满足个性化需求为目的,以信息和通信技术为基础,生产过程和劳动关系都具有灵活性。后福特主义的主要特征是随着新兴、小型、灵活、非中心化的劳动组织网络以及生产消费的全球性

关系出现,为适应日益多样化、专业化、个性化的消费需求,生产方式、生活方式和思维方式呈现出不断发展的样态,原来的集体化、固态化和秩序化的社会结构特征也逐渐趋向于个体化、液态化和碎片化。"后福特主义"的转向影响和激发了西方当代文化特征的新变化。

其一,文化理念转向——解构"宏大叙事"。福特主义的文化理念主要就是对"宏大叙事"的推崇,使得居于主流地位的文化逻辑倾向于总体性伦理,对集体、公共和秩序的价值情有独钟,并以强调和追求"大"的理念、"大"的实践、"大"的利益、"大"的结构等为表征。而后福特主义与之不同,解构主义大有流行之趋势。当代法国解构主义的旗手利奥塔认为任何系统都不存在指导性和控制性的根基性结构,话语永远不能被完全掌控,更难以实现话语的统一性,总体化和终极化的宏大叙事是控制我们的生活、使我们臣服于社会和政治规训之下的"罪魁祸首",因而主张发动一场针对压抑性宏大叙事的"解构"式的抵抗运动。其对宏大叙事的"解构"主要基于这样的判断:宏大叙事总是与政治意识形态捆绑在一起,具有将某种意志强加于人的强大政治功能;宏大叙事的总体性和普遍性特征构成对差异性和多元性的对立,威胁和排斥"个人叙事"或"日常生活叙事";宏大叙事由于将人类历史视作将过去和将来统一起来的连贯性过程,因而必然是一种"神话的结构"。解构主义以拯救个体性为旗帜,要求彻底的个人生活,鄙视整体主义,反对所有宏大叙事。后福特主义的文化价值理路极尽对宏大叙事的文化格调和理念的颠覆,在文化理念上重视细微而不是宏大、重视差异而不是秩序、重视多样而不是统一、重视非主流而不是主流、重视价值判断的境遇性而不是公共价值的规范性、重视个体选择性而不是集体一致性等。如此,"以多元、灵活、差异和不确定性为核心的当代个体伦理开始越来越多地占据公共空间"①。显然,对宏大叙事的解构否认了历史发展的规律性和连贯性,从整体主义导致个体性丧失的纠错过程中

---

① 盖琪:《后福特主义时代的话语表达机制》,《探索与争鸣》2014 年第 7 期。

却走向了另一个极端,不仅撕裂社会共识也破坏着整体和谐,其极端化造成的危害并不亚于整体主义的危害。宏大叙事并不是对整体主义的执迷,它坚守的只是整体性,并且这种坚守建立在对"整体为个体而存在"①。

其二,理论范式"微化"——主体"祛魅"与工具"微化"。任何一个时代的变迁总是会导致这个时代文化理论范式的变化,并依托变化的理论范式而得到注解和阐释。"后福特主义"理论范式的标志性特征就是"微化"。所谓"微化"并非仅仅局限于由于移动互联网技术和自媒体平台带来人们的生活方式、交往方式乃至意识行为的变化,其表面特征就是微博、微信、微电影、微小说、微广告、微管理、微投资等为标识的"微媒体时代"的到来;更深层次地,还表明后福特主义的文化逻辑对我们所处社会的深远影响,即社会结构方式与实践方式发生了现代性的转型。具体而言,理论范式"微化"主要表现在:一是宏大主体的祛魅。以往的理论宣扬关注的是"大写的我",注重"英雄"、塑造"榜样"、弘扬"崇高"、赞扬"美德",主体往往是高高在上或矗立伟岸的。与此不同的是,后福特主义阶段对宏大主体的祛魅就是剥离了主体"高大上"的特征,而转向对个人情感、私人话题的发掘和渲染,这种注重主体"自我表达",甚至"身体感觉"的倾向就是"微主体化"。"小人物""屌丝""无名之辈"等"小写的我"成为备受当下理论媒体关注的主体对象。二是言说或传播工具的"微化"。微博、微信、B 站等自媒体的兴盛,不仅成为我们日常的交往工具,甚至成为我们生活的主要内容和方式,世界上最远的距离已经不是偏远的角落,而是"我在你身边,你却在玩手机"。尤其"社会性媒体"在 Web2.0 时代的快速崛起,一种"蒲公英式"的多点人际传播架构取代了由一到多的大众传播方式,媒介的话语表达和传播理念已经发生了出乎意料的快速变化,如"微信公众号""微信群""粉丝群""粉圈"等新型社交团体以微传播的方式成为现代生活不可分割或暂弃的一部分。

---

① 李泽厚:《历史本体论》,生活·读书·新知三联书店 2002 年版,第 67 页。

其三,生活观念变焦——生活空间"原子化"与生活事件"敏感化"。文化理念和理论范式的微化,正侵入生活并重建生活观念,其突出特征一是生活空间的"原子化"。人是社会关系之网的"绳结",每一个个体处于联系的网络中,但是在后福特主义阶段,以个体为中心的生活单元可以随意搭建,个人乐于建造自己生活的"完整世界"或"独立宇宙",并沉迷于孤立化、原子化的生存状态,由此展现了生活世界的差异性、选择性和创造性。人与人之间现实社会关系的割裂,而网络空间的人际关系却在不断搭建和扩展,造成了现代社会人与人之间很大程度上相互疏离,也致使整体性和公共性的社会生活不断被"碎片化"。二是生活事件的"敏感化"。借助网络和新媒体的传播力量,任何一个事件、人物、话题,甚至一张照片、一句评论,都有可能经过媒体传播和渲染引发不同程度的关注,并有可能持续发酵,成为公共生活的热点问题。武汉疫情期间,"方方日记"引起的针锋相对、势不两立的辩论,说明我们对社会生活事件的敏感性在增强,虽然生活空间被一定程度地"原子化",但生活关注和生活热情却因为有了独特的传播媒介可以表现出强大的力量,对现实生活产生迅速和充分的影响。

在由福特主义向后福特主义阶段的生产方式转化中,文化发展的内容主题、时代特征、传播方式也发生了变化,这种变化侵扰和挤压文化交往的时空场域,也不可避免地对当代中国文化发展造成系列影响,并带来生活方式和思维方式的变化。文化的"后福特主义"特征浸润着中国马克思主义伦理学发展的现实基础,使得作为中国主流伦理文化形态的马克思主义伦理学叙事面临两难的境况,这种新境况毋宁更准确地说是一种新挑战。

一是公共价值要求的普遍性与个体价值选择的私人化之间相互背离。就人类的"类存在"而言,无疑需要一种普遍性和整体性的公共价值,作为生存、生活和发展的理据和导向,否则"世界怎么了""人类向何处去"的追问便毫无意义。但是"后福特主义"特征的现代社会生活,明显地疏离了公共价值而倾向于个体价值的张扬。吊诡的是,个体价值或价值的私人化作为现代社会一个突出的特征,本应该使价值行为者不受外在神的律法、自然目的论或等级制度权威的约束而自由地表达自己的主张,并使个人更接近或达致主体价值、功利获取、生活美好;事实却是,由于对公共价值的疏离,个体价值却陷入了无根化和离散化,正如麦金太尔所示:"价值行为者从传统价值的外在权威中解放出来的代价是,新的自律行为者的任何所谓的价值言辞都失去了全部权威性内容。"①现实已然显示:个体价值的张扬没有带来价值的自由,反而使个体陷入铺天盖地的狭隘功利化,价值成为追求和占有财富的能力,成为维护个体权利和生活意愿的理性工具。所幸的是,"如何实现美好生活"的现实主题使公共价值和个体价值发生联结和达成契合成为可能。实现美好生活是人类社会历史的永恒追求,也是一切时代伦理学的重要研究主题,并在美好生活成为中国民众普遍共同向往的今天,规定着马克思主义伦理学的理论特质、价值目标、实践方向和范式创新。

二是弘扬时代主题的要求与伦理学研究"微化"倾向之间相互错位。一方面,中国马克思主义伦理学是马克思主义伦理学的基本原理与中国革命建设的道德实践和中国优秀传统伦理文化相结合的伦理学新形态。由于其阶级属性特征和新中国成立七十多年来革命、建设和改革的社会主义特征所决定,中国马克思主义伦理学与中国特色社会主义建设的实践脉搏相律动,在社会主义革命、改革开放、社会主义市场经济建设、实现中华民族伟大复兴中国梦等重大主题转换中不断推进。因此,追求宏大叙事、集体印象、整体取向和总体修辞,成为中国马克思主义伦理学的传统性特征和学科发展的标识性要求。另一方面,社会结构性转型影响并催化了学术范式的"后福特主义"变化,即伦理学研究的"微化"倾向,存在"视域窄化、理论碎片化、价值导向世俗化"的问题②,主张放弃"宏大理论"和"宏大叙事"。视域狭窄必然导致对现

---

① ［美］阿拉斯代尔·麦金太尔:《德性之后》,龚群等译,中国社会科学出版社1995年版,第87页。

② 李培超:《"微时代"的"微伦理学"批判》,《道德与文明》2018年第2期。

实观照的缺乏,对中国特色社会主义的改革开放、市场经济建设、社会发展等问题的热情和关注度不高;现实性与学术性背离就会导致理论碎片化,马克思主义伦理学的现实生命力就会被禁锢,造成对马克思主义伦理思想理解上的隔膜感和对中国社会现实认识上的疏离感;字眼生僻、概念抽象、语言晦涩、文体生硬的倾向,严重影响马克思主义伦理学对社会生活、人类生存和发展命运问题的价值表达,造成了价值向度和现实向度一定程度的分离。

三是话语表达的价值性承诺与"话题作品"的浅薄性戏谑之间的裂缝拉大。伦理学的意旨在于为人的生活和实践活动作出价值指示,即引导人们正确地认识和评估价值、选择和追求价值、生产和创造价值、实现和消费价值。从此意义而言,伦理学当之无愧地是一门社会价值科学。中国马克思主义伦理学作为探究人类自身利益需求以及如何满足这种需求的价值导向系统,毫无疑问,其话语表达的价值性承诺就是为人的发展和人类生活提供价值引导和精神支持。就社会生活而言,其话语表达通过"善恶"的评价承载着一种"制度性价值",指引人们哪种行为对他人或社会产生积极的价值影响;对于个人行为而言,其话语表达通过人生意义的引导承载着一种"个体性价值",给予人们正确的道德价值导向,使之形成高尚的道德行为、崇高的道德品质、完善的道德人格。但是在后福特主义阶段,马克思主义伦理学的话语表达的价值说服力遭遇到了尴尬。一方面,社会转型时期生活方式、价值目标、道德取向的困惑和问题层出不穷,原有伦理学理论难以作出及时有效和令人信服的解答,以致伦理学"被诽谤或嘲弄为一种典型的、现在已被打碎的、注定要成为历史垃圾的现代束缚,这种束缚曾经被认为是必需的,而现在被明确地认为是多余的,也可以表达为另外一个错误的观念,即:后现代的人们没有它也能生活得很好"①。问题的严重性警示我们:中国马克思主义伦理学如果丧失对现代性问题发问、解答的权利,将会使自身陷入学术和现实的合法性危机。

———————————

① [英]齐格蒙特·鲍曼:《后现代伦理学》,张成岗译,江苏人民出版社 2003 年版,第 2 页。

另一方面,文化理论的精湛之作,远远不如"话题作品"有热度、受欢迎。后福特主义的"微时代"特征似乎对主流价值宣扬不感兴趣,对"恢宏""昂扬""壮美""深沉"为美学风格和价值主题的作品不以为然,话语表达的价值性承诺被冷淡,二者之间的裂缝实质上恰恰反映了民众强烈的伦理价值焦虑。

中国马克思主义伦理学叙事境况的变化,促使我们重新思考其叙事主题和叙事方法,这种思考不是对后福特主义时代的伦理反思,也不是对"后福特主义"话语传播方式的道德评判,而旨在坚定中国马克思主义伦理学叙事主题和推进叙事方法的革新。

二、叙事主题:美好生活、家国情怀与人类关怀的时代交响

美好生活是人类文明隽永的目标,也是伦理之树万古长青的奥秘所在。美好生活的伦理蕴含表明,和谐人伦、构筑良善共同体、满足"互予性需要",是每一个时代伦理学的责任。在美德伦理思想滥觞之地的古希腊,"德性本位的美好生活"不仅是一种伦理信念,也是一种伦理实践方式。美好生活既是通过对超验神圣世界的沉思而获得的神性规约的自足生活状态,即"幸福在于自主自足之中";更重要的是,美好生活还是受共同体规范所规约的"德性"生活,"遵照道德准则生活就是幸福的生活"。纵览整个伦理思想史,无论从以强调个人幸福或人的至善为特点的古希腊罗马到现代西方的伦理思想传统;还是以"仁"为核心、"重在道心与德心的统一"①、重视个人品德修养,把修身与齐家、治国、平天下联系起来的中国古代儒家伦理思想传统;抑或是以探讨人生意义和人的精神生活为主要内容并贯彻着宗教戒律的古代埃及和印度的伦理思想,美好生活的理想一直在伦理学发展中熠熠生辉。

美好生活是"个体性需要满足"与"互予性需要满足"双维度建构。马克思主义伦理学不仅追求"人的自由全面发展"以实现"个体性需要满足",也期

---

① 宋希仁:《中国传统伦理学的特点》,《光明日报》2019 年 7 月 8 日。

待实现"自由人联合体"以获得"互予性需要满足"。今天,中国马克思主义伦理学不仅要发挥"教化伦理"的指导功能,还要发挥"生活伦理"的生成功能,以体恤人性需求和切近现实问题的方式,将伦理学的概念、范畴、命题和原理等要素注入时代的清泉,混合凝结成民众关心的"如何实现美好生活向往"的意义问题。概而言之,中国马克思主义伦理学应该提升人们实现美好生活的道德能力。

如果说"美好生活"是中国马克思主义伦理学"个体性维度"的叙事主题,那么"家国情怀"则是中国马克思主义伦理学"共同体维度"的叙事主题,而"美好生活"只有在"社会主义共同体"中才能得到制度的保障,"社会主义共同体"也只有在"美好生活"的充分实现中展现其优越性。新中国成立后,在中国共产党历代领导集体的带领下,全国人民围绕"什么是社会主义""怎样建设中国的社会主义"的主题,开始对社会主义伦理共同体的积极探索和不懈实践。今天,实现生产力高度发达和物质极大丰富、社会每一个成员在其成长和发展过程中的机会公平公正、社会每一个成员个性自由和全面发展的目标,依然是中国特色社会主义的发展目标。如何秉承科学社会主义的本质特征,更好地实现"公平""公正""发展""和谐"等价值目标,成为中国马克思主义伦理学发展的关键词。因此,将"美好生活"的价值目标过渡到社会主义共同体建设的"家国情怀",正是马克思主义伦理学的社会价值要求。再者,从社会主义理论发展角度而言,马克思主义伦理学的学科建立、学术发展和话语体系都是以维护和实现社会主义共同体稳定性、实现国家富强为目的的,这无疑契合马克思主义社会意识和社会存在对立统一的历史唯物主义基本原理。因此,中国马克思主义伦理学以"家国情怀"为"宏大叙事"主题的特征根植于社会存在的需要,既是历史生成也是现实建构。

如果说中国特色社会主义是马克思主义伦理学叙事主题的"地方性方案",那么,把家国情怀放置于"人类命运共同体构建"的"类视域"中,体现的则是马克思主义伦理理想的"世界性探索"。"人类命运共同体"是马克思主义伦理理想的时代表达,其根本宗旨和神圣使命依然是改变世界,最终实现全人类的解放。这种判断一是基于马克思主义理论与实践的伦理旨趣,即探寻人类的公共价值,二是基于当今世界发展的公共价值需求。一方面,马克思主义伦理学遵循着历史唯物主义的逻辑进路而创立和发展,在人类社会发展历史和现实的顾盼中展开社会伦理共同体建造,也就是说,马克思为探寻人类的公共价值提供了一种"世界性方案"。马克思对"真正共同体"的逻辑与现实的探寻,就是对切适人类发展的公共价值的追求。从此意义而言,"以无产阶级和劳动者之自由全面发展和人类解放为最高利益诉求,旨在以先进、科学的理念和彻底的革命行动改变不合理现实的马克思新哲学,其突出的内在性特质和独特的价值主张,就是公共性,马克思哲学所确认的价值就是公共价值"①。可以说,马克思主义全部理论的伦理意旨就是探寻和实现普适性的公共价值。另一方面,在世界多极化、经济全球化、文化多样化和社会信息化的当今世界,迫切需要建构一种包含相互依存的国际权力观、共同利益观、可持续发展观和全球治理观的全球价值观。自 2011 年《中国的和平发展》白皮书提出要以"命运共同体"的新视角、寻求人类共同利益和共同价值的新内涵,建构一种以应对人类共同挑战为目的的全球价值观已逐步获得国际共识。只有当"为什么""是什么"的问题廓清之后,如何建立全球价值观的"怎么样"的问题就显得迫在眉睫,而这正是中国马克思主义伦理学最有可能为世界发展作出理论贡献的实践场域。立足全球性的方案,马克思主义"道德的历史方法"及其在资本主义批判、社会结构转型分析的层面上加以定义的社会批判模式,必将为应对全球性社会风险提供伦理路径。

"美好生活"、"家国情怀"与"人类关怀"叙事主题的时代交响,正是要展现马克思主义伦理学的中国风格、中国特色和中国气派。马克思主义伦理学的中国风格在于其独特的实践性品格,当前,反映中国独特的国情、立足于中

---

① 袁祖社:《公共价值的信念与美好生活的理想——马克思哲学变革的理论深蕴》,《中国社会科学》2019 年第 12 期。

国独特道德环境的"美好生活"实践,不是马克思主义伦理学的理论思辨,而是一场前所未有的伦理实践。马克思主义伦理学的中国特色旨在强化对中国传统伦理文化资源和中华民族优良道德传统的传承,以先进的伦理价值观念凝聚当代中国的道德共识,以现代道德思维对中国社会发展进行伦理反思,以中国道德话语表达新时期"家国情怀"的伦理诉求。马克思主义伦理学的中国气派就是要着眼于中国乃至世界重大问题,以"命运共同体"新视角寻求人类共同利益和共同价值,对世界发展给予价值关切,展现中国作为大国的伦理责任担当。正是因为美好生活的理想展现了中国马克思主义伦理学切入现实生活的能力,家国情怀的眷顾体现了中国马克思主义伦理学指示社会主义未来的家园感,人类关怀体现的则是中国马克思主义伦理学担负人类"总体性"责任的时代感;那么,新时代中国马克思主义伦理学的当代发展必定是一个重返主流叙事、重返宏大理论的新的"远征"。

三、叙事策略:彰显世界关怀

既然叙事主题已然明晰,在"美好生活"、"家国情怀"与"人类关怀"的叙事中,中国马克思主义伦理学作为一种社会价值批判理论的叙事方法就必须在社会动态中通过话语实践寻求规范性原则,既立足于"地方性"立场又立足于"世界性"立场进行话语权力的价值建造。从马克思主义伦理学的中国化发展的"地方性立场"而言,不仅要以话语实践推动中国马克思主义伦理学理论体系不断完善,还要以问题意识促进中国马克思主义伦理学话语体系不断丰富;从马克思主义伦理学的"世界性立场"而言,不仅要以话语权塑造提升中国特色社会主义伦理价值的影响力,还要尽可能地为全球化转型的提供可行的价值选择策略。中国马克思主义伦理学的叙事策略应该彰显世界关怀,为全球化提供可行的价值选择和实践策略。

（一）价值选择策略：全球风险观照下的责任伦理建构

"区域性视角将不足以阐明统治、非正义与异化的社会原因，也不足以提出全球化转型的策略。"①中国马克思主义伦理学的当代发展不能囿于"地方性立场"和"区域性视角"，而应该放眼世界发展，为全球化转型提供可行的价值选择策略和价值实践策略——在全球风险社会时代，我们如何更好地"与他者共在"？

中国马克思主义伦理学新时代发展的当务之急就是要为全球社会风险时代提供一种以责任伦理建构为内容的价值选择策略。所谓责任伦理，就是以"他者"为重、关注现实问题的"复杂性"和人类生活的"境遇性"为特征的一种伦理模式。基于全球风险的观照，责任伦理的建构势必成为全球化转型中唯一可行的价值选择策略。在全球化进程中，人口爆炸、环境污染、资源短缺、金融危机、种族问题、政治事件、恐怖主义、核安全、网络安全、粮食安全等困扰人类、难以预测的"黑天鹅事件"（Black swan event）②层出不穷。正如吉登斯指出，"我们今天生活于其中的世界是一个可怕而危险的世界"③。

在全球风险社会中，学会如何更好地"与他者共在"，这是唯一可行的价值选择策略。"他者"是一个包容性的概念，"他人""他物""他族""他国"等都是其中的内涵。汉斯·约纳斯（Hans Jonas）指出："在这个以划时代性的方式改变着的世界形势中，我们所面临的是一个真正的全球责任的问题。这个问题扩展到整个生物、地质、水和大气的领域：它是一个对围绕着我们的世界、环境和子孙后代的责任的问题，它关系到整个人类的前途和命运。"④"与他者

---

① ［法］E.雷诺、汪行福：《后福特主义与马克思主义：一个辩论的面面观》，载《当代国外马克思主义评论》（5），人民出版社 2007 年版，第 172 页。

② ［美］纳西姆·尼古拉斯·塔勒布：《黑天鹅》，万丹译，中信出版社 2008 年版，第 28 页。

③ ［英］安东尼·吉登斯：《现代性的后果》，田禾译，译林出版社 2000 年版，第 9 页。

④ Hans Jonas, *The Imperative of Responsibility：In Search of An Ethics for the Technological Age*, The University of Chicago Press, 1984, p.119.

共在"是一种责任状态,具有对称性和互惠性,其中包蕴着和平相处、和谐成长的共同的伦理期待。

(二) 价值实践策略:基于价值共契的"人类命运共同体建构"

中国马克思主义伦理学新时代发展还必须将应对全球社会风险的价值选择策略落实为价值实践策略,即积极倡议和推进"构建人类命运共同体"的伦理行动。首先,中国马克思主义伦理学应该致力于凝聚全球风险社会治理的"人类命运共同体"伦理共识。"和平、发展、公平、正义、民主、自由,是全人类的共同价值"①,也是"人类命运共同体"理念的价值旨归。这些价值理念,应该成为中国马克思主义伦理学叙事的"主题价值",促使我们乃至整个人类反思应当如何生活,进而思考人类文明新形态的构建。其次,中国马克思主义伦理学应该致力于为"人类命运共同体建构"提供基本的行动原则。这个行动原则包括主体性原则和发展性原则。主体性原则旨在尊崇人类主体,激发人类命运的集体共情和价值认同;发展性原则旨在融合协调发展、绿色发展、开放发展和共享发展理念,推进世界和平发展。最后,中国马克思主义伦理学应该致力于促进"人类命运共同体建构"的协同行动。伦理价值意识必须落实为伦理行动。2020年新冠疫情的暴发再次表明,人类是一个休戚与共的命运共同体。在经济全球化时代,风险事件的"黑天鹅"完全有可能演变成为重大突发事件的"灰犀牛",各种传统安全和非传统安全问题还会不断带来新的考验,国际社会唯一的选择就是基于价值共契守望相助、携手应对风险挑战,共建美好地球家园。

真正的哲学是自己时代的精神的精华,中国马克思主义伦理学作为哲学百花园中的一支艳丽仙葩,要想在新时代焕发艳丽的芬芳,必须适应新时代需要,创新自己的叙事方式。新时代中国马克思主义伦理学叙事方式,必定是理

---

① 习近平:《携手构建 合作共赢新伙伴 同心打造人类命运共同体——在七十届联合国大会一般性辩论时的讲话》,《人民日报》2017年1月20日。

论与实践的双重建造,在这个过程中,如何在实现美好生活、家国情怀和人类关怀的有效对接,既彰显民族关怀和美好生活观照,又彰显世界关怀和全球视野,进而提升其价值引导力和价值影响力,成为中国马克思主义伦理学发展的时代使命。

第八章　新时代中国马克思主义
伦理学建设的主要任务

当代中国正在经历着全面的社会转型,正在发生着历史上空前的革命变革和实践创新。尤其是党的十八大之后,我们进入了承前启后、继往开来、在新的历史条件下继续夺取中国特色社会主义伟大胜利的"新时代"。与之相适应,中国社会也产生了一系列有待深入研究和正确认识的伦理道德问题。中国马克思主义伦理学如何回应时代和社会所面临的种种伦理挑战,给予新时代中国特色社会主义发展更深切的伦理关怀,这是时代和社会对马克思主义伦理学的殷切期待。

第一节　新时代公民道德建设

伦理道德规范建设是促进社会道德有效、良性地运行,从而营造整个社会趋善向善的公共氛围、优化社会道德生态的主要措施。改革开放以来,推进和完善公民道德建设一直是社会主义精神文明建设的重要主题。社会主义伦理道德规范体系建设的基本宗旨是为公民提供道德规范、建构良性的社会伦理秩序。中国特色社会主义进入新时代,新型公民道德建设的理论与实践探索成为亟待深化的伦理学课题。

一、公民道德建设的"规范"与"德性"维度

《新时代公民道德建设实施纲要》提出"要适应新时代新要求,坚持目标导向和问题导向相统一,进一步加大工作力度,把握规律、积极创新,持之以恒、久久为功,推动全民道德素质和社会文明程度达到一个新高度"①。"坚持目标导向和问题导向相统一"是新时代公民道德建设的基本要求。针对当前道德领域存在的种种问题,坚持问题导向的关键是加强"规范"约禁,坚持目标导向的关键是加强"德性"倡导。新时代公民道德建设"规范"与"德性"的目标、要求和任务各不相同,前者旨在构建社会的伦理制度秩序,后者旨在建构社会的道德心灵秩序,二者的有机统一是营建新时代社会伦理秩序、优化道德生态的重要支撑。

（一）"规范"强化公民道德建设的伦理规约

规范是社会实践和交往层面的行为约束,是公民基于"不应当"的价值判断而"必须或应该做到"的伦理要求。伦理道德建设的规范要求为一个人成为合格的社会成员设定了行为方式的基本标准,从而铸就合格的公民个体,在此基础之上打造使社会保持稳定的伦理制度秩序。

规范是新时代社会道德建设的基础性维度,规范的实质是伦理规约。从词义学而言,"伦理"和"规范"可以互释,所谓伦理即为如何处理人与人之间关系的道理、原则和规范,或者说伦理的本义就是"规范","伦理规范"就是为群体所确立的行为标准或伦理要求。从作用机制而言,规范发挥伦理规约的作用是通过"恶的戒罚"和"善的彰扬"而实现的,对社会和人的行为施以有效约束,这正是伦理他律的矢量指向。伦理他律就是通过规范体系这一工具"立法",对公民行为施以约束、限制、支配和引导。针对社会中依然存在的种

---

① 《中共中央国务院印发〈新时代公民道德建设实施纲要〉》,《人民日报》2019 年 10 月 28 日。

种违德失范现象,社会伦理道德建设的着力点就应该落实在强化规范的伦理约禁,从而规导整个社会弃恶趋善。

(二)"德性"强化公民道德建设的美德倡导

"德性"(或称美德)即道德品性,是个体在道德活动中表现出来的优秀特征和品格。儒家的德性思想主要强调仁、义、礼、智"四德",认为只要充分发挥人之德性,即可达到"至善"的境界。在西方伦理思想史中,德性论源远流长。亚里士多德认为德性是指灵魂方面的优秀,是一种使人善良并获得其优秀成果的品质。"德性"要求是"鼓励和提倡"公民去做的,旨在从主体心理的角度建构道德心灵秩序。

德性维度对于公民道德建设如此重要是因为美德(德性)具有如下三方面特征。其一,引导欲望合理化。麦金太尔指出:"没有美德,欲望就不可能受理性指导……正是美德才使欲望成为合理的欲望。"[1]德性使人超越自然属性的羁绊和生理本能的驱使、使人欲望合理化而成为一种能够自我节制的社会性存在。正如亚里士多德所言:"人离开了德性,将是最肮脏、最残暴的、最坏的纵欲者和贪婪者。"[2]其二,为善之意向。德性表征的是人之向善、为善的实践趋向。其三,精神之能动。正因为德性使人具有节制欲望和向善致善的实践趋向,德性必然表现促进人之成人、人之成己的积极价值追求,具有精神的能动性。

德性是公民道德建设的臻善性维度,即个人心性和人格的美德倡导。德性维度是公民"道德"的真正呈现,体现了道德的真义和实质。人类道德产生的最初动因是调节各种人与人之间的利益矛盾和冲突,道德行为的动机在于超越自利、达到互利的一种心理矢量;但是,利益动机论不能够完全解释所有

---

① [美]阿拉斯代尔·麦金太尔:《谁之正义? 何种合理性?》,万俊人译,当代中国出版社1996年版,第192页。
② 苗力田:《古希腊哲学》,中国人民大学出版社1989年版,第586页。

的道德行为和道德现象,人类的道德显然有非功利或超功利的根源,这一根源就在于人性。[1] 人性"既是道德产生的精神土壤,又是道德规范得以实行和调整的内在杠杆。在没有人性的地方,不可能产生一种共同遵守的、依靠社会舆论力量得以维持的行为准则。在人性被蹂躏的地方,道德也必然被践踏"[2]。由于对人性的积极理解,一方面,我们才能真正深刻地认识道德之本质,"道德生活之本质乃即自觉的自己支配自己之生活"[3],道德价值表现于"现实自我限制之超越之际"[4];另一方面,我们才能实现人性与道德之统一。人性是道德的基础,道德是人性的张扬;没有人性,道德就会坍塌,没有道德,人性则不能健康发展。从此意义而言,只有当道德发挥提升自我的心性能力和精神动量作用的时候,公民道德建设才能由伦理制度秩序的维护上升到道德心灵秩序的建构。德性是人性和道德的融合,是人性的道德化和崇高化。德性的精神能动作用,使公民道德建设超越了"规范"的外在约束而转向了道德自我的提升。

新时代公民道德建设是一项系统工程,既有公民行为方式的"规范"要求,也有思想道德观念的"德性"更新,"规范"与"德性"是新时代公民道德建设的基本维度。

二、新时代公民道德建设的"规范"与"德性"之分

新时代公民道德建设是一个系统的建构,"规范"和"德性"是其两个不同层次的基本要求,"规范"的实质是伦理规约,"德性"的实质是美德倡导,二者的目标、要求、任务各不相同。

---

[1]　参见肖祥:《伦理学教程》,电子科技大学出版社 2009 年版,第 3 页。
[2]　《曾钊新文集》第一卷,湖南人民出版社 2003 年版,第 9 页。
[3]　唐君毅:《道德自我之建立》,广西师范大学出版社 2005 年版,第 4 页。
[4]　唐君毅:《道德自我之建立》,广西师范大学出版社 2005 年版,第 7 页。

（一）伦理规约：新时代公民道德建设的治理要求

从新时代公民道德建设的目标而言，伦理规约旨在建构社会的制度之"序"。从发生机制而言，所有生活于社会中的人，都在交往互动中不断地调适着利益矛盾冲突并形成共同遵守的行为规范，使其行为趋向于社会肯定方面，由此维持社会的整合与稳定。可见，伦理产生于社会交往并以规范形式得以呈现。显而易见，规范为消除利益矛盾冲突、实现良性伦理交往互动提供外在保障。规范之目的就是实现"我们所有人不为恶"。质而言之，公民道德建设的规范实施就是伦理义务在生活中的实践，旨在实现社会基本的伦理制度秩序。

从新时代公民道德建设的要求而言，伦理规约强调"外在义务"的合法化，这一合法化的过程倾向于使个人遵循统一规则而趋于相似，即个体变得普遍化，建构"我们所有人的善的标准"。规范的伦理规约，其要求具体化分为抑恶和扬善两个层次。一方面，强化"恶的戒罚"。改革开放以来，尽管人们的思想觉悟、道德水准、文明素养不断提高，道德领域呈现积极健康向上的良好态势，但是"一些地方、一些领域不同程度存在道德失范现象，拜金主义、享乐主义、极端个人主义仍然比较突出；一些社会成员道德观念模糊甚至缺失，是非、善恶、美丑不分，见利忘义、唯利是图，损人利己、损公肥私；造假欺诈、不讲信用的现象久治不绝，突破公序良俗底线、妨害人民幸福生活、伤害国家尊严和民族感情的事件时有发生"①。因此，新时代公民道德建设应该强化伦理制度权威，遵循"强制性逻辑"即"必须"（must），对公民违德行为给予强力惩戒。另一方面，保障"善的彰扬"。以伦理制度和伦理规范的形式保障"好事好报""好人好报"，避免好人寒心、英雄流泪的现象出现。

从新时代公民道德建设的任务而言，实现道德建设的治理转向是伦理规

---

① 《中共中央国务院印发〈新时代公民道德建设实施纲要〉》，《人民日报》2019 年 10 月 28 日。

约的当务之急。党的十九届四中全会强调要推进国家治理体系和治理能力现代化、运用制度威力应对各种风险挑战的冲击,为新时代公民道德建设的治理转向提供了指导。一是加强制度规范建设。"离开制度来谈个人的道德修养和完善,甚至对个人提出各种严格的道德要求,那只是充当一个牧师的角色……"①制度规范之所以重要,就在于对那些道德的违规者、逃避者、破坏者给予制度约束,通过抑恶的调控机制形成公民"守德"自觉,以制度的正当性确保公民道德建设的有效性。二是加强道德控制。道德控制是伦理治理的特有方式,主要是通过公民的规范认同以建立现代社会伦理关系与和谐伦理秩序。加强道德控制,既要强化法律和道德的相互支持,以法治承载道德理念、彰显道德导向、弘扬美德义行,以法治的力量敦促人们弃恶向善;也要强调伦理的"破立并举",强化有效治理,加大突出问题整治力度,以树立新风正气、祛除歪风邪气。

(二) 美德倡导:新时代公民道德建设的主体建构

新时代公民道德建设既包括理性化的伦理规约,还包含公民对道德价值的主体性认同和对道德理想的信仰。美德倡导是建构社会伦理秩序长久而深沉的心理动因。

从新时代公民道德建设目标而言,美德倡导旨在建构道德主体、彰显道德主体性。"道德主体"不是单个的生物人,而是一种结合知、情、意要素的道德的人格结构。"人就是意识到这种主体性的主体"②,人的主体性是道德活动的内在依据和原动力。所谓道德主体性,就是指人在一定的道德情境中道德认知和道德实践的自主性、能动性、积极性和创造性。美德倡导要实现对道德主体性的激发,必须经历"实然(to be)—应然(ought to be)—本然(why to

① [美]约翰·罗尔斯:《正义论》,何怀宏、何包钢、廖申白译,中国社会科学出版社 1988 年版,第 22 页。

② [德]黑格尔:《法哲学原理》,范扬、张企泰译,商务印书馆 1982 年版,第 46 页。

be)"三个环节。"实然"即有关道德的经验事实,这是道德产生的前提;"应然"则是对客观现实及其规律的把握,是对道德规范形式化的认识,虽然具有对"实然"的超越性,却未触及道德主体的自觉性,道德主体远未达到"我应当"的"自律",而是仍然停留在对规范条文的服从阶段;道德"本然"即道德的"必然之理",只有认识到规范之后深藏的"必然之理",道德主体才会服膺和内化道德规范,真正"自己为自己立法",产生行为的"我应当性"。从此意义而言,意识到这种道德主体性的主体才是真正的有德之人。

从新时代公民道德建设要求而言,与伦理规约强调"外在义务"不同,美德倡导强调"内在责任"的确立。"义务倾向于使个体变得相似,责任则使人类成为个体"①,美德倡导就是要建立个体的道德责任,即建构"我自己的善的标准"。康德认为内心"准则"赋予行为的道德价值,"一个出于责任的行为,其道德价值不取决于它所要实现的意图,而取决于它所被规定的准则"②。在康德那里,"准则"与"法则"不同,"法则"是客观的原则,即先天形式的规律且无须证明,"准则"是基于对规律认识而形成的个体的、主观的原则,只有当"准则"符合"法则"的要求才具有道德性,此时的主体行为才是道德行为。把道德的实现由外部约束转向主体纯洁的自律,康德由此实现了伦理思想史上"哥白尼式的革命"。康德的德性伦理思想的积极启示在于,道德是一种内在的责任。因此,公民道德建设水平和层次的提升最重要的不在于主体外部的规范表现,而在于主体崇高的动机和自律的激发,使公民主体"自己为自己立法",并且自觉"守法"。

从新时代公民道德建设任务而言,将伦理权威转化为道德权威是美德倡导的重中之重。与依靠制度力量和遵循"强制性逻辑"的伦理权威的不同,道德权威是"内心法"式权威,其形成依靠心性力量,遵循的是"应当"(should)的"价值性逻辑"。道德权威的重点不是"你必须"的告诫和规范,而是道德主

---

① [英]齐格蒙特·鲍曼:《后现代伦理学》,张成岗译,人民出版社 2003 年版,第 64 页。
② [德]康德:《道德形而上学原理》,苗力田译,上海人民出版社 2002 年版,第 16 页。

体"我需要"的内在促动。在公民道德建设中,道德权威的塑造最重要的是使公民形成道德修养和生命健康相统一、行善积德与去祸保福相统一、养身益寿与修心促德相统一的道德自觉,从而将"你应该弃恶为善"转变为"我愿意向善、乐于为善",在整个社会建构起良善的心理(心灵)秩序。

"规范"与"德性"之分,旨在分层次、有重点地开展新时代公民道德建设。"规范"强调伦理制度建设的重要性,制度规范通过抑恶的调控机制给予公民行为上的约束,使之明白什么可以做的、什么不可以做;同时通过扬善的调控机制对善行进行褒扬和激励,使人明白什么应该做、什么不应该做。"德性"强调如何培植人们的品性美德并在社会中形成良好的德性氛围,并通过"有德致福"的目的引导,使公民愿意为善、乐于为善,以"实践—精神"的方式认识和把握世界。

三、新时代公民道德建设"规范"与"德性"之合

如果说"伦理规约"从惩恶、扬善两方面实现了公民道德建设的外在建构,那么"美德倡导"则从心理(心灵)的层面实现公民道德建设的主体塑造,二者构成了新时代公民道德建设的"两翼"。

(一) 伦理规约的逻辑在先性与美德倡导的逻辑必然性有机统一

强调"规范"的约束并不由此否定公民更崇高和更神圣的"德性"追求,规范为道德生态优化提供制度的刚性保障,德性为道德生态优化提供主体的心理动力,二者有机统一才能构建优良的社会道德生态。当前,社会道德生态面临着公共领域和公民个体两方面的挑战:从公共领域而言,利益冲突加剧、社会生活功利化、人伦道德失范、精神文化扭曲、社会问题增多;从公民个体而言,价值观和美德的"去圣化"、道德心理失衡、行为失控失序等。伦理规约只能为解决这些问题提供基本的行为约束和价值共识,美德倡导才能提供持久

美好向往和理想追求。

规范的制度性和强制性,使它在公民道德建设中对于约束公民行为方式具有了一种优先性。这种逻辑的在先性只是说明其对公民行为要求的基础性,并没有否认公民道德需要向更深层次发展。德性则是对更好、更善、更美的道德努力,它不仅使人超越自然属性的羁绊和生理本能的驱使而成为自我节制的社会性存在,还寄托了人对价值、意义和精神的追求,使人具有道德意义的超越能力。从此意义而言,德性赋予公民道德更高层次的追求,它反映了公民价值体系不是单一层面的要求,而是一个立体式的建构。

概而言之,伦理规约远不是新时代公民道德建设的价值追求顶点,规范要求必然要转向更高的德性要求,美德倡导的逻辑必然性体现了公民道德建设之鹄的,即实现公民心灵秩序的和谐稳定。

(二) 从伦理规约到美德倡导是公民成长的必然要求

从伦理规约到美德倡导促进公民个体性的增长。查尔斯·泰勒(Charles Taylor)曾言:"意义的丧失和道德视野的褪色""工具主义理性猖獗""自由的丧失"是人类面临的"现代性隐忧"[1],而"道德解救来自于恢复与自身的真实的道德接触"[2]。"现代性之隐忧"的警示在于,道德掌握世界不应该是外在权威,而应该是增强人的主体意识和选择能力,激励主体自觉地扬善抑恶、提升道德境界。因此,公民道德建设的伦理路径在于实现从伦理规约到美德倡导的转化,即有赖于公民自身的成长和主体性的恢复,实现从自在的人向自为的人的转变。唯有当公民厘清自我的角色身份、"自我镜像"聚焦清晰、对自己职、责、权、利有明确定位,公民道德建设才有主体支撑。

从伦理规约到美德倡导推动公民社会性的成熟。人的本质"在其现实性

---

① [加]查尔斯·泰勒:《现代性隐忧》,程炼译,中央编译出版社 2001 年版,第 12 页。
② [加]查尔斯·泰勒:《现代性隐忧》,程炼译,中央编译出版社 2001 年版,第 31 页。

上,它是一切社会关系的总和"①。人的社会性只有在社会关系和社会交往实践中才能得到界定和确证。齐格蒙特·鲍曼(Zygmunt Bauman)在考察人的伦理状态时,区分了"与他者共在"(being with)与"为他者而存在"(being for)②,前者反映了主体之间的平等性、对称性和互予性。正如马丁·布伯(Martin Buber)所认为,人与人之间应是一种"我—你"的相遇关系,而不是一种"我—它"的工具性关系。③ 后者则是一种忽视主体个性的状态,对其一味强调甚至有可能导致主体的丧失。中国传统伦理思想的整体主义从一定程度上说就是整体压制个体的伦理要求,造成了人的社会性萎缩。因此,一方面,公民的社会性只有在"与他者共在"的状态下,在社会关系的丰富中得到发展;另一方面,公民的社会性只有在个体的自由全面发展中才能获得成长。如何更好地"与他者共在"需要伦理规约的协调,如何更好地自由全面发展需要美德倡导的指引,以此激发"建立在个人全面发展和他们共同的、社会的生产能力成为从属于他们的社会财富这一基础上的自由个性"④。

从伦理规约到美德倡导促进公民道德信仰的形成。对道德目标的信服、崇拜和向往就是道德信仰。道德信仰是道德形成的内驱力,标识着道德的崇高境界和终极关怀。从伦理规约到美德倡导何以能够促进公民道德信仰的形成? 一方面,真正具有渗透力的道德不可能完全是理性化的,而只能是情感或自由性的道德,"唯有道德的自由才使人类真正成为自己的主人"⑤。也就是说,仅有伦理规约是不可能培育公民道德信仰的,只有对美德价值始终不移的信赖和执着不渝的追求,才能塑造公民真正的道德信仰。另一方面,从伦理规约到美德倡导指向的是如何实现人的目的。康德在其《判断力批判》一书中

---

① 《马克思恩格斯选集》第1卷,人民出版社2012年版,第135页。
② [英]齐格蒙特·鲍曼:《后现代伦理学》,张成岗译,人民出版社2003年版,第58页。
③ Martin Buber, *Between Man and Man*, New York: Macmillan Company, 1996, p.203.
④ 《马克思恩格斯文集》第8卷,人民出版社2009年版,第52页。
⑤ [法]卢梭:《社会契约论》,李平沤译,商务印书馆1982年版,第30页。

指出:人的存在,"在其自身,就是含有最高目的的……人就是创造的最后目的。因为没有人,一连串的一个从属一个的目的就没有其完全的根据"①。任何价值信仰都是以人的目的为旨归,公民道德建设正是追求着自己目的的人的活动,以实现人的自由全面发展为终极价值关怀。

(三) 从伦理规约到美德生成:公民道德建设的价值实现路径

在公民道德建设中,规范与德性虽然具有不同层次的价值追求,但二者指向共同的价值目标,或者说二者"立体式"地建构了的社会价值序列。在公民道德建设中,价值目标的实现总是有规范与德性不同层次的要求;理解伦理规约的要求和美德倡导的意义,才能明晰价值目标的丰富性和生动性。《新时代公民道德建设实施纲要》强调要把社会公德、职业道德、家庭美德、个人品德建设作为着力点。正义、守信、责任、明礼分别是社会公德、职业道德、家庭美德、个人品德中最具代表性的重要价值目标,它们是伦理规约与美德倡导的有机统一,既有不同层次要求又有共同价值指向。以它们进行举例分析,可为公民道德建设提供范例性的价值生成机理和实践规律借鉴——从伦理规约到美德生成,价值目标才能够真正落到实处。

1. 正义:从制度正义到美德正义

正义是社会公德的最根本的价值理念,不仅是促进社会公共效用和文明社会的有力支撑,也是构筑良好社会伦理道德风尚的根本保障。实现正义的价值目标遵循"制度正义到美德正义"的进路。

制度正义即规范意义的正义,就是社会制度的设计、选择和安排时符合社会普遍认同的正义观念和正义标准,即制度规则的合理性。制度正义论者认为:"社会正义原则的主要问题是社会的基本结构,是一种合作体系中的主要

---

① [德]康德:《判断力批判》(下),商务印书馆1964年版,第100页。

的社会制度安排"①。制度正义强调的是制度的客观性正义,并认为它是整个社会有序运行的基础和保障。与制度正义的特性不同,美德的正义即德性意义的正义,强调的是主体对正义的道德确认。美德正义论者认为:"正义的规则只有对那些具备正义美德的人来说才是有意义的。作为人格美德的正义乃是制度正义的前提。"②显然,制度正义论者和美德正义论者各执一词但又偏颇一隅。质言之,正义应该是制度正义和美德正义的有机统一和相得益彰。中国特色社会主义建设进程中,制度正义正得到极大地完善和实现,没有制度正义,公民道德建设就缺乏规范保障;没有公民主体对正义的服膺和不懈追求,就难以确保社会正义普遍和持久地实现,社会和谐也只能是"同而不和"而难以实现"和而不同"。

制度正义只不过是社会良性伦理秩序的基本要求,美德正义才是其更有力更持久的主体性支撑。只有制度正义和美德正义的共同价值维护,公民道德建设的正义追求才不会再像"普洛透斯似的脸"(a Protean face)变幻无常。③

2. 守信:从伦理信任到道德诚信

职业道德倡导"爱岗敬业、诚实守信、办事公道、热情服务、奉献社会"等主要内容,守信为职业活动搭建对等和谐的人际交往,并影响着整个社会道德风尚。守信的价值目标以伦理信任为基础,以道德诚信的养成为追求。

作为一种行为规约,守信就是对他人不说谎、不欺诈、守承诺、讲信用。对他人而言的,守信首先体现的是我与他人的关系,即伦理信任。伦理信任的要求表明,强效有力的制度化手段是信任建立的保障。以一种制度化、体系化的

---

①　[美]约翰·罗尔斯:《正义论》,何怀宏、何包钢、廖申白译,中国社会科学出版社 1988年版,第 54 页。

②　[美]阿拉斯代尔·麦金太尔:《谁之正义? 何种合理性?》,万俊人译,当代中国出版社1996 年版,第 80 页。

③　[美]E.博登海默:《法理学——法律哲学与法律方法》,邓正来译,中国政法大学出版社1999 年版,第 252 页。

伦理制度保障信任的建立,是应对社会道德风险挑战以提升道德治理能力的有效手段。因此,信任建设主要通过建立政府诚信制度、经济信任制度、公民契约伦理制度等一系列制度建设,并辅以法律的刚性支持、规范的破立并举、社会监督等规范控制。信任建设的伦理治理转向固然契合当前公民道德建设中信任缺失的状况,但是仅仅是外在规范的强制约束终究不是道德发展的本意。道德诚信以"诚"为根本和基础,"诚从内,信从外",也就是说,没有内心的"诚",也就没有行为的"信"。因此,"诚者,天之道也;思诚者,人之道也"。(《孟子·离娄上》)《礼记·中庸》曰:"唯天下至诚,为能尽其性;能尽其性,则能尽人之性,能尽人之性,则能尽物之性;能尽物之性,则可以赞天地之化育;可以赞天地之化育,则可以为天地参矣。"意思是,只有天下极端真诚的人能充分发挥其本性,进而充分发挥众人的本性、万物的本性;这样就可以帮助天地培育生命,进而就可以达致与天地并列的境界了。可见,道德诚信是将守信的伦理规范内化为一种主体的自觉和精神的自由,是对心性和谐的回归和心灵秩序的安顿,对人的生存、尊严、幸福以及符合人性的生活条件给予了道德关怀。

3. 责任:从伦理责任到道德责任

责任最先在家庭成员的相处中得以培育。在家庭生活中倡导忠诚、责任、亲情、学习、公益的理念,才能使为家人送温暖、为家庭谋幸福的家庭责任理念转化为为他人送温暖、为社会担责任的崇高精神境界。

伦理责任产生于平衡、协调利己与利他关系并解决交往中的利益冲突的需要。伦理责任强调一种"他者思维",强调"推己及人",强调对他人、对社会、对人类的责任。但是在现实生活中我们发现,利益矛盾冲突无处不在,崇高的宣扬常常不敌利益的诱惑;价值观念的多元化和公共领域的复杂化常常使模式化的伦理规范无所适从;具体情境或境遇常常对道德判断和道德选择具有决定性,从而造成生活中的种种道德难题。这些情况使得责任伦理常常陷入以责任意识弱化、责任思维匮乏、责任行为缺乏为特征的困境。可见,制度规范总有疏忽的时候、伦理要求总有滞后的情况。因此,我们需要一种责任思维的转化,即以"我"为坐标原点定位"他者",将伦理责任内化成主体的道德责任,使得责任行为持续有效。康德在《道德形而上学原理》中强调道德的根本特性就在于责任,"只有出于责任的行为才具有道德价值"①。他强调"责任就是由尊重规律而产生的行为的必然性"②。"尊重规律"就是主体对"法则"的自觉服膺,基于这种内心的认识、尊重和服膺,主体才会产生行为的必然性而一步步迈向道德自由。

在公民道德建设中,我们要认识到作为规范要求的伦理责任的外在性,洞悉伦理责任对于社会伦理共同体建构的作用,也不能忽视身处"后现代"之境中伦理的困境,正如后现代伦理学所哀叹的——"伦理学本身被诽谤或嘲弄为一种典型的、现在已被打碎的、注定要成为历史垃圾的现代束缚,这种束缚曾经被认为是必需的,而现在被明确地认为是多余的,也可以表达为另外一个错误的观念,即:后现代的人们没有它也能生活得很好。"③因此,如何从伦理规约的一味执迷中回归道德的真义,探寻主体心理机制,建构道德责任,为责任的落实敞开主体路径,不失为公民责任落实的有效之道。

4. 明礼:从知礼遵规到克己归仁

《新时代公民道德建设实施纲要》倡导"爱国奉献、明礼遵规、勤劳善良、宽厚正直、自强自律"为主要内容的个人品德,其中"明礼"是个人品德的重要价值目标。知礼遵规就是对伦理规范的确认与遵循。《礼记》中多处论礼,"礼者,因人之情而为之节文,以为民坊者也"(《礼记·坊记》)。"节"就是使之有节度,"文"就是使之有恰当的形式。"文"礼之用一方面为"节""人之情",一方面为"文""人之情"④,意思就是使人之情欲合乎适当的节度,以防

---

① [德]康德:《道德形而上学原理》,苗力田译,上海人民出版社 2002 年版,第 15 页。
② [德]康德:《道德形而上学原理》,苗力田译,上海人民出版社 2002 年版,第 15 页。
③ [英]齐格蒙特·鲍曼:《后现代伦理学》,张成岗译,人民出版社 2003 年版,第 2 页。
④ 冯友兰:《中国哲学史》,中华书局 2014 年版,第 348 页。

止越轨或过失。孟子亦曰:"礼之实,节文斯二者是也"(《孟子·离娄上》),"节文斯二者"之礼,就是辞让之心的具体表现。荀子从性恶论出发,更是赋予"礼"以伦理规范的含义。从礼的起源而言,"人生而有欲,欲而不得,则不能无求。求而无度量分界,则不能不争;争则乱,乱则穷。先王恶其乱也,故制礼义以分之,以养人之欲,给人之求。使欲必不穷于物,物必不屈于欲。两者相持而长,是礼之所起也"(《荀子·礼论》)。从礼的功用而言,"礼者,贵贱有等,长幼有差,贫富轻重皆有称者矣"(《荀子·富国》);"故人无礼则不生,事无礼则不成,国家无礼则不宁"(《荀子·修身》)。综而观之,中国传统伦理中,礼有多层含义,却是作为一个伦理范畴而持有伦理规范的功能。封建传统的繁文缛节的礼,已经逐渐被历史所淘汰,但是作为社会生活中人与人交往之规范的礼节,仍然是必需的。"礼"作为伦理规范,是个人品德建设的外在规约,要实现个人品德的主体提升,必须从知礼遵规向克己归仁转化。孔子是"知礼"的典范,是中国传统伦理文化中把礼与仁紧密结合的伟大思想家。孔子在回答颜渊问"仁"时,一方面强调"克己复礼为仁,一日克己复礼,天下归仁"(《论语·颜渊》);另一方面又指出"人而不仁,如礼何?"(《论语·八佾》)"礼"是达致"仁"的手段,而一个人没有仁爱之心,遵守礼仪有什么用?质言之,"克己归仁"就是伦理规范向主体德性的不断升华。在孔子那里,"仁与礼是内容与形式的关系,礼的形式必须具有仁的内容"[1];"道德或仁是内容,礼仪是形式,道德或仁为主,礼仪为从"[2]。以"爱人"为精神实质的"仁"是孔子道德思想体系的核心,只有在"克己复礼"的道德实践中才能获取美德(仁)。

新时代公民道德建设是一项系统工程,既要对道德失范现象进行伦理规约,更要注重"激发人们形成善良的道德意愿、道德情感,培育正确的道德判

---

① 张岱年:《中国伦理思想发展规律的初步研究;中国伦理思想研究》,中华书局 2018 年版,第 197 页。

② 罗国杰:《中国传统伦理思想史》上卷,中国人民大学出版社 2008 年版,第 110 页。

断和道德责任,提高道德实践能力尤其是自觉实践能力,引导人们向往和追求讲道德、尊道德、守道德的生活"①。如此,公民道德建设才既有现实之根,又有理想之光。

第二节　新时代中国伦理道德建设的
"问题集"求解

通过对实践问题的价值批判和伦理省思,实现行为选择的价值优化,这无疑是伦理学的神圣使命。伦理学既要对生活实践中的问题进行思考和纠偏,还要对实践过程施以价值性影响,通过价值批判和价值引导,尝试对问题给出答案。当前,中国特色社会主义伦理学最亟待解决的问题无疑与社会建设实践中最躁动的领域直接相关。

一、经济伦理问题:以伦理逻辑驾驭资本逻辑

马克思在《资本论》中揭示,造成"资本的抽象统治"是因为在资本主义雇佣劳动条件下生产商品的异质的具体劳动转化成同质的抽象劳动,而抽象劳动是价值的唯一源泉,没有抽象劳动就无法为资本积累完成价值储备,也就不可能实现资本对剩余价值的完全占有。"资本的抽象统治"首先表现为对人的抽象化统治。体力和脑力耗费的劳动被"抽象化",造成了劳动从人的本质存在中抽离出来,劳动不再是工人本质的确证而成了人的对立面。马克思指出:"正是劳动条件和生产者之间的这种分离,形成资本的概念;这种分离从原始积累开始,然后在资本的积累和积聚中表现为不间断的过程,最后表现为现有资本集中在少数人手中和许多人丧失资本(现在剥夺正向这方面变

① 《中共中央国务院印发〈新时代公民道德建设实施纲要〉》,《人民日报》2019 年 10 月 28 日。

化)。"①与人分离的抽象劳动不断地积累,造成了日益严重的人的物化积累。在社会主义市场经济建设过程中,由于资本的本性没有改变,"资本的抽象统治"在商品经济活动中依然尽情施展魔力,人的劳动异化现象依然严重。例如,一些个体或私营企业中工人被迫出卖劳动力却生活状况低劣、毫无生活乐趣和希望的状况依然大量存在。其次,"资本的抽象统治"还表现在对人与人关系的抽象化统治。在商品交换中,"商品形式在人们面前把人们本身劳动的社会性质反映成劳动产品本身的物的性质,反映成这些物的天然的社会属性,从而把生产者同总劳动的社会关系反映成存在于生产者之外的物与物之间的社会关系"②。资本由此完成了对人与人关系的抽象化统治。

在社会主义市场经济建设过程中,人与人关系的异化现象在一定程度上和一定范围内依然存在。如无视工人权益、拖欠工人血汗钱,甚至基本生命安全得不到保障等现象,足以说明"资本剥削"无良心可言;市场经济活动中坑蒙拐骗、权钱交易、假冒伪劣、金钱至上等现象,也足以说明"人的社会关系转化为物的社会关系,人的能力转化为物的能力"③的严重性。再者,"资本的抽象统治"还表现在对社会共同体的撕裂。马克思在《资本论》中对资产阶级宣扬的"个人自由"所造成的价值个体主义进行了批判。由于人们的社会关系和社会交往受到了强大的异己的力量(物或商品的力量)的统治和支配,人的所谓"自由"只能以占有的物、商品或货币的多少来确证——在资本逻辑的统治下,人们除了物质利益的需要进行联系之外,没有别的交往关系,人的社会关系被割裂,人成为"孤立的人"。在马克思看来,资本主义打破了"人的依赖关系"却陷入了"物的依赖性关系"之中,现实的人获得的只不过是自由的"外衣"而没有自由的实质,资产阶级所宣扬的价值个体主义的虚伪本质就在于此。价值个体主义侵蚀了人性和人的社会关系,这种现象在社会主义市场经

---

① 《马克思恩格斯全集》第 46 卷,人民出版社 2003 年版,第 275 页。
② 《马克思恩格斯全集》第 44 卷,人民出版社 2003 年版,第 89 页。
③ 《马克思恩格斯文集》第 8 卷,人民出版社 2009 年版,第 51 页。

济建设过程中以个人主义、利己主义的形式呈现,表现为唯利是图、损公肥私、漠视他人等现象。对于一个社会整体而言,共同的价值观念和价值传统及其价值认同是维系社会共同体发展的内在动力,也是避免社会冲突和分裂的黏合剂。如何从现实的个人出发,建设社会主义义利观、培育和践行社会主义核心价值、建构和谐而富有凝聚力的伦理共同体,这是中国社会主义伦理学的理论旨归和理论任务。直面现实问题,破解"资本的抽象统治"以逐步推进"人的全面发展",应该成为中国特色社会主义伦理学的基本轴向。

综上所述,我们只有洞悉"资本逻辑",才能理解其"伦理逻辑"的价值高度;只有站在"伦理批判"的高位,才能更好地把握"资本批判"的社会动力功能。因此,无论是置于历史情境还是现实观照,坚守马克思主义伦理学的批判精神,对"资本恶"进行有效的伦理约束,对社会主义市场经济条件下资本运行进行合目的性规导,这是中国特色社会主义伦理学的时代责任。鉴于此,中国特色社会主义伦理学建设不在于理论范式的"创新"或西方理论的"移植",而在于马克思主义伦理批判精神的继承与落实;不在于高深理论的建构,而在于伦理学实践批判范式的重构和现实问题的真正切入;不在于追求宏大叙事,而在于各个击破地探求问题的化解之道。

在全面深化经济体制改革的实践中,经济伦理问题依然是当今中国特色社会主义伦理学关注的热点和重点问题,例如,中国传统伦理的"义利之辨"及其当代价值、市场交往的诚信制度建设、经济发展可持续与协调问题、资本共享的道德包容等问题,值得我们持续深入地关注。

二、政治伦理问题:国家治理现代化的伦理秩序建构

政治伦理建设以优化政治生态为旨归,通过彰扬政治道德理念、规约政府行为、优化运行机制、和谐政治参与等,实现国家和社会发展有序化、规范化。党的十八大以来,随着全面建成小康社会(2012)、全面深化改革(2013)、全面依法治国(2014)、全面从严治党(2014)的提出,中国特色社会主义政治伦理

建设取得了积极进展。当前政治伦理存在的主要问题如下：一是如何弘扬和实现公平正义的政治伦理价值，推进社会发展和全面深化改革。因为现在的社会矛盾、社会问题主要关涉公平正义，而人们感受最深、最为深恶痛绝的就是公平正义被破坏和公平正义没有保障。二是如何系统总结改革开放以来，尤其是党的十八大以来政治伦理建设的理论和实践创新，彰显中国特色社会主义政治伦理的理论自信。三是如何推进国家治理现代化的伦理秩序建构，即从优化社会伦理运行机制、整合道德资源、建构伦理秩序方面为深入推进国家治理现代化提供政治伦理的理论支撑。

国家治理现代化需要法治秩序和伦理秩序共同支撑与维护，而其中伦理秩序是基础秩序。将国家治理现代化置于伦理秩序建构的视域中，是中国特色社会主义国家治理的"特色之路"。

国家治理现代化伦理秩序的建构路径应该从国家顶层"建构"、治理行为"规范"和日常生活"生成"等三个方面展开。一是伦理价值秩序的国家顶层"建构"。当前，如何培育和践行基于国家顶层设计的社会主义核心价值观，并保障整个社会能够有效地进行价值分配，是实现"国家治理现代化"和彰显"中国道路"价值自信的必由之途。二是伦理制度秩序建构。加强制度伦理化建设，完善政治伦理制度，建构国家治理制度秩序，其主要目的就是规范治理行为，这是政治文明建设的重要任务。三是优化政治伦理心理是政治文明建设的重要任务和目标，这是实现社会和谐的心理基础。改革开放以来，中国特色社会主义政治文明建设有序推进，在全社会"生成"了和谐有序、积极向上的伦理心灵秩序，伦理心灵秩序反过来又为政治文明建设提供心理和精神的动力支撑。推进新时代中国特色社会主义政治文明建设，需要民众齐心协力、同心同德，国家治理的伦理心灵秩序建构有待持续推进。

三、生态伦理问题："绿水青山"与"金山银山"的伦理选择

环境保护和经济发展的辩证统一和相互促进，是生态伦理要解决的核心

问题,在新时代,习近平总书记把其形象化为"绿水青山"与"金山银山"的辩证关系。"绿水青山"和"金山银山"的论断,是马克思主义自然辩证法的时代化,正确地揭示了当前中国社会发展中人与自然、社会与自然的辩证关系。围绕"绿水青山"和"金山银山"的伦理选择主题,当前生态伦理研究的主要问题如下。

其一,生态伦理实践问题。"绿水青山"和"金山银山"的生态伦理辨析,其理论重要性似乎已然清晰,但是如何推进伦理实践,依然是一个值得深入研究的问题。生态伦理实践应该围着如何加快构建中国特色社会主义生态文明体系有序展开,包括以生态价值观念为准则的生态文化体系,以产业生态化和生态产业化为主体的生态经济体系,以改善生态环境质量为核心的目标责任体系,以治理体系和治理能力现代化为保障的生态文明制度体系,以生态系统良性循环和环境风险有效防控为重点的生态安全体系。

其二,如何系统传承中国传统生态伦理思想的问题。中国特色社会主义生态伦理理论的活水源头是中国传统生态伦理思想。在中国传统文化中,儒释道都有着非常丰富的生态伦理思想,如儒家倡导的"敬天畏命"生态伦理意识、"天人合一"的生态伦理精神、"节俭"和"适度"的生态伦理行为;道家倡导的"天地人合一"的生态伦理观、"道法自然"的生态伦理和谐思想、"控制物质欲望"的生态行为观;佛家倡导"万物皆有佛性"的生命观、"不杀生、倡素食"的生态实践观、"控制欲望"的生态行为观。"人与自然和谐共生"作为现代环境伦理学的哲学基础,是对中国传统生态伦理思想的哲学基础——"天人合一"的现代诠释。德国哲学家赫尔曼·凯泽林对"天人合一"的精神给予了高度评价:"在对自然的控制方面,我们欧洲人远远跑在中国人的前头,但作为自然意识的一部分的生命,它在中国找到了最高的表现。然而,无论作为自然的统治者还是自然的臣民,我们毕竟是自然的一部分,这种基本的综合是不变的,中国人是完全意识到这种综合的,而我们都没有,在这种意义上他们比我们站得更高远些。"①基于以上分析,如何系统传承和实践中国传统生态伦理思想,是中国特色社会主义生态伦理建设的重要任务。

其三,如何批判吸收西方生态伦理理论的问题。拓展中国特色社会主义生态伦理的理论视域,还必须批判吸收西方生态伦理理论。20世纪70年代,西方生态伦理思潮的影响也越来越大,生态伦理由环境伦理哲学问题逐步发展到政治意识形态,并成为影响当代世界政治、经济、文化发展,影响力极大的思想潮流和环保运动。② 西方的生态伦理有两个核心思想,一是重新思考人类和社会的伦理关系;二是相信自然界存在发展的极限。③ 西方生态伦理中的生态整体论、增长极限论、代际责任伦理、绿色政治责任倡导等,对于环境保护和生态文明建设具有宝贵的价值,值得借鉴。但是,其倡导的"动物权利论""无差别对待所有物质""绿色极端主义"等思想,要么不切实际、在实践中难以落实,要么过于偏激甚至走向极端。中国生态伦理建设,只有坚持马克思主义生态伦理思想的指导,在充分吸收中国传统生态伦理思想的同时,批判吸收和有效借鉴西方生态伦理理论,才能建设更具优越性的中国特色社会主义生态伦理理论。

其四,中国生态伦理建设的世界视野。"生态兴则文明兴,生态衰则文明衰",纵观人类文明发展的历程,生态文明影响人类文明的发展,决定人类文明的兴衰。中国生态伦理建设应该具有世界眼光,观照人类社会发展。一是"统筹国内国际两个大局"。《中共中央国务院关于加快推进生态文明建设的意见》指出:"统筹国内国际两个大局,以全球视野加快推进生态文明建设,树立负责任大国形象,把绿色发展转化为新的综合国力、综合影响力和国际竞争新优势。"④所谓"国内大局"就是围绕"两个一百年"奋斗目标,实现中华民族

① 柳卸林主编:《世界名人论中国文化》,湖北人民出版社1991年版,第308—309页。
② 张孝德:《中国生态主义思潮新趋势》,《人民论坛》2017年1月5日。
③ 王波、禹湘:《西方生态伦理理论:辨析及启示》,《教学与研究》2019年第9期。
④ 《中共中央国务院关于加快推进生态文明建设的意见》,人民出版社2015年版,第27页。

伟大复兴的中国梦；所谓"国际大局"就是为我国改革发展稳定争取良好外部条件，维护国家主权、安全、发展利益，维护世界和平稳定，促进共同发展。生态伦理建设要与国家重大战略判断相一致，立足于国内和国际两个大局。二是生态伦理建设要有国际责任伦理意识。勇担国际义务、树立负责任形象是中国的必然选择。正如习近平总书记指出："保护生态环境，应对气候变化，维护能源资源安全，是全球面临的共同挑战。中国将继续承担应尽的国际义务，同世界各国深入开展生态文明领域的交流合作，推动成果分享，携手共建生态良好的地球美好家园。"①三是积极倡导和加强国际合作、共同应对生态环境问题。"对气候变化等全球性问题，如果抱着功利主义的思维，希望多占点便宜、少承担点责任，最终将是损人不利己。"我们"应该摒弃'零和博弈'狭隘思维，推动各国尤其是发达国家多一点共享、多一点担当，实现互惠共赢"②。坚持中国特色治理之路与加强国际合作的辩证统一，是推进中国生态伦理建设的必由之路。

中国生态伦理建设面临诸多问题：如生态正义、生态文明共享、生态文化建设、生态权利问题等。如何建构既融合马克思主义生态伦理思想，又继承中国传统生态伦理，同时批判吸收西方生态伦理，从而避免重蹈西方工业化生态危机"覆辙"的中国特色社会主义生态伦理学，是亟待解决的时代课题。

四、生命伦理问题：生命的尊严维护与利益保障

生命是神圣的，无论是生命神圣论，还是生命质量论，抑或是生命价值论，维护生命的尊严和保障生命的利益都是生命伦理理论发展的永恒主题。当前，随着科学技术尤其是医疗技术的发展，生命伦理还有许多新问题有待深入探究和解决。

---

① 《习近平谈治国理政》，外文出版社2014年版，第212页。
② 习近平：《携手构建合作共赢、公平合理的气候变化治理机制——在气候变化巴黎大会开幕式上的讲话》，《人民日报》2015年12月1日。

其一,生命伦理应该遵循的基本原则。美国生命伦理学家比彻姆(Tom Bcauchamp)和查尔瑞斯(James childress)在《生物医学伦理学原则》中明确提出"四大原则",即尊重自主原则(Respect for Autonomy)、不伤害原则(Nonma-leficence)、有利原则(Beneficence)和公正原则(Justice)。"四大原则"的主要意思就是不做不应该做的事以及做应该做的事。"不伤害"是基础,但仅仅"不伤害"是不够的;还要尊重被研究对象的自主权、知情同意权、保密权和隐私权等;同时,公平对待,不能进行歧视;社会成员和睦共处,兼顾个人、集体、社会的利益。由于"四大原则"有些主要诉诸道义论,如自主、公正,有些主要诉诸后果论,如有利、不伤害,由于道义论和后果论自身固有的张力,四个原则在实践中常常会相互冲突和相互争论。恩格尔·哈特在其代表作《生命伦理学的基础》中提出,应以"允许原则"作为后现代生命伦理学的基础,解决道德异乡人(moral stranger)的共处问题。"允许原则"提倡宽容、反对强制、关注弱势的权益,对于身处道德多元化社会的人们提供了一种相处的伦理策略,具有积极的伦理价值;但"允许原则"偏重于人的个体性而忽略了人的社会性,只见道德的差异性不见道德的共同性,其对"允许原则"优先性的论证以及实践遵循都是乏力的。因此,如何应对现实生活的道德分歧和日益凸显的生命伦理问题,需要建设一种既观照个体也顾及整体、既重视道义的高尚性又注重后果的实在性、既有生命价值的眷顾又有未来向往的指示、既能抚慰"道德异乡人"又能促进"道德共同体"的生命伦理原则,这是一个值得与时俱进探讨的问题。

其二,生命伦理的"软法"实施问题。伦理不是法律或条约式的"硬法",而是"软法"。以联合国教科文组织为代表的一些国际组织,对生命伦理问题的规制,以"软法"("宣言"和"倡议"的形式)而不是以"硬法"("法条"或"条约")的方式进行的。如《世界人类基因组与人权宣言》(1997)、《国际人类基因数据宣言》(2003)、《关于人的克隆宣言》(2005)和《世界生命伦理与人权宣言》(2005)等。生命伦理的"软法"实施问题的深入研究包括两方面。一方面,如何参与和完善生命伦理"软法"建设。联合国教科文组织和一些国际组织对生命伦理的"软法"建设已经作出了积极努力,但是在其中几乎没有中国的声音。如何积极参与生命伦理的"软法"建设,并为此作出相应的理论贡献,是中国生命伦理研究的一个重要而紧迫的问题。另一方面,加强生命伦理"国际软法"建设研究。如何以国际人权法为根本遵循,加强生命伦理"国际软法"建设,这是人类发展面临的共同问题。二战之后,《维也纳宣言》《发展权利宣言》《消除针对妇女的暴力宣言》等文件形成了国际人权的软法系列①。尤其是《世界人权宣言》(1948)作为典型的国际软法,不仅为国际人权保护提供了理论基石,也为各国法律制定提供了理论借鉴,同时也推进了生命伦理建设。尤其肆虐全球的新冠疫情持续三年多,人类健康和生命从未遭受如此大的灾难。如何加强国际合作、携手共进、应对共同的生命威胁,需要加强生命伦理"软法"的国际建设。

其三,生命伦理的具体领域问题。尽管生命伦理各领域的研究已经取得了积极进展和丰硕成果,但是随着科学(医疗)技术的不断发展,生命伦理面临许多新的问题,需要不断加强生命伦理研究以有效应对。如生殖技术的伦理诘难(人工授精、试管婴儿、代孕"母亲"、代孕"爸爸"、卵子库的争议、克隆技术等)、安乐死的伦理争议与实践困境、基因技术的伦理挑战等等,出现了许多新的问题,需要以发展的眼光进行深入研究,有效应对。

五、科技伦理问题:伦理规范与伦理治理

科学伦理问题一直与近代科技进步形影相随。在经历了蒸汽技术革命和电力技术革命之后,人类社会正在进入第三次科技革命。以原子能、电子计算机、空间技术和生物工程的发明和应用为主要标志的第三次科技革命,不仅极大地推动了人类社会经济、政治、文化领域的变革,而且影响了人类生活方式

---

① 　R.M.M.Wallace, *International Human Rights: Text and Materials*, 2nd ed, Sweet & Maxwell, p. 1.

和思维方式,带来了诸多新的科技伦理问题。联合国教科文组织在 1999 年世界科学大会上通过的《科学与利用科学知识宣言》及《科学议程——行动框架》,不仅指出了科学知识应正确应用的方向及相关原则,也初步提出了落实科技伦理责任的手段和要求。当前,我国对科技伦理问题的研究有待进一步深入。

其一,完善科技伦理规范建设问题。科技伦理规范是从观念和道德层面上规范人们从事科技活动的行为准则。科技活动中损害人类的生存条件(环境)和生命健康的问题依然存在并在有时候尤为突出,如转基因食品、"基因编辑婴儿"等问题,科技伦理规范的建立和应用尚未完善,需要有针对性地建立各个科技领域的伦理规范,加强伦理应对。

其二,科技伦理治理问题,包括如何完善治理组织、治理机制和治理体系建构等问题有待深入研究。当前,科技伦理治理存在的主要问题如下。(1)治理主体不明确。科技伦理治理涉及法律、行政、学术监督、环境保护等诸多领域,部委、机构、科研院所、高校、企业乃至社会力量参与其中,但未形成明确的治理主体来系统推进科技伦理治理。(2)治理对象不守规。受声名、财富、地位等诱惑,部分科研工作者、企业界人士乃至媒体界违背科技伦理的事件屡见不鲜,以各种方式掩盖或合理化其行为,对治理带来了挑战。(3)治理体系不健全。科技伦理问题变化迅速,涉及面广,需要来自法律、监管、宣传、教育等诸多方面的综合体系的保障。(4)治理措施不到位。科技伦理规范量少而分散,仍需统筹规划。① 完善科技伦理治理组织,主要是建立和完善科技伦理委员会的组织架构和实践功能,健全伦理审查制度,如对生物医药、人体健康、基因试验等进行严格的伦理审查。完善科技伦理治理机制,就是要探讨科技伦理治理如何做的问题。有学者构建了"主体—工具—价值"框架,认为科技伦理治理体系由治理主体(组织、个人)所形成的组织体系,由强制性工具、混

---

① 参见葛海涛、李响:《面向 2035 的科技伦理治理体系建设》,《中国科技论坛》2020 年第 5 期。

合型工具以及自愿性工具所构成的工具体系和规范,协调科技伦理治理中众多行为者的价值范畴。① 如何使治理主体、治理客体和治理手段协同发挥作用,这是完善科技伦理治理机制的重要任务。科技伦理治理体系就是要从整体、综合的角度,建构科技伦理的风险预警体系、防范应对体系、规范约束体系、处置惩戒体系等。

其三,科技伦理教育问题。科技伦理教育就是要引导人们深刻认识科技与伦理的关系,提升科技伦理道德素质。科技伦理问题的普遍性、整体性、复杂性、深刻性和严重性,要求科技工作者和社会公民具有相应的科技道德素质。一是形成正确的科技伦理观,对科学技术及其应用具有正确的价值判断和价值选择,避免出现科技"乐观论"与"悲观论"的偏颇。二是培养科技道德。在内化科技伦理规范要求之后,形成一种对科技发展的价值认同和社会责任,进而自觉地规范科技行为、投身于推进人类社会发展的科技创新。

其四,科技伦理的政策法规问题。政策法规为科技伦理的建设与实践提供强有力的保障。与国外科技伦理法规政策体现出重视科研伦理、重视科研人员权利、重视科技伦理原则、重视新兴科技伦理等特点②相比较,我国科技伦理的政策法规呈现的特点是:科技伦理政策法规制定的主体不明、多头制定;科技伦理制度尚未形成体系;对科技伦理原则和行为人权利重视不够等问题。

六、公共生活伦理问题:社会共同体的伦理建构

公共生活伦理是全体社会成员所公认的,大家必须共同遵循的最基本、最起码的以维护公共生活秩序的道德规范和行为准则,其目的是建构一个和谐的社会共同体。就社会共同体而言,互不侵犯、相安无事、共存共在、寻求互利

---

① 参见刘志辉、孙帅:《大科学时代我国科技伦理中待解决的问题——以"主体—工具—价值"为框架的分析》,《中国高校科技》2020 年第 11 期。

② 参见王少:《中外科技伦理法规政策比较研究》,《兰州学刊》2020 年第 7 期。

是人类社会得以维系的基本价值诉求。社会转型使得熟人社会走向陌生人社会,公共交往空间极大拓展;改革开放和市场经济建设使得人们在公共生活领域中的交往更加密切;和谐社会建设和"人民群众对美好生活向往"的号召,对公共生活伦理建设提出了更高的要求。当前我们公共生活伦理建设的主要任务或问题如下。

一是公共生活伦理的主体建设,要加强培育以"公共善"为目标的公民公共理性①,确立公共生活中的公共的善和政治正义理性要求。公共理性是公共生活领域中以追求"公共善"为价值目标的理性,是关于公共的善及其实现的制度创设的理性。公共理性要求每一个公民在回应公共生活领域的公共事务时,客观地传递和形成公共意志,并自觉地维护和追求公共利益的最大化。

二是公共生活行为准则即公德建设,要培育公民在处理社会公共生活以及社会合作形式时相互沟通、平等交谈的最基本的共识和价值系统,培育正义、责任、诚信、宽容、奉献的公共伦理精神,推进实现社会和谐善治。

三是公共生活伦理制度建设,要加强涉及公共生活的相关伦理制度规范的设置和优化。如加强以公平为特征的契约伦理制度建设,以契约伦理保障主体平等和利益公平;加强权利与义务相统一的伦理制度建设,以保障在合作的基础上对各自权利义务的承认和尊重;加强诚信与信赖的交往伦理制度建设,以维系人际交往活动在诚信和信赖中得以正常进行;加强以自由与责任为目标追求的契约伦理制度建设,为公共生活提供以义求利、合作共赢的道德思维路径。

四是公共生活伦理的环境建设,要加强和实施道德生态优化工程。道德生态是社会道德生活现状和道德发展环境的各因素的综合反映。道德文化和道德生活方式是道德生态的重要因素,也是公共生活伦理环境建设的核心目标。公共生活伦理的环境建设遵循着道德发生的机理,即在"限制自利—达

---

① 参见[美]约翰·罗尔斯:《政治自由主义》,万俊人译,译林出版社 2000 年版,第 224—225 页。

到互利—有效利他"的道德发生进程中实现不断的优化与提升。

七、国际交往伦理问题:凝聚国际合作伦理共识

"我们今天生活于其中的世界是一个可怕而危险的世界"①。在这种情况下,无处不在的风险促使人类社会变为"命运共同体"。如何凝聚国际合作伦理共识,成为国际交往伦理的重要主题。就此,如下几个问题值得好好探讨。

其一,造成国际交往伦理困境的原因分析。例如,信任困境——资本逻辑下的治理"碎片化";责任困境——事权划分的"公共地悲剧"与"反公共地悲剧";协调困境——国际组织、大国需要与政治领袖难以协调一致②等问题,只有对存在问题进行深入分析,才能有的放矢地加强国际交往伦理建设。

其二,国际伦理的责任范式建构问题。一是如何实现思维转换的问题,即确立"他者性"、"复杂性"和"境遇性"的责任思维。二是国际伦理的价值建构问题。面对多发性、不确定性和复杂性的全球社会风险,如何在人类心理结构上建构一种面向风险生存发展要求的"世界意识"和价值共契,以此凝聚共识和力量。三是国家交往的"利益妥协"问题。其实质就是如何调整利益关系、协调利益矛盾、实现利益分享,以利益妥协的方式整合利益矛盾冲突。为此,如何完善国际社会中的利益诉求机制、利益保障机制、利益对话机制,是实现利益整合的重要保障。四是国际交往中责任分配问题。例如,促进国际交往主体把"责任外在化"(externalized)状况转化为责任内在化,避免国际合作的"棘手难题与碎片化"。五是国家交往中协同行动的问题。如实现目标差异的"弥合"、明确协同行动的责任主题、优化国际交往的合作机制,为构建人类命运共同体实施有效的协同行动。

其三,国际交往的中国行动问题。中国如何在国际交往中发挥作用、展现

---

① 　[英]安东尼·吉登斯:《现代性的后果》,田禾译,译林出版社2000年版,第9页。

② 　参见肖祥:《风险社会治理责任范式:全球战"疫"与中国行动》,《学术界》2020年第9期。

中国风采、作出贡献,这是国际交往伦理研究中的重要问题。中国长期以来致力于维护世界和平、促进共同发展,致力于在国际事务中履行大国担当。随着综合国力的提升和中国道路的影响扩展,中国如何在世界交往的舞台上承担更多国际责任?如何在构建"人类命运共同体"过程中展现大国风采?如何成为负责任的国际秩序参与者、建设者和贡献者?这是新时期中国在建构国际交往伦理中亟待解决的紧迫问题。

综上而言,深度研究当代中国改革开放进程中产生的重大伦理道德问题,是建构具有中国特色、中国风格和中国气派伦理学理论体系和学科体系的内在要求。① 中国马克思主义伦理学必须对所有社会问题进行伦理思考,为"问题集"求解。如果伦理学不对发展问题进行思考和求解,中国特色社会主义伦理学的发展永远是方向不明的。

第三节　新时代中国马克思主义伦理学话语体系建构

"学科体系、学术体系、话语体系"建设是加快构建中国特色哲学社会科学的三大战略任务②,其中话语体系建设和创新是展现中国特色哲学社会科学的特色、风格、气派的表达形式和有效工具。中国马克思主义伦理学作为伦理学新形态,是马克思主义伦理学适应中国特色社会主义建设新阶段的创新发展。中国马克思主义伦理学要展现中国特色、中国风格和中国气派,必须适时适势做好话语体系的转换与创新以提升伦理话语的中国表达。建设和创新中国马克思主义伦理学话语体系,不能囿于语言学上的框架分析和概念表述,更重要的是如何获致方法论自觉以提升伦理学话语对中国实践的解释力、影

---

① 参见王泽应:《历史性的发展成就与创新发展的新呼唤——新中国伦理学 70 年的总结和思考》,《道德与文明》2019 年第 3 期。

② 参见习近平:《在哲学社会科学工作座谈会上的讲话》,《人民日报》2016 年 5 月 19 日。

响力和引导力。

一、中国马克思主义主义伦理学话语体系创新的认识论基础

中国马克思主义伦理学是马克思主义伦理学中国化的理论新形态,既秉承马克思主义伦理学的批判精髓和方法论基元,又传承中国传统伦理文化命脉的精华,还因为其具有中国特色社会主义新时代特征和创新特点,因而迥异于苏联模式马克思主义伦理学。对中国马克思主义伦理学话语体系进行分析,实质就是探讨当代中国伦理学话语实践与社会伦理现实的辩证互动关系;对中国马克思主义伦理学话语体系方法论的研究,则是切近新时代中国特色社会主义波澜壮阔的社会生活以敞开伦理话语权的提升路径。毋庸置疑,马克思主义能动的革命的反映论,构成了中国马克思主义伦理学话语体系方法论的认识论基础。对中国马克思主义伦理学话语体系方法论的研究,不是以抽象语言形式的逻辑建构为指向,而是指向社会生活实践,因为生活实践是伦理学话语体系的活水源头;也不是对现象与本体二元对立的形而上学话语诠释,而是将唯物史观和辩证法贯彻到伦理话语的分析中,推动中国马克思主义伦理学话语体系从学理研究走向现实建构、从语义分析走向生活语境;更不是单纯地遵从认知理性作概念分析和逻辑推演,而是综合知、情、意等要素而展开的反映、摹写、选择、建构的系列过程,其中必然蕴含着价值期盼和意义追寻。总之,中国马克思主义伦理学话语体系方法论致力于坚持辩证唯物主义和历史唯物主义认识论,以实践理性和实践方法为基础对伦理学话语体系基本经验与规律进行总结、运用、发展和创新。

辩证唯物主义和历史唯物主义作为马克思主义认识论的根本内容,是实现中国马克思主义伦理学话语体系思维创新、理论创新和实践创新的根本保障。马克思主义认识论超越近代形而上学认识论,最根本在于将辩证法和唯物史观引入认识论,将“认识”既理解为辩证发展过程,又理解为历史发展过程。辩证法打破了传统认识论主客二元对立的形而上学思辨,破除了经验论

和唯理论对知识探求方式的偏执,将认识论导向现实生活世界。由此,辩证法扬弃了旧唯物主义的"符合论"真理观,主张真理与客观事物之间的"符合"是建立在人类能动改造客观世界的实践基础上的,并通过人的能动的反映活动而实现;辩证法也打破了语言和实在二元对立的形而上学对真理认识的独断论,批判了把真理和知识的来源归结为先天理智中潜在的天赋观念和自明原则的错误,主张认识活动不能停滞于"解释世界"而更重要的在于"改变世界"。辩证法构成了中国马克思主义伦理学话语体系创新的根本原则,中国马克思主义伦理学话语体系研究并不是纯粹语言符号和话语语义的语言学研究,其指向应该是中国特色社会主义生活实践中的伦理新问题、新情况和新解答,即运用辩证法方法论从伦理学的话语实践中创造一种社会伦理批判理论,在伦理现实的批判中把握伦理话语的生成规律、拓展真理与价值相统一的伦理话语新语境,从而更新伦理话语体系。同时,唯物史观在认识论中的引入和运用,开辟了真理认识的发展道路,开启了一种存在论新境遇。正如恩格斯在《社会主义从空想到科学的发展》1892 年英文版导言中指出:历史唯物主义"这种观点认为,一切重要历史事件的终极原因和伟大动力是社会的经济发展,是生产方式和交换方式的改变,是由此产生的社会之划分为不同的阶级,是这些阶级彼此之间的斗争"①。马克思主义的唯物史观降低或者说消解了认识的思辨性维度,凸显了知识的实践性向度。也就是说,中国马克思主义伦理学话语体系或道德话语权不是由主观意志决定,而是取决于生产方式和交换方式的实践发展需要。对此问题的忽视,必然不能把握中国马克思主义伦理学话语体系的时代要求和发展方向。唯物史观在中国马克思主义伦理学话语体系建设中的运用,超越了形而上学的狭窄视域,其积极的价值在于:伦理学话语体系建设与创新必须立足于当代经济社会生活,只有对异化、消费、生产、价值、意义等问题进行批判性思索,伦理话语才能够对社会建设和物质生

---

① 《马克思恩格斯选集》第 3 卷,人民出版社 2012 年版,第 760 页。

活作出评价和指导,才不至于沦为"语言游戏";伦理学话语体系建设与创新必须指向当代经济社会生活的种种问题,尤其是作为现代性最大问题的"价值虚无主义",才能打破为资本主义生产方式作伦理辩护的"道德话语霸权",并为超越"以物的依赖关系"为特征的社会发展阶段作出伦理正当性批判,从而敞开新时代中国特色社会主义伦理道德建设的光明之途。

实践的观点作为马克思主义认识论首要的和基本的观点,是超越传统经验主义认识论的根本标志,赋予了马克思主义认识论前所未有的科学性,实践方法构成了中国马克思主义伦理学话语体系创新的关键。马克思主义认为,实践是人的存在方式,社会生活在本质上是实践的。与以观念的方式把握客体的活动不同,实践是人所特有的、以"感性"的方式把握物质世界的对象性活动。尤其"对实践的唯物主义者即共产主义者来说,全部问题都在于使现存世界革命化,实际地反对并改变现存的事物"①。在实践中,主客体之间以主体客体化和客体主体化的双向运动而实现相互作用,这种双向互动实际上是一个"双重否定"过程:一方面否定了作为目的前提的对象的现成客观性,在此过程中作为目的前提的对象没有消失,但改变了原先的自在形式而转化为符合目的要求的客观事物;另一方面又否定了目的本身的单纯的主观性,在此过程中目的本身也没有消失,但改变了它原先的观念形态,即通过实践而实在化、对象化于被改变了形式的客观事物中。"双重否定"的实践逻辑设定了中国马克思主义伦理学话语体系建设与创新的逻辑基础:脱离现实生活世界去建构纯粹的抽象的伦理学话语体系是不可能的,对日常实践形式的"简单描述"或"经验性认同"式的伦理学话语体系建造恰似沙上垒房,亦是付之阙如或徒劳无功。贯彻实践方法论,其重要价值在于通过对伦理学话语实践的批判来实现对现实生活世界的变革与超越。因此,中国马克思主义伦理学话语体系创新应该致力于:第一,在社会生活实践中重铸和修饰伦理话语符号,

---

① 《马克思恩格斯选集》第1卷,人民出版社2012年版,第155页。

对概念范畴、词义语义、话语性质等作出符合时代特征的界定;第二,以实践逻辑来把握话语构成元素,对话语主体、话语受众、话语手段、话语媒介、语句表述、话语方式等进行适宜性的组合与运用;第三,在实践过程中矫正话语行为样态,对话语动机、话语态度、话语心理、话语期待、话语权利等审视和改进,以实现更好的伦理教化;第四,把实践效果作为提升话语传播能力的标准,以检验话语表达、话语整合、话语传播、话语认同、话语引领的有效性,进而改进话语手段。

此外,马克思主义认识论强调认识活动是知、情、意共同作用的结果,是复杂的社会心理过程,从而赋予中国马克思主义伦理学话语体系的丰富性、情感性和创造性。就认识活动在人的全部生存活动中的地位而言,其本质是一种以实践为基础的主客体间反映与被反映关系,但认识同时渗透着主体的价值评价、心理意识、情感偏向和意志努力等,这些因素以非逻辑化的形式推进认识活动非程序化发展。这样,认识活动既有认知理性的概念论证和逻辑推演,又有非理性因素参与的摹写、选择、建构和创造的统一,如此才造就了认识活动的丰富多彩。中国马克思主义伦理学话语体系不是被动地反映伦理事实和描述伦理现象,而是主动地揭示现实、建构现实和创造现实,因此完全囿于认知理性的纯粹逻辑建构要么就会陷入抽象化、模式化、程序化而窒息了话语的生命力,要么就会偏执于话语的描述符号创造和信息的直观复制等"文字游戏"而割断话语与现实的生命联络。从某种程度而言,在认识活动中非理性因素的作用并不亚于理性因素的作用,因为是非理性因素而不是理性因素赋予伦理话语更多的激情、情感、活力和创造。因此,中国马克思主义伦理学话语生成必定是知、情、意的社会心理要素的共同创造,反映并同时改造社会生活,且最终呈现出真、善、美的价值旨归,以规导行为实践和社会发展;中国马克思主义伦理学话语体系建设必定是一种建设性和持续性的活动,借助习惯、直觉、情感、意志、信念、信仰等形式,话语体系才能以更丰富多彩、更鼓舞人心、更凝聚力量的"中国表达",讲述"中国故事",传递"中国价值"。

二、中国马克思主义伦理学话语体系创新的方法论

中国马克思主义伦理学话语体系是中国传统伦理话语、马克思主义伦理话语和当代中国社会主义实践创造的伦理话语的有机构成,是一个丰富的系统,其方法论就是要对中国特色社会主义的伦理学话语体系建设实现现象与本质、形式与内容、真理与价值的全方位观照。中国马克思主义伦理学话语体系方法论是一个包含哲学方法论、一般科学方法论、具体科学方法论的层次性的有机构成。

哲学方法论是中国马克思主义伦理学话语体系方法论的最高层次方法论,为伦理话语体系建设提供认识论和价值论的思维指导。哲学方法论就是一种"极致的"思维方式,处理任何有限知识或学科所不能解决的"重要问题"或"大问题"。马克思主义哲学方法论批判继承人类社会认识史上的积极成果,克服唯心主义和旧唯物主义在方法论上的局限,实现了哲学方法论的革命变革,它是理论认识方法和革命实践方法统一的、完整的、科学的方法论。首先,马克思主义哲学方法论克服了唯心主义方法论在认识问题上的先验论和不可知论,主张研究社会历史必须研究社会赖以存在的物质生活条件(社会存在),并据此说明政治、法律、哲学、宗教等社会意识产生和发展规律。如是,正像达尔文发现自然界发展规律一样,马克思发现了人类社会历史发展规律,将唯心主义从其最后的避难所——社会历史领域驱逐出去。其次,马克思主义哲学方法论批判了旧唯物主义的缺陷,即"对对象、现实、感性,只是从客体的或者直观的形式去理解,而不是把它们当做感性的人的活动,当做实践去理解……他不了解'革命的'、'实践批判的'活动的意义"[1]。历史唯物主义作为社会发展一般规律的科学,是"科学思想中的最大成果"[2],是"唯一科学

---

[1]　《马克思恩格斯文集》第 1 卷,人民出版社 2009 年版,第 499 页。

[2]　《列宁专题文集　论马克思主义》,人民出版社 2009 年版,第 68 页。

的历史观"①,使得"过去在历史观和政治观方面占支配地位的那种混乱和随意性,被一种极其完整严密的科学理论所代替"②,由此历史唯物主义成为一切社会科学的理论基础,成为认识和改造社会的根本方法。

中国马克思主义伦理学话语体系创新必须以马克思主义哲学方法论为指导,坚持辩证唯物主义和历史唯物主义的基本原则。第一,从话语本体角度而言,中国马克思主义伦理学话语体系应以话语实践为基元,反对抽象的语言建造和逻辑分析。脱离现实的抽象的语言形而上学背离了历史唯物主义实践原则,是对"全部社会生活在本质上是实践的"历史唯物主义真谛的粗暴践踏。中国马克思主义伦理学话语实践研究,就是要强调话语来源于现实生活、话语反映现实生活、话语在现实生活中展现中国特色社会主义伦理实践。第二,从话语建构层面而言,中国马克思主义伦理学话语体系创新既要避免经验论蹒跚于把经验看作知识、片面强调经验的而忽视理性的弊端,将伦理话语创新简单地等同于语言的归纳分析或语言材料的堆砌;又要避免唯理论囿限于依靠理性进行逻辑推理得来的知识即理性认识才是可靠的缺陷,将伦理话语体系建设视作逻辑演绎或封闭的理论框架搭建而脱离现实生活。中国马克思主义伦理学话语体系创新应当是超越经验论和唯理论,既注重感性经验材料的丰富又注重理性对经验的升华,实现经验和规律的双向互动,从而推进话语在现实生活中产生和建构、在现实生活中发展和更新。第三,从话语价值层面而言,中国马克思主义伦理学话语体系研究既要反对纯粹思辨的话语研究方法,致使伦理话语远离现实生活而沦为话语形而上学,致使伦理话语建设沦为自成一隅的"纯学术"或"书斋问题",造成现实性与学术性的严重背离,从而禁锢了伦理学的生命力;又要反对抛弃价值实现论的现实功利主义研究方法而秉持所谓的"价值中立"或"价值无涉",致使伦理话语丧失了现实的批判功

---

① 《列宁专题文集　论辩证唯物主义和历史唯物主义》,人民出版社 2009 年版,第 163 页。
② 《列宁专题文集　论马克思主义》,人民出版社 2009 年版,第 68 页。

能,背离了理论的现实价值向度。中国马克思主义伦理学话语的价值实现,就是要强调伦理话语在人的实际活动中、在现实生活中实现价值展开、价值澄明和价值引领。

　　一般科学方法论是中国马克思主义伦理学话语体系方法论的中间层次方法论,为伦理话语体系建设提供结构论、过程论的逻辑指导。科学方法论是关于科学的一般研究方法的理论,它以认识论为基础,以科学研究过程为线索,以探讨思维的逻辑结构、发展过程及规律、实现机制为主要内容建立起来的科学研究方法体系。第一,就思维的逻辑结构而言,科学方法论的样式会影响话语的产生、话语方式的生成、话语体系的建立、话语能力的提升。因为不同民族、不同国家和不同地域的社会生活实践及其在此基础上形成的不同文化,会促成独特性的话语概念、判断方式和推理逻辑,从而推动形成不同的"话语表达"、"言说方式"、"语言框架"和"语言体系"。第二,就思维的发展过程及规律而言,科学方法论是一个遵循从实践到认识,再从认识到实践的循环往复的发展过程,实现从以感觉、知觉到表象为主要形式的感性认识到以概念、判断、推理为主要形式的理性认识的辩证发展过程。与具体科学研究不同,科学方法论的出发点是"经验"而不是"问题",其"重要的任务是努力探求已知科学问题的实现途径、原则及其过程,这就要求它必须把研究的'起跑线'植根于产生科学问题的'经验'事实上"①。因此,以科学方法论为指导的伦理话语体系的建构和发展,就要求基于伦理话语的经验事实(主要是马克思主义伦理话语、中华民族优秀传统伦理话语、西方伦理话语的积极成果),在思维和认识的发展过程中以概念、判断、推理等方式对不断推陈出新的伦理事实进行阐释、对多元变化的伦理价值进行评判、对日渐高涨的伦理诉求进行表述,从而形成伦理话语的理性自觉。第三,就思维的实现机制而言,科学方法论不是简单的逻辑推导,而是具有强烈的主体能动性和创造性的方法论,从而指导主

---

　　① 韦诚:《关于科学方法论理论品质及其结构的研究》,《科学技术与辩证法》1995 年第 6 期。

体在方法的选择、运用、移植、渗透、重组、整合、抽象和升华等方面都具有强烈的主体能动效应。因此,伦理学话语体系建设的科学方法论运用,一方面必须尊重人民已有的生活实践创造,尊重伦理话语的民族性和多样性,尊重伦理话语的生成规律;另一方面必须充分发挥主体的能动作用,在社会具体实际中实现实践与话语的积极互动,促进伦理话语系统的适时更新、良性运行、积极创造、走向成熟,从而凝练出具有中国特色、中国风格和中国气派的中国特色社会主义伦理话语模型。

具体科学方法论亦称作学科方法论,是中国马克思主义伦理学话语体系方法论的最低层次,为话语体系建设提供语言学、传播学、心理学、社会学、逻辑学等学科方法指导。具体科学方法论关注主题是学科知识结构理论、思维结构理论,以及知识的思想方法、研究方法、发展规律等。不同学科有不同的学科方法。中国马克思主义伦理学话语体系是交叉学科的共同建构,需要多学科的整合运用、多学科方法论的协同创新才能建造中国特色伦理话语体系。具体而言,一是借鉴语言学方法论,通过马克思主义伦理学话语的中国化发展、中国传统伦理学话语的有效继承、西方伦理学话语的批判吸收,才能开拓具有中国马克思主义伦理学话语体系创新路径;二是借鉴传播学方法论,综合传播主体、传播媒介、传播受众、传播效果等要素分析,才能解析中国马克思主义伦理学话语体系的话语主体塑造、话语媒介运用、话语效果评价,从而为伦理话语权力的作出定位;三是借鉴心理学方法论,关注话语生成的心理机制,在话语产生、话语传播、话语接受、话语描述、话语阐释中建立话语的心理认同机制,从而使中国马克思主义伦理学话语"深入人心";四是借鉴社会学方法论对社会现象的性质及其价值在社会研究中的作用,中国马克思主义伦理学话语体系就应该重视社会现象的变化,重视价值的重要性和导向性,实现话语对现象描述和价值澄明的阐释功能;五是借鉴逻辑学方法论,在概念生成、话语判断、逻辑推理中确立话语知识的真理标准和言说方式的理性标准,这关切着伦理话语的有效性——正如福柯所指出的:言说方式违反人们认同的理性标准或不能被赋予确切意义则被认为是无效的。①

三、中国马克思主义伦理学话语体系创新的实践建构

由哲学方法论、一般科学方法论、具体科学方法论组成的中国马克思主义伦理学话语体系方法论是一个有机的整体,这个整体方法论体系的协同创新功能不是为了"解释世界",而是"改变世界"。那么,中国马克思主义伦理学话语体系创新必定是一种实践的建构。

(一)坚持马克思主义实践方法论,推进中国马克思主义伦理学话语实践

恩格斯指出:"马克思的整个世界观不是教义,而是方法。"②马克思主义哲学方法论的最大功用就是指导人们在实践活动中认识世界和改造世界。马克思主义哲学方法论本质上是实践方法论,而社会理论批判是其实践方法论的灵魂,批判精神贯穿于马克思主义整个理论体系。以马克思主义实践方法论为指导的中国马克思主义伦理学话语体系建设路向,必定是直面社会生活、直面生存现实、直面交往实践、直面人之更好未来,以话语实践为手段促进伦理话语共识的形成和伦理价值观的共契。

话语实践的旨归在于"不再把话语当作符号的总体来研究,而是把话语作为系统地形成这些话语所言及的对象的实践来研究"③。在生活中建构话语、以话语阐释现实、以话语指示生活,是话语实践的三个重要主题。回归生活世界是现代哲学的基本精神,是对传统形而上学的批判和超越。"在生活中建构话语",就是要积极倡导"生活、实践"的观点,在实践中获取伦理话语

---

① 参见[法]福柯:《话语的秩序》,载许宝强、袁伟:《语言与翻译的政治》,中央编译出版社2001年版,第3页。

② 《马克思恩格斯选集》第4卷,人民出版社2012年版,第664页。

③ [法]米歇尔·福柯:《知识考古学》,谢强、马月译,生活·读书·新知三联书店2004年版,第53页。

素材、丰富伦理话语形式、汲取伦理话语表达智慧。"以话语阐释现实",其实是为话语体系之目的和功用作出定位,即话语实践不是迷恋形式化的体系建构,也不是醉心于无趣的逻辑演练,更不是踯躅于花哨的语词堆砌,话语实践"指向复杂的动态的社会生活,在社会生活的历时与共时、静态与动态、既成与生成之间以话语的与时俱进寻求对现实的解释"①。"以话语指示生活"意在凸显话语功能的现实性。现实性既不是对感性、经验、现实的直观理解,也不是观念的抽象,正如恩格斯引用黑格尔的那句名言——"现实性在其展开的过程中表明为必然性"②。马克思指出:"只要描绘出这个能动的生活过程,历史就不再像那些本身还是抽象的经验论者所认为的那样,是一些僵死的事实的汇集,也不再像唯心主义者所认为的那样,是想象的主体的想象活动。"③伦理话语的现实性,旨在通过话语建构、话语交往、话语传播、话语影响,为现代社会生活指示价值目标、价值导向和价值选择方法。没有话语实践,伦理学话语体系建设就只能是理论的臆想;没有话语体系,伦理学理论发展和创新就会因为缺少"建筑材料"而成为空谈。通过话语实践,中国马克思主义伦理学理论才能实现对中国传统伦理话语体系的创造性转化、实现与西方伦理学理论的对话与互鉴、实现对新时代中国特色社会主义社会生活的理论关注和理论创新,唯其如此,中国马克思主义伦理学理论创新才不是空中楼阁。

(二) 化解话语现实难题,校准中国马克思主义伦理学话语建设方向

强烈的问题意识是马克思主义伦理学的重要特征。离开"现实问题"的伦理学话语体系建设,只能就变成"书斋之中的幻梦,时代之外的遐想,世界

---

① 邓伯军、谭培文:《马克思主义中国化话语体系的方法论研究》,《中共天津市委党校学报》2015 年第 6 期。

② 《马克思恩格斯选集》第 4 卷,人民出版社 2012 年版,第 221 页。

③ 《马克思恩格斯选集》第 1 卷,人民出版社 2012 年版,第 153 页。

之外的独白,就必然会失去生存的土壤"①。当前中国马克思主义伦理学话语实践和话语权力的价值建造面临着两个不容忽视的困难,这是中国马克思主义伦理学叙事方法革新必须正视的两个问题。

一是中国马克思主义伦理学如何实现对中国传统伦理话语的传承创新和应对西方现代伦理话语的价值解构。新中国成立之后,尚未与中国传统伦理话语实现有机融合的马克思主义伦理学在话题、术语和言说方式还没有做好充分的准备,如何实现传统伦理的话语思维和言说方式的转换,承担起诠释真理和指导社会的话语权力,成为中国马克思主义伦理学面临的发展难题,这个难题随着中国特色社会主义建设实践的拓展仍然需要持续地关注和解决。此外,西方伦理"话语"的涌入对中国马克思主义伦理学的话语权力造成的影响不容轻视。尤其是20世纪西方哲学"语言学转向"运动,哲学的主题词由"主体""意识""思维"转换成了"逻辑形式"、"意义"和"语言",并最终导致"语言游戏说",伦理学的话语权力在一定程度上被解构和流放了。如一些后现代主义者陶醉于无目的的形式与话语解构之中,他们声称决无真理可言,坚决反对话语具有元语言权力,叙述上故意杂乱无章,极尽晦涩之能事。语言乃是人类所特有的描述实在、表达思想的手段,如果伦理学话语不以"语言意义"为载体、以"指示生活"为目的,就会被禁锢于一种"语言学唯心主义",独立和超越于人类经验范式的形而上学的价值和意义就会被完全抛弃了。

二是如何提升中国马克思主义伦理学话语的价值批判力和引导力面临困难。当代社会价值取向的一个重要特征就是价值相对主义。价值相对主义认为价值因人、因时、因地而异,甚至"怎样都行"。经验原则作祟的价值相对主义很容易导向价值自由主义,甚至也会堕入价值虚无主义。美国学者宾克莱

---

① 陈曙光:《直面学风问题——兼谈如何推进马克思主义大众化》,《红旗文稿》2009年第21期。

在反思西方现代社会道德生活危机时,指称这是一个"相对主义的时代","使人想要找到他能够为之坚定地毫不含糊地献身的终极价值的希望大大破灭了"。① 改革开放之后尤其是社会主义市场经济建设过程中,一定范围和一定程度泛滥的价值相对主义和价值自由主义,致使中国马克思主义伦理学的社会批判功能遭到了种种合法性质疑。革命价值的消退、绝对价值的"祛魅",加之普遍的功利主义驱使,一些人常常陷入价值选择的茫然,"躲避崇高""拒绝美德""渴望堕落"等"去圣化"现象表明了一定程度上价值秩序的混乱。中国马克思主义伦理学如何提升话语理论和话语实践的价值引导力,匡正价值相对主义和价值自由主义,增强民众正确的价值选择能力,必然是其责无旁贷的任务。

中国马克思主义伦理学话语体系建设必须在化解话语建设难题的基础上,更好地关注实践,从实践中来、到实践中去,切近新时代中国特色社会主义发展的需要,凸显中国特色社会主义伦理话语表达的历史向度、时代向度和中国向度。

就历史向度而言,中国特色社会主义伦理话语表达要深入中国传统伦理文化的历史深处以提升伦理话语体系建构的历史自觉,也就是说要在伦理发展史、伦理话语进化史、民族伦理思想进步史、社会伦理文化演变史的交织与互动中深度探讨中国伦理话语多元发生、多样重构、多族互动、多向发展的复杂历程,从而把握中国伦理话语产生与发展的逻辑演进、发展规律和未来走向。当代美国德性伦理学家麦金太尔对话语历史传统的重视给予我们借鉴的启示。他指出,造成现代道德及其话语或语言混乱状况的根本原因是现代道德超脱历史和文化传统语境而执迷于所谓的普世化的伦理规范,甚至是观念同质或话语同调。如何摆脱现代道德的理论困境?他认为有必要到历史传统中寻找资源,"现代道德话语和实践只能被理解为来自古老过去的破碎了的

---

① [美]L.J.宾克莱:《理想的冲突——西方社会中变化着的价值观念》,马元德等译,商务印书馆 1994 年版,第 52 页。

残存之物,并且在这一点被很好理解之前,它们给现代道德理论家所造成的不可解决的问题将始终不可解决"①。鉴他山之石,中国特色社会主义伦理话语体系建设必须"深入挖掘中华优秀传统文化蕴含的思想观念、人文精神、道德规范,结合时代要求继承创新,让中华文化展现出永久魅力和时代风采"②。

就时代向度而言,伦理话语体系的建构既要聚焦人民群众普遍关注的社会热点问题,又要关注中国改革和现代化建设的实际问题,勇于进行新的实践和新的发展。维特根斯坦在《哲学研究》一书中指出:"哲学是以语言为武器,同我们理智上的迷惑之间的战斗。"③"当语言像一架空转的发动机而不是在做功时,侵扰我们的混乱便出现了。"④伦理学作为哲学的分支,同样地,"不仅在内部通过自己的内容,而且在外部通过自己的表现,同自己时代的现实世界接触并相互作用"⑤。因此中国马克思主义伦理学不能放弃对时代问题的言说权力,更不能"缺席"或"不在场",或者"对可以言说者言说,对不可言说沉默"。正如康德在《纯粹理性批判》中强调"我们的时代特别是一个批判的时代",马克思主义伦理学对时代的观照,就是要对时代的问题给予批判和回应,弘扬价值理性,贬抑工具理性,不仅为"宏大叙事"提供价值支撑,也要为"个体幸福"作出价值引导。

就中国向度而言,中国马克思主义伦理学话语体系应当自觉地探讨进入新时代的中国特色社会主义发展主题,并为其提供伦理价值指导和伦理智慧支撑。当前,中国在"实现中华民族伟大复兴""决胜全面建成小康社会""国家治理现代化""开启全面建设社会主义现代化国家"的新征程上阔步向前,这些宏大叙事主题,不仅需要马克思主义伦理学提供价值思维和伦理道德支撑,更需要马克思主义伦理学话语体系对此进行语义阐释、语言论证和话语指示。

① ［美］麦金太尔:《追寻美德》,宋继杰译,译林出版社2003年版,第139页。
② 《习近平谈治国理政》第三卷,外文出版社2020年版,第33页。
③ ［英］维特根斯坦:《哲学研究》,李步楼译,商务印书馆1996年版,第109页。
④ ［英］维特根斯坦:《哲学研究》,李步楼译,商务印书馆1996年版,第132页。
⑤ 《马克思恩格斯全集》第1卷,人民出版社1995年版,第220页。

（三）塑造话语权，提升马克思主义伦理学的价值影响力

中国马克思主义伦理学话语体系建设的时代任务，就是既立足本国又学习外国，既承续传统又观照现实，以话语权塑造提升中国伦理价值影响力。中国马克思主义伦理学话语体系是一个以价值为内核的话语建构、表达和传播的有机系统，缺乏价值内核的话语只能是一些语言碎片。中国马克思主义伦理学话语体系的影响力，不仅仅是语言的功能与作用的体现，更主要的是话语身份主体表达思想的能力。就结构形式而言，伦理话语价值影响力包括话语传播力、话语认同力和话语引领力，它们在影响力结构体系的地位和作用各有不同。

伦理话语的价值影响力以增强传播力为直接表现形式。传播力由话语传播主体功能、话语传播渠道、传播受众的针对性等多个要素组成。从话语主体而言，要加强政府机构、非政府组织等对中国伦理价值作正面、正确、适宜的宣传和推广；从传播渠道而言，打造立体外交传播渠道、扩宽教育文化交往渠道、开辟传统媒介与新媒体相结合的传媒传播渠道、形成多元立体、协同交错、互为补充的传播局面；从话语受众而言，政府官员、商界精英、知识群体、普通民众都负有伦理话语传播的责任，以针对性地实现话语受众有效接受、认同和赞赏。

伦理话语的价值影响力以提升认同力为内在动力，即在适应性、及时性和针对性的伦理话语传播中形成的一种同意和认可。在国际交往中，中国伦理话语体系所包含的符号、概念、价值观、意识形态等要素以"非强迫"方式赢得国际社会的理解、信任、支持和赞同。因此，打造伦理话语的新概念、新范畴、新表述、新范式、新方法以提升国际认可，正是中国马克思主义伦理学话语体系建设面临的重要任务。

伦理话语的价值影响力以实现引领力为最终目的。中国伦理话语体系的引领力是基于传播力和认同力而形成的具有鲜明时代特征的吸引力、向心力、

感召力和带领力。就世界向度而言,中国马克思主义伦理学要关注国际伦理问题,对世界发展给予价值关切,展现大国的伦理责任担当,这就需要以中国伦理话语的"世界表达"、伦理话语体系的"世界关切"、伦理话语对全球化衍生的道德生活新样态提供"合法性支撑"等方式,提升中国伦理话语在国际舞台上"议题设置能力"和"对话主导能力"。例如,"构建人类命运共同体"的提出和推广,就是一种以寻求人类共同利益和共同价值的成功的伦理话语实践。在全球化日益复杂化的今天,中国特色社会主义伦理话语体系建设更要以向世界传播中国道德智慧、中国伦理情怀、中国道路价值为重任,努力提升中国伦理话语权,尽快摆脱"国大声弱"的困局,逐渐提升伦理价值引领力的前瞻性和战略性。为此,我们要继续全面融入世界,坚持包容互鉴的原则,以善意和开放致力于国际体系的建设性改革,努力成为新世纪全球共同价值观体系的创新者,要唱"大合唱",不能"独唱",在"合唱"中谱写中国歌词、唱响中国声音。

马克思指出:"理论一经掌握群众,也会变成物质力量。"①有了正确的方法论,就有了强有力的理论批判武器。在正确的方法论指导下,直面中国马克思主义的伦理实践、道德问题和道德需求,在建设中国马克思主义伦理学话语体系中彰显中国道德智慧、扩展中国价值影响、塑造中国伦理文化自信,我们任重道远却满怀信心。

第四节　新时代中国马克思主义伦理精神之建构

2019 年 4 月 16 日,《求是》杂志发表了习近平总书记的重要文章《一个国家、一个民族不能没有灵魂》,提出新中国成立七十年砥砺奋进和历史性变革

---

① 《马克思恩格斯选集》第 1 卷,人民出版社 2012 年版,第 9 页。

蕴藏着精神激励的内在逻辑。新中国成立以来,马克思主义伦理文化渗透到民族、国家、社会生活的各个层面,构筑了国家制度、政策、政府机构、社会组织的道德基础,并彰显了鲜明的伦理特质。新中国成立至改革开放前,马克思主义伦理文化发挥了伦理"制度秩序"和"心灵(心理)秩序"的双重建构作用。改革开放四十多年来,经济快速发展,物质财富极大丰富,人民生活水平大幅提升,但是政治、文化、社会、生态、道德等领域的建设任务愈加繁重,各种社会问题也不断增多。我们如何建构一种能够规导蓬勃增长的社会物质力量和引领纷繁芜杂的社会生活,并使公正、自由、和谐、美好等伦理价值得以绽放和呈现的伦理精神形态? 我们如何基于伦理"制度秩序"和"心灵秩序",建构一种能够"深刻反映我们这个时代的历史巨变,描绘我们这个时代的精神图谱,为时代画像、为时代立传、为时代明德"①的伦理"精神秩序"? 建构切合新时代精神诉求的中国马克思主义伦理精神,已然成为马克思主义伦理理论发展的必然要求和当前社会发展的迫切需要。

一、马克思主义伦理精神的价值期许

马克思主义对"解放"(Emanzipation)、"人的本质"(human nature)和"异化"(alienation)等切关人之存在的概念剖析中,蕴含着深刻的伦理含义;马克思主义对"自由""平等""民主""尊严""权利"等切关人之价值的命题诠释中,蕴含着丰厚的伦理价值;马克思主义对"自由王国""自由人的联合体""共产主义"等切关人之发展与未来的理论探寻中,蕴含着热切的伦理追求。马克思主义在一百七十余年的发展中,已然成为社会主义发展的文化传统,并以普遍信念和核心价值的形式呈现为一种独特的伦理精神。这种伦理精神,不仅成为判断社会发展和进步的根本价值依据,也成为我们进行是非善恶、公平正义评判的价值衡量标准。新中国成立以来伦理秩序的建构与价值心理的安

---

① 习近平:《一个国家、一个民族不能没有灵魂》,《求是》2019 年第 8 期。

顿,正是因为马克思主义伦理文化提供了社会发展的价值引导和精神动力,以及其对日常生活的规导和对美好世界的指向。当前,建构中国社会的"精神秩序",必然要秉承马克思主义伦理文化的内涵和特质,承诺和兑现马克思主义伦理精神的价值期许。

(一)"伦理现实"的观照:协调伦理与道德的矛盾

如何协调伦理与道德的矛盾,肯定伦理现实的在先性,这是马克思主义伦理精神的前提性根基。

马克思主义伦理学运用历史唯物主义方法,在批判德国唯心论伦理传统(尤其是黑格尔伦理理论)中强化了对伦理现实的观照。黑格尔在《精神现象学》中批判了康德将"各项实践原则局限于道德的概念"、道德和伦理几乎被当作同义词来使用的失误。他认为伦理世界即为"自我意识的直向运动"①,道德世界则为"自我意识的反向运动"②,将"伦理"视作"真的精神",将"道德"视作"确定自身的精神"。在对伦理和道德进行区分的同时,黑格尔还赋予了伦理以"普遍性"和"精神性",认为"伦理本性上是普遍的东西,这种出之于自然的关联本质上也同样是一种精神,而且它只有作为精神本质才是伦理的"③。马克思肯定了黑格尔将伦理和道德区分的必要性,并对黑格尔抓住人的"异化"问题给予了赞扬。但是,黑格尔将人的本质等同于自我意识,认为"人的本质的全部异化不过是自我意识的异化"④却遭到了马克思的严肃批判。在黑格尔那里,"感性、宗教、国家权力等等是精神的本质,因为只有精神才是人的真正的本质,而精神的真正的形式则是思维着的精神,逻辑的、思辨的精神",因此他对康德的批判"是一种隐蔽的、自身还不清楚的、神秘化的批

---

① [德]黑格尔:《精神现象学》上卷,贺麟、王玖兴译,商务印书馆1979年版,第232页。
② [德]黑格尔:《精神现象学》上卷,贺麟、王玖兴译,商务印书馆1979年版,第235页。
③ [德]黑格尔:《精神现象学》下卷,贺麟、王玖兴译,商务印书馆1979年版,第8页。
④ 《马克思恩格斯文集》第1卷,人民出版社2009年版,第207页。

判"①。黑格尔的错误在于：一是认为法以及道德秩序、道德规范具有决定性，而市民社会等现实却是被决定的；二是人被视作只是以精神的形式出现，将人的本质从生活现实中抽离出来作观念化理解。

马克思通过对"黑格尔的批判"的批判和对"伦理现实"的观照，启示并指导我们廓清伦理和道德差别的重要性，以历史唯物主义的睿智理解将伦理精神建构于现实基础之上。

混淆伦理和道德，对于伦理精神的理解和构建所造成的消极后果是不容忽视的。其一，无视伦理现实及其对伦理精神产生的重要性，会导致将伦理精神视作个体纯粹主观意识的建构，不仅虚化了社会历史，也将精神的力量"神秘化"了。历史唯心主义的主观性谬误就在于忽视了社会存在决定社会意识的客观规律，将社会意识提升到决定社会发展的高度，由此也就无法把握社会历史发展的真正力量，而道德作为一种社会意识是受社会存在所决定的而不是相反的。其二，无法理解社会伦理现实的具体化，就难以把握一个民族的伦理心理变迁和一个时代的伦理特点。其三，忽视伦理精神产生的社会存在基础、忽视民族和时代的总体特点，就无法把握伦理精神形成的规律和伦理精神发展的未来。

马克思主义伦理精神的现代性诉求不仅强调生活现实的决定性和重要性，更强调人的本质、理念和精神须在生活实践中加以理解和把握。对于中国当代社会而言，伦理关系的协调和伦理精神的建构而不是主体道德的强调和道德精神的宣扬，乃是伦理"精神秩序"的实质和核心。马克思主义伦理学正是基于伦理现实的观照来把握伦理与道德的实质并协调二者的矛盾，从而使其独特的伦理精神得以彰显。

---

① 《马克思恩格斯文集》第 1 卷，人民出版社 2009 年版，第 204 页。

（二）"现实的人"的关注：化解人之目的与工具的悖论

如何关注"现实的人"、化解人之目的与工具悖论，这是马克思主义伦理精神的主体价值指向。

人是目的还是工具？这是自康德以来备受西方伦理学关注的问题。康德深谙"人是目的"的意义，并提出"你的行动，要把你自己人身中的人性，和其他人身中的人性，在任何时候都同样看作是目的，永远不能只看作是手段"①。但是，以逻辑把握世界、追求事物的秩序和规则的"理性"一旦走向极端并自立为王，对绝对真理的崇尚相反却导致排除人的价值因素，理性也日益转向技术理性、科学理性和工具理性，而"人是目的"则没有落到实处。对理性的贬抑和对现代工业技术文明反主体效应的批判和抵制，造就了现代非理性主义的勃兴。尽管现代非理性主义流派纷呈，主张各异，但有一个共同的特征就是倡导以非理性的个人为基础的新人道主义，认为他人和社会是个人发展的障碍，因而带有一种普遍的悲观主义情绪体验。如萨特所言"他人即地狱"，表明主体的自由性和超越性在他者的视角中被剥夺，"主体我"因为"他者"的存在而被消解为"对象我"，即人和人的关系在本质上是冲突的。20世纪60年代兴起的后现代主义对现代化进程中出现的剥夺人的主体性、整体性、中心性和感觉丰富性等思维方式进行了批判与解构，尽管其对"人作为工具"给予了积极的批判，但无法遮掩如何实现"人作为目的"的悲观。

与近现代西方伦理思想对人的丰富性理解不同，中国传统儒家德性伦理执着于人的德性修养和道德提升，确是以"人是目的"为初衷。但是中国古代社会结构以血缘为纽带在"礼"的维系下形成了等级森严的专制制度和宗法制度，"心、身、家、国、天下"联结成整体性意象，使得个人的存在以整体的发展为转移；尤其汉代之后儒家整体主义经帝王专制化，个人的主体性受到约束

---

① ［德］康德：《道德形而上学原理》，苗力田译，上海人民出版社2002年版，第47页。

和压抑,人逐渐沦为专制主义、王权主义的工具,不仅导致了个人的创造性受约束,也导致了社会结构的自我封闭。

纵观人类伦理思想史,人是目的还是工具的探究从未停歇,而人作为目的的价值旨归正是伦理精神得以塑造的关键。马克思对从事实践活动的"现实的人"作出了正确辨析,从而化解了人之目的与工具的悖论,由此确立了马克思主义伦理精神的逻辑起点。在他看来,"现实的人"是理解全部人类历史的第一前提,也是实现人是目的的根基。理解"现实的人"必须深入人的现实生活、实践活动及其社会关系中探索实现人的解放和发展,"任何解放都是使人的世界和人的关系回归于自身"①,从而不断破解"人是工具"的束缚而趋向人是目的的价值目标。只有理解"现实的人"的感性活动(实践)的展开,我们才能理解生活、理解主体。在这个展开的过程中,人的本质力量得以确证和发展。

(三)"真实集体"的建造:消弭现代性群己矛盾

如何消弭现代性群己矛盾,个体对其生活的共同体有何伦理责任,这是马克思主义伦理精神的整体性关怀。

纵观西方伦理思想史,整体主义有着清晰的发展脉络和理论形态。古希腊罗马伦理思想倡导城邦主义和国家主义,主张个人生活要遵循宇宙共同秩序和规律。亚里士多德最早论述了"整体先于个人"原则,并认为至善的自我实现和圆满只能在国家和人民中才能实现,个人的善德和理想人格也只能在城邦的幸福中才能实现。他一方面强调社会的目的是使个人能够过上一种有德性和幸福的生活;另一方面又强调个人只能在社会和国家中实现真正的自我,个人的善德只能集众德而成,国家的目的就是实现普遍的幸福,即作为至

---

① 《马克思恩格斯全集》第3卷,人民出版社2002年版,第189页。

善的"隐德来希"。① 亚里士多德对社会整体和普遍幸福的强调无疑蕴含着强烈的伦理精神。及至近代,黑格尔批判了自由主义的社会原子论倾向,将整体主义推向最高峰。他把个人与社会的关系置于市民社会与国家的关系中加以讨论,并把国家作为客观、绝对的精神("地上之神"),作为伦理整体,个人本身只有成为国家成员才具有"客观性、真理性和伦理性";个人必须服从国家,国家的普遍利益重于个人利益,而且当国家要求个人作出牺牲时,国家对于个人的这种义务也直接就是个人的权利。

马克思批判了黑格尔"国家整体主义"实质上贬抑人的价值,是一种"虚幻的集体",而将整体性伦理关怀指向真实的集体。在这个集体中,"各个人在自己的联合中并通过这种联合获得自己的自由"②。也就是说只有在这样的集体中,个人才能获得全面发展其才能的手段,实现个人自由。致力于建构"真实集体"以消弭群己矛盾,乃是马克思主义伦理精神的真实意蕴和重要主题。

中国传统伦理思想强调为社会、为国家、为民族的整体主义,并使之成为中华民族传统道德的重要价值原则。但整体主义与王权主义的媾和,使得个体对于"公"、"整体"及其代表的统治者唯有服从,个人的存在和发展必须以整体的发展为轴心。儒家伦理重整体轻个人的思想倾向影响后世甚至当代,个人主体性没有能够得到真正的成长。梁漱溟先生曾对此予以批评:"圣人简直不教你意识到自己的存在,——我既不存在,我不晓得我还会不会感觉到其他事物的存在"③。时至今日,作为传统整体主义变异的"伪集体主义"仍

---

① 亚里士多德在《形而上学》中论述了"潜能"与"现实"这对范畴,并把它们作为本体存在的方式。"作为原因而论,潜能先于现实"([古希腊]亚里士多德:《形而上学》,吴寿彭译,商务印书馆1983年版,第245页),潜能向现实的过渡即为运动,潜能的完全实现就达到了自己的目的,即隐德来希。"隐德来希"即希腊语entelecheia的音译,它作为一切事物追求的终极目的,既是最完全的实现,又是最原始的动力。

② 《马克思恩格斯文集》第1卷,人民出版社2009年版,第571页。

③ 梁漱溟:《中国文化要义》,学林出版社1987年版,第321页。

然在社会生活中被高调提倡,群己权界没有得到清晰划分,公域压挤私域、公域权侵犯私域权、私域权之间相互侵扰和损害的现象仍然在社会生活中存在着。建立"真实集体"以消弭现代性群己矛盾,成为建构马克思主义伦理精神的迫切期待。

因为价值诉求的坚定和恒久,马克思主义伦理精神的价值期许一直成为中国历经风雨而踔厉奋发的动力源泉,乃至在中国特色社会主义新时代依然焕发着春天般的气息。

二、建构中国马克思主义伦理精神面临的问题

建构中国马克思主义伦理精神一要解决理论层面的认识问题,二要解决实践层面的现实难题。

(一)"伦理的"转换:问题意识、思维方式和理论主题

一方面,由于深受传统伦理思想的影响,我们的问题意识、思维方式和理论主题都是偏重"道德的";另一方面,新中国成立至改革开放前三十年,马克思主义伦理学主要发挥着"教化伦理"的作用,"制度秩序"和"心灵秩序"的建构主要依赖人们对道德规范的遵守和主体道德的倡导,是一种"道德的"建构。改革开放之后,利益格局的变化和利益矛盾的凸显,使得马克思主义伦理学的主题转向了伦理生活的调节、伦理关系的优化,以实现和谐社会的伦理期待以及美好生活的伦理向往。在此时代情境中,秉承马克思主义伦理精神对作为人的本质的"社会关系"的洞察、对奴役人的社会关系的批判、对美好社会关系的构想,建构中国马克思主义伦理精神必然要实现问题意识、思维方式和理论主题由"道德的"向"伦理的"转换。

1. 道德问题意识向伦理问题意识的转换

道德强调个体主体修养,伦理强调"关系和谐"。"我应当如何生活"是道德要解决的主要问题,"我们如何在一起"(being with)是伦理要解决的主要问

题。如何从"我应当如何生活"的道德问题意识向"我们如何在一起"的伦理问题意识转换,这是建构中国马克思主义伦理精神的认识前提。

为什么要实现问题意识的转换?一方面,从传统伦理思想及其深远影响看,道德问题意识刻骨铭心但其局限性却不容忽视。在儒家伦理传统中,伦理和道德处于紧张之中。孔孟德性伦理虽然重视伦理的社会作用,但因为执着于个体道德而没有确立普遍化的社会伦理,"成君子""做圣人"的道德要求并未实现真正的"礼乐之治"。儒家德性伦理将"道德"作为一种优先选择而置于"伦理"之上,或者说"道德"是处理伦理关系和伦理问题的主要手段,相信有道德的人必能实现美好社会。汉代之后,儒家道德规范经过帝王专制化之后变成了伦理纲常而成为封建统治的工具。伦理纲常化对于社会秩序的建构可发挥巨大作用,但是因为其执着于伦理普遍化却未能使道德得以安放,伦理纲常没有得到社会主体的"普遍承认"而成为内在的心性力量,伦理并没有内化成德而建构起和谐的心灵秩序。另一方面,从现实情况看,道德得到高调宣扬但效果有限。因为主体的激励对于某些个体而言也许是有效的,却难以要求社会全体成员效仿;道德的力量常常不敌利益的力量,"'思想'一旦离开'利益',就一定会使自己出丑"①;社会差距和利益分化削减了人们对道德的渴望,不当得利和不劳而获恶化了人们对道德的信任,"躲避崇高""拒绝美德""质疑榜样""渴望堕落"成为社会常见情景——道德的荣光退却,功利主义一路高歌,于是造成了一种"道德僭越伦理"的"特殊的现代性镜像","导致对精神世界的误读和对精神生活的误导,只见'有仁义'的世俗诉求,不见其背后'大道废'的文明根源;只见'仁'的道德的努力,不见'复礼'即回归伦理家园的终极目的"②。

2."内圣思维"向"伦理思维"转换

所谓"内圣思维"就是主体思维在目标上致力于提升自我道德修养、在方

①　《马克思恩格斯文集》第1卷,人民出版社2009年版,第286页。

②　樊浩:《走向伦理精神》,《道德与文明》2016年第3期。

式上强调内省和自讼,通过向内用力,最终达到做君子、成圣人的目的。内圣思维强调"自我",其突出特征有两个。一是自反性,内圣思维是一种自反型思维,即"收回到主体自身,通过自我反思获得人生和世界的意义"①。主体思维不是着重对外部事物的认识,而是以自身为对象,把重心转向主体自身,重视对人的内在本性的自我认识,返回到自己的内心世界,从而实现人的自觉。二是经验性,内圣思维也是一种经验性思维,重视自我反思、自我践行、自我体验和自我提升,德性是一种经验的累积。所谓"伦理思维"则是这样一种思维方式,主体在思维目标上致力于协调"我"与"他者"的关系,在具体方式上强调主体之间的关系建构,通过责任的承担,最终达到人际与社会整体的和谐。伦理思维的特征也有两个。一是在伦理交往中强调"他者"。尤其在"'他人'问题从来没有像现在这样如此深入地扎入到哲学的根基之中"②的现时代,把他人置于首位,才能打破唯我论"自我封闭"的困境。二是在伦理实践中强调"责任"的重要性。责任不仅仅是对自我负责,更重要的是对他人、群体和社会负责。

3."道德与利益"主题向"权利与义务"主题的转换

在中国传统伦理社会中,道德与利益一直在个体生活空间中占据主导地位,成为个体生活的主题,所以中国传统伦理思想中多是"义利之辨",主张"义以为上"(《论语·阳货》)、"义然后取"(《论语·宪问》)、"君子喻于义,小人喻于利"(《论语·里仁》)等。而在公共生活空间中,"权利与义务"的主题以一种畸形的不平衡结构呈现。这种"畸形"一方面表现为权力对权利的挤压;另一方面表现为整体对个体的挤压,造成了人之权利与义务的严重不对等性。儒家伦理尤其是汉代经过帝王专制化之后,原来的"君仁臣忠""父慈

---

① 蒙培元:《中国哲学主体思维》,人民出版社1993年版,第2页。

② Michael Theunissen, *The Other: Studies in the Social Ontology of Husserl, Heidegger, Sartre, and Buber*, trans. Christopher Macann with an Introduction by Fred R. Dallmayr, Cambridge and London: the MIT Press, 1984, p.1.

子孝""夫良妻贤""兄尊弟敬""朋诚友信"等权利义务对等的伦理要求,沦为枷锁式的"三纲",沦为卑微者对尊长者、被统治者对统治者的绝对责任和绝对服从,人之权利被漠视,义务则被放大。在这种王权至上的伦理交往中,人的存在是工具性的,人丧失了权利意识。权力对权利的挤压,造成的社会效应就是整体对个体的挤压。由于王权的统治,伦理成为统治的工具,道德成为权力的帮凶;整体主义对个体的压制下,个体权利空间被压缩、甚至完全丧失,个体对整体只有义务。在"权力—制度"的结构体系中,个体生活领域中的"道德与利益"主题向公共生活中的"权利与义务"主题的现代转换步履维艰。

消除人的异化,争取人的权利,是马克思主义伦理学一以贯之的伦理目标,并以对资产阶级的自由、民主、平等和人权的伦理批判为主题。在使马克思主义伦理学成为一门能够正确阐明社会道德的科学理论的《资本论》中,马克思就批判了自由、平等权利存在于流通领域或商品交换领域,而一旦进入生产领域和分配领域,所谓的自由平等权利却是对自由平等的否定和践踏,这个资本主义"天赋人权的真正伊甸园"①充斥着伦理虚伪和道德谎言。在马克思主义伦理学发展的"苏联阶段",自由、平等、公正、幸福等伦理价值目标被政治化所遮蔽。改革开放前,我国仿照苏联伦理学的研究范式,将道德理解为维护特定阶级利益的工具,具有为特定阶级利益服务的"道德阶级性",对道德的起源、本质、功能和特征的理解凸显"党性原则";同时,也重视道德与利益作为伦理学的基本问题研究,由此一来道德与利益、集体主义与个人主义的关系成为伦理学的主题。

改革开放以来,如何保持权利与权力之间的适度张力、协调权利与义务的关系,成为消解社会紧张、构筑良善伦理秩序的关键。在现代生活中,如何协调私人领域和公共领域的关系,尤其在与陌生人打交道成为常态的公共生活领域中,权利与义务的调适就变得尤其重要。如何为权利与义务划界?如何

---

① 《马克思恩格斯全集》第44卷,人民出版社2001年版,第204页。

协调个人权利与他人权利关系？这些问题都成为现代伦理生活中不可绕过的问题。为适应时代发展、建构公共伦理精神，"权利与义务"主题的转换已迫在眉睫。

（二）现实的难题：如何对待改革开放以来道德问题的挑战

每一个时代的伦理精神总是要观照那个时代人们所处的伦理困境、精神痛楚和不安定的身心，并给予精神的引导力量。建构中国马克思主义伦理精神必然要直面改革开放以来的现实难题。

其一，市场经济建设过程中的种种社会伦理道德问题。改革开放以来，社会财富急剧增长的同时，人们却普遍存在一种焦虑和不安。从社会环境而言，新中国成立以来建立的价值体系和社会伦理秩序遭到了重大冲击，道德生态恶化严重，社会风气颓废到"跌倒老人扶不扶"的争议与怀疑；从社会群体而言，权贵阶层掌握着社会话语权，精英阶层缺乏价值共契、方向感不明，普通民众变得冷漠甚至是非不分，社会各群体之间相互仇视、缺乏应有的信任；从个体而言，"道德的人"的本真意愿随时因为利益的争抢而可能被抛弃，对利益的攫取使人不择手段，甚至铤而走险，与此同时，前所未有的危机感和焦虑感成为普遍的社会心理。伦理危机是造成道德危机的主要根源，由于伦理关系的扭曲或断裂，造成了人与人之间、人与社会之间的关系恶化，这种效应促使个体以不道德的方式回应和发泄，最后造成道德危机的恶性循环。面对道德危机，需要伦理文化和伦理价值的重建，才能给予个体和社会精神层面的引导。

其二，经济全球化和21世纪以来新技术革命带来的伦理道德挑战。20世纪80年代末90年代初，随着技术、资本、商品等在全球范围的流动，各国之间的经济联系、相互合作日益密切。经济全球化时代，经济发展不稳定性和经济风险需要我们凝聚民族和国家的力量加以应对。此外，人工智能、大数据、生物工程等一系列新的技术革命在改变我们生活的同时，也给我们的价值建设带来严峻挑战。人的主体性如何彰显？人与技术之间是什么关系？人能否被人工智能所取代？这些问题都需要在伦理价值上作出说明，需要重建伦理精神加以应对。

其三，制度阻滞难题。改革开放以来，社会主义民主政治建设、法治建设取得了积极进展和辉煌成就，一系列制度在不断地建立和完善。但是，"钻制度空子""挣脱制度的笼子"、背离制度的现象层出不穷。邓小平曾经说过："制度好可以使坏人无法任意横行，制度不好可以使好人无法充分做好事，甚至会走向反面。"①我们的问题是：为什么良好的制度愿望未能成为现实？为什么制度实施会不尽如人意？其关键症结在于：制度建设是否有价值基础的支撑？显然，维系社会共同体必须有制度框架以提供制度秩序，还必须有价值框架以提供价值秩序，前者为社会发展提供"硬"支撑，后者为社会发展提供"软"力量。制度正义论的典范罗尔斯在其《正义论》中强调"正义是制度的首要价值"②时，从来没有否认伦理文化精神的重要作用，他认为"正义感"与"善观念的能力"对于制度具有不可忽视的作用。所谓"正义感"即"理解、运用和践行代表社会公平合作项目之特征的公共正义观念的能力"，所谓"善观念的能力"即"形成、修正和合理追求一种人的合理利益或善观念的能力"③。也就是说，"好的制度"需要伦理精神的支撑和维系。此外，"好的制度"的持续是有条件的，受政治环境、社会需求、文化传统和民众维护等因素的影响，而伦理精神是关键。正因为如此，阿克顿在其《自由的历史》一书中宣称："制度的历史常常是骗人和虚幻的历史；因为制度的作用取决于产生制度的观念和维持制度的精神。"④社会伦理价值意蕴被消解，伦理精神被稀释或扭曲，社会制度及其造就的秩序就会崩塌，人的生存状态就会进一步恶化、自由就会进一

---

① 《邓小平文选》第二卷，人民出版社1994年版，第333页。
② ［美］约翰·罗尔斯：《正义论》，何怀宏等译，中国社会科学出版社1988年版，第3页。
③ ［美］约翰·罗尔斯：《政治自由主义》，万俊人译，译林出版社2011年版，第17页。
④ ［英］阿克顿：《自由的历史》，王天成等译，贵州人民出版社2001年版，第4页。

步丧失。因此,制度要完全有效,必须辅以价值精神的力量,使制度为人们所笃信。

改革开放以来的问题和风险不容忽视,只有对当前中国社会现实进行客观的把握,中国马克思主义伦理精神才能超越主观建构而获得现实根基。如何构建一种足以掌控经济快速增长、有效消解伦理危机、规导社会善恶美丑、指引生活方向的伦理文化力量,并使之获得自由表现的精神形态,正是马克思主义伦理学中国化在中国特色社会主义阶段的必然使命。

三、中国马克思主义伦理精神的"现实"建构

"现实"建构而不是"主观"建构,这是一个面向未来的实践问题。凸显建构"现实性"旨在强调一种"社会现实的观点和方法"。"社会现实的观点和方法"有别于"主观意识的观点和方法",不是踟蹰于主观"应当"的价值假设,而是立足于中国社会的发展实践及其改革开放带来的社会变迁的客观事实,以正确地揭示伦理精神的现实基础、客观内容和未来方向。中国马克思主义伦理精神如何完成"精神秩序"的建构? 必须致力于伦理—道德悖论、人之目的—工具悖论、个体—群体悖论的消解,与之相对应,建构面向未来的"实践伦理精神"、"仁爱伦理精神"和"责任伦理精神"。

(一) 直面伦理与道德的矛盾:构筑实践伦理精神

毋庸置疑,社会生活构成了"伦理现实","伦理现实"具有在先性和决定性。因此,构建马克思主义伦理精神,首先要以"伦理的"和"现实的"方式构筑实践伦理精神。

所谓"伦理的"方式,就是要实现问题意识和思维方式的"伦理"转换,重视伦理主体的价值诉求和伦理秩序的价值要求。伦理主体的价值诉求就是对人的伦理行为和伦理生活的正当性的肯定、对主体的尊严、对自由的价值的尊重,以及对人的全面发展的不懈追求。伦理秩序的价值要求就是通过社会伦

理制度、规范、原则的施行造就一种善好的秩序,这种秩序既包括伦理制度的确立,也包括伦理心理的安顿和精神秩序的和谐。马克思通过对黑格尔的"伦理的"方式的批判与超越,使得伦理的价值诉求变得现实和可追求的。黑格尔认为伦理比道德优先并使道德成为真实,用独特的致思路径强化了伦理的重要性,具有积极的启发性。他认为:作为最具道德价值的"善"是有局限性的,因为"善作为普遍物是抽象的,而作为抽象的东西就无法实现,为了能够实现,善还必须得到特殊化的规定"①。他反对"规定善本身"的良心造成的任性和随意,"良心如果仅仅是形式的主观性,那简直就是处于转向作恶的待发点上的东西"②。如何使道德(善、良心)获得真实的规定? 黑格尔认为:"这些原则和义务的客观体系,以及主观认识和这一体系的结合,只有在以后伦理观点上才会出现。"③也就是说,"道德"只有进入"伦理"才能变为真实。黑格尔对"伦理"的强调,其积极启示在于:其一,伦理与道德相比,对于社会组织和社会现实有更广泛和更具体的作用和力量;其二,作为"自为地存在的自由"④的道德,只有在伦理现实生活中才能摆脱"主观自由精神"而获得具体的规定性;其三,当他强调"伦理性的东西不像善那样是抽象的,而是强烈地现实的"⑤,不仅确证了伦理的重要性和现实性,也用自己独特的方式弥合了伦理和道德的间隙。马克思肯定了黑格尔对伦理和道德进行区分具有积极意义的同时,批判了黑格尔以思辨的方式把握"伦理"内涵的唯心主义缺憾,实现了从解释世界向改变世界的转变。

所谓"现实的"方式,就是把"现实生活过程"当作"精神"诞生、发展的基本场域,在"现实""伦理范式""伦理精神形态"三者的互动中寻找结合点。回归生活世界是现代哲学的基本精神,也是马克思主义伦理精神形成和展现

---

① ［德］黑格尔:《法哲学原理》,范扬、张企泰译,商务印书馆1961年版,第136—137页。
② ［德］黑格尔:《法哲学原理》,范扬、张企泰译,商务印书馆1961年版,第143页。
③ ［德］黑格尔:《法哲学原理》,范扬、张企泰译,商务印书馆1961年版,第139页。
④ ［德］黑格尔:《法哲学原理》,范扬、张企泰译,商务印书馆1961年版,第111页。
⑤ ［德］黑格尔:《法哲学原理》,范扬、张企泰译,商务印书馆1961年版,第173页。

的基本路径。由于"现实的"方式的运用,马克思主义伦理理论具有了前所未有的科学性。其一,马克思主义伦理理论从现实的关系来把握人的本质和人的价值,实现了向社会伦理现实批判的转向。马克思认为人的本质是"社会关系的总和",如何协调人的社会关系及建造和谐的社会秩序,并在此基础上高扬人的价值、自由和尊严,这是马克思主义伦理精神的价值旨趣。其二,马克思主义伦理理论将"伦理批判"寓于"经济批判"中,从而找到了实现人的解放和自由的伦理关怀路径。马克思运用社会历史的科学方法对资本及其逻辑所造就的世界展开了有力的批判,驳斥了资产阶级宣扬的"自由"、"博爱"、"公正"和"平等"等伦理价值概念的虚伪性,从而使消除人的异化、构建自由人联合的"真正的共同体"成为现实的可能。其三,基于社会伦理现实的批判,从社会关系和社会生活本身揭示了道德的起源和本质。"人们自觉地或不自觉地,归根到底总是从他们阶级地位所依据的实际关系中——从他们进行生产和交换的经济关系中,获得自己的伦理观念。"①道德作为一种社会现象和社会意识形态,离不开人的社会实践、人的生活、人类的历史发展,"神启论""天赋论""庸俗进化论""自然论"对道德起源和本质的误解正是因为脱离了伦理关系而使道德神秘化。概而言之,任何新的伦理秩序的建立和伦理精神的弘扬,都必须在人的生活中寻找现实的根据。其四,马克思主义伦理理论为有效应对现代性的最大挑战即"价值虚无主义"问题提供了批判武器。马克思主义伦理理论不仅批判了资本主义经济制度的剥削秘密,也批判了人及其社会关系异化的事实;不仅批判了普遍适用的"永恒道德"②,也批判了历史的道德方法的谬误,从而建构了道德的历史方法。彻底的批判精神是马克思伦理思想立足于现代性而又超越了现代性的根本保证,从而使伦理价值目标的设定有了坚实的根基。

---

① 《马克思恩格斯选集》第3卷,人民出版社2012年版,第470页。
② 在《反杜林论》中,恩格斯批判了杜林对道德的错误认识。杜林宣扬永恒真理,宣扬社会历史领域中也有永恒道德。

正是通过对现代生活的切入,在对资本主义社会现实和伦理事实的批判中,马克思主义伦理理论不仅为应对人与人、人与社会、人与自身的问题提供了价值导向,也提供了价值选择方法,从而昭示了实现更好的生活是人类共同的追求。"伦理的"和"现实的"方式运用,使得内涵于马克思主义伦理精神的"实践伦理精神"变得熠熠生辉。

(二) 直面人之目的与工具的悖论:构筑仁爱伦理精神

基于化解人之目的与工具悖论,"仁爱伦理精神"成为马克思主义伦理精神的基本特质。构筑仁爱伦理精神,遵循的是"制度性仁爱关怀"到"社会性仁爱关怀"的路径。

在伦理思想史上,仁爱以狭窄意义和宽泛意义的两种方式呈现出来。所谓狭窄意义的仁爱,毋宁更准确说是一种紧急援助,例如,孟子的"孺子落井"而激发"怵惕恻隐之心";再如"救助落水儿童""扶助摔倒老人""灾难援救""国际人道主义援助"等等,这些情形体现了仁爱的必要性或完全义务性。所谓宽泛意义的仁爱,是一种泛泛的、一般的同情、关心和帮助,它没有确定或强制落实的内容,也没有硬性的执行力度。例如,中国传统伦理思想中作为一种重要的德性的"仁爱",反映的是封建等级关系中"爱有差等"的秩序愿望。西方宗教伦理思想也宣扬仁爱,如基督教倡导"你应当爱邻人如爱自己",体现的更多的是一种伦理愿望。显然,对于一个社会而言,狭窄意义的仁爱和宽泛意义的仁爱都是必需的,前者体现了仁爱的底线伦理要求,后者体现了仁爱的伦理关怀——根据二者的着力强度和适用范围,前者谓之"制度性仁爱关怀",后者谓之"社会性仁爱关怀"。

"制度性仁爱关怀"之所以必要,就因为它是一种救助性的仁爱关怀。对于那些遭遇到突如其来"灾祸"或困难的人,或者由于环境和条件的不可选择性而陷入极端贫困或生存无法得到保障的人,需要"制度性仁爱关怀"彰显救助性力量。显然,建立一种制度化、体系化的伦理制度对施救主体、责任承担、违规惩罚等作出相应的规定,从而使道德活动由不确定性、偶发性逐渐上升到确定性和普遍性,对于在整个社会中营造出积极的仁爱的伦理效应至关重要。

"制度性仁爱关怀"反映了社会伦理制度对于培育救助性伦理力量这种稀缺资源的强力作用,对于消除人际冷漠和人际障碍是必不可少的。但是这种依靠制度维系的仁爱模式仅仅体现了制度的底线要求,如何建构一种充满情意、增进福利、温暖人心的仁爱模式,即"社会性仁爱关怀",才更能体现社会发展的伦理价值追求。与"制度性仁爱关怀"的救助性不同,"社会性仁爱关怀"的重点是提升社会福利,是一种福利性仁爱关怀。"社会性仁爱关怀"主要通过伦理氛围的营建、伦理环境的优化、个体善行的弘扬、伦理文化的建设,使社会成员的情感、品性受到感染和提升。

从"制度性仁爱关怀"到"社会性仁爱关怀"的建构,这是化解人之目的与工具悖论的有效途径。从实现人的自由全面发展的价值目标而言,仁爱伦理精神的建构,必然成为中国马克思主义伦理精神建构的重要途径。

(三) 直面现代性群己矛盾:构筑责任伦理精神

将个体的生存旨趣指向"我们如何更好地在一起"的伦理愿望,建构适应现代公共生活的"责任伦理精神",是马克思主义伦理精神的重要维度。

现代性群己矛盾的根源是对功利本位的个人主义和群体本位的整体主义的偏执,前者由于对自私、自利、自爱的偏执将个人利益提升为生活的基本原则,后者由于对家、国、天下构成的整体性意象的偏执而导致了对个体的漠视与对自我的压抑。消解群己矛盾,既不是通过筑牢个体的"私域"领地,也不是通过扩展群体的"公域"范围,而是如何架设个体与群体、私域与公域的桥梁,打通二者实现和谐的通道。群己和谐的伦理诉求在于:个体如何对群体(共同体)负责,群体(共同体)如何回馈个体以自由、权利和发展。

个体如何对共同体负责？其基本理路是从"主体"建构转向"主体间性"建构。责任固然源于主体的自觉意识，一个成熟的人应当"意识到了自己行为后果的责任，真正发自内心地感受着这一责任"①；但责任伦理则强调主体间性的建构，也就是实现从"共在"（with）向"与他者共在"（being with）的转换。在此，责任伦理的价值期许与群己和谐的伦理诉求实现了高度契合。"'与他者共在'是一种责任状态，具有对称性和互惠性，也就是说'我负责任'与'他负责任'的要求互为前提，而'我负责任'的伦理付出是希望得到'他负责任'的伦理回报。"②在这种互予性的"主体间"交往中，主体获得了社会性，而人的活动越具有社会性，人就越具有独立性，用马克思的话说，人"不仅是一种合群的动物，而且只有在社会中才能是独立的动物"③。质言之，责任伦理促成了人的个体性与社会性的有机统一。同时，"与他者共在"希望共同体回馈个体，促进主体的充分发展，这就是马克思对"真实集体"的价值期盼——马克思对"真实集体"的阐释，倾注了对共同体未来的伦理关怀。"在真正的共同体的条件下，各个人在自己的联合中并通过这种联合获得自己的自由。"④显然，马克思主义伦理学对主体间性的责任伦理诠释，并没有停留在日常话语的共同体上，而是将责任伦理的价值视界跃升到了对人类共同体关注。马克思指出，"建立在个人全面发展和他们共同的、社会的生产能力成为从属于他们的社会财富这一基础上的自由个性"⑤阶段，人将"作为一个完整的人，占有自己的全面本质"⑥。这时"每个人的自由发展是一切人自由发展的条件"⑦。马克思主义的责任伦理情怀，已经超越了个人和阶级，上升为对

① ［德］马克斯·韦伯：《学术与政治》，冯克利译，生活·读书·新知三联书店1998年版，第116页。

② 肖祥：《责任伦理的困境与出路》，《中国特色社会主义研究》2019年第1期。

③ 《马克思恩格斯全集》第30卷，人民出版社1995年版，第25页。

④ 《马克思恩格斯文集》第1卷，人民出版社2009年版，第571页

⑤ 《马克思恩格斯全集》第30卷，人民出版社1995年版，第107—108页。

⑥ 《马克思恩格斯全集》第42卷，人民出版社1979年版，第123页。

⑦ 《马克思恩格斯文集》第2卷，人民出版社2009年版，第53页。

普遍利益和全人类利益的关注。

在建设中国特色社会主义的今天,群己矛盾并没有完全消除,权利与义务(责任)并没有完全实现统一。一种基于公民理性的责任伦理精神建构,正是适应中国特色社会主义发展的马克思主义伦理精神建构的必然路向。其一,以公共善为目标引导公民理性的建构。公民理性"是那些共享平等公民身份的人的理性,他们的理性目标是公共善"①。建构公民理性,一方面,要使社会成员能够在个人与他人、自利与利他、眼前利益与长远利益之间进行适度、均衡的调节,保持理性平和的态度和处事方式,这样,在处理社会公共生活或决定社会合作时,以相互沟通、平等交谈的方式达成基本价值共识,并能够凝聚社会力量;另一方面,要以公共的善作为引导公民共同行动的目标和准则,将工具理性导向对生存意义、美好生活、社会目标、未来发展的价值理性的思考和追求。其二,将责任与权利统一于共同体的发展中。现代社会义务观之所以有别于传统社会的义务观,其关键点在于责任或义务不能独立于权利加以界定和履行,也就是说,责任的要求必然与权利的获得相匹配。基于公民理性的责任伦理精神的建构,必须在责任与权利之间寻找契合,因此个体负有对他人、集体、社会和国家的责任,国家、社会和集体也必须负有维护个体利益的责任。当个体能够充分认识到"只有在共同体中,个人才能获得全面发展其才能的手段,也就是说,只有在共同体中才可能有个人自由"②,社会主义作为一种共同体才能够积极向上、充满活力。概而言之,就对美好"共同体"的伦理诉求而言,构筑责任伦理精神乃是求解现代性的精神哲学之路。

新中国成立以来,中国社会基本实现了伦理"制度秩序"和"心灵(心理)秩序"的建构,而如何建构伦理"精神秩序"成为当前的迫切任务。观照"伦理

---

① [美]约翰·罗尔斯:《政治自由主义》,万俊人译,译林出版社 2000 年版,第 224—225 页。

② 《马克思恩格斯文集》第 1 卷,人民出版社 2009 年版,第 571 页。

现实"以协调伦理与道德的矛盾、关注"现实的人"以化解人之目的与工具的悖论、建造"真实集体"以消弭现代性群己矛盾,这是马克思主义伦理精神的价值期许。当前,建构中国马克思主义伦理精神要解决的理论问题是如何实现问题意识、思维方式和理论主题的"伦理转换",要解决的现实难题是如何对待改革开放以来中国社会面临的道德问题挑战。为此,建构面向未来的中国马克思主义伦理精神的基本理路已然明晰:直面伦理与道德的矛盾,构筑实践伦理精神;直面人之目的与工具的悖论,构筑仁爱伦理精神;直面现代性群己矛盾,构筑责任伦理精神。

"一个伟大的民族并不会因为数千年光辉历史的重负就变得苍老! 只要她有能力有勇气保持对自己的信心,保持自己历来具有的伟大本能,这个民族就能永远年轻。"①我们相信:历经风雨和辉煌的中华民族,将会因为中国马克思主义伦理精神的新时代建构而更加焕发青春朝气,中华民族伟大复兴将因此指日可期。

---

① [德]马克斯·韦伯:《民族国家与经济政策》,甘阳等译,生活·读书·新知三联书店1997年版,第108页。

第九章　新时代中国马克思主义伦理学建设的立体推进

中国特色社会主义伦理学建设必定是一个系统工程,需要从理论指导、资源整合、求解实践问题、"学术体系、学科体系和话语体系"建设等方面实现"立体推进"。这个"立体推进"的过程,是新时代中国马克思主义伦理学建设实践的展开。

第一节　理论指南:坚持马克思主义和中国特色社会主义

中国特色社会主义作为马克思主义的当代形式,为中国伦理学提供基本的道德立场、分析方法和理论导向。

一、马克思主义理论指导:确定新时代马克思主义伦理学"出场风格"

"中国特色社会主义伦理学"的提出,正是基于对马克思主义伦理学精神实质的充分把握,凸显其实践性并继续保持着的理论与现实之间的互动张力。一些人口口声声坚持马克思主义,却没有把握马克思主义之"实",不明白到底坚持什么,无视或根本不理解马克思主义的理论精髓的科学性和革命性,实际上是非马克思主义;还有一些人则表现出对马克思主义的冷淡或冷漠甚至反感,其主要表现就是淡化"政治叙事"与"原理坚守"的错误认识,把马克思主义当作政治说教,反感于所谓"意识形态策划""党营策略";或者认为马克思主义经苏式封闭僵化、俄国中转之后,原理已经失真,难以适应当代中国社会发展的需要,因而要对马克思主义的"元叙事"、原理进行解构,甚至作抛弃式的"祛主义"或"后原理"转向。两者错误认识根源在于不清楚"坚持马克思主义到底坚持什么"。

坚持马克思主义到底坚持什么?一是坚持马克思主义的立场、观点和方法。马克思主义的立场就是始终站在人民大众立场上,为广大民众服务;马克思主义观点是关于自然、社会和人类思维规律的科学认识和科学总结;马克思主义方法即正确认识和改造世界的思想方法和工作方法。二是坚持辩证唯物主义和历史唯物主义基本原理,如质量互变规律、否定之否定规律、对立统一规律、矛盾普遍性和特殊性辩证关系、内因和外因的辩证关系、因果关系、社会意识相对独立性等原理。马克思主义伦理学与以往伦理学最大的不同就在于辩证唯物主义和历史唯物主义基本原理的运用,从而将伦理学建立在科学基础之上。三是坚持和运用具有严格的科学性和意识形态先进性的马克思主义社会科学方法论。马克思主义社会科学方法论是社会实践和能动的辩证法,是通过实践对事物自身逻辑的认识,它的灵魂是社会理论批判,它的特点是社会历史实践。"马克思的整个世界观不是教义,而是方法。它提供的不是现成的教条,而是进一步研究的出发点和供这种研究使用的方法"①。因此,中国特色社会主义伦理学建设要创新运用马克思主义社会科学方法论,坚持以辩证唯物主义和历史唯物主义为根本方法,同时有效运用以实践为基础的研究方法、社会矛盾分析法、社会主体研究法、社会认知与评价法、世界历史研究

---

① 《马克思恩格斯选集》第4卷,人民出版社2012年版,第664页。

法等,分析当今社会道德矛盾和社会道德发展规律,关注社会生活中"现实的人",将事实与价值、科学认知与价值评价相结合。同时,马克思主义社会科学方法论具有开放性特征,中国特色社会主义伦理学建设也应该是开放的,要展现伦理研究的世界眼光和全球视野。

二、坚持中国特色社会主义:打造新时代马克思主义伦理学理论特质

作为马克思主义中国化最新成果的中国特色社会主义理论,从方法、内容、发展要求等方面为中国特色社会主义伦理学发展与实践提供指导。从方法而言,中国特色社会主义理论经过长期实践和总结而形成的科学方法,如解放思想、实事求是、与时俱进的方法,辩证分析方法,在实践中检验和发展真理的方法,走群众路线方法,等等,应该成为中国特色社会主义伦理学研究与运用的具体方法。从内容而言,党的建设、中国道路、民主制度,以及在经济、政治、文化、社会、生态文明等领域形成的丰富的伦理思想,应该成为中国特色社会主义伦理学的最大增量。从发展要求而言,中国特色社会主义理论集中体现了全党全国人民的意志,更重要的是集中体现了当代中国马克思主义的实践特色、民族特色和时代特色,也体现了新时代、新形势对中国未来发展的新要求。中国特色社会主义伦理学必然要展现这些特色和要求,从而具有不同于西方伦理学、传统马克思主义伦理学和中国传统伦理学的崭新的理论特质。

第二节　新时代品格:中国马克思主义伦理学建设的时代要求

建设先进的中国特色社会主义伦理文化以彰显价值自信,这是中国马克思主义伦理学发展的时代命题,也是"加快构建中国特色哲学社会科学"的时代任务。新时代中国马克思主义伦理学是立足于中国独特伦理文化传统、基

本国情和社会现实,承载独特时代使命,适合中国社会主义发展道路的伦理学新形态,它既有别于中国传统伦理、不同于苏联模式的马克思主义伦理学,又区别于西方伦理学,具有中国特色、中国风格和中国气派。

一、传承性品格

新时代中国马克思主义伦理学植根于中国传统伦理文化资源,承续中华民族独特伦理气质、道德传统和伦理精神,具有传承性品格。新时代中国马克思主义伦理学的传承性品格体现了伦理价值观念、道德思维方式和伦理关怀的中国特色。

一是伦理价值观念的中国特色。中国几千年积累的伦理价值、道德智慧、伦理精神等,是中国马克思主义伦理学的文化之根。无论是"士不可以不弘毅,任重而道远"的人格修养,还是"闲居非吾志,甘心赴国难"的家国责任,依然是构建中国特色社会主义先进伦理文化的宝贵资源。

二是道德思维方式的中国特色。所谓道德思维方式是人们在一定的道德情境下,在解决道德问题的过程中形成的思维方法、思维习惯和思维倾向的统一体。由于文化的差异,中国传统道德思维方式与西方道德思维方式具有不同的特征。一般而言,中国传统道德思维是一种环性思维、直觉思维、保守思维,而西方道德思维则呈现出线性思维、理性思维和批判思维的特征。今天,我们关注道德思维方式的中国特色,就是要一方面批判吸收西方道德思维方式的优点;另一方面要扬弃中国传统道德思维的缺点,对其加以批判继承,尤其要继承中国传统伦理的天人合一与和谐共生等伦理观念、整体主义的社会道德生活观等极具中国特色的独特道德思维方式。

三是道德关怀的中国特色。如中国传统道德文化中"由德生和""以德促和""谦和不争"的道德观念,不仅体现了广博的道德关怀,更是一种生存的道德智慧。新时代中国马克思主义伦理学将继续传承先进传统伦理观念,以独特中国道德话语表达新时期伦理诉求,其传承性品格体现了社会主义伦理文化的"中国特色"。

二、人民性品格

新时代中国马克思主义伦理学坚持人民主体地位、尊重人民首创精神、关注民生发展和人民对美好生活向往,生动展现了人民性品格。人民性是马克思主义区别于其他理论的最根本特色,也是马克思主义永葆生机活力的源泉。

首先,从政治立场而言,坚持以人民为中心,一切为了人民、一切依靠人民,是新时代马克思主义伦理学的政治立场。反映民众呼声、回应民众诉求、维护民众利益、提升民众素质,是新时代马克思主义伦理学的重要任务。

其次,从价值目标而言,把实现人民对美好生活的向往、为人民谋幸福、为民族谋复兴作为理论目标,体现了新时代中国马克思主义伦理学研究的价值追求和使命担当。

最后,从实践经验而言,新中国成立以来,尤其是改革开放四十多年来的伦理实践证明,中国马克思主义伦理学为人们提供了价值辨析、价值选择、价值倡导的有效模式,从制度与心灵的双重维度建构了中国马克思主义伦理秩序。中国特色社会主义进入新时代,中国马克思主义伦理学依然要担负起建设精神文明、引领国家社会进步、尊重人的权利、提升人的尊严、促进人的自由、抬升人的幸福的责任使命,推进中国特色社会主义实现社会全面进步和人的全面发展目标。新时代中国马克思主义伦理学的人民性品格,是与西方伦理学相区别的重要特征,是"中国特色"的现实证明。

三、实践性品格

新时代中国马克思主义伦理学立足于当代中国实践,具有独特的实践性品格。实践性是马克思主义鲜明特征,中国马克思主义伦理学的实践性品格体现在以下两方面。

一方面,反映中国独特的国情。中国是一个社会主义大国,一个正发生深刻变革、勇于探索、改革创新、敢于担当的国家,形成了被历史和实践证明是成功的中国特色社会主义发展道路。中国马克思主义伦理学的发展要立足于当代社会发展进步,为政治经济社会文化建设的成功注入伦理动力,展示文化价值和伦理精神。

另一方面,立足于中国独特的道德实践环境。中国社会正处于转型变革时期,日渐增多的道德问题和道德诉求给伦理学带来了崭新挑战。独特的道德实践环境为伦理学的发展提供了广阔的实践场域,强化社会主义核心价值引领、凝聚道德共识,展现了新时代中国马克思主义伦理学的实践性品格,体现了中国特色社会主义伦理文化的"中国风格"。

四、时代性品格

新时代中国马克思主义伦理学立足时代之基,着眼于中国乃至世界重大问题的伦理思考,具有时代性品格。具有强烈的问题意识,是伦理学作为一门实践科学的重要特征。

首先,深刻回答时代之问,解答时代提出的重大理论和实践问题。当前,马克思主义伦理学研究正聚焦于人民群众普遍关注的社会热点问题,如经济建设中的效率与公平问题、政治建设中的民主与法制问题、文化建设中的先进文化与大众文化问题、社会建设中的和谐与民生问题、生活实践中对美好生活向往与发展不平衡不充分的问题,等等。

其次,以我国改革开放和现代化建设的实际问题为中心,勇于进行新的实践和新的发展。关注实践、在实践中创新,这是中国特色社会主义伦理学发展的现实向度和动力源泉。

最后,积极关注国际问题,对世界发展给予价值关切,展现大国的伦理责任担当。中国提出并致力于"构建人类命运共同体",这既是一种全球发展伦理的价值倡议,也是国际交往伦理建设的行动宣言,是新形势下的中国马克思主义伦理学研究的重大时代课题。如何完善全球治理、应对全球社会风险;加强对话协商、化解矛盾分歧、维护和平发展;促进合作共赢、共享发展成果;推进开放包容、尊重差异性、增强发展活力等方面,贡献中国方案的伦理智慧,正体现了中国马克思主义伦理学的"中国气派"。

波澜壮阔的中国特色社会主义建设实践以及风起云涌的世界发展局势,为新时代中国马克思主义伦理学发展提供了广阔实践场域。继续深化对中国伦理现实观照的理论自觉,有效对接中国社会发展的重大问题需求,给予世界发展积极的价值关切,这是新时代中国马克思主义伦理学的发展要求、时代蕴含与鲜明特色,也是继续展示"中国特色"、"中国风格"和"中国气派"伦理文化的新时代需要。

第三节　资源整合:中西伦理文化资源的"主辅兼修"

中国特色社会主义伦理学必须在继承马克思主义伦理学及其中国化成果的伦理资源基础上,对中西伦理文化资源进行有机整合,实现"主辅兼修"。

一、传承中国传统伦理文化

以传承中国伦理文化资源为"主",体现中国特色社会主义伦理学建设的继承性、民族性。因此,充分挖掘和阐释积淀了几千年的中华文明丰厚的道德文化资源,推进传统道德的现代转型,从而消弭传统与现代的割裂。

一方面,对中国传统伦理文化资源的历史性和当代性要有充分的自觉认识。文化自觉既要对文化的历史有所了解,还要对自身文化的价值有所肯认。中华文明在世界文明史上是唯一未曾断裂过的文明,而其中流砥柱就是伦理文化。在中华传统伦理文化中的伦理价值具有旺盛的生命力。余英时在《从价值系统看中国文化的现代意义》一文中指出:"中国的价值系统是禁得起现代化以至'现代以后'（post-modern）的挑战而不致失去它的存在根据的。"①依据梁漱溟先生的说法，中国文化过早地走上了以理性解决人与人问题的方向，并将"自为、调和、持中"的伦理观念概括为中国文化的根本精神"文化早熟"。如果说中国伦理文化在世界现代化的过程中尚未来得及展现伦理道德的风采，那么在现代性问题急剧增多，而西方伦理文化未能开出有效"药方"的当今时代，曾经显得"早熟"的中国伦理文化恰逢其时。

另一方面，对具有当代价值的中国传统伦理文化资源进行梳理和总结，明晰"传承什么""为何传承""如何传承"等问题。对于一个民族和一个国家而言，毁掉传统价值，就是对文明的摧毁。中国几千年来积淀的独特道德传统影响着历史乃至当代的道德生活、政治生活和社会生活。例如，中国传统美德中为国家、为民族、为社会的整体主义思想在维系中华民族的团结与统一起到深远的作用；中国传统伦理思想中以"人道"为重点的"天人合一"思想追求天人、群己、他我关系的和谐统一，构筑了中华民族的精神基础。这些伦理资源，不仅是中国特色社会主义伦理学"传承什么""为何传承"的根源所在，也是中国传统伦理展现世界当代价值的依据所在。由此，我们才能理解：1988年全球诺贝尔奖学金获得者在巴黎集会并发表宣言，提出"人类要想在二十一世纪生存下去，就必须回到二千五百年前，到孔子那里寻找智慧"；1993年"世界宗教议会"发表宣言，将孔子的"己所不欲，勿施于人"确立为全球伦理的"金规则"。

二、激发革命文化的伦理功能

何为革命文化？毛泽东曾经对其作出界定："革命文化，对于人民大众，是革命的有力武器。革命文化，在革命前，是革命的思想准备；在革命中，是革

---

① 辛华、任菁编：《内在超越之路：余英时新儒学论著辑要》，中国广播电视出版社1992年版，第95页。

命总战线中的一条必要和重要的战线。"①习近平总书记在庆祝中国共产党成立 95 周年大会上的讲话中指出:"在 5000 多年文明发展中孕育的中华优秀传统文化,在党和人民伟大斗争中孕育的革命文化和社会主义先进文化,积淀着中华民族最深层的精神追求,代表着中华民族独特的精神标识。"②与中华优秀传统文化、社会主义先进文化一样,革命文化是构成中华民族独特的精神标识的重要元素。革命文化的伦理内涵、伦理价值和伦理精神,为中国马克思主义伦理学发展提供了独特的文化基因。

革命文化的伦理内涵,不仅展现了中华民族砥砺前行的道路方向,也为社会进步作出了何为真善美的价值评判。革命文化是中华民族在实现"站起来""富起来""强起来"的革命奋斗中形成的价值认同和精神凝聚,反映了不同时期不同阶段中华民族的奋斗实践。与此同时,革命文化反映了真善美的价值追求和价值评判。首先,革命文化在不同的历史阶段有不同的主题,反映了社会发展的客观规律,为我们把握中国和世界的历史发展进程、正确判断历史方位提供了"真"的价值坐标。其次,革命文化坚持人民主体价值观,反映人民大众的价值诉求。长期的历史实践证明,为人民谋幸福、为民族谋复兴,是中国共产党人的初心和使命,这就是革命文化的"善"的价值指向。再次,革命文化凝结着"美"的价值向往。中华民族推翻"三座大山"的压迫,实现人民当家作主;投入波澜壮阔的改革开放,实现民众富裕;在不断的国力提升中向世界展现中国道路的成功、焕发崭新的中国精神和强大的精神力量。由此,建构了社会和谐进步的伦理秩序,开启了实现人民群众对美好生活向往的帷幕。

革命文化中蕴含的伦理价值,不仅为规导现实生活提供价值方法,也为社会发展设定了价值理想。革命文化坚持人民群众是历史的创造者,凸显人民

---

① 《毛泽东选集》第二卷,人民出版社 1991 年版,第 708 页。
② 习近平:《在庆祝中国共产党成立 95 周年大会上的讲话》,《人民日报》2016 年 7 月 2 日。

的主体价值,为我们提供了主体价值方法论;革命文化坚持为人民谋利益,重视生产力发展和利益实现,凸显了唯物史观方法论;革命文化在破旧立新、联系古今、观照中外的辩证分析中,确立时代主题,认清历史方位,明确发展目标,凸显了唯物辩证法方法论。革命文化在为历史进程注入动力的同时,总是指向未来,其价值理想——共产主义远大理想和中国特色社会主义共同理想——总是清晰而富有感召力。马克思主义理论为人类社会发展设定了远大的共产主义价值理想,即物质财富极大丰富、精神境界极大提高、建立"自由人的联合体",构成了人类社会发展的最高价值和社会理想。在中国特色社会主义建设时期,共产主义远大理想具体化为中国特色社会主义共同理想,即坚定对中国共产党的信任、坚定走中国特色社会主义道路、坚定实现中华民族的伟大复兴。"一个国家,一个民族,要同心同德迈向前进,必须有共同的理想信念作支撑。"①在价值理想的追寻中,中国共产党人形成了勇于担当的鲜明品格、为人民服务的宗旨意识、清正廉洁的工作作风,带领着全国人民迈向更美好的未来。

革命文化长期发展中形成的伦理精神,不仅在过去具有鼓舞人心的精神动力作用,在中国特色社会主义建设的今天依然是强大的精神动力。中国共产党和中国人民在革命、建设和改革各个历史时期形成了独特的精神追求和精神品格。例如,在新民主主义革命时期,形成的井冈山精神、长征精神、延安精神、西柏坡精神等革命精神典范;在社会主义革命和建设时期,形成的大庆精神、红旗渠精神、焦裕禄精神、雷锋精神等;改革开放和社会主义现代化建设新时期,形成的载人航天精神、抗震救灾精神等,这些革命文化精神,是中华民族精神的时代淬炼,展现了独特的伦理精神力量,成为中国马克思主义伦理精神创新发展的活力因子。正如党的十九大强调指出:"继承革命文化,发展社会主义先进文化,不忘本来、吸收外来、面向未来,更好构筑中国精神、中国价

---

① 《习近平关于社会主义文化建设论述摘编》,中央文献出版社 2017 年版,第 11 页。

值、中国力量,为人民提供精神指引。"①

中国特色社会主义进入新时代,激发革命文化伦理功能以推进中国马克思主义伦理学发展,就是要进一步挖掘革命文化的伦理内涵,进一步阐发革命伦理文化的精神价值、社会价值和历史价值,进一步发挥革命文化的伦理价值导向功能、意识形态功能、共同体意识的凝聚功能。

三、吸纳世界多元道德文化

以开放包容的姿态吸纳世界多元道德文化,为中国特色社会主义伦理学建设注入时代生机和新鲜营养。

我们要积极吸纳西方伦理文化资源的先进之处、社会道德建设的先进经验和伦理学发展取得的积极成果,以西方伦理文化资源为"辅",实现"主辅兼修"。尤其在当今时代,"各民族的精神产品成了公共的财产。民族的片面性和局限性日益成为不可能"②,我们应该大胆吸收西方伦理文化资源的积极成果,补益现有中国伦理资源。例如,西方宗教伦理将"敬畏上帝"作为道德自律和实现终极关怀的心性力量。"心性力量"的塑造方式值得我们在道德实践中借鉴,因为缺乏作为心理力量的"敬畏之心"正是现实生活中许多人丧失道德的根本原因,有所敬畏,才能有所约束;西方伦理以个人为本位,重视个性和个人发展,虽然个人主义的极端化容易导向极端利己主义并造成一系列负面影响,但其反面的启示却是积极的——个人只有接受民族使命、履行国家义务才能实现自己的目的,"道德的人"才能促进"道德的社会";西方伦理重视功利价值,其追求个人利益满足和在此基础上的"最大多数人的最大幸福"的理论旨趣,避免了空谈抽象道德之风;西方伦理偏外向、偏进取,重视理智美德在认识和改造世界的重要作用,与中国道德偏内向、偏保守、重和谐恰好相得

---

① 习近平:《决胜全面建成小康社会 夺取新时代中国特色社会主义伟大胜利——在中国共产党第十九次全国代表大会上的报告》,人民出版社 2017 年版,第 23 页。
② 《马克思恩格斯选集》第 1 卷,人民出版社 2012 年版,第 404 页。

益彰;西方伦理重公德,积极处理个人与社会、社会与社会之间的关系,为我们建设公共生活伦理提供了积极启示。

任何伦理文化的发展都不应该是封闭的,而应该是开放包容的。我们要坚持古为今用、洋为中用,融通各种资源,不断推进中国特色社会主义伦理学的知识创新、理论创新和方法创新。

第四节　体系共建:加强"学科体系、学术体系与话语体系"创新

习近平总书记强调指出:繁荣发展哲学社会科学,关键要增强理论自觉、理论自信和理论创新,摆脱"以西方之是非为是非"的思维定式和学术生态,自觉站在中国的立场上来看待中国,建立一套立足中国实践、体现中国智慧、反映中国精神的哲学社会科学学术体系和话语体系。[①] 任何一种思想理论体系都由反映"学术规律"的学术体系、展示"叙述体系"的学科体系以及作为"表达体系"的话语体系组成。中国特色社会主义伦理学发展需要理论体系来实现和反映对社会道德现象及其规律的科学认识。一方面,任何形式的伦理学理论和体系是密切联系的。体系是理论的载体,成熟的理论需要体系。伦理学是对人类道德现象的本质和规律的研究和反映,其理论本身必须有系统的逻辑体系,否则,理论就是零散的。另一方面,伦理学的哲学学科特点决定了中国特色社会主义伦理学必须有体系。哲学必须借助范畴展开抽象思维从而揭示世界的本质和规律,范畴遵循逻辑性而实现有机统一,因此哲学必然以逻辑体系呈现出来,中国特色社会主义伦理学发展也不例外。

[①]　参见习近平:《在哲学社会科学工作座谈会上的讲话》,《人民日报》2016 年 5 月 19 日。

一、学术体系创新:新时代中国马克思主义伦理学建设的基本支撑

加强学术体系创新,旨在为中国特色社会主义伦理学建设提供学术发展和学术研究的基本支撑。如何创新理论、建设学术体系,这是中国特色社会主义伦理学建设的时代创新首先需要检视的问题。

从学术体系的形式而言,当前伦理学的学术体系建设必须优化学术研究范式。美国著名科学哲学家托马斯·库恩(Thomas S.Kuhn)在《科学革命的结构》中最早提出"范式"一个词,其含义指特定的科学共同体从事某一类科学活动所必须遵循的公认的"模式"。学术研究范式是研究立场、观点和方法的综合体。伦理学是生活之学,中国特色社会主义伦理学是社会主义生活的价值哲学,其研究范式必定要直面波澜壮阔的社会生活。

从学术体系的内容而言,当前伦理学的学术体系建设必须以问题为导向,立足当代中国现实,聚焦改革开放和社会主义现代化建设的重大理论和现实问题,在以中国理论阐释中国实践、以中国实践升华中国理论的"双向互动"中实现学术创新,增强学术理论的针对性、系统性和创新性。因此,中国特色社会主义伦理学的理论研究要坚持以"问题"为中心的整体性研究范式,致力于发现新问题、思考新问题、解决新问题。整体性研究范式就是要求我们在开展伦理学研究时必须站在整体、全局和宏观的高度上,用联系的观点和发展观点去全面认识、去研究当前伦理道德现象。一方面要运用整体性原则去把握和理解经济、社会、政治、文化和生态等各个领域中出现的伦理道德问题,从而全面地推进中国特色社会主义建设发展。另一方面要坚持以发展的眼光和科学的方法,既要反对教条主义又要反对片面的实用主义。从来没有任何一个时期的道德生活有如我们当今时代的如此复杂多变,也没有任何是一个时期的伦理道德问题有如我们面临的如此纷繁芜杂,以致任何一种现有的伦理学说或伦理体系都难以应对当今的伦理"窘境"和道德"困难"。因此,照搬、移

植的教条主义方法,难以适应中国特色社会主义伦理建设的实际需要,唯有以发展的眼光汲取现有伦理理论的精髓,把握生活的伦理需求,诊断时代的道德症候,方能推进中国特色社会主义伦理学建设。同时,伦理学理论建设绝不应囿于政治统治的狭隘需求,或者沦为调解社会事件的"应景"工具,而应该以展现时代的精神、引领社会价值风尚、确立时代伦理精神为目的,任何断章取义、刻意歪曲、随心所欲地解释或生搬硬套,也许会获得暂时的"实用",但最终会损害伦理学的高洁。当然,中国特色社会主义伦理学建设需要一个富有时代性的理论研究范式,这样的范式也必定是开放发展、能够解决实际问题的,否则它就会因为不能适应社会变化而弱化,甚至范式转移(Paradigm Shift)而被淘汰。此外,加强学术体系建设当然还包括相应的学术保障制度建设,如组织、基金、评估、监察等。

二、学科体系创新:新时代中国马克思主义伦理学建设的基本架构

构建与思想体系相一致的、具体多样化的、在理论研究和教育教学中起到积极推动作用的伦理学叙述体系,是当前中国特色社会主义伦理学学科体系建设的重要任务。为中国马克思主义伦理学理论体系建设作出杰出贡献的罗国杰先生,不仅对马克思主义伦理学的形成和发展,研究对象、方法与任务等问题进行了阐释;而且对马克思主义伦理学体系结构的特征作了论述,认为其具有"理论上的科学性""内容的规范性""彻底的实践性"[1]。罗先生强调说明这些特征"主要是针对马克思主义伦理学的教科书的体系结构而言"[2]。叙述体系会随着实践的发展而变化,但是它并不等于背离或抛弃思想体系,而是思想体系生命力的展开。具体而言,当前中国特色社会主义伦理学学科体系建设有两个方面的主要任务。

---

[1]　罗国杰:《马克思主义伦理学的探索》,中国人民大学出版社 2015 年版,第 95—98 页。

[2]　罗国杰:《马克思主义伦理学的探索》,中国人民大学出版社 2015 年版,第 101 页。

　　一是规范伦理学建设,探究中国社会发展的伦理规范秩序建构。规范伦理学侧重于研究道德规范体系,通过研究道德的基础、本质及发展规律等,形成和论证道德的基本原则、规范和要求,以约束和指导人们的道德实践,最终达到人类自身和社会的完善发展。规范伦理学通过讨论诸如善与恶、应当与不应当等规范及其界限和标准,进行批评或赞扬、谴责或鼓励,其关注点是"我们应当做什么""怎样做"。中国特色社会主义伦理学建设首先要继续加强规范伦理学建设,以伦理的价值或应然为研究的重点领域,用"应然"去统摄"实然"并给予实践生活以伦理指导。就规范伦理学的性质、特征和功能而言,伦理社会学因为关注"社会运行中的道德问题""社会交往中的道德问题""人在社会化中的道德问题""社会生活中的道德问题"①,重视伦理规范对于解决社会伦理道德问题的作用,需要进行深入的理论拓展。

　　二是美德伦理学建设,探究中国社会发展的心灵秩序建构。美德伦理在西方伦理思想史上源远流长。美德即为使个人实现特有的 telos(目的)的品质,这个传统从亚里士多德一直延续到当代美德伦理学家麦金太尔。麦金太尔认为"美德是一种获得性的人类品质,对它的拥有与践行使我们能够获得那些内在于实践的利益"②。中国儒家美德伦理资源丰富,在道德规范上建立了以"仁"为核心、体现"爱有差等"的道德规范体系;在价值观上重道义而轻功利,在道德功能上强调道德的社会作用,并提出了一套道德修养方法。儒家美德伦理中修身养性的德教传统对中华文化以及国人修养影响至深。今天,在培育和践行社会主义核心价值观过程中如何将国家、社会和个人层面的价值要求内化成公民的美德品质,儒家德性修养的教化理论依然具有现实的合理性。中西美德伦理的传统和美德伦理复兴的态势触发我们一种学理省思:无视德性,就不可能有实践的内在善,就不可能提升道德主体性,道德也就无

---

① 曾钊新等:《伦理社会学》,中南大学出版社 2002 年版,第 6—7 页。
② [美]A.麦金太尔:《追寻美德》,宋继杰译,译林出版社 2003 年版,第 242 页。

法发挥道义的力量。当然,当前美德伦理学面临的新的理论挑战也是毋庸讳言的。当前人们的生存环境、心性结构、道德心态、生活状态正发生持续的不稳定的变化,"现代人正在精神深层中经受着来自于价值秩序混乱的道德困惑与道德不幸"①,心理失衡、心理病态正成为道德危机的罪魁祸首。美德伦理强调美德是内在的,是一种包含道德心理认知在内的稳定性的品质,美德的获得必然要寻找人的心理基点,探寻美德产生的心理状态、心理过程和心理特征。心理对美德的影响和作用之深毋庸置疑,而道德心理学"以道德和心理的关系为研究对象,揭示道德产生、发展的心理基地,道德知行的心理机制、心理过程和心理状态,以及心理失衡中的道德调节"②——正因为如此,深入开展道德心理学研究,探寻美德形成的心理机制和心理规律,应该成为中国特色社会主义美德伦理建设的重要方向。

三、话语体系创新:提升新时代中国马克思主义伦理话语影响力

学术体系和学科体系需要话语体系加以阐释、表达和传递。加强中国特色社会主义伦理学的话语体系建设的核心问题就是如何塑造道德话语权的问题,即用中国的伦理道德话语展现中国道路价值,提升中国伦理道德话语的国际认同和影响。所谓道德话语权,"指的是人们在道德领域中的话语主张、话语资格及其话语影响力"③。当前,中国特色社会主义伦理话语体系建设、以中国道德话语言说道德生活正成为伦理学理论研究面临的迫切问题。这种判断源于当前中国伦理价值话语体系在国际影响的现状,其突出的问题就是全球话语权"西强我弱"的格局还没有改变,甚至在解决了"挨打""挨饿"的问题之后"挨骂"问题仍然没有解决。一是道德话语权与国际地位不相匹配。

① 金生鈜:《德性与教化》,湖南大学出版社 2003 年版,第 2 页。
② 《曾钊新文集》第一卷,湖南人民出版社 2003 年版,第 254 页。
③ 李兰芬:《中国道德话语权的现状及其对策建议》,《哲学研究》2008 年第 9 期。

中国有丰富的伦理道德文化资源,随着中国综合国力的提升,中国特有的价值理念的国际认同却有待随之提升。二是寻求世界的理解和认同面临巨大的现实挑战。例如,尽管中国长期以来在国际社会中勇于担负大国责任和肩负国际义务,但是在建设"人类命运共同体""责任共同体""利益共同体"以及实施"一带一路"的过程中,中国仍然面临如何寻求相互理解、达成国际共识、争取更大认同等亟待解决的问题。三是中国伦理话语体系还未承担起为中国崛起所应该赢得的价值合法性、正当性。尽管儒家思想"己所不欲,勿施于人"的道德观念被奉为全球伦理的"金规则",道家思想的"无为而治"被一些国家和企业奉为管理的名典,但是类似的这种辉煌在当代却难以再现,当代中国未能或者未完全能对国际社会贡献核心的伦理话语和核心价值概念,未能赢得中国崛起所应有的尊重。四是伦理价值对外话语传播能力亟待提升。毋庸讳言,当前西方发达国家主导着国际价值领域话语体系,成为诸如"自由、民主、平等、人权"等价值话语的主产地和传播渠道的主控者。相比较而言,中国尚未形成世界承认的独立伦理价值话语体系,对外道德话语传播的能力较弱。

如何加强中国特色社会主义伦理话语体系建设? 有两个基本的努力方向。首先,要依托中国道德文化,立足当代中国特色社会主义伦理建设实践,打造中国特色的伦理道德话语系统。"虽然现代性的道德问题具有某种普遍性,但这些问题在不同的社会和文化环境中通常具有独特的表现方式。在社会全面转型中,由于道德语境的差别,这些道德难题的诱因和解决方法也必然存在差异。我们不能期待完全照搬其他文明的道德模式,只有将中国问题置于自己的道德文化谱系之中,才能找到破解的方法。"①为此,我们要打破对西方现代性伦理话语的崇拜心态,实现对中国传统伦理话语的传承创新和马克思主义伦理学话语表述的时代化创造,以解读中国特色社会主义的伦理实践经验和理论成果。"社会主义核心价值观"的凝练与传播,就是用我们的语

---

① 李建华:《社会全面转型期道德建设思路的三大转变》,《马克思主义与现实》2017年第1期。

言、我们的方式对新时期伦理价值观念的概括表述,类似的以打造"新概念、新范畴、新表述"为形式的伦理话语创新需要我们继续大胆尝试和深化。其次,彰显中国对世界发展的价值关切,提升中国伦理话语体系的国际价值共识度与引领力。中国伦理话语体系引领力最重要的体现是在"创新、和平、合作、包容"的理念指导下,实现对世界的经济、政治、文化、社会、生态文明等的发展价值关切和价值引领。20世纪50年代,周恩来总理倡导的和平共处五项原则既是政治交往原则,但从国际交往伦理角度而言也是伦理原则,并得到了国际社会的高度认同。当前,中国道路为破解自身发展难题展现了风采,实现了经济、政治、文化、社会、生态文明建设等全方位推进;在世界发展面临诸多问题的情境下,中国道路应该为解决世界性难题、推动世界发展作出应有的贡献。但是仅有对发展问题的推动和贡献是不够的,中国要不断提升国际话语权,必须超越"互利共赢"外交理念,从利益因素主导上升到价值认同和情感认同,最大限度地彰显发展的价值共识度,并通过价值选择一致和价值理念共契的努力实现道义、伦理、道德的引领。在多大程度上获得引领时代发展的伦理话语权,决定了中国将在多深层次和多大范围内获得意识形态斗争的胜利,并直接关系到中华民族的伟大复兴。

学术体系、学科体系和话语体系共同支撑作为体系或系统存在的思想理论体系。思想理论体系是以有序结构将思想内容的各种要素、成分、因素及其相互联系组合起来的整体,它既表现思想的整体状态和层次属性,也反映不同思想内容、性质及发展机制。从此角度而言,我们应该把中国特色社会主义伦理学看作具有实践性、开放性、科学性,富有生命力的伦理思想系统,它必将在中国特色社会主义建设的实践场域中得到贯彻、展开、丰富和发展。质而言之,中国特色社会主义伦理学对马克思主义伦理学的时代创新的意义就不在于完满体系的追求,而在于实践精神和实践效果的不断展现。

中国特色社会主义伦理学建设不是一个纯粹的理论问题,而是一个重要的实践问题。我们正处于大变革的时代,社会伦理道德面临前所未有的机遇和挑战,如何坚持中国特色社会主义伦理学研究的批判性和开放性,在社会主义建设实践中铸造中国特色社会主义伦理学的精、气、神,这是时代的重任,也是每一个伦理学人不能推卸的责任。

第五节　美好生活与马克思主义伦理学生活化

实现美好生活是人类社会历史的永恒追求,如何实现美好生活是一切时代伦理学的重要研究主题;尤其在美好生活成为民众普遍共同向往的今天,作为主流伦理学形态的中国马克思主义伦理学必然要承担起促进美好生活实现的时代责任。

一、实现生活之美好:马克思主义伦理学的时代叩问

何谓美好生活? 美好生活是一个具有丰富内涵、包蕴多层次要求的概念。生活是人之"生活",美好生活必须从人作为个体存在和社会存在两个方面进行考量。

从人作为个体存在而言,美好生活是个体需要得到满足的状态。从物质诉求看,美好生活必须满足"匮乏性需要"。没有物质生活资料充分满足和享受的条件保障,美好生活就会丧失根基。按照马克思历史唯物主义的基本原理,"人们首先必须吃、喝、住、穿,就是说首先必须劳动,然后才能争取统治,从事政治、宗教和哲学等等"①,质而言之,物质生活资料的满足和丰富、物质利益的获取和享受,是生活乃至美好生活的基础或前提条件。从自主性诉求看,美好生活必须满足"自主性需要"。美好生活是建立在个体理性自主地掌控之下,"我的生活我做主",并因此获得应有的尊严与自由。从精神诉求看,美好生活必须满足"价值意义需要"。人的生活不同于动物性活动的

---

① 《马克思恩格斯选集》第 3 卷,人民出版社 2012 年版,第 723 页。

最根本标志是人有价值和意义的追求，因此美好生活取决于价值和意义的实现，是个体精神的满足。显然，"匮乏性需要""自主性需要""价值意义需要"的满足，是从个体角度对何为美好生活作出的价值判断，赋予了生活以享受性、自主性、价值意义性。简言之，从人作为个体存在而言，美好生活即建立于丰富物质基础条件上的个体生活之自由与尊严、个体精神之满足和愉悦。

然而，人并非作为"原子式"个体而孤立存在，"不是处在某种虚幻的离群索居和固定不变状态中的人，而是处在现实的、可以通过经验观察到的、在一定条件下进行的发展过程中的人"①。因此，从人作为现实的社会性存在而言，美好生活必然要从社会关系和社会交往实践中去探寻、界定和求证，也就是说，美好生活必然有社会伦理的维度，必须满足"互予性需要"。一方面，人作为类存在，在与动物相对待和相区别中成为伦理存在，从而使人作为"类"的整体得以拔高，为创设人的高级交往划定了场域。用马克思的话说，"动物只是按照它所属的那个种的尺度和需要来构造，而人懂得按照任何一个种的尺度来进行生产，并且懂得处处都把内在的尺度运用于对象；因此，人也按照美的规律来构造"②。人的活动与动物相区别，从而创造出了既符合人类内在尺度，又遵循其他物种尺度，同时符合美的规律的人的生活。人的这种合目的性与合规律性的创造活动不仅旨在实现人与自然的和谐交往，更重要的是旨在为人与人的交往实践设定崇高的伦理意向。另一方面，既然人与动物相区别开来，人之存在就必定不是追求"活着"，而是"怎样生活得更好"，而这种"更好"地生活则源于人与人之间的"互予"。显然，压迫、剥削、奴役、敌对、屈辱、猜忌等人际状态肯定孕育不出美好生活，这就是为什么马克思批判私有制把"工人的活动归结为维持最必需的、最悲惨的肉体生活"是一种非人的生活

---

① 《马克思恩格斯选集》第1卷，人民出版社2012年版，第153页。
② 马克思：《1844年经济学哲学手稿》，人民出版社2000年版，第58页。

和非人的存在。① 从此意义而言,美好生活必然是社会交往和谐、社会共同体富有凝聚力的善好状态。

综上所述,美好生活是"个体性需要满足"与"互予性需要满足"的经纬之网共同编织而成的。从美好生活的社会伦理维度而言,个体性需要已然脱离了生物性和孤立性而获得了社会性,个体因此成为"伦理"之主体;由此,个体性需要便焊接到了互予性需要之上,共同赋予了美好生活以伦理的温度和厚度。

美好生活的伦理蕴含表明,满足"互予性需要"、追求和实现美好是每一个时代伦理学的责任。伦理即为"关系之理",伦理学就是"关系之学",伦理学的产生和发展基于人类生活经验,而生活经验的复杂多元反映了人类生活的多重性和生活关系的复杂性,其中,对"生活美好"追求的主题和目标从未改变。纵观伦理学的发展历程和发展形态,如何和谐人伦以追求生活美好,一以贯之地成为伦理学承载的历史使命。中国传统伦理强调德性,孔孟的德性伦理强调个人修养以推己及人、及家、及国、及整个社会,以实现和合美好的状态。这种德性主张预设了德性是先天植入个体的品质,伦理教化就是如何"去蔽"以唤醒德性并使之茁壮成长。然而,个体的道德努力对于近距离关系(父子、兄长、夫妇、君臣等)的调节是有效的,却无法由熟人社会拓展到陌生人社会,这样的道德主张因为关注于个体,对提振社会整体生活实现美好显然是乏力的。从古希腊到启蒙运动时期一直占主导地位的德性伦理学,其倡导的德性也是以实现美好生活为目标,美好生活构成了人的存在目的,真正的、最高的德性就是人的至善和生活幸福。亚里士多德称赞德性是一种"值得赞赏的品质","每种德性都既是使得作为该德性的载体的那个事物本身的状态好,又使得那事物的活动完成得好"②。其后,以功利主义、义务论、契约主义

---

① 马克思:《1844 年经济学哲学手稿》,人民出版社 2000 年版,第 122 页。
② [古希腊]亚里士多德:《尼各马可伦理学》,廖申白译,商务印书馆 2003 年版,第 1106 页。

为代表的规范伦理学一直是伦理学发展的主流,并持续到 20 世纪。功利主义将安康、快乐、幸福等功利后果作为道德与否的标准,将实现最大多数人的最大幸福作为根本性的伦理原则。功利主义注重总体利益和效用的提升,其追求集体幸福和美好生活的伦理主张是毋庸置疑的。义务论认为出自义务而行动的行为就拥有道德价值。义务论是康德伦理学的主要特征,"人是目的"是其核心价值命题。人是自我目的或目的本身,说明人拥有绝对价值——尊严。不把人当作工具而当作目的,意味着按照能够分享他人的目的和促进幸福的准则来行动。康德义务论将"人是目的"作为绝对的道德律令,确立了近代人本主义伦理学的主旨。契约主义伦理学作为近代以来规范伦理学的主要形式,将伦理规范建立在利益的基础上,贯彻了人格平等、正义等伦理原则,尤其是当代伦理学家罗尔斯的"正义论"推动了契约主义的发展,使契约与道德、契约与利益形成了必然联系。契约主义伦理学抓住了社会生活中最为核心的价值概念——"利益""公正",为美好生活提供了简洁的伦理规范和价值理念,这是值得肯定的。20 世纪 80 年代之后,复兴亚里士多德德性伦理成为潮流。以麦金太尔为代表的德性伦理学致力于德性的复归,"伦理学的全部意义——无论作为理论的金律还是实践的训诫——就在于使人能够从他目前的状态过渡到其真正的目的"①。但其德性共同体主义推进和凸显了古希腊德性伦理关于美好生活的"社会向度",主张对近代以来蓬勃发展的个体主义进行伦理审视,强调个体存在的社会性以及个体成为善好共同体一员的重要性,也就是说,必须顾及共同体利益并在共同体生活中才能实现真正的美好生活。综上所述,中国古代德性伦理因为困围于个体美德提升和小范围"熟人"圈子的关系协调,未能建构合理的"互予性"社会伦理关系,美好生活缺乏社会环境的保障和社会整体性呵护。功利主义在追求总体利益和集体幸福的伦理主张是真诚的,但其漠视功利在社会的公正分配,致使尊重个体权利并维护社会

① ［美］A.麦金太尔:《追寻美德》,宋继杰译,译林出版社 2003 年版,第 70 页。

公正作为美好生活的主流价值在现代社会难以实现。义务论强调行为动机的纯粹性,强调"绝对命令"的重要作用,但是对效果的忽视以及"是否可普遍化"的追问依然需要审慎对待,否则"人是目的"的高远的伦理价值也难以在社会生活中得到必然的落实。现代契约主义将道德理解为人类为保障利益需求而作出的一种理性设计,但是这种机械性思维无法解释"纯利他"的现象存在,也排除了道德情感因素的重要性,这一点尽管为罗尔斯等伦理学家所改进,但是契约并不是万能的,道德动机、道德情感甚至道德直觉等因素在社会生活中的重要作用也是不能忽视的。麦金太尔的德性伦理在应对高度异质化的现代社会生活依然是希冀超越了现实,因为其"道德共同体"的倡导在面对因价值观念高度分化而造成凝聚力缺乏的当代社会生活,希望从个体道德层面提振社会道德风尚,既缺乏社会向度也缺乏社会根基——不是基于利益共同体之上的道德共同体,其缺乏的正是马克思主义伦理学所强调的"物质生活条件",而"人们为之奋斗的一切,都同他们的利益有关"①;"'思想'一旦离开'利益',就一定会使自己出丑"②。

马克思主义伦理学伴随着马克思主义理论产生之时,就将"推翻使人成为被侮辱、被奴役、被遗弃和被蔑视的东西的一切关系"③作为自己的历史使命,并在对人与人、人与社会关系的伦理批判中,蕴含着强烈的伦理期待:基于一定物质生产条件实现"现实的人及其发展",并最终实现"自由人的联合体"的价值目标。也就是说,"追求生活之美好"已经"先天地"根植于马克思主义伦理学的肌体,不仅成为马克思主义伦理学的历史使命,也成为其时代责任。

马克思主义伦理学与中国革命、社会主义建设的实践脉搏相律动、发展,形成了中国马克思主义伦理学形态,并在改革开放、社会主义市场经济建设、

---

① 《马克思恩格斯全集》第1卷,人民出版社1995年版,第187页。
② 《马克思恩格斯文集》第1卷,人民出版社2009年版,第286页。
③ 《马克思恩格斯选集》第1卷,人民出版社2012年版,第10页。

实现中华民族伟大复兴等重大主题转换中不断推进。在马克思主义伦理学中国化过程中,马克思主义伦理学一直发挥着"教化伦理"的作用。在新民主主义革命时期和社会主义革命和建设时期,马克思主义伦理学的教化功能对于反对封建伦理道德、确立社会主义道德新风、凝聚社会人心无疑发挥了巨大的作用,不仅确立了社会主义道德规范体系,更重要的是重建了社会主义道德人心,建构了社会主义伦理秩序。改革开放之后,社会发展的特点、需求和任务已然发生了巨大变化,教化伦理显然已经难以切合具有高度异质化特征的当代社会生活,尤其是利益和权利的呼声越来越高,价值观念的多元化无法避免。现代社会价值观念多元化并不意味着道德多元主义,也并不意味着道德相对主义,毋宁更准确地说它是人们的生活目标和生活利益诉求高度复杂化的表现,同时也表明了人们对何为美好生活的多样化理解。与此同时,一个不能忽视的事实是,一方面,社会主要矛盾的变化使得人们对何为"美好生活"的追求愈加凸显;另一方面,当代生活中人与人之间的"互予"依然备受阻隔、扭曲和异化,美好生活的实现仍在途中。在此背景下,如何担负责任推进美好生活的实现,成为马克思主义伦理学不可回避的时代之问。

基于时代之叩问,中国马克思主义伦理学如何从"教化伦理"转向"生活伦理",遵循的必然是康德式的问题意识,即并不涉及"是否可能"而是"如何可能"。

二、马克思主义伦理学生活化何以可能

马克思主义伦理学中国化的过程是"伦理教化"的过程,毋庸置疑,作为"教化伦理"形式而存在和发展的中国马克思主义伦理学对于社会主义伦理秩序的建构起着至关重要的作用。改革开放之后,尤其是社会主义市场经济建设的推进,我们的价值观念和生活追求发生了巨大变化,对利益增进的渴求和追逐利益方式的异化取代了"义然后取""义以为上"的矜持,利他主义或极端利他主义被利己主义或极端利己主义所摧毁,甚至希望为他人付出时也有

一种对此回报的"相互利他主义"也成为奢求。"教化伦理"无法维持利他主义的道德倡导,甚至也难以阻挡利己主义的滚滚洪流。如何既克服极端自利,也避免极端利他,寻找一种保持利益相互对等、平衡和谐的伦理状态;如何既避免价值一元造成的社会活力不足,也避免价值多元造成的社会分裂,建构一种以核心价值为统领的价值多元的"包容模式",这是中国马克思主义伦理学由"教化伦理"向"生活伦理"转换的时代使命。实现这种"转换",关键是从认知层面和实践方法层面作出设计与落实。

(一)"理解":互予性伦理原则的主体认知——马克思主义伦理学生活化的认知基础

马克思主义伦理学生活化是否可能,一个重要前提是民众必须基于对伦理原则的"理解"(understanding),即对满足"互予性需要"以实现美好生活的"互予性原则"的"理解"。

与传统知识论将"理解"局限于"事实"领域,只探究自然因而不涉及人的行为、心理和目的相区别,现代知识论强调心理因和目的因在"理解"的重要性。现代知识论认为,"理解"的性质是诠释性的,其依据并非单纯的事实,而是对对象的意义性解读,与意义和价值相联系,涉及心理因素和价值判断。"理解"与"知道"不同,"知道"关涉的是事实,当我们说某人"知道"了某些伦理规范,只是表明他对伦理规范"是什么"的了解;而"理解"关涉的是动因和意义,除了涉及有关事实的原因之外,还涉及价值的判断和观念的认同,当我们说某人"理解"了某些伦理规范,就表明他对伦理规范"为什么是这样""应该如何"的认知。简而言之,"理解"必定综合了目的、动机和价值等因素,不仅"知其然",而且"知其所以然",实现从意义的高度把握事物。

那么,借助现代知识论"理解"的认知方式,如何实现对互予性伦理原则的"理解"呢?

首先,在"理解"中辨析清楚"互予性伦理原则"与"绝对利他性原则"和

"绝对利己性原则"的区别,实现对伦理的状态或伦理正当性的确认。一方面,伦理的生活拒斥"绝对利他性原则",肯定了正当利己。绝对利他主义者否认了正当利益主张和追求,这种"无良心"的利他偏重于对某些人的责任义务而忽略了对另一些人的责任义务,尤其忽略了自己的"安康"也许能够承担更多更大更持久的责任和义务。绝对利他主义者忽略了生活的互予性,也由此会打碎生活的平衡性。另一方面,伦理的生活批判"绝对利己性原则",肯定了有效利他。一个为自己着想、追逐利益的人并非一个不道德的人,而是说,一个只为自己着想、不顾他人利益的人才是一个不道德的人。显然,"互予性伦理原则"与"绝对利他主义"和"绝对利己主义"没有关系,只有建立了人与人之间对等、平衡、和谐关系的理念和行为才能称为"合伦理"的。正如塞涅卡(Lucius Annaeus Seneca)所言:"只想到自己并且逐利无所不用其极的人,绝不可能过一种伦理上负责任的生活。如果你想为自己而活,就必须为他人而活。"①因此,从伦理的生活本质而言,"绝对利他性原则"和"绝对利己性原则"毫无伦理正当性,合伦理性行为的最好论证就是对相互性的肯定和坚守,也就是说"互予性原则"才是真正的伦理原则。

其次,在"理解"中达致"个体性需要"与"互予性需要"的理性"和解"或有效协调。在"互予性原则"之下,一方面,丝毫没有否定或轻视个体性需要,而是将个体性需要置于"他人"个体性需要的对等和平衡中,创设平等、互尊、自由的情境;另一方面,给予个体性需要真实的保障。在"互予"中,"个体性需要"因为相互肯定和尊重不会受损;"互予性需要"从质和量方面还会增进"个体性需要"的实现。

只有"理解"了"互予性原则"的真正内涵,我们才能既为"正当利己"进行有效的伦理辩护,也能为"顾及他人"找到心理根据并作出合理行动。就此而言,马克思主义伦理学切入生活,必然要改变"教化伦理"高高在上的姿态,

---

① Vgl. Richard David, *Precht*: *Die Kunst*, *kein Egoist zu sein*, 2. Auflage, Muenchen 2011, S. 161,转引自甘绍平:《伦理学的当代建构》,中国发展出版社 2015 年版,第 64 页。

回归"生活伦理"的真实和亲近,由此,马克思主义伦理学的概念、范畴、命题和原理等要素归结起来,才能合成一个民众关心的"为什么"的意义问题。——而在此情形下,马克思主义伦理学并未因此丧失"教化"功能,而是以体恤人性需求的方式和融化于生活的方式实现更深沉、更有效和更持久的教化。

（二）道德的历史方法何以能够经验有效——马克思主义伦理学生活化的实践方法

道德的历史方法是马克思主义伦理学最重要的方法论。道德的历史方法何以能够经验有效,包含着两个问题:其一,道德的历史方法为什么是科学的方法;其二,道德的历史方法如何推进马克思主义伦理学生活化转向。

道德的历史方法保证了对人类社会道德发展的"规律"认识和道德理想状态的构思是正确的。一方面,人类社会历史并非依照黑格尔所谓先验的绝对理念逻辑而发展,由于"历史的方法"的运用,马克思主义伦理学成为真正的科学理论,并为社会发展确立道德价值论逻辑。正如马克思所言:"在思辨终止的地方,在现实生活面前,正是描述人们的实践活动和实际发展程的真正的实证科学开始的地方。"[1]另一方面,"历史的方法"的运用揭示和澄明了马克思主义伦理学的本质目的和基本规律。"并不是'历史'把人当做手段来达到自己——仿佛历史是一个独具魅力的人——的目的。历史不过是追求着自己目的的人的活动而已。"[2]马克思主义伦理学的发展正是"追求着自己目的的人的活动"的记录和展开。马克思主义伦理学"将道德看成是一种社会历史的现象,并且试图将其道德观和政治观置于这种理解的基础之上。这样,它就向那种把社会主义的政治和道德价值只是看作独立于社会历史理论的主观

---

[1] 《马克思恩格斯选集》第1卷,人民出版社2012年版,第153页。
[2] 《马克思恩格斯文集》第1卷,人民出版社2009年版,第295页。

偏好的思想提出了质疑"①。这种道德的历史方法而不是历史的道德方法,在马克思主义伦理学发展过程中被传承和发扬。

道德的历史方法为马克思主义伦理学生活化提供了方法指导。已有道德理论的价值在于为我们观照当代伦理现实提供了一种理论参照,马克思主义伦理学作为一种超越以往道德理论的科学理论体系,其理论价值更重要的在于其方法。"马克思的整个世界观不是教义,而是方法。它提供的不是现成的教条,而是进一步研究的出发点和供这种研究使用的方法。"②正是因为"道德的历史方法",马克思主义伦理学的当代性才熠熠生辉。道德的历史方法说明,那种认为马克思主义伦理学原有的原理和理论的经验有效是"自带"的,或因为其血统而天然不变,甚至将其经验有效当作实在的必然则是错误的。也就是说,理论构思是一回事(哪怕理论的形成最初源于社会现实),保持理论的正确性是另一回事(因为总是变化的社会现实必定需要理论发展以适应实践的需要),如何使理论构思适应新的生活事实,则需要理论向现实的转换,使之在实践中实现经验有效。列宁在 20 世纪初领导俄国社会主义革命和建设时曾强调指出:"现在一切都在于实践,现在已经到了这样一个历史关头:理论在变为实践,理论由实践赋予活力,由实践来修正,由实践来检验",不能"为死教条而牺牲活的马克思主义"。③ 正是这种科学的态度,为推进社会主义实践并丰富和发展科学社会主义开辟了广阔空间。道德的历史方法的重要方法论意义在于:作为社会意识重要形式的道德具有独立性,会对社会存在产生巨大的反作用;这种反作用,是通过社会实践方式得以实现的。伦理文化包含了共同的生活特性、风俗习惯、行为规范、价值理念、美好向往,是社会生活中最重要的精神方面。与社会物质资料的生产方式作为社会历史发

---

①　[英]肖恩·塞耶斯:《马克思主义与人性》,冯颜利译,东方出版社 2008 年版,第 157 页。

②　《马克思恩格斯选集》第 4 卷,人民出版社 2012 年版,第 664 页。

③　《列宁选集》第 3 卷,人民出版社 1995 年版,第 381 页。

展的决定性力量不同,伦理文化作为一种社会意识,对社会发展所起的作用
是润物无声、绵绵不绝却深沉强大的。马克思主义伦理学生活化的致思路
径就在于,如何切入社会存在的各个方面,在实践中发挥社会意识的精神
力量。

　　道德的历史方法开拓马克思主义伦理学生活化的实践路径,这就是在社
会生活中建设和优化伦理文化、以伦理文化引导社会生活。社会是一个极其
庞大而复杂的大系统,人们的价值选择多元化,社会群体分化依然严重,社会
伦理问题层出不穷。要靠什么润滑社会这台沉重运转的大机器? 靠什么和谐
纷繁芜杂的社会生活? 靠什么将社会生活的碎片黏合成一幅有意义的拼图?
外在武力或强权的力量,是难以使一个社会实现有机整合或和谐运转的,而一
种在特定的地理、历史、经济和政治条件中形成的伦理文化——作为一种生活
方式,却能够发挥这样的作用。由于道德的历史方法的运用,我们能够深谙伦
理文化推动社会实践发展的巨大作用:伦理文化为社会发展指明变革方向并
能够保证社会沿着正确方向前进;伦理文化积淀着一个民族最深层的精神追
求,是一个民族独特的精神标识,其蕴藏的强大精神动力推动社会历史向前发
展;伦理文化通过思想道德观念的整合、伦理规范体系的统一、伦理精神的提
炼来教化民众、规范行为、形成共识、促进认同,保障社会凝聚。

三、马克思主义伦理学生活化如何促成美好生活

　　既然马克思主义伦理学从"教化"走向"生活"已经成为理论发展的时代
要求,那么马克思主义伦理学生活化如何实现生活之美好,就必然成为其理论
创新的基本路向。马克思主义伦理学生活化促成美好生活就应该循着这样的
理路:塑造当代伦理主体,从主体提升的角度促成美好生活;协调人与人、人与
社会的伦理关系,为生活提供"互予性伦理关怀";淬炼和达成伦理共识,在社
会生活中达成休戚与共的价值共契。

（一）"人的现代之谜"解答：在伦理主体塑造中促成美好生活

当前，"匮乏性需要"已经基本不是问题，主体的"自主性需要"和"价值意义需要"前所未有地凸显。新的时代需要新的社会主体，美好生活需要社会主体的伦理塑造。与"道德主体"强调个体的道德素质、德性提升、自我修养不同，"伦理主体"旨在强调主体对人的本质即"社会关系"的伦理确认，只有将主体自身置于"关系"的情境中，这样的主体才不是封闭固执的，而是既能反观自身而又积极开放的。因此，美好生活需要"美好的人"乃是"伦理主体"而不是"道德主体"的塑造。

如何"认识你自己"，这是一个自苏格拉底以降不断被追问的亘古问题，马克思主义伦理思想中，"认识你自己"这是"人的现代之谜"，对其的解答饱含着马克思主义伦理学对主体的伦理期待。恩格斯指出人正确认识自身才是至关重要的，"人只须认识自身，使自己成为衡量一切生活关系的尺度，按照自己的本质去评价这些关系，根据人的本性的要求，真正依照人的方式来安排世界，这样，他就会解开现代的谜语了"①。人要认识自己，不是神谕的启示或上天的赋予，而是将自我确认为"衡量一切生活关系的尺度"；对个体道德素质、德性和修养的肯定，并非伦理主体的完全塑造，对"使命、职责和理想"等要素在"关系"中的自我确证才是伦理主体的基本规定。马克思主义伦理学的卓越之处在于：从现实的人及其现实的关系出发探寻理解人的真正途径，从而塑造伦理主体。只有在决定人的本质的社会关系中确证和充实主体性，人才能真正寻到破解"人的现代之谜"的钥匙。质而言之，马克思主义伦理学中"人的现代之谜"的解答正是以伦理主体的塑造为旨归。

在《德意志意识形态》中，马克思恩格斯运用唯物史观第一次全面科学地阐释了人的本质，不仅阐述了道德作为社会意识取决于社会存在，更重要的是

① 《马克思恩格斯全集》第3卷，人民出版社2002年版，第521页。

塑造了人作为伦理主体的存在,从而奠定了马克思主义伦理学成为科学化理论的主体基础。马克思恩格斯彻底批判了黑格尔和青年黑格尔派的人性论,并着重批判了施蒂纳把人的主观精神作为人的本质的唯心主义观点。施蒂纳在论述人的使命、职责和理想等观念时,把它们与生活条件相割裂开来,将之神化而成为支配个人的东西,这样一来,使命、职责和理想反而被虚化了。马克思主义唯物史观旨在强调,在现实的个人生活中,生活的物质条件、社会关系和社会需要决定了人的使命、职责和理想。马克思主义对主体的伦理建造,不仅使马克思主义伦理学成为科学化理论,更重要的是赋予了人的伦理使命,从而使人之生活成为现实的伦理生活,并赋予了现实生活的"美好"期待。

既然实现生活之美好有赖于伦理主体的塑造,促进主体的人格完善就必然成为马克思主义伦理学生活化追求的价值目标。人格完善是人的全面发展在伦理关系上的界定。在马克思看来,人的全面性是一个历史发展的过程,随着社会生产的不断发展,人将越来越获得"个人关系和个人能力"的全面性。马克思指出:"全面发展的个人——他们的社会关系作为他们自己的共同的关系,也是服从于他们自己的共同的控制的——不是自然的产物,而是历史的产物。要使这种个性成为可能,能力的发展就要达到一定的程度和全面性,这正是以建立在交换价值基础上的生产为前提的,这种生产才在产生出个人同自己和同别人相异化的普遍性的同时,也产生出个人关系和个人能力的普遍性和全面性。"[1]人的全面发展表明,人不仅能够克服个人同自己和同别人的异化,也丰富了个人关系,提升了个人能力,从而造就了人格的最主要方面。同时,马克思还强调:"个人的全面性不是想象的或设想的全面性,而是他的现实联系和观念联系的全面性。"[2]也就是说,这样的全面性只有在现实生活中才能得以形成和发展。

马克思主义伦理学生活化以促成美好生活,需要人去完成,其最终目的也

---

① 马克思:《资本论》第1卷,人民出版社2004年版,第683页。
② 《马克思恩格斯全集》第30卷,人民出版社1995年版,第541页。

是为了人,伦理主体的塑造则为这种实践转化提供了主体保障。

(二) 营建"互予性伦理关怀":在伦理关系协调中促成美好生活

从人作为社会性存在而言,美好生活必须满足"互予性需要",那么协调人的伦理关系、实现人与人、人与社会的互予性伦理关怀则成为马克思主义伦理学生活化以促成美好生活的重要环节。

协调人与人的关系以满足个人与个人之间"互予性需要",是马克思主义伦理学生活化以促成美好生活的首要任务。每一个人都是"关系中的我"(self-in-relation),建立平等友好的"我—他"关系而不是"我—它"关系是实现美好生活目标的基础,因为任何人的发展取决于和他直接或间接进行交往的其他一切人的发展。马克思主义伦理学批判了资本主义私有制的本质,并指出其必然造成人类的不道德的原因。恩格斯在《政治经济学批判大纲》指出:"因为私有制把每一个人隔离在他自己的粗陋的孤立状态中,又因为每个人和他周围的人有同样的利益,所以土地占有者敌视土地占有者,资本家敌视资本家,工人敌视工人。在相同利益的敌对状态中,正是由于利益的相同,人类目前状态的不道德已经达到极点,而这个极点就是竞争。"①私有制下劳动和资本的相互斗争和相互分裂,造成了人与人之间的彼此敌对。私有制下的竞争致使一切人与人的关系变为利害关系,致使每个人都想把个人利益置于他人利益之上,从而进一步恶化社会道德风尚。"竞争的矛盾和私有制本身的矛盾是完全一样的。单个人的利益是要占有一切,而群体的利益则是要使每个人所占有的都相等。"②私人利益高于他人利益和社会利益,违背了人的本质和目的,必然破坏人的伦理关系,造成人与人之间的异化。毋庸讳言,在社会主义市场经济建设过程中,这样的斗争和敌对并没有完全消除,如何限制私有经济造成的斗争、分裂和敌对在社会能够承受的范围之内,如何减轻、遏

---

① 《马克思恩格斯全集》第 3 卷,人民出版社 2002 年版,第 459 页。
② 《马克思恩格斯文集》第 1 卷,人民出版社 2009 年版,第 73 页。

制和化解这种斗争、分裂和敌对造成的破坏性影响,这正是中国马克思主义伦理学生活化需要解决的问题。利益是伦理关系诞生的基础和存在的理由,在当代社会中,充分保障个人利益、协调个人与他人之间的利益,并使个人利益朝着共同的方向凝聚成社会利益,再使社会整体利益反哺和充实个人利益,形成良性的利益循环,这是构建善好的伦理关系的必由之路,也是美好生活的根基所在。

协调人与社会的关系以满足个人与社会之间"互予性需要",是马克思主义伦理学生活化以实现美好生活的重要主题。马克思指出,人与社会之间是相互生成的,"正像社会本身生产作为人的人一样,社会也是由人生产的"①。一方面,人是社会的人,人使社会得以形成和发展,人的"活动和享受,无论就其内容或就其存在方式来说,都是社会的活动和社会的享受"②。另一方面,社会是人的社会,社会确证了人的本质。"社会是人同自然界的完成了的本质的统一,是自然界的真正复活,是人实现了的自然主义和自然界的实现了的人道主义。"③因此,马克思强调,要避免把社会"当作抽象的东西同个体对立起来"。马克思主义伦理学深远的伦理意蕴在于,不仅批判了人与社会相分离现象,更重要的是指出了造成这种分离的原因和消除这种分离的现实路径,即私有制是造成这种分离的根源,扬弃私有财产才能复归合乎人性的社会存在。"共产主义是私有财产即人的自我异化的积极的扬弃,因而是通过人并且为了人而对人的本质的真正占有;因此,它是人向自身、向社会的即合乎人性的人的复归,这种复归是完全的,自觉的和在以往发展的全部财富的范围内生成的。"④在社会主义市场经济建设过程中,人们没有完全摆脱"物的依赖关系",人与社会关系的异化依然不同程度地存在。马克思主义伦理学生活化

---

① 马克思:《1844 年经济学哲学手稿》,人民出版社 2000 年版,第 83 页。
② 马克思:《1844 年经济学哲学手稿》,人民出版社 2000 年版,第 83 页。
③ 马克思:《1844 年经济学哲学手稿》,人民出版社 2000 年版,第 83 页。
④ 《马克思恩格斯全集》第 3 卷,人民出版社 2002 年版,第 297 页。

就是要直面生活中的人与社会关系异化的状况,既要大力倡导社会对个人需要的满足和尊重,又要积极鼓励个人对社会的付出和奉献,实现个人价值与社会价值的和谐统一,并最终实现向人自身和社会的人的复归。

概而言之,他人不是自己的敌对和地狱,社会不是个人的阻碍和陷阱,美好生活的创设因为伦理关系的协调而成为现实。如此,人懂得珍惜自己也懂得尊重别人,因而不苟且、不霸道、不敌对;人懂得在社会中定位自己,也懂得社会对自己的重要,因而不仇视、不逃避、不掠夺——美好生活需要这种互予性伦理关怀,需要这种永续的伦理智慧。

(三) 淬炼"休戚与共的价值共契":在伦理共识的达成中促成美好生活

一个利益分化、价值不同、习俗迥异、伦理差别的多元分歧的社会,依靠什么来凝聚? 政治的力量固然能够造就基于一定政治目的而统一的共同体,但政治共同体单一的价值取向并不以实现美好生活为目的;利益的力量固然能够促成实现利益需求的共同体,但利益共同体的维系在于利益,一旦利益减少或消失,共同体的黏合剂就会干裂。维系实现美好生活的共同体,显然不是政治强权的力量,也不是单纯利益谋取的力量,能够把分散疏离的个体、群体联结起来,转变成精神相通、休戚与共的整体,把原本孤立、封闭的经验变成共同的经验,只有伦理价值的共识。因此,马克思主义伦理学生活化促成美好生活的实现,应当以达成中国当代社会普遍的价值共识为追求的基本目标。

趋善的生活历史经验,将促使人们基于共同的理性洞察并通过努力达成对美好生活向往的伦理共识。在伦理生活史上,人类所具有的理性和情感的共同性,决定了人们会有共同的对尊严、自由、幸福、美好的生活向往,决定了人们对公正、民主、法治、人权等伦理价值的普遍认同,决定了最终对普遍统一的价值规范和道德原则的认可。正是这种人类普遍的趋善理性,决定了化解生活中的种种矛盾和冲突是可能的,也决定了生成一种共同承认、普遍认可、能够分享的普遍的伦理价值是可行的。

实现美好的现实愿望，将激励人们致力于认可和遵循伦理规范以化解矛盾、解决纠纷、达成共契。休戚与共的价值共契通过伦理规范的构建、维系和作用，能够促进生活变得更美好。一方面，伦理价值经过共同的认可，将以规范的形式中立于特殊的利益和要求而获得普遍的价值效果。这样，伦理价值的理念形式将转变为相对固定的规范形式，独立于具体的时间、地点或特殊情境而获得了普遍性和适用性。从此意义而言，规范是价值观念的固化，在社会生活中发挥稳定而有力的规约作用。另一方面，具有稳定性的伦理规范，不断地将休戚与共的价值共契淬炼成形并以经验的形式积淀于人们心中，在社会生活中发挥深沉而强劲的动力作用。对于一个社会整体而言，共同的价值观念及其价值共契不仅是避免社会冲突和分裂的黏合剂，也是维系社会共同体发展的内在动力。

中国社会主义作为一种新型的伦理共同体，不仅为达成新的伦理共识提供了崭新的伦理价值目标，也为塑成价值共契创造了宽松的社会环境，从而为实现美好生活提供坚实的伦理保障。中国特色社会主义如何彰显社会主义之"特色"？"特色"即"出众"，"出众"则必然因其有独特的"优越性"。中国特色社会主义的"优越性"即在于其作为一种新型伦理共同体的内涵和特征。中国特色社会主义的主要社会目标是实现社会共同富裕，促进人的全面发展，建设社会和谐。这些目标是马克思主义社会理想目标的当代化和具体化，其中"公平""公正""发展""和谐"等关键词构成了中国特色社会主义基本的伦理底色，并成为这一伦理共同体展现强大吸引力和旺盛生命力的深沉基础。中国特色社会主义调和了作为政治手段的国家和作为目的本身的国家之间的矛盾，将实现政治、经济、社会、文化、生态的全面发展与以人为本、社会和谐、美好生活的价值目标有机统一起来。显然，允许公民深度参与，并通过长期的酝酿、碰撞而逐渐形成的社会主义价值共识，不仅充满着创造力，也充满着向心力和凝聚力。基于这样的价值共契，美好生活向往必定能生机蓬勃。

　　改革开放以来,中国马克思主义伦理学切合中国改革开放的实践需要,推进了中国社会的全面进步。今天,人们对美好生活的向往前所未有地强烈,与此同时,制约实现美好生活的阻碍因素依然众多。作为马克思主义伦理学中国化新形态的中国特色社会主义伦理学,其理论视野不应当仅仅停留于"道德建设",而更应该关注"伦理建设"。个体的"匮乏性需要"、"自主性需要"和"价值意义需要"只有置于伦理关系和伦理现实中,才能成为美好生活的主体基础;而解决"互予性需要",增强"互予性伦理关怀"是实现美好生活更为重要的方面。

第十章　新时代中国特色社会主义
伦理自信的建立

全球化浪潮汹涌激荡,西方价值强势与伦理话语权"西强我弱"的挑战依然严峻,西方国家对中国崛起的伦理价值质疑的杂音仍不绝于耳。当然,中国道路的成功并非仅仅是经济总量和经济地位迅速上升,但不能否认的是支撑中国道路崛起的伦理价值并没有充分彰显出来。正如国家的存亡兴衰几乎都可以在其国家伦理价值观的传承中找到深层的答案一样,中国道路定然不应该也不可能是一种没有价值观的崛起。对中国道路成功的认知如何从经验层面上升到伦理价值的高度? 中国道路如何展现时代精神? 中国伦理自信的建立已然成为当下紧迫的理论和实践问题。

第一节　伦理自信的文化和精神维度

伦理之功用即通过善的价值理念倡导和规范约束,为人类社会交往和发展提供了良好秩序。伦理对于良性的人际交往和群际交往必不可少,对于国家成长和国际交往之重要也自不待言。在国家发展和国际交往中,伦理自信不仅展示自身的文化和价值自觉,也展示国家的精神风貌和整体力量。所谓伦理自信,就是主体(包括个体、民族和国家)对民族国家发展的主导伦理价值(传统和当代伦理价值的融合与创新)发自内心的自我肯认和自觉相信基础上而形成的自尊、自励、自强的心理态度,以及由此形成的积极、进取、健康精神状态。伦理自信是对民族国家文化发展中主导伦理价值肯认和相信的心理态度及由此形成的积极精神状态,文化自信和精神自信是其两个重要维度。伦理自信源于文化自信,其内核是精神自信。

一、伦理自信的根基:文化自信

伦理自信总是基于对以往文化中伦理价值的认识和传承、对现有文化中伦理价值的自觉和把握才得以形成的,即是说只有在文化自信的基础上才能形成伦理自信,也只有建立在文化自信之上的伦理自信才是坚实和深沉的。

文化孕育了伦理价值意识并推进伦理价值的实现。一方面,在文化的产生、积累和创造过程中,人们形成了对价值和意义的认识,由此获得了伦理价值意识,并借此不断确证人类自身的本质和特性。离开文化或舍离文化世界的价值意义,人不仅不能准确地认识外部世界对自我的存在价值,也不能觉知自我的价值需要,也就无法建立起外部存在价值和人自身价值需求的良性互动关系,人的生存就可能陷入"无意义的存在"。简言之,伦理价值意识就是在文化世界中的一种"意义"建构。因此,文化越发展,人的伦理价值意识越明晰;文化越进步,人的伦理价值意识越高尚。另一方面,从价值实现理论而言,文化推进伦理价值实现。在文化实践活动中,人一旦对诸如食、色、性等生存本能欲望有了主体的自主自觉,生物需要就转化成了伦理价值需要;当伦理价值需要主体化为伦理价值意识,并以心理结构和观念形态得以固定,人就形成了伦理价值判断、伦理价值选择和伦理价值思维,这就是伦理价值实现过程。

文化自信催生伦理价值自信。文化自信是民族、国家以及政党对自身文化价值的充分肯定和积极践行,并对其文化生命力持有坚定信心。真正的文化自信表明一个民族国家的文化心理结构不断成熟,并且作为文化心理结构最基本和最重要的伦理价值要素得以提炼、结晶和闪光。相反,文化不自信要么表现为对文化传统价值的"虚无主义"或"文化自虐",要么表现为对传统文化价值的"盲目自大"或"文化自恋",二者都丧失了对文化传统中伦理价值的自知、自觉和自信。对文化中伦理价值的高度凝练、肯定和赞许,将促进主体对自身价值的肯定、价值主体意识的增强、价值判断和价值选择能力的提升、对外界价值权威的主体克服等,并不断地烙刻在民族的心理、观念和精神发展中,呈现为伦理价值秩序,最终成熟为伦理价值自信。当前,在价值平面化和价值虚无主义盛行的现代化进程中,"诸神消失""世界祛魅""遭遇虚无"成为世界普遍的价值样态。跳出"价值怪圈"、增强伦理价值自信,关键就是塑造社会核心价值观。培育和践行社会主义核心价值观是中华民族伟大复兴的"铸魂工程",其根本目的是实现"人民有信仰"。唯其如此,我们才能沉着冷静地应对西方伦理价值观念的"现代性入侵"(inbreak-of-modernity),增强自信,坚定信念。

二、伦理自信的内核:精神自信

在文化创造的实践活动中,每一个时代和每一个民族最珍贵的、最重要的伦理价值总会被主体吸纳而升华为理想性和精神性的自觉追求,这就是伦理精神。它渗透到民族、国家、社会生活的各个层面,成为主体的精神特质,伦理自信就会以精神自信的方式展现社会主体和民族国家的精神风貌。

精神自信源自民族精神的积淀。民族精神是一个民族在长期社会历史生活中形成的,体现着民族生命力、创造力和凝聚力,由此成为一个民族发展的核心和灵魂。无论是中国传统政治伦理对"修身、齐家、治国、平天下"经世致用价值目标的设定,还是追求"天人合一""和为贵""道法自然"的重和谐的价值偏向,抑或是对"重义轻利""贵义贱利""立德立功立言"等个人道德价值要求的重视，无不渗透着以"道德的人"促进"道德的社会"的家国情怀。尤以为傲的是，以爱国主义为核心的民族精神作为中华民族伦理精神的内核，薪火相传，从未失落，成为民族国家成长过程中恒久弥新的精神支柱和精神动力。精神自信，就是要对构成民族精神的那些能够沟通古今、影响后世的共通性的伦理价值有一种主体认同和积极赞赏；就是要自觉弘扬民族精神中蕴藏的具有导向性、目标性和动力性的伦理价值观念和伦理价值追求；就是要创新发展促使中华民族经历无数次大风大浪依然保持高度凝聚力和向心力的爱国主义精神。

精神自信展现于时代精神的弘扬。时代精神是时代文明的抽象和概括，是一个时代特有的普遍精神实质，反映了国家和民族的精神风貌。黑格尔说它是扬弃了旧原则的、带来历史新的冲动的"一个新的原则，一个新的民族精神"①。新民主主义革命时期，时代精神表现为"保持英勇气概、革命热情"的精神；改革开放初期，时代精神表现为"革命乐观主义、排除万难去争取胜利"的精神；社会主义市场经济建设时期，时代精神表现为"解放思想、改革创新，尊重科学、真抓实干，顾全大局、团结协作，谦虚谨慎、崇尚先进，艰苦奋斗、无私奉献"的精神；党的十八大以来，"改革精神和创新精神"是时代精神的重要维度。时代精神因其现实性、创新性、前瞻性特征而成为一个民族奋发图强、国家振兴的强大精神动力。时代精神的主题化，体现在其价值引导力和凝聚力上。弘扬中国特色社会主义的时代精神，要凸显以培育和践行社会主义核心价值观为主题的伦理精神。中国特色社会主义的"精神自信"不是一种精神意志的自我陶醉或自以为是，也不是一种毫无根基的心理张扬或经验自夸，而是一种嵌入时代精神的伦理自信。促进文化自信和精神自信的有机统一，彰扬中国道路的伦理自信，保持中华民族伦理精神独立性，正是时代赋予我们的责任。

---

① ［德］黑格尔：《历史哲学》，生活·读书·新知三联书店 1956 年版，第 117 页。

第二节　中国伦理自信何以必要

中国特色社会主义进入新时代,"新时代"不是对中国特色社会主义发展的历史性评价,也不是对其发展成就的宣示性总结,毋宁更准确地说是对中国特色社会主义发展的时代基点和全新征程的准确认知,这种判断既表明我们对科学社会主义发展规律的时代性准确把握,也表明我们对中国特色社会主义发展前景充满信心。发展需要物质性力量的推动,更需要精神性动力的支撑,甚至在很多时候,包蕴着思想、文化、信念、志向、气魄等要素的精神力量能够焕发出比物质性力量更强大、更有效的动力。彻底改变伦理话语权"西强我弱"状况,树立中国伦理自信,是新时代中国特色社会主义发展过程中实现"强起来""聚人心""文化兴""走出去"的迫切需要。

一、"强起来"需要伦理自信

"强起来"是"站起来""富起来"的承接和延续。如果说"站起来""富起来"是一个历史比较问题,那么"强起来"则是一个时代性的国际比较问题。在这个伟大飞跃过程中,伦理自信起着举足轻重的作用。

马克思主义伦理思想中国化开创性地实现了中国人民"站起来"的价值引领,开启了中华民族伟大复兴的历史新纪元。鸦片战争以来,面对深重的内忧外患和民族危亡,中国人民进行了艰苦卓绝的抗争。以李鸿章、曾国藩为代表的地主阶级掀起了洋务运动却没有实现"自强""求富"的目标;以康有为、梁启超为代表的资产阶级改良派发起了"戊戌变法",倡导科学文化和学习西方,却因封建守旧势力太过强大而夭折;太平天国和义和团等农民起义将斗争矛头分别指向清政府和帝国主义,但农民阶级的局限性未能使其担负起救亡图存的历史使命;以孙中山为代表的资产阶级革命派掀起的辛亥革命,推翻了统治中国两千多年的封建帝制,建立了中国历史上第一个资产阶级共和国,极大推动了中华民族思想解放,但革命的胜利果实很快被袁世凯窃取。其后,以李大钊、陈独秀等为代表的中国共产党人选择了马克思主义,他们重视伦理在政治解放中重要作用,对中国封建专制伦理(尤其是孔孟之后经帝王专制化后的儒家伦理)进行了猛烈地批判,并以之为反对封建专制、求得解放的精神武器。陈独秀在《吾人最后之觉悟》中指出,中国欲望政治问题之解决,必有待于吾人伦理的觉悟,"伦理思想,影响于政治,各国皆然,吾华尤甚"①。马克思主义伦理思想的传入使得中国革命的精神风貌焕然一新,"社会主义要起来代替共和政治"成为"不可逃的命运"②。其后,毛泽东领导了中国最具历史意义的政治伦理变革,开启了中国政治伦理在 20 世纪民主化发展。"中国人民站起来了"的庄严宣告,不仅仅是国家制度的宣告,更是民族独立的主体性宣示,标志着价值主体的真正确立。中国在"被迫现代性"的紧要关头,毛泽东明晰了马克思主义伦理价值导向,挺立了中华民族的伦理自信,使得中国革命和社会主义建设的探索有了新的理论武器和精神力量,空前地激发了中国人民的民族觉悟和民族自信。

社会主义伦理价值导向在改革开放实践中实现了中国人民"富起来"的价值引领,开启了中华民族伟大发展的光明前景。1978 年之后,邓小平领导和开创了中国特色社会主义建设,中国迈入了"富起来"的征程。社会主义伦理价值导向的确立,首先是基于对社会主义本质的认识。对改革开放和社会主义本质的理解,关系着怎样坚持社会主义伦理价值导向,怎样看待和坚持社会主义和共产主义道德。因为社会主义"解放生产力、发展生产力、消除两极分化"的价值目标设定,民众对社会主义本质有了明确而直接的理解,对中国特色社会主义实现了高度的价值认同,中国特色社会主义的伦理自信有了坚实的物质经济基础。其次,集体主义作为社会主义伦理价值的基本原则,不仅

---

① 《陈独秀文章选编》上册,生活·读书·新知三联书店 1984 年版,第 108 页。
② 《陈独秀文章选编》中册,生活·读书·新知三联书店 1984 年版,第 32 页。

肯定集体利益和社会共同利益的权威性,也充分肯定个人利益的合理性,为凝聚广大人民力量实现"富起来"提供了伦理保障。

新时代中国特色社会主义核心价值体系推进和实现着中国人民"强起来"的价值引领,开启了中华民族伟大复兴的强国之路。党的十八大之后,中国特色社会主义建设迈入新时代,"强起来"成为中国发展的目标追求。从心理认知而言,一方面,"强起来"以经济实力的提升和强大为基础,但是"强起来"更需要自我从心理和精神两方面获得自知、自尊、自信的支撑,而最能支撑"心理强大"的精神要素就是文化自信中的伦理价值,它是获得自我肯定和价值认同的"激发点"。另一方面,"强起来"还需要在别人眼中和心理获得认可、赞许和尊敬。在国际比较中,中国作为一个社会主义大国,其发展备受国际社会关注,但是对中国道路的伦理价值质疑从未停歇过。例如,英国前首相撒切尔夫人作为"中国发展不确定论"的支持者,在 20 世纪 80 年代中期曾断言中国缺失引领自身市场经济的价值理念,因此中国的改革不会成功。这种批评和质疑并不能打击中国的伦理价值自信,相反却警醒我们:伦理价值作为软实力在国际交往中何其重要,以及向世界展示中国伦理自信多么必要!

二、"聚人心"需要伦理自信

对于任何一个群体或民族及其生活而言,伦理都是具有实体性的,也就是说伦理总是历史地、逻辑地并且现实地存在着,在人类生活实践中得以展开。正如黑格尔曾言:"伦理行为的内容必须是实体性的,换句话说,必须是整个的和普遍的;因而伦理行为所关涉的只能是整个的个体,或者说,只能是其本身是普遍物的那种个体。"①在黑格尔看来,实体即共体,是公共本质或普遍本质,反映的是具有必然性、普遍性的社会关系。尽管黑格尔将伦理实体理解为

---

① ［德］黑格尔:《精神现象学》(下),贺麟、王玖兴译,商务印书馆 1979 年版,第 9 页。

绝对精神在客观精神阶段的真理性存在，但是他在伦理关系维度上把握伦理实体，并指出"伦理关系以人与人之间的关系为客观内容，存在于家庭、市民社会和国家之中"①，这无疑极具启发性的。事实上，伦理关系作为人与人之间的实存关系，渗透并表现于血缘、政治、经济等实体性结构中。因此，无论是纵观中国传统伦理"血缘—家庭—族群—国家"的实体性结构，还是当代社会政治、经济、文化等关系，伦理关系作为特殊的社会关系，总是维系、影响、主导着社会生活，推动着民族国家向前发展。古今中外国家发展事实已经证明，任何一个民族国家都需要在社会生活中建构一种主导性伦理价值理念，并形成一种理性认同和心理自信，用以维护和推动社会良性运行。如果没有共同的伦理价值理念对政治、经济、社会等各个领域的渗透并在其中起作用，就不可能建构起良善和正义的社会结构秩序，也不可能提升全社会的道德认知和道德水平。因此，"聚人心"必须以伦理价值认同为基础。

伦理自信何以能"聚人心"？一方面，从社会结构关系的视角看，伦理自信是建构良善和公正社会秩序的根本动力。现代社会的生活实践纷繁芜杂，以致矛盾和冲突随处可见，法律制度固然是应对和解决"剧烈"社会冲突和矛盾的有效途径，但是，唯有良善和公正的社会结构秩序才能有效纾解和消除那些无处不在的"非剧烈"的社会冲突、矛盾和怨恨。也就是说，如果忽视和舍弃了伦理的力量，良性的社会运行是不可能的，"聚人心"也就无从谈起。从此意义而言，伦理自信标志着社会民众的理性共识和价值追求实现了充分提高。另一方面，从日常生活层面视角看，伦理自信是达成道德共识、提振道德水平、凝聚精神力量的关键。伦理自信的力量如此重要，主要是因为在主体价值观念高度分化的现代社会中，伦理自信能够有效整合价值观念，使善好、正义等理念成为异质化现代社会共有的一种社会向度。今天，丰润的道德滋养和充分的伦理自信已然成为实现"人民有信仰，国家有力量，民族有希望"的

---

① ［德］黑格尔：《法哲学原理》，范扬、张企泰译，商务印书馆1961年版，第175页。

强大精神动力。

三、"文化兴"需要伦理自信

文化自信为伦理自信提供营养,但是伦理自信作为一种价值力量反过来又推动着先进文化建设,尤其在文化多元、价值观激烈碰撞的当今时代,中国特色社会主义先进文化的兴旺发达需要伦理自信的引导和支撑。

"文化兴"需要塑造伦理自信以反对"侵略性"的伦理价值观念的侵扰、破坏和颠覆。在文化多元化的时代境遇中,建立独立、自主、自信的伦理价值观念是保持独立文化思维、平等文化交流和有效文化吸纳的前提和基础。西方发达国家在"文明"的掩护下或"武力"的威胁下推行文化霸权,大肆宣扬"实用、民主、自由"的价值,迫使其他国家放弃自身独立的价值立场,抛弃文化传统价值观念。文化霸权的实质就是妄图通过文化思想的渗透,将其伦理价值观念强加给其他国家,妄图影响和改变别国的价值观、文化模式,甚至社会制度,从而达到征服与控制的目的。没有自身独立伦理价值系统的坚守,就没有独立的文化思维方式,就会陷入被文化霸权欺凌的困境,就不可能有民族国家的文化传承、发展和繁荣;没有基于自身伦理价值系统而确立的自主、自足和自信,就不能真正实现从传统走向现代,从独立走向世界,从而不可能真正实现"文化兴"。

伦理价值观念不断自我更新、充实和完善,推进民族国家文化的发展和创新。首先,伦理价值观念的革新实现了革命文化及其文化精神之"兴"。由于李大钊、陈独秀等早期马克思主义者对封建主义伦理价值观念和资产阶级伦理价值观念双重的政治伦理批判,民主、独立、自由、平等的伦理价值深入人心,马克思主义政治伦理思想传入中国,点燃了灾难深重的中国希望之光。之后,以毛泽东为代表的一大批马克思主义革命者进一步推进了马克思主义政治伦理思想中国化,翻开了中国文化建设崭新的一页。毛泽东指出:"自从中国人学会了马克思列宁主义以后,中国人在精神上就由被动转入主动。从这时起,近代世界历史上那种看不起中国人,看不起中国文化的时代应当完结了。伟大的胜利的中国人民解放战争和人民大革命,已经复兴了并正在复兴着伟大的中国人民的文化。"①中华民族伦理自信的树立,推进了当代中国社会主义文化建设。其次,社会主义道德、社会主义核心价值体系和核心价值观逐渐深入人心,开拓了社会主义先进文化建设新气象。随着对社会主义道德本质、集体主义、社会主义荣辱观、以人为本科学发展观、社会主义核心价值观等认识的深化,我们立足于中国特色社会主义实践,不断推进和发展具有中国风格、中国特色的社会主义文化。综而观之,在中华民族文化发展的历史长河中,我们总是从伦理价值的更新和伦理自信的塑造中明确方向、确立目标、获取力量,从而实现中华文化生生不息、辉煌发展。

四、"走出去"需要伦理自信

"走出去"不仅是经济实力的展示,更应该是伦理价值的贡献。"走出去"不仅仅意味着在国际交往中对外展示中国道路的价值,更重要的是意味着中国道路是否能够或多大程度上能够为解决世界的世纪性发展难题贡献伦理价值智慧。

中国在国际交往舞台上出场频次的增加和扮演角色重要性的提升,需要彰显和加深中国伦理价值观念对世界发展的重要影响。从 20 世纪 50 年代"和平共处"五项原则到当前中国外交的"亲、诚、惠、容"理念,从改革开放的提出到"一带一路"倡议,从 1993 年世界宗教会议在《走向全球伦理宣言》将"己所不欲,勿施于人"作为全球伦理的"金规"到 2011 年《中国的和平发展》白皮书提出要以"命运共同体"的新视角寻求人类共同利益和共同价值,从"要倡导人类命运共同体意识"到强调"坚持推动构建人类命运共同体",中国向来都以积极姿态倡导伦理价值、参与国际交往。今天,中国如何更大范围和

---

① 《毛泽东选集》第四卷,人民出版社 1991 年版,第 1516 页。

更深程度地融入世界、影响世界,需要更进一步展示中国伦理价值的当代意义和未来引领。

中国道路的成功不仅是大国发展模式的成功,也是社会主义制度的成功,有责任为世界发展贡献伦理智慧。中国在努力破解自身后发展难题过程中,正逐渐实现着政治、经济、文化、社会、生态等目标的全方位推进和伦理价值诉求的实现,并成功塑造了后发展国家的榜样。在新时代,我们需要更大的理性和勇气,对中国伦理价值的历史传承和现代创新充满信心,越自信越开放,越开放也越自信。

第三节　中国伦理自信如何建立

面对全球话语权"西强我弱"的格局和自身"国大声弱"的困境,"提升中国的国际话语权"成为中国国际交往的热点话题。但是我们常常重视经济和政治交往话语权,而忽视向世界传递价值观念和伦理主张的道德话语权。道德话语权彰显了伦理自信及其自信程度,是我们赢取其他国家和民族的价值认同、道德信赖和国际道义支持的关键。毋庸讳言,当前中国伦理自信状况还未真正承担起中国崛起所应该赢得的尊重。如何建立中国伦理自信,这是中国特色社会主义建设面临的紧迫课题。新时代中国伦理自信之建立,首先要筑牢根基,以先进文化涵养伦理自信,既要摒弃无根的伦理自信,又要打造富有"韧性"和时代性的伦理自信;"中国特色社会主义"既有作为一种伦理理念的国家的"总体性",也有作为一种新型伦理共同体的"当代性",因此提升中国特色社会主义伦理自信的关键就是要建立国家伦理,并以之引领国家、社会和个人发展;国家伦理精神是国家和民族之魂,通过"理性孵化"和"实践生成"塑造国家伦理精神,将从精神状态进一步提升伦理自信。

一、以先进文化涵养伦理自信

马克思指出:"人们自己创造自己的历史,但是他们并不是随心所欲地创造,并不是在他们自己选定的条件下创造,而是在直接碰到的、既定的、从过去承继下来的条件下创造。"①伦理价值的创造亦是如此,伦理自信不是无根的"盲目自大"或"缥缈憧憬",只有在已有文化条件的滋养下并以文化自信为根基,伦理自信才能枝繁叶茂。

提升对中华优秀传统文化、革命文化和社会主义先进文化时代创新的文化自信,在文化自信中萃取伦理自信的精神基元,这是文化涵养伦理自信的必然途径。文化自信不能仅仅停留在倡议层面,我们需要对已有文化进行伦理价值层面的系统梳理、总结、提炼和清晰认知。中华优秀传统文化、革命文化和社会主义先进文化中孕育着中国传统伦理价值、革命伦理价值、社会主义先进伦理价值,这些伦理价值积淀着中华民族最深层的精神追求、成为中华民族独特的精神标识,是伦理自信之树成长壮大的生生不息的营养来源。

首先,传承中华优秀传统文化中宝贵的伦理价值和伦理精神追求,摒弃无根的伦理自信。中华优秀优秀传统文化积淀着中华民族最深沉的精神价值追求,如"国而忘家,公而忘私"奉献精神、"天下兴亡,匹夫有责"的担当精神、"自强不息"的奋斗精神、"精忠报国"的爱国精神、"舍生取义"的牺牲精神等,这些精神财富是中国人的骨气和底气所在,并成为今天中华民族奋发进取的精神动力。显然,任何民族国家当代伦理价值的建构都必须基于传统伦理价值的"路径依赖",如果一个国家不知道自己过去从何而来,不知道已面临的现实制约、传统影响以及文化惯性,就不可能知道未来的发展方向。② 如果失去了文化发展中珍贵的伦理价值传统,也就失去了"根",没有"根"的文化是谈不上走向世界的。

---

① 《马克思恩格斯选集》第 1 卷,人民出版社 2012 年版,第 669 页。
② [美]劳伦斯·卡弘:《哲学的终结》,冯克利译,江苏人民出版社 2001 年版,第 29 页。

其次，撷取共和国红色革命文化的政治伦理价值，打造富有韧性的伦理自信。革命文化是在争取民族独立、自由和解放过程中形成和发展起来的特殊形态政治文化，其重要特色就是充盈着民族抗争、奋斗、前进的精神凝练。美国著名政治学家阿尔蒙德认为，政治文化是一定时期内一个民族特定的政治态度、政治情感和政治信仰，它是由本民族的历史和当代社会、经济、政治进程所促成的。中国红色革命文化孕育的井冈山精神、长征精神、延安精神、抗战精神等，这些革命精神空前地启迪和激发了民族觉悟和伦理自信，使中国人民的理想信念、价值理念、道德观念紧紧地黏合在一起。

最后，激发社会主义先进文化的创新创造活力，打造富有时代性的伦理自信。社会主义先进文化内含着马克思主义指导思想、中国特色社会主义共同理想、以爱国主义为核心的民族精神和以改革创新为核心的时代精神、社会主义荣辱观等基本内容。社会主义文化的先进性不是时间性的特征描述，更不是形式上的标新立异，而是其中伦理价值内涵的更新和伦理价值引导力的创新。先进文化之所以具有积极引领的作用，其要诀在于先进文化蕴含着经过历史沉淀和时代创新"双重发酵"而呈现的恒久弥新的伦理价值，这些伦理价值是最容易以清晰概念、简明逻辑、朴实风格、精神震撼让广大民众所认同、内化和践行的。

从文化中提炼精髓、获取支撑，文化自信作为"更基础、更广泛、更深厚的自信"才能真正在塑造伦理自信中发挥基础作用。从此意义而言，没有高度的文化自信，没有文化繁荣的"根系"供养，就没有伦理自信，也就没有中华民族的伟大复兴。

二、以国家伦理引领伦理自信

提升伦理自信，关键是塑造国家伦理，其中包含着两个紧密的命题：第一，国家是一种具有"总体性"的伦理理念；第二，社会主义是具有"当代性"的新型伦理共同体。就其工具性而言，国家首先是一种政治手段，但是就其价值性而言,国家还是一种以追求善好为目的的伦理共同体。从其不可推卸的伦理责任而言,国家总是以追求善好为目的,并在这种追求的实践中实现自我的更新、发展和完善,就是说国家首先是作为一种伦理理念而存在,并且与国家作为"利维坦"的工具性并行不悖。需要指出的是,国家作为一种伦理理念不是零散、片面、孤立的,而是具有"总体性"的伦理理念。正是基于对国家作为一种伦理理念"总体性"的理解,我们才能深刻辨识中国特色社会主义作为一种新型伦理共同体的"当代性"。

国家作为一种伦理理念以总体性统摄个体性,并通过个体性向总体性的"复归"实现自身的本质,就是说,国家作为一种伦理理念包含着比政府体系、政府行为更多的价值功能,是普遍性与特殊性的统一。亚里士多德认为每一个国家都是因为某种"善"或寻求实现某一确定的善好为目的而建立的共同体,国家共同体作为最高的共同体即是以"最高善"为目的的。作为共同体的城邦"在本性上则先于个人和家庭"①,因此至善源自共同体而不是个人。对于个体而言,符合共同体的善才是真正的、完美的、更大的善。黑格尔认为国家作为伦理实体的最高阶段,是"伦理整体和自由的实现","自在自为的国家就是伦理性的整体,是自由的现实化;而自由之成为现实乃是理性的绝对目的。国家是在地上的精神,这种精神在世界上有意识地使自身成为实在,至于在自然界中,精神只是作为它的别物,作为蛰伏精神而实现"②。在黑格尔那里,国家不是自居于最高伦理理念而消除具体局部的目标,而是各种具体目标的实现并经由这种实现获得共同体的总体性。第一,普遍性统一着特殊性,体现了更深刻的国家伦理理念的本质。作为伦理总体的国家,一方面,是自由与必然性的内在统一。国家的生命原则是在普遍的自由意志展示自身与必然性一致的程度上才能实现。在黑格尔看来,伦理经历了家庭、市民社会和国家三个阶段。只有在国家阶段,伦理才充分体现出来,或者说国家是伦理理念的最

---

① [古希腊]亚里士多德:《政治学》,吴寿彭译,商务印书馆1965年版,第8页。
② [德]黑格尔:《法哲学原理》,范扬、张企泰译,商务印书馆1961年版,第258页。

终实现;与此同时,国家是实现了的自由,"自由的理念只有作为国家才是真实的"①。另一方面,是"具体的普遍"。这种普遍性就是说国家作为伦理理念包含着比政府体系和政府行为更多的东西,并以各种方式(政治或非政治的、官方的或非官方的方式)、通过社会生活的各个方面表现自己的功能;同时,这些方式和生活领域围绕着、实现着并构成了国家普遍的善。概而言之,国家伦理善的普遍性规导和统一着个体的特殊性。第二,特殊性丰富着普遍性,使国家伦理理念形象化和具体化。"国家是具体自由的现实;但具体自由在于,个人的单一性及其特殊利益不但获得它们的完全发展,以及它们的权利获得明白承认(如在家庭和市民社会的领域中那样),而且一方面通过自身过渡到普遍物的利益,他方面它们认识和希求普遍物,甚至承认普遍物作为它们自己实体性的精神,并把普遍物作为它们的最终目的而进行活动。……现代国家的原则具有这样一种惊人的力量和深度,即它使主观性的原则完美起来,成为独立的个人的特殊性的极端,而同时又使它回复到实体性的统一,于是在主观性的原则本身中保存着这个统一"②。黑格尔旨在说明:伦理国家作为人类社会的至善或普遍意志是人类自由本质的目的;伦理国家的神圣性是法、道德、权利的有机统一。概而言之,国家作为一种伦理理念,在黑格尔那里实际上肯认了伦理国家的根本性和不可侵犯性。

国家作为一种伦理理念,体现了政治共同体和美德的统一。当代德性伦理学与社群主义政治哲学家麦金太尔在判定近现代以来以往任何形式的道德筹划都必定失败之后,试图复兴亚里士多德的美德伦理,把德性带回人间,还诸实践,重振德性的雄威。一方面,麦金太尔强调社会政治共同体是实现美德的人类存在形式,"美德的践行本是就倾向于要求对社会与政治问题有一种高度确定的态度;并且,我们始终是在某个有其自身独特的社会制度机构形式

---

① [德]黑格尔:《法哲学原理》,范扬、张企泰译,商务印书馆 1961 年版,第 65 页。
② [德]黑格尔:《法哲学原理》,范扬、张企泰译,商务印书馆 1961 年版,第 260 页。

的特殊的共同体内学习或未能学习践行美德"①;另一方面,他又强调"政治共同体需要美德的践行以维系自身"。可见,政治共同体和美德追求具有内在的契合性和欲求的一致性。

无论是亚里士多德认为国家共同体具有"善"的社会向度,还是黑格尔将国家视作伦理实体的最高阶段,抑或是麦金太尔认为美德并不是个体自行认定而是服务于由某一共同体所确定的德性,他们都态度坚决地证明了:国家伦理理念是共同体的一致趋向性价值,这对于我们理解如下问题无疑具有积极的启示价值。(1)政治国家的权威并非取决于它是否能够促进政治团体或其他组织实现自己特殊的目的,而取决于它能否或多大程度上执行伦理国家的意旨。例如"有限政府"并非削弱国家权威,相反这正是国家伦理普遍性对政府(个体)特殊性的统一,以特殊性成就了国家伦理普遍性。(2)个体(个人、团体、组织等)的福利与普遍性的义务在国家中是具体统一的,这不仅是"具体自由的实现",也是国家作为一种伦理理念的根本旨归。(3)个人的自由只有在国家的完满中才能真正地实现。这是因为,"个人主观地规定为自由的权利,只有在个人属于伦理性的现实时,才能得到实现,因为只有在这种客观性中,个人对自己自由的确信才具有真理性,也只有在伦理中个人才实际上占有他本身的实质和他内在的普遍性"②。而国家作为伦理的最高阶段,为个人提供充分的"伦理性",或者说个人自由只有在国家中才能获得充分的保障。

需要指出的是,亚里士多德、黑格尔和麦金太尔对国家伦理理念的解释极富当代启发性价值,但是其中隐含的不可调和的自洽性困境是不容忽视的。当亚里士多德指认国家作为最高共同体拥有"至善"国家伦理理念,"它承认国家在伦理上的终极性,然而,它显然未能将作为一种政治手段的国家(实践上最好的国家)和作为目的本身的国家(在理念上最好的国家)之间的矛盾调

① [美]A.麦金太尔:《追寻美德》,宋继杰译,译林出版社2003年版,第247页。
② [德]黑格尔:《法哲学原理》,范扬、张企泰译,商务印书馆1961年版,第172页。

和起来"①。在哲学史上,黑格尔认为国家是至高无上的伦理实体遭到马克思的批判——"家庭和市民社会都是国家的前提,它们才是真正活动着的;而思辨的思维中这一切却是颠倒的"②。同样地,麦金太尔在批评制度正义论没有从德性与实践的内在善、德性与个人生活、德性与道德传统具有生命力的内在品性的统一出发因而具有重大缺陷的时候,既没有看到近现代规范伦理学为适应现代社会发展需要强调制度正义,因而超越了古代德性伦理所作出的努力,也低估了制度正义在美德正义形成的道德条件的基础性和在先性作用。

"中国特色社会主义"作为一种新型伦理共同体,为破解和超越亚里士多德的"政治共同体"、黑格尔的"国家是伦理实体最高阶段"和麦金太尔的"道德共同体"各自的"自洽性困境"提供了崭新路径。其一,从国际比较而言,中国特色社会主义的魅力特征实际上不是作为利益共同体而是作为新型伦理共同体得以彰显。中国特色社会主义作为马克思主义中国化和时代化的当代发展,秉承科学社会主义的本质特征和社会理想目标。实现没有剥削与压迫的"自由人联合体"是马克思主义追求的人类社会理想目标,任何心怀科学理性而又尊重客观事实的人都应该承认,马克思主义社会理想的目标并没有过时,相反随着时代发展而更加熠熠生辉。当代马克思主义的发展主要在中国,中国特色社会主义作为马克思主义中国化的新阶段,其社会目标主要是实现社会共同富裕、促进人的全面发展、建设社会和谐。这些目标是马克思主义社会理想目标的当代化和具体化,其中"公平""公正""发展""和谐"等关键词构成了中国特色社会主义基本的伦理底色,并成为这一伦理共同体展现深刻吸引力和旺盛生命力的最终基础。其二,中国特色社会主义有效调和了作为政治手段的国家和作为目的本身的国家之间的矛盾。作为一种新型的伦理共同体,中国特色社会主义有别于西方资本主义国家对政治统治和利益攫取的

---

① 萧公权:《政治多元论:当代政治理论研究》,中国人民大学出版社2014年版,第116页。
② 《马克思恩格斯全集》第3卷,人民出版社2002年版,第10页。

"专注",而是依据中国国情将实现经济、政治、社会、文化、生态文明的全面发展与追求"以人为本""全面小康""社会和谐"的价值目标有机统一起来,凸显社会主义的本质特征。

综上所述,正是因为国家作为一种伦理理念的"总体性"和中国特色社会主义作为一种新型伦理共同体的"当代性",建立中国特色社会主义伦理自信的关键就是要塑造国家伦理,并以国家伦理价值引领国家、社会和个人发展。国家伦理就是国家发展中秉承和追求的价值原则和伦理目标,如亚里士多德的城邦之"善"、康德的国家伦理目标之"至善"、黑格尔基于"善"而追求的"意志自由"等。国家伦理不仅是国家制度、政策、政府机构、社会组织的道德基础,也是国家和社会价值体系合理性的根本保障;不仅关涉国家治理、政府行为的正当性,也关涉个人自身的目的与意愿实现的可能性。中国特色社会主义作为特殊的伦理共同体,其国家伦理内涵就是在追求"善好"的过程中实现国家内外诸要素逐渐具备且趋于成熟,并达成相互渗透与和谐统一。

一方面,国家伦理以核心价值观为主导,引领、推进国家内诸要素向着"善好"方向发展,通过凝聚力量打造伦理自信的机体结构。作为国家意识形态的高度凝练,核心价值观是国家伦理最集中、最直接的表达,体现了国家伦理的价值诉求,决定了国家意识形态的价值导向。我们生活在一个利益诉求、生活目标高度分化和高度复杂化导致价值取向、价值选择多样化的现代社会,后现代伦理学将其指认为"我们的时代是一个强烈地感受到了道德模糊性的时代"①,尤其在社会主义市场经济建设过程中,价值观念多元化或冲突成为我们的生活样态,但是需要澄清的是:价值观念多元化表明的是多样化个体对何为美好生活、怎样追求利益需要的多样化态度和多样化立场,并不意味着道德的多元主义和相对主义。实际上,建构普遍认可、共同遵守的核心价值观,

---

① [英]齐格蒙特·鲍曼:《后现代伦理学》,张成岗译,江苏人民出版社2003年版,第24页。

实现真正的"和而不同",才是解决矛盾、化解冲突的最好的和平方式。值此境遇,中国特色社会主义需要核心价值观对发展作出价值统领。

社会主义核心价值观从国家、社会、个人三个层面作出了积极倡导。"富强、民主、文明、和谐"在社会主义核心价值观中居于最高层次,具有统领作用,是提升我国国际地位、迈向世界强国战略目标的价值凝练。"自由、平等、公正、法治"是对美好社会的生动表述,反映了中国特色社会主义的基本属性。"爱国、敬业、诚信、友善"是公民基本道德规范,覆盖社会道德生活的各个领域。社会主义核心价值观所包含的国家、社会、个人的伦理诉求,凝结着全体人民共同的价值追求,塑造了当代中国精神的机体结构;所蕴含的伦理目标内容能够把所有心系国家命运的中华同胞紧密联系、团结起来,形成强大的民族凝聚力;所形成的伦理共识能够为促进社会诸要素的和谐发展提供道义基础。当国家的内部诸因素即"各个环节按其必然性而获得了发展,并作为国家的肢体而稳固地存在着"①,国家发展就能迸发出强大凝聚力;当个体能够充分认识到"只有在共同体中,个人才能获得全面发展其才能的手段,也就是说,只有在共同体中才可能有个人自由"②,由内而外的伦理自信就会因为对核心价值观的深刻认同和积极践行而得以充分成长。

另一方面,国家伦理以国际交往中责任和道义担当为基本方式,赢得国际社会对国家形象的肯认或赞美,这些来自外部的因素无疑重塑、修饰、展现着国家这一行为主体的伦理特质,为伦理自信提供来自"他者"的鼓励和力量。实际上,国家伦理在形式上是关于"什么样的国家或国家制度是好的"以及"好的国家或国家制度要如何建立起来并得到更好的发展"之类问题的回应③,这种"回应"不仅仅是中国特色社会主义的自我认知,更多时候或更大程度上是在国际伦理乃至世界伦理的大框架体系中别国的"审视"。因此,获得

---

① [德]黑格尔:《法哲学原理》,范扬、张企泰译,商务印书馆1961年版,第338页。
② 《马克思恩格斯文集》第1卷,人民出版社2009年版,第571页。
③ 田海平:《国家伦理的基本价值预设及其道德前提》,《学术研究》2016年第9期。

伦理自信,不能仅仅是自我的建构,还要"走出去""说出来","让中国故事成为国际舆论关注的话题,让中国声音赢得国际社会理解和认同"①。

当前,我们正从"命运共同体"的新视角寻求人类共同利益和共同价值,这是中国道路对人类发展的伦理关切。在伦理价值倡导上,"人类命运共同体"远远超过"政治共同体"和"利益共同体",将切关人类发展的实现途径和价值目标用中国话语作出了表述。在伦理实践上,"命运共同体"理念将"解释世界"和"改变世界"结合起来,落实在中国道路致力于推进国际经济金融体系改革,完善全球治理机制,为世界经济健康稳定增长提供保障;坚持通过对话协商与和平谈判,妥善解决矛盾分歧,维护发展大局;积极创造更多合作机遇,让发展成果更好惠及各国人民,为促进世界经济增长多作贡献;努力实现开放包容,把世界多样性和各国差异性转化为发展活力和动力。"构建人类命运共同体"理念,是国内发展伦理理念在国际战略中的反映,正在为世界各国逐渐认同,也必将为构建全球公平正义的新秩序提供中国方案和中国智慧。在国际良性交往的创设和外部环境优化过程中,中国伦理自信才不至于落入封闭和盲目,而变得更加自主、自得和自由。

三、以国家伦理精神提升伦理自信

伦理自信不仅需要文化涵养,更需要精神的抬升。建立中国伦理自信不是个体的经验生成,而是作为新型伦理共同体的中国特色社会主义的整体建造,国家伦理精神的塑造则是抬升伦理自信的有效途径。国家伦理精神是一个国家、一个民族的魂。国之魂者,乃立国之本!

其一,国家伦理精神的理性孵化。伦理精神作为一种实践精神,总是通过伦理评价、伦理规训、伦理倡导的精神化实践方式,强化社会生活的"价值应当",实现以善恶观念把握世界、塑造人格品质、改良社会风尚的目的。伦理

---

① 中共中央文献研究室编:《习近平关于社会主义文化建设论述摘编》,中央文献出版社2017年版,第213页。

精神的实质是依赖于良性社会制度建立和人的德性完善而产生的一种实践理性。倡导国家伦理精神,就是要在多元价值共存的社会中,在尊重共同生活的共享价值基础上确保个体公平自由的权利,减少个体道德价值观的分歧造成社会生活的分裂,形成民族国家内部信任、真诚、富有凝聚力的团结协作,而其结构支撑就是建立无法逾越的、独一无二的、至高无上的理性秩序。

精神的形成是理性自在自为的结果。黑格尔认为精神的发展是自身分离同时自身回复的过程,"精神自己二元化自己,自己乖离自己,但是为了能够自己发现自己,为了能够回复自己"①。在经过分离和回复的辩证否定之后,使人趋向于和接近于"绝对无限性认识",唯有当人"意识到一种与无限东西的完全自由的关系,并从而使得从精神的绝对无限性上去把握精神的认识成为可能"②,精神才能真正的得以生成。正是在这种分离和回复的辩证过程中,精神达致自由之地,并臻于自信之境,"当精神回复自己时,他就达到更自由的地步。只有在这里才有真正的自性,只有在这里才有真正的自信"③。黑格尔深刻把握了精神的自由实质和特征并揭示出理性达到自在自为(伦理阶段)才能实现真正的自由与自信,与此同时,他将伦理奠基于精神之上。伦理精神则是经过理性洗礼之后对伦理普遍性的坚持。黑格尔的结论的启示无疑是积极的。

国家伦理精神与一般"精神"的不同之处即在于其公共性和普遍性,因此公共理性是孵化和建造国家伦理精神的认知基础。"公共理性是一个民主国家的基础。它是公民的理性,是那些共享平等公民身份的人的理性,他们的理性目标是公共善。"④公共理性以实现个体获得权利尊重为初衷,在经历了以

---

① [德]黑格尔:《哲学史讲演录》第1卷,贺麟、王太庆译,商务印书馆1959年版,第28页。
② [德]黑格尔:《精神哲学——哲学全书·第三部分》,杨祖陶译,人民出版社2006年版,第2页。
③ [德]黑格尔:《哲学史讲演录》第1卷,贺麟、王太庆译,商务印书馆1959年版,第28页。
④ [美]约翰·罗尔斯:《政治自由主义》,万俊人译,译林出版社2000年版,第224—225页。

社会基本制度结构的正义为基本要求、以公民在处理社会公共生活和开展社会合作时能够达成最基本的共识和价值系统为实质等一系列的"乖离",最终以实现社会和国家的"公共善"为目标,从而真正使个体权利得到长久性和普遍性保障的"复归"。正是在公共理性辩证发展的过程中,一种合理性、公平性、充满活力的秩序得以建立,"秩序并非一种从外部强加给社会的压力,而是一种从内部建立起来的平衡"①,这种秩序的建立为伦理精神的生长提供最坚实的公共基础。今天,当我们在时代的坐标系中回顾历史、环视世界、展望未来,畅想实现中华民族伟大复兴中国梦时,仅仅凝练了伦理价值是不够的,我们还要对这些核心的伦理价值进行从感性认知到理性检视、再到实践确证,揭示伦理价值中那些自在的潜在精神——萃取伦理精神,从而锻造出真正的、纯粹的伦理自信。

其二,国家伦理精神的实践生成。"'中国伦理精神',并不只是'中国'民族的'伦理精神',更不是'中国伦理'的'精神',其哲学真义是伦理如何显现和建构中国民族的精神,是中国民族如何通过伦理的中介建构自己的精神形态。"②显然,这个"伦理的中介"更大程度上就是伦理生活现实。生活不是既定的、历史的生活环境和生产条件的总汇,生活的现实性仍在于它是人类能动的、革命的、批判的实践活动的展开,因此国家伦理精神虽然形成于民族伦理生活的历史性条件,但更要在民族伦理生活的现实性场域中不断改造和更新。

民族国家伦理生活的历史性展开造就了国家伦理精神的历史形态。国家伦理精神蕴含在和形成于民族国家伦理生活的历史过程中,因为精神哲学规律的形成总是以一定社会历史条件下所遇到的物质前提以及相关生活条件为"现实基础",以反映社会生活方式变化、人的本质力量提升和社会进步为"基

---

① ［英］弗里德利希·冯·哈耶克:《自由秩序原理》上册,邓正来译,生活·读书·新知三联书店1997年版,第183页。

② 樊浩:《伦理道德,何种精神哲学形态? 何种"中国气派"?》,《哲学分析》2016年第3期。

本内核",以彰显社会生活过程的连续性、上升性以及个体生活、群体生活、公共生活的统一性为"总体性特征"。如中国传统的伦理精神中的"爱人—忠恕""己所不欲,勿施于人"的仁爱精神;"大道之行,天下为公"的大同精神;"礼之用,和为贵"的"和"的精神;等等,这些传统伦理精神的历史形态是中华民族伦理生活历史的积淀。中国传统伦理精神具有超越其文化特殊性的价值,它不仅是特殊的民族精神,也对世界伦理文化的发展具有正面而积极的意义,由此成为今天国家伦理精神塑造的宝贵资源。"守望传统",不仅是精神皈依得以安放的基地,是"根"之所在,也是借此观照现实和瞭望未来的依托平台,是新时代伦理自信的活水源头。

民族国家伦理生活的现实性存在造就了国家伦理精神的时代气质。一方面,民族国家伦理生活孕育了国家伦理精神的必然性。在历史唯物主义视域中,被确立为"一般哲学前提"的"现实前提",就是"现实的个人,是他们的活动和他们的物质生活条件"[①]。从此意义而言,国家伦理精神并非抽象的存在,而是伦理生活的实在,在其现实性上,就是"伦理的真实"或"伦理的具体"。马克思审慎地批判了黑格尔"存在即合理"论断,但对"现实性在其展开的过程中表明为必然性"的辩证法作出了肯定。[②] 同样地,作为伦理生活现实性反映的国家伦理精神就具有必然性和真理性。另一方面,民族国家伦理生活确证国家伦理精神的时代性。国家伦理精神不能停留在理论上的逻辑论证,而应该从"现实的人及其历史发展"出发,深入人的现实生活世界,从人的活动、社会关系及其物质生活条件中,探索人、社会、国家发展的价值追求和价值目标。在当下的中国现实中,伦理与经济、伦理与社会、伦理与文化这三大关系是构成伦理生态的基石,确立起"三大伦理生态"是当代中国伦理的基本课题与基本矛盾。[③] 塑造国家伦理精神必须立足于当代中国伦理生活现实,

---

① 《马克思恩格斯选集》第1卷,人民出版社2012年版,第146页。
② 《马克思恩格斯文集》第4卷,人民出版社2009年版,第267页。
③ 樊浩:《中国伦理精神的现代建构》,江苏人民出版社1997年版,第726页。

深刻洞察当今中国伦理道德发展新趋势、社会主要矛盾新变化、伦理风尚的新诉求,把握时代前沿、引领时代方向,从而彰显"时代精神的精华"。

民族国家伦理生活历史性与现实性的统一造就了国家伦理精神的当代样态。民族国家伦理生活的历史性与现实性的统一,意味着国家伦理精神总是"同自己时代的现实世界接触并相互作用"①,实现对生活引领的价值追求;意味着国家伦理精神总是切近社会生活并为社会生活提供价值选择方法,实现事实与价值、生活世界与意义世界、真理与价值的真正统一;意味着国家伦理精神在规导现实生活实践的同时为人与社会发展指明方向和道路;意味着国家伦理精神为我们指示着更好的生活追求的同时,也为当代社会生活提供着共同的价值理想。因此,民族国家伦理生活的历史性与现实性的统一所造就的国家伦理精神,既充满着对民族传统伦理文化的自信心和自尊心,又充满着对时代发展的使命感和责任感——前者为伦理自信提供"家园感",后者为伦理自信提供"现实感"。中国伦理自信将会因为"家园感"变得厚重而充满希望,同时,中国伦理自信也将会因为"现实感"变得坚挺而充满力量,激励社会民众勇于担当、积极进取,更好地构筑中国精神、宣扬中国价值、展现中国力量。

增强中国特色社会主义伦理自信,不仅是聚合十四亿多中国人民的磅礴之力,夺取中国特色社会主义伟大胜利、实现中华民族伟大复兴的迫切需要,也是在国际交往中增进"伦理信任"、获得国际认同、赢得世界各国对中国价值表达或价值倡导应有尊重的战略智慧。以整体和未来为导向的思维方式,必将拓宽中国伦理自信的广阔道路!

---

① 《马克思恩格斯全集》第 1 卷,人民出版社 1995 年版,第 220 页。

第十一章 社会主义：全球化视野中的伦理共同体及其世界意义

20世纪90年代开启的全球化，其方式和特征可以称为技术—经济的全球化。埃德加·莫兰认为，技术—经济的全球化搭建了"世界共同体（société-monde）"的基础结构，但是"具有人道主义的和民主的特征的全球化"，"被殖民主义的后果、严重不平等的现象以及赢利潮流的泛滥所阻碍"，①世界共同体建设依然是困难重重。与之不同，马克思主义对世界共同体建造的致思路径是基于价值共契的伦理共同体的设计和实践努力。显然，社会主义及其最高阶段的共产主义，其魅力并未在于对世界共同体的一种可预期的时间规划，而在于其作为伦理共同体的美好价值期许和因追求这种价值目标而在"那种消灭现存状况的现实的运动"②中获得不断朝前看、向前进的动力。马克思主义如何塑造社会主义伦理共同体？全球化中社会主义伦理共同体如何发展？社会主义作为新型伦理共同体有何世界意义？这不仅是彰显社会主义制度自信的前提性认知，也是展望人类命运共同体伦理关怀的前瞻性思考。

---

① ［法］埃德加·莫兰：《世界共同体的涌现》，载李建华主编：《伦理学与公共事务》第六辑，北京大学出版社2014年版，第81页。
② 《马克思恩格斯文集》第1卷，人民出版社2009年版，第539页。

第一节 伦理共同体建构的历史探源

对伦理共同体的探寻,实际上就是对"秩序"的关注。从古希腊的"伦理共同体"理念的确立,经由康德对伦理共同体建构的"无奈",然后到黑格尔对伦理共同体重建的"现代拯救",这种历史性的理论努力,作为一种伦理学遗产,为当今伦理共同体建构提供了深邃的历史启示和丰富的资源借鉴。

伦理共同体的理念贯穿于古希腊伦理文化的发展。自苏格拉底以降,个人正义和城邦正义的关系问题就成为古希腊伦理学探讨的一个重要的政治和伦理问题。为维护城邦秩序而甘受不正义审判的"苏格拉底悲剧",显然是促使柏拉图思考个人正义与城邦正义如何达致协调的重要契机。柏拉图指出所谓正义就是只做自己的事而不兼做别人的事①,这样"整个城邦成为统一的一个而不是分裂的多个"②。柏拉图倡导"正义致和谐",正义的价值体现在为整个城邦生活提供稳定的秩序。正义指向公共善,城邦的公共善是实现个人的真正善的保障,个人为了实现自身的健全、幸福和完善则自愿选择成为社会共同体的一员,这样,个人与共同体(城邦)之间在共享善的同时相互促进。与柏拉图不同的是,亚里士多德认为城邦优先于个人,公民没有独立于城邦至善的幸福,只有在城邦伦理秩序维护中才能获得个人幸福。亚里士多德强调城邦要谋求优良生活和关心德性问题,否则城邦共同体就会沦为一种简单的联盟,因此他将公正作为理想城邦的基础,实施公正才能建构政治共同体的秩序。从其政治学的伦理维度和伦理学的社会维度而言,显然,亚里士多德的城邦是伦理共同体而并不是国家共同体,城邦的伦理秩序也不是国家的统治秩序。综而观之,古希腊"伦理共同体理念"没有把共同体崇拜为独立存在的实体,共同体之所以重要,仅仅在于它承载了公民幸福的伦理期待和伦理寄托。

---

① [古希腊]柏拉图:《理想国》,郭斌和、张竹明译,商务印书馆 1986 年版,第 138 页。
② [古希腊]柏拉图:《理想国》,郭斌和、张竹明译,商务印书馆 1986 年版,第 154 页。

伦理共同体理念的内涵实质被德国古典哲学家康德和黑格尔所继承,并贯彻到伦理共同体建构的努力中。康德提出了如何从伦理的自然状态向伦理的共同体状态转变的问题。所谓"伦理的自然状态"是一种存在于每个人心中的善的原则不断地受到恶的侵袭的状态①,在此状态下,"即使每一个个别人的意志都是善的,但由于缺乏一种把他们联合起来的原则,他们就好像是恶的工具似的"②。因此,建立以道德法则为目的的伦理的共同体状态,将人类社会"联合成为一个伦理的共同体,这是一种特殊的义务(officium sui gene-ris)"③。康德将"每个人的意志之个别的统一性"如何成为一种"联合意志的集体的统一性"的希望寄托于上帝。康德尽管抬高了人的道德主体性,实现了伦理认识论的"哥白尼式"革命,但是他把伦理变成了"主观的道德"而无法实现政治共同体的现实性统一;"道德上完善的人"要联合成一个整体而实现"最高的伦理善",这样的伦理期待只能诉诸大自然的"天意"。康德没有解决从伦理的自然状态向伦理共同体状态转变的社会制度化问题,因而也不可能建立一个真正的伦理共同体。

康德对伦理共同体建构的未竟之业成为黑格尔思辨哲学的重要任务。黑格尔对伦理共同体的重建依赖于"绝对伦理"理念的现实性规范力量,并基于民族、家庭特别是国家作为伦理理念的现实。首先,黑格尔以"民族"这个"实体"取代康德的单个理性的"主体",这是其伦理学对康德的重要超越。黑格尔认为基于情感的相互"归属性"(Subsumtion)是一个民族统一而成共同体的关键。但是,民族精神对个体的约束并不可靠也不长久,自然伦理必然解体。其次,沿着情感"归属性"的致思路径,黑格尔剖析了家庭这个最小的自然伦

---

① 邓安庆:《从"自然伦理"的解体到伦理共同体的重建——对黑格尔〈伦理体系〉的解读》,《复旦学报》(社会科学版)2011年第3期。

② [德]康德:《单纯理性限度内的宗教》,李秋零译,中国人民大学出版社2003年版,第91页。

③ [德]康德:《单纯理性限度内的宗教》,李秋零译,中国人民大学出版社2003年版,第155页。

理共同体,并对走向国家伦理共同体的必然性作出了分析。由于个体在市场体系中的竞争和冲突,以及个体的自我认同和相互认可的愿望,家庭的伦理共同体最终要面向市场、走向社会而出现解体,伦理共同体就必然从社会状态上升到更高的伦理状态,即国家。黑格尔在《伦理体系》中论述了伦理的最高形态,认为国家作为伦理实体的最高阶段,是"伦理整体和自由的实现"。国家不是自居于最高伦理理念而消除具体局部的目标,而是各种具体目标的实现并经由这种实现获得共同体的总体性。黑格尔的理论旨趣在于:伦理国家作为人类社会的至善或普遍意志,不是个体道德主观性的空虚组合,而是人类自由本质的目的;伦理国家的神圣性,也不是个体自由和权利的抽象化体现,而是法、道德、权利的有机统一。肯定了国家作为一种伦理共同体的神圣性和不可侵犯性,也就肯定了国家作为一种伦理共同体包含着比政府体系、政府行为更多的价值功能,具有统摄个体性的"总体性",并通过个体性向总体性的"复归"实现自身的本质,这样,我们才能够理解黑格尔强调的"执政者同时也是被治理者"。黑格尔将国家视作伦理实体的最高阶段,体现了政治共同体和美德的统一,通过国家伦理共同体来解决现代社会分裂的伦理企图,无疑极富当代启发性价值。

第二节　马克思对社会伦理共同体的建造

马克思发展和超越了黑格尔将国家作为伦理共同体及其最高阶段的思想,将社会伦理共同体的建造与人类解放联系起来,伦理共同体承载了人类历史命运,为今天"构建人类命运共同体"提供了方法论和文化资源。

马克思遵循着历史唯物主义的逻辑进路,在人类社会发展历史和现实的顾盼中展望人类未来共同的命运,在不断批判中展开社会伦理共同体建造。从历时性维度看,马克思的人类社会共同体的发展经历了"人的依赖关系""以物的依赖性为基础的人的独立性""建立在个人全面发展和他们共同的、社会的生产能力成为从属于他们的社会财富这一基础上的自由个性"①三个阶段,即自然性共同体、虚假共同体与真正共同体。

自然性共同体是原始社会、奴隶社会、封建社会自然形成的共同体形态,体现了有限交往空间中的血缘关系、宗法关系、宗教关系等。其中,个体由于自身发展的局限性而并未能形成独立的个体自我意识;个体之间由于利益、地位等事实上的差别,并不具有对共同体的真正认同。马克思批判传统自然共同体是"稚气""闭锁""狭隘"的,在这样的共同体中,"无论个人还是社会,都不能想象会有自由而充分的发展,因为这样的发展是同原始关系相矛盾的"②。

以物的依赖性为特征的虚假共同体特指资本主义社会。马克思指出,政治解放摧毁了自然共同体对人的压制,使国家、政治揭开了神秘面纱,但是一旦资本主义革命成功,国家显示出的那种维护人性人权的普遍性质,即刻转变为维护市民社会私有财产和个人利益。资本主义国家本质上是为了维护资产阶级的"普遍利益",这种"普遍利益"实则是资产阶级的"特殊利益",这样的共同体对于每个人没有共同体的真实性。马克思批判了资本主义共同体的虚假性,揭示了国家和市民社会的分离使人过着天国的和尘世的"双重生活","前一种是政治共同体中的生活,在这个共同体中,人把自己看作社会存在物;后一种是市民社会中的生活,在这个社会中,人作为私人进行活动,把他人看作工具,把自己也降为工具,并成为异己力量的玩物"③。在虚假的共同体中,资本逻辑不可调和的矛盾不仅造成社会与个人的分裂和对立,人没有真正的自由自主可言;还造成了人的本质同人自身相异化,人只不过是工具性的存在。

如何超越虚假的共同体、实现人类真正解放?马克思恩格斯经过《莱茵

---

① 《马克思恩格斯文集》第 8 卷,人民出版社 2009 年版,第 52 页。
② 《马克思恩格斯全集》第 8 卷,人民出版社 2009 年版,第 136 页。
③ 《马克思恩格斯文集》第 1 卷,人民出版社 2009 年版,第 30 页。

报》时期和《德法年鉴》时期的批判实践,完成了向唯物主义和共产主义转变;然后在《共产党宣言》中基于唯物史观立场赋予"自由人联合体"的科学含义;最后在《资本论》中通过对资本主义经济异化的批判阐明了社会理想,即实现"自由王国"或"自觉的、有计划的联合体"①。马克思认为:"只有当现实的个人同时也是抽象的公民,并且作为个人,在自己的经验生活、自己的个人劳动、自己的个人关系中间,成为类存物时候,只有当人认识到自己的原有力量,并把这种力量组织成为社会力量因而不再把社会力量当作政治力量跟自己分开的时候,只有到了那个时候,人类解放才能完成。"②这就是人全面占有自己的本质并全面发挥自己本质的阶段,即"真正共同体"阶段。

马克思的"真正共同体"的伦理意旨在于以下方面。首先,"真正共同体"中个性、尊严、权利能够得到充分尊重和保障。社会主义是人格主义而非专制主义的,不允许社会和国家凌驾于个体之上。其次,在"真正的共同体"中人与人、人与社会的伦理关系得到充分协调,"代替那存在着阶级和阶级对立的资产阶级旧社会的,将是这样一个联合体,在那里,每个人的自由发展是一切人的自由发展的条件"③。最后,"真正共同体"不仅把人的生存、发展、完善作为一切思考的出发点和最高主旨,也将人类命运置于伦理共同体的建造中,敞开了人类终极关怀的现实道路,激励着全球化时代社会主义伦理共同体的蓬勃发展。

第三节　全球化中社会主义伦理共同体的发展

"社会主义伦理共同体"是一个普遍性与特殊性相统一的概念,从国别范围看是指某个社会主义国家伦理共同体,从世界范围看则是指向人类未来的

---

① 马克思:《资本论》第3卷,人民出版社2004年版,第745页。
② 《马克思恩格斯全集》第3卷,人民出版社2002年版,第189页。
③ 《马克思恩格斯文集》第2卷,人民出版社2009年版,第53页。

"社会主义人类伦理共同体"。只有认识特殊性才能扩大到普遍性,只有把握了普遍性才能继续深化认识特殊性。世界社会主义五百余年,在全球化激荡的21世纪迎来了新的历史发展机遇。社会主义伦理共同体不仅在社会主义国家"个别"地发展强大,也在世界范围内"一般"地壮大了力量。

马克思在1848年就预见性地指出了世界历史的全球化发展趋势,"资产阶级,由于开拓了世界市场,使一切国家的生产和消费都成为世界性的了。……过去那种地方的和民族的自给自足和闭关自守的状态,被各民族的各方面的相互往来和各方面的相互依赖所代替了。物质的生产是如此,精神生产也是如此。各民族的精神产品成了公共的财产"①。显然,公共的精神产品蕴含同趋向的"人类意识"。马克思在全球化探究中预设和指明了人类伦理共同体的未来。但是,全球化的发展至今未能够使"人类共同体"成为现实。20世纪90年代开启的技术—经济全球化,"可以认为它使一个新型的共同体——世界共同体的基础结构涌现出来"②。埃德加·莫兰认为,这个"基础结构"就是由于技术经济全球化,地球成为拥有一个通信系统、一个经济、一种文明、一种文化和一个公民社会的雏形的领土。但他清醒地意识到,民族国家的绝对主权成为一个世界共同体的障碍,同时,世界公民社会(组织体制、法律、管理经济、政治、治安和生物圈的拥有权力的决策机构、有效的治理、公民制度等)没有出现,真正的世界共同体是不可能建立起来的。实际上,全球化尽管使我们拥有了世界共同体的"技术—经济优势"(如通用的通信系统、共同的经济体系)和现代性文明,但是跨文化交流在全球化中并不是起同质化作用的,相反,民族的独特性正使跨文化交流异彩纷呈;与此同时,"民主模式"及其实践并未成为西方国家共同的追求,相反加剧了霸权国家试图主导的全球一体化走向反面,质疑、抗拒,乃至分裂愈加严重。以资本作为社会

---

① 《马克思恩格斯文集》第2卷,人民出版社2009年版,第35页。
② [法]埃德加·莫兰:《世界共同体的涌现》,载李建华主编:《伦理学与公共事务》第六辑,北京大学出版社2014年版,第81页。

发展动力的西方国家没有能力主导世界共同体的建立,以霸权主导的世界共同体欲图作为一种"价值狂想",未能为建构人类共同体提供真实的动力。

与之相反,社会主义发展在经历了 20 世纪 80 年代的动荡和低谷之后,在 21 世纪绽放出了伦理共同体的光彩。一方面,资产阶级对社会伦理共同体的实际摧毁——"资产阶级在它已经取得了统治的地方把一切封建的、宗法的和田园诗般的关系都破坏了。它无情地斩断了把人们束缚于天然尊长的形形色色的封建羁绊,它使人和人之间除了赤裸裸的利害关系,除了冷酷无情的'现金交易',就再也没有任何别的联系了"①,激发了社会主义对伦理共同体的反思、"修复"或重建的热情。1917 年,俄国社会主义革命的胜利和世界上第一个社会主义国家的建立,为全人类开辟了解放道路,开创了人类从资本主义迈向社会主义的新时期;新中国的成立和社会主义制度的建立,以及东欧一系列社会主义国家的建立和发展,极大地增强了世界社会主义共同体的力量,成为与资本主义阵营相对立的社会历史积极力量。社会主义作为一种联盟式的"共同体",展现出了蓬勃生机。尽管 20 世纪 80 年代中后期,苏联解体和一系列社会主义国家的旗帜变色,社会主义共同体一度遭受挫折,但是坚守社会主义的中国、越南、老挝、古巴、朝鲜以及拉美的一些国家,扭转了低谷局面,使社会主义在 21 世纪呈现出了复兴的势头。另一方面,世界社会主义各具特色的多样化探索,推进了伦理共同体的共识,而其中成功的典范鼓舞了伦理共同体建设的信心。新中国成立后,中国共产党人致力于解决工业化道路、现代化战略目标和方针、社会主义所有制结构、经济管理体制改革、政治和文化建设、社会主义社会的矛盾、社会主义的长期性和阶段性等问题,为社会主义建设作出了艰辛探索。经过几代党的领导集体和全国人民的共同努力,新时代中国特色社会主义正成为引领世界社会主义走向复兴的重要力量。中国特色社会主义的成功,彰显了社会主义制度的优越性,提振了国际共产主义运动和

---

① 《马克思恩格斯文集》第 2 卷,人民出版社 2009 年版,第 33—34 页。

世界社会主义发展的信心。全球著名的社会学家和政治理论家海因茨·迪特里希(Heinz Dieterich)对社会主义的复兴作出了敏锐观察和判断,于 1996 年提出了"21 世纪社会主义"的概念,即一种仍以马列主义思想为基础且符合 21 世纪条件的、更民主的新的社会模式,它不仅适应新的技术和政治条件,更要解决好 20 世纪在苏联等社会主义国家出现的政府、党和群众分离的问题,让民众更好地参与社会的发展和决策。他在考察社会主义在中国的发展现状与前景时,称赞中国在全球社会主义发展中扮演重要的"可参照物"角色,"作为体现马克思主义真理性的实践范本,中国在经济和社会等领域取得的巨大成就有力地证明了科学社会主义的可行性和有效性"①。与此同时,古巴、越南、老挝等社会主义国家不断深化对社会主义建设和共产党执政规律的认识,社会主义建设也取得了伟大成就。即便是非共产党执政国家中,各国共产党为适应国内外形势变化而不断进行理论革新和战略调整,不仅积极参加本国中央和地方议会选举,还积极加强与国外共产党的沟通、协作与联合。今天,委内瑞拉、玻利维亚、厄瓜多尔和尼加拉瓜等拉美国家已宣布建设面向"21 世纪社会主义"的社会主义模式。尽管"21 世纪社会主义"面临来自市场经济和社会建设的诸多挑战,但社会主义各国在解决温饱、就业、环境保护、消除贫困、社会公平等问题的实践中确确实实是迈开了阔步;更重要的是,社会主义国家形成了前所未有的发展共识,即把社会主义建设成为有更坚实物质文明和更高生活水平、有更高更好的政治文明和文化道德水平、让共同体民众享有政治文化领导权和社会治理管理权的共同体,并最终在物质文明超越资本主义。基于发展事实和发展共识的社会主义共同体,将凝聚对抗资本主义的磅礴力量,而"没有将与主流资本主义体制对抗的各种社会力量串联起来的统

---

① 国际共运黄皮书:《国际共产主义运动发展报告(2018—2019)》,https://www.ssap.com.cn/c/2019-06-04/1078208.shtml。

一战略行动,就不可能有社会主义运动的革命性推进"①。

总的看来,全球化之下社会主义伦理共同体依然面临诸多困难,世界"资强社弱"的格局没有改变,但各种各样的新社会主义运动和西方左翼运动不断发展,一些国家(如尼泊尔、南非等)共产党取得了执政地位或扩大了议会中的议席,这都说明科学社会主义定制的"自由人的联合体"的共产主义伦理目标正熠熠生辉。

第四节　社会主义伦理共同体当代 发展的世界意义

社会主义伦理共同体的当代发展,展现了新型伦理共同体的世界意义。这不仅是基于当代各国社会主义发展的"价值效应与制度优势"的普遍性而言,也是基于中国特色社会主义发展的"发展示范与世界关切"的特殊性作出的判断。

(一) 社会主义伦理共同体的当代发展:价值效应与制度优势

当代社会主义展现了新型伦理共同体的发展价值效应,这种价值效应的凸显遵循着社会主义的"个体价值效应"向社会主义的"联合价值效应"转变的理路。发展是世界永恒的主题,"发展肯定带来了科学的、技术的、医学的、社会的进步,但它也带来了生物圈的破坏、文化的破坏、新的不平等、代替老式奴役的新式奴役"②。如何破解"新式奴役",已然成为世界发展面临的难题。

当代各国社会主义秉承科学社会主义的本质特征,为实现"自由人的联

---

① 　[埃及]S.阿明:《世界社会主义运动的谱系、现状与未来》,《马克思主义研究》2015年第10期。

② 　[法]埃德加·莫兰:《世界共同体的涌现》,载李建华主编:《伦理学与公共事务》第六辑,北京大学出版社2014年版,第86页。

合体"的社会理想目标迈出了坚实的步伐。正如列宁曾言:"一切民族都将走向社会主义,这是不可避免的,但是一切民族的走法却不会完全一样,在民主的这种或那种形式上,在无产阶级专政的这种或那种形态上,在社会生活各方面的社会主义改造的速度上,每个民族都会有自己的特点。"①正是这种带有各民族特点的社会主义发展模式,使得社会主义的"个体价值效应"不断得以展现。

与此同时,各国社会主义在破解"新式奴役"的发展探索中,不断地相互借鉴和沟通,使社会主义成为一种联合的力量,展现出"联合价值效应"。一方面,各国社会主义以一致的发展目标、共同的价值指向,构建着共同未来发展。作为新型的伦理共同体,社会主义有别于西方资本主义国家对政治统治和利益攫取的"专注",而是依据自身国情努力将实现经济、政治、社会、文化、生态文明的全面发展、并与追求"以人为本""小康生活""社会和谐"等价值目标有机统一起来,凸显社会主义的本质特征。其中"公平""公正""发展""和谐"等关键词构成了社会主义基本的伦理底色,并成为这一伦理共同体展现广泛吸引力和旺盛生命力的深沉基础。另一方面,当代各国社会主义越来越认识到联合的意义和联合的力量。无论是独立的社会主义政党,还是处于资本主义世界体系中的社会主义政党和左翼力量,都认识到社会主义的力量联合才能更好地处理与资本主义关系,才能赢得世界发展的空间与机遇。马克思早就指出的,实现无产阶级和人类解放,最终实现共产主义是全人类的事业,无产阶级"联合的行动,至少是各文明国家的联合的行动,是无产阶级获得解放的首要条件之一"②。今天,社会主义各国和政党力量正不断加强联合,诸如2004年由欧洲26个共产党或左翼政党组成"欧洲左翼党"、2013年由29个欧洲共产党组建"欧洲共产党工人党倡议组织"等的成立,"世界共产党工人党国际会议""世界马克思主义大会""全球左翼论坛"等沟通平台的建

① 《列宁专题文集 论社会主义》,人民出版社2009年版,第398页。
② 《马克思恩格斯选集》第1卷,人民出版社2012年版,第419页。

立,正改变着世界社会主义力量分散和左翼组织松散的状况。"21 世纪是世界社会主义复兴的世纪"已然成为世界各国越来越多人的共识。显然,社会主义伦理共同体因其自身发展价值的"溢出效应",其世界发展的价值将越来越明显。

当代各国社会主义的全面进步还展现了新型伦理共同体发展的制度优势。一方面,在世界历史发展中和与资本主义制度的现实比较中,社会主义制度的优越性得以显现。社会主义制度取代资本主义制度并不是人为的"设计"或"强制变迁",而是社会发展规律使然。资本主义社会固有矛盾的不可调和性,造成了资本主义社会的必然困境,"资产阶级的生产关系和交换关系,资产阶级的所有制关系,这个曾经仿佛用法术创造了如此庞大的生产资料和交换手段的现代资产阶级社会,现在像一个魔法师不能再支配自己用法术呼唤出来的魔鬼了"①。

而与此同时,按照科学社会主义基本原则并结合具体国情而建立发展起来的各社会主义国家正显示出蓬勃的生机活力,它昭示着马克思主义"两个必然"理论的光辉历史性和当代性。另外,社会主义各国不断加强政党政治建设和推进社会改革实践,取得了显著成效,从而进一步凸显了制度优势。中国、越南、古巴、老挝等社会主义国家系统总结社会主义建设的成就与经验,积极推进社会主义政党建设、政治民主建设和改革开放,落实社会主义建设的各项目标和任务,推进了社会的全面进步。总的来看,21 世纪以来,社会主义各国积极开展经济、政治、文化、社会、生态文明的制度建设,不仅显现了有效应对危机、高效调配资源、合力解决问题等方面的制度优越性,也开拓了"人的自由全面发展"的社会主义制度保障的新境界。

历史和实践证明,作为科学社会主义理论逻辑和各国社会发展历史逻辑的辩证统一,当代社会主义国家不仅展现了伦理共同体的"特殊性"发展价

---

① 《马克思恩格斯选集》第 1 卷,人民出版社 2012 年版,第 405—406 页。

值,也展现新型伦理共同体的"普遍性"世界意义。

(二) 中国特色社会主义伦理共同体:发展示范与世界关切

作为社会主义新型伦理共同体的典范,中国特色社会主义为社会主义发展乃至世界的发展提供了一种新型伦理共同体的"发展示范",其"构建人类命运共同体"的倡议展现了对人类未来发展的"世界关切"。

"发展示范"主要基于中国共产党人科学把握当今世界的发展大势,顺应时代要求和人民愿望,赢得了中国特色社会主义的历史性变革和辉煌成就。

从社会发展实践来看,中国特色社会主义全方位推进经济、政治、文化、社会、生态文明建设,有效回答了如何破解自身的后发展难题,并成为后发展国家成功发展的典范,从而具有世界意义。在经济上,中国经济以凝聚"发展共识"(主要是"以经济发展为中心""贫穷不是社会主义""实现共同富裕"等)和建立社会主义市场经济体制为主要内容,实现经济持续快速增长,并促进和保障社会公平。在政治上,中国总结 20 世纪社会主义国家的实践历程和历史经验,使中国特色社会主义理论超越了社会主义经典理论,丰富了对社会主义发展规律的认识,极大地增强了中国人民对中国政治发展道路的自信。在文化上,我们继承优秀传统文化、积极倡导先进文化,培育和弘扬社会主义核心价值观,极大地增强了国家"软实力"。同时,中国积极维护和尊重世界文明发展的多样性,倡导不同文明之间的对话、交流与交融,彰显着巨大的文化"溢出效应"。在社会发展上,我们凝练和践行了自由、平等、公正、法治的社会发展价值理念,逐步破除制约社会发展的体制机制障碍,激发了社会活力;在生态建设上,我们以科学发展观为指导,把建设资源节约型、环境友好型社会放在突出的发展战略位置,摒弃传统的以大量能源和资源消耗、以生态环境破坏为代价的发展模式,力求避免陷入"环境库兹涅茨曲线"负效应长期化的陷阱。概而言之,在经历了社会主义初期、改革开放时期和进入新时代的实践探索,中国人民凝聚了社会主义优越性的共识,即"用发展生产力和科学技术的实践,用精神文明、物质文明建设的实践,证明社会主义制度优于资本主义制度,让发达的资本主义国家的人民认识到,社会主义确实比资本主义好"①。

从世界历史语境看,中国特色社会主义伦理共同体发展价值主要表现在把握当今世界发展的主题和要求,努力破解世界世纪性发展难题,致力于谋求世界可持续发展,彰显了世界发展价值。一是谋求稳定与发展,避免"颜色革命"。西方民主制度曾被认为是普世的,"政治西方"曾被赋予拯救世界的历史使命。但是,当前欧美资本主义国家深陷社会分化和政治发展困境,诸如英国脱欧、欧洲民粹主义回潮、法国"黄背心运动"的民众抗议、德国和意大利各地左右翼对抗激化、美国无视国际准则频繁"退群"等各种逆全球化现象,加剧了人们对西方政治与安全局势的忧虑。相反,中国的稳定发展动摇了西方经验的普世价值以及迄今为止由西方主导的国际游戏规则,推动了国际新秩序的调整和改良,促进了全球治理优化,提振了世界和平和发展的信心。二是实现经济转型和经济结构合理化,破除"有增长无发展"。中国经济发展模式有效避免经济结构变化方向不合理的"无发展增长",改变了世界经济格局,也为发展中国家摆脱贫穷落后提供了范例。三是深化发展、内涵扩张、增强体制活力,努力规避"中等收入陷阱"。中国特色社会主义致力于改善社会分配关系,提高社会保障水平,倡导"民富为先、民生为本",积极改善民生,扩大中等收入群体,共享改革红利,从而努力实现"优质跨越"。四是坚持可持续发展,破解"无未来增长"。中国特色社会主义极力避免重蹈西方先发展后治理的覆辙,谋求可持续发展,认真解决诸如能源、清洁水、环境承载力等问题,全力推进节能减排、低碳发展,建设"美丽中国"。五是坚守传统文化的价值自觉与先进文化的价值自信,摒弃"无根发展"。中国特色社会主义根植于中华民族文化"基因"、传承中华文化"精神"、培育先进文化"土壤"、吸收和谐文化"养分",在回击西方发达国家价值观念和意识形态渗透的同时努力争取中

① 《邓小平年谱(1975—1997)》(下),中央文献出版社2004年版,第1255页。

国在国际舞台上更大的话语权。总之,中国特色社会主义伦理共同体正向世界展现着示范性价值。

中国特色社会主义伦理共同体对全球和人类发展的"世界关切",突出地表现在以"构建人类命运共同体"的倡议彰显人类整体发展的伦理价值和伦理责任,不仅凸显了"共存"的伦理意识,更凸显了"如何更好地共在"的伦理责任。

中国共产党人时刻牢记为人类社会发展作出更大贡献的历史责任使命。历代领导人在关注本国发展的同时,一直致力于思考:中国是一个大国,它的人口占全世界人口的四分之一,应当对于人类有较大的贡献。"世界怎么了、我们怎么办? 这是整个世界都在思考的问题。"①这是世界之问和时代之问。构建人类命运共同体就是中国为了解答这个世界之问和时代之问所提供的"中国智慧"。在价值理念上,人类命运共同体蕴含着"人道""共享""正义""和谐"的伦理价值追求。"人道"理念倡导建设一个"持久和平、普遍安全、共同繁荣、开放包容、清洁美丽"的世界②,体现了"我们如何在一起"的人类生存的人道主义思考;"共享"理念倡导发展共赢,让"和平与发展的阳光普照全球";"正义"理念倡导相互尊重、平等协商,坚决摒弃冷战思维和强权政治,走对话而不对抗、结伴而不结盟的国与国交往新路;"和谐"理念倡导尊重世界文明多样性,以文明交流超越文明隔阂、文明互鉴超越文明冲突、文明共存超越文明优越。在实践上,中国特色社会主义正为共建人类命运共同体作出积极努力,共建"一带一路"、参与全球治理、打造开放共赢的合作模式、引领经济全球化正确走向、构建公平正义国际新秩序的努力和贡献,正凸显"平等相待、守望相助、休戚与共、安危共担"的世界责任和人类情怀。

概而言之,全球化为伦理共同体建构带来挑战也带来新契机,激发了人们

---

① 《习近平谈治国理政》第二卷,外文出版社 2017 年版,第 537 页。
② 参见习近平:《共同构建人类命运共同体——在联合国日内瓦总部的演讲》,《人民日报》2017 年 1 月 20 日。

对伦理共同体的思考和对人类命运共同体的伦理关切。从古希腊哲学家到康德,再到黑格尔,其伦理共同体的文化遗产为解决现代社会分裂问题提供了一种深邃的历史洞见和宝贵的资源借鉴。马克思则通过对"虚假共同体"的批判,将人类命运置于真正伦理共同体的建造中,从而激励着全球化时代社会主义伦理共同体的蓬勃发展。尽管世界社会主义在20世纪经历了兴起、高潮和低谷,"社会主义人类伦理共同体"却在全球化激荡的21世纪迎来了新的历史发展机遇。今天,社会主义作为新型伦理共同体的世界意义正在凸显,其价值效应与制度优势不断显现;尤其是中国特色社会主义,为21世纪伦理共同体建设提供了发展示范并展现了世界关切。

当今世界形势、社会性质和阶级关系都发生了变化,社会主义伦理共同体的建造正以实现"人类命运共同体"的目标焕发出蓬勃生机。"人类命运共同体"作为马克思主义的共产主义社会理想的当代化和具体化,致力于在实现自由个性的全面发展中追求个性的价值与共同体价值相一致,为拓展世界历史发展,实现对整个人类发展的伦理关切指明方向,并越来越得到西方更多国家的认同。

结　语　新时代中国马克思主义
伦理学的使命与期待

党的十八大之后,实现中华民族伟大复兴中国梦成为时代主题,中国马克思主义伦理学研究迈进新时代;党的十九大吹响了"决胜全面建成小康社会,夺取新时代中国特色社会主义伟大胜利,为实现中华民族伟大复兴的中国梦不懈奋斗"的号角。党的二十大高举中国特色社会主义伟大旗帜,号召全党和全国各族人民"为全面建设社会主义现代化国家而团结奋斗"。从经济建设、政治建设、文化建设、社会建设和生态文明建设的"五位一体"总体布局,到"四个全面"的整体战略推进,再到"四个自信"的全面展开,中国社会发展进入了社会全面转型的新阶段,中国马克思主义伦理学必定要回应时代新问题,迎接新挑战、担当新使命,为建构崭新的制度秩序和心灵秩序注入伦理动力。

一、制度优化:为国家治理现代化注入伦理动力

党的十八届三中全会提出"推进国家治理体系和治理能力现代化""创新社会治理""提高社会治理水平",强调"治理"的"秩序思维"取代了"统治"阶段的"专制思维"和"管理"阶段的"维稳思维"。国家治理现代化,最主要的是政治、经济、社会三个领域的治理现代化,它们都需要法治秩序和伦理秩序

共同支撑与维护,而其中伦理秩序是基础秩序。将国家治理现代化置于伦理秩序建构的视域中,是中国特色社会主义国家治理的"特色之路",也是当前中国马克思主义伦理学的重要使命。

其一,为经济发展提供伦理规导。规导市场经济必须直面和破解市场经济建设的"伦理难题",即市场经济是否就必然导致人的自私自利和社会道德风气败坏? 如何分析和解决市场经济建设过程中已然出现的道德问题? 市场经济和道德能否实现良性互动? 市场经济离不开功利,其实质就是利益经济。毋庸讳言,市场经济的负面影响就是利益冲突加剧和利益观念异化,进而导致价值观和美德的"去圣化",由此带来了两个恶果———一是彻底的个体自我物质工具化,二是群体信仰和道德精神的退化。前者的典型表现就是个体受"经济人"理性的裹挟,按照成本———收益的逻辑作选择和行动,无尽的物欲刺激和不断的利益追逐导致了价值观的迷乱,"人已经不再是人的奴隶,而变成了物的奴隶"①,不仅导致了人们对其自身生存意义的茫然失措,而且导致了对现实生活的无所适从。后者的典型表现就是"利益升格为普遍原则"②,功利社会化和普遍化,其极致就是拜金主义成为社会风尚,导致道德信仰缺失、互助和利他精神沦丧,造成了人际冷漠猜忌、社会风气败坏、精神文化产品扭曲、社会问题增多。鉴于此,伦理力量作为中国社会发展的"最好动力",如何与作为"最强动力"的市场经济相得益彰,促进中国特色社会主义良性伦理秩序的形成,是新时代马克思主义伦理学依然需要探解的问题和不可推卸的责任。

其二,为政治发展提供价值支撑。民主政治建设需要正当和正确的价值目标引领方向,制度秩序是在一定的政治价值目标的引导下通过一整套制度规范体系而实现的,政治价值目标起着旗帜和标杆的作用。任何政治制度的设计"都必须兼顾两项最基本的政治价值:政府的权力必须完整强大,而人民

---

① 《马克思恩格斯文集》第1卷,人民出版社2009年版,第94—95页。
② 《马克思恩格斯文集》第1卷,人民出版社2009年版,第94页。

的权利必须获得最坚固的保障"①。中国马克思主义伦理学产生的阶级性、理论的导向性、服务的人民性、实践的目的性,体现了中国特色社会主义政治民主建设的理论和逻辑的自洽、价值和目的的一致。对于社会主义政治民主建设而言,"人民当家作主""实现最广大人民的利益""实现人民群众对美好生活的向往"是社会主义民主政治的本质和核心要求,是社会主义政治文明建设的根本出发点和归宿。马克思主义伦理学的价值观为政治民主建设的出发点和目标作出诠释、论证和支持。马克思主义伦理学认为,"人的价值问题,实质上就是人生目的和人对社会的关系的问题,也可以说就是人怎样生活才算值得、怎样生活才有意义的问题"②。马克思主义伦理学的价值观不排斥和否认个人目标和个人利益,而强调"这一切都必须和社会主义的总的价值目标相联系,并使这一切的发展从属于总的价值目标"③。

其三,为社会发展提供伦理规范。面对社会现实问题,伦理学研究要专注于如何完善社会道德规范、培育个体道德价值、构筑社会道德信仰的学理和规律探寻。就社会道德规范而言,应做好两方面工作。一要着力完善整个社会的底线伦理。底线伦理作为一种最基本的价值共识,既包括个体的"人的行为方式"的底线伦理(作为合格公民的基本要求),还包括社会性的"维护基本秩序"的底线伦理(如社会基础性价值要求的公平正义)。一个社会要良性运行,必须有作为最基本价值要求的底线伦理提供保障。二要着力建设新时代公民道德规范。党中央于2019年10月颁布的《新时代公民道德建设实施纲要》指出,在经济社会深刻变革的大背景下,道德失范现象在一些地方、一些领域不同程度地存在着。如拜金主义、享乐主义、极端个人主义仍然比较突出;一些社会成员道德观念模糊甚至缺失,是非、善恶、美丑不分,见利忘义、唯

① 钱永祥:《纵欲与虚无之上——现代情境里的政治伦理》,台北联经出版事业公司2001年版,第143页。
② 罗国杰:《马克思主义伦理学的探索》,中国人民大学出版社2015年版,第155页。
③ 罗国杰:《马克思主义伦理学的探索》,中国人民大学出版社2015年版,第158页。

利是图,损人利己、损公肥私;造假欺诈、不讲信用的现象久治不绝,突破公序良俗底线、妨害人民幸福生活、伤害国家尊严和民族感情的事件时有发生。为解决这些问题,如何构建有力的公民道德规范成为中国马克思主义伦理学的重要实践课题。

二、心灵安顿:为实现美好生活提供精神指引

美好生活不仅是个体心理的安详体验,也是社会交往的友好和谐,即心灵秩序的安顿。就个体道德价值而言,道德权威的失落根源于人的品性道德(即德性)的内在缺失,因此如何实现美德与个人生活的统一、在“实践—精神”的互动中提升道德主体性,从而培育社会主义的个体道德价值,这是当前伦理道德建设的中心任务。就道德信仰而言,社会发展需要作为伦理价值的终极关怀。道德信仰是提升人类精神境界的动力源,有助于将社会共同的道德价值上升为道德权威理念。一个社会的道德状况的改善没有一个统摄人心、催人向上的信仰理念是不可想象的。建立全社会趋善向上、“德福相依”的道德信仰,才能增强社会凝聚力。因此,为着人际和谐、实现“美好生活向往”的共同目标,在道德生活中营造求真、向善的大众氛围和维护道德权威的崇高性,是众心所归。

基于如上分析,中国马克思主义伦理学的新时代建设,一要强化社会主义核心价值认同。社会主义核心价值观是一个丰富的体系要求,国家、社会、公民三个层面的良性互动关键在于社会伦理价值观的确立。从国家与社会的关系来看,社会是物质生活关系产生的场域,对于国家而言,社会具有基础性作用。正如马克思历史唯物主义强调的“要获得理解人类历史发展过程的锁钥”应当到“市民社会”中寻找一样,国家层面价值观如果不建立在社会层面价值观基础之上,就有可能幻化成抽象的“精神理念”。从社会与公民的关系来看,人的本质是“一切社会关系的总和”,只有从社会关系中才能把握和理解个人,也只有塑造社会层面价值观才能对公民个人层面价值观提出具体要

求。从国家与社会、社会与公民的关系辨析中,我们能够窥探社会主义核心价值认同的内在逻辑:"自由、平等、公正、法治"的社会层面价值取向既是实现"富强、民主、文明、和谐"的国家层面价值目标的保障,也是激发"爱国、敬业、诚信、友善"的公民个人层面价值准则的动力。正是因为维护社会的"自由、平等、公正、法治"如此重要,我们就不能忽视改革开放四十多年造成的不可回避的贫富分化、发展差距,影响和削弱了民众对社会主义核心价值认同。党的十九大指出:"中国特色社会主义进入新时代,我国社会主要矛盾已经转化为人民日益增长的美好生活需要和不平衡不充分的发展之间的矛盾。"因此,道德和利益关系问题作为伦理学的一个基本问题,在新时代透射着强烈的现实性。如何调适利益差距、促进公平正义、实现利益认同,并在利益认同的基础上实现价值认同,伦理学不能"缺席"或"退场",也不能"对可言说者言说,对不可言说者沉默"。

二要促进社会伦理和谐。一方面,当代中国正在进行社会结构的全面转型与制度变迁,使得社会伦理道德建设面临前所未有的难题或问题,需要一种"伦理整合"的思路应对挑战。"全面转型"包括经济结构、政治结构、文化结构和社会结构,经济体制由传统自然经济、计划经济向现代市场经济的转型,政治制度由传统的高度集权的专制政治向现代民主政治的转型,文化观念由传统的专制文化向现代的民主与自主文化的转型,社会组织形式由传统共同体社会向现代市民社会的转型。这些变革必然带来各个领域伦理道德的新问题和新要求,伦理整合旨在构筑和谐的社会伦理大系统。另一方面,随着社会领域的分化和科学技术的精细化,伦理学的专门化、条块化、职业化、区域化特征越来越明显,正如法国思想家埃德加·莫兰在《伦理》中指出:在专门化和区隔化的现时代,一切伦理之源的责任与互助精神被破碎和消解。因此,伦理学研究需要一种新的整体性伦理思路,解决诸如何以打通政治伦理、经济伦理、文化伦理、社会伦理、生态伦理之间的联系,如何勾连职业道德、社会公德、家庭美德、个人品德之间的内在关联。整合社会伦理资源,发挥伦理的力量,建构和谐的社会心理秩序,是中国马克思主义伦理学发展切近而温馨的时代主题。

三、理论期待:中国特色社会主义伦理学新形态建构

基于改革开放以来中国马克思主义伦理学理论和实践发展经验的判断、基于新时代中国特色社会主义建设的理论和实践发展需要的期待,建设继往开来,展现中国特色、中国风格和中国气派的新时代中国特色社会主义伦理学新形态,必定成为中国伦理学界一项宏伟工程。

所谓继往开来就是要传承中国伦理文化的精华,展现新时代社会主义精神文明和道德文明建设的新要求。中国传统伦理文化是新时代中国特色社会主义伦理学新形态的源头活水,也是中国伦理自信坚实的文化根基,如何在挖掘中实现转化和创新,使中国道德文化的传统理念与现代践行有机结合,我们依然任务艰巨。所谓中国特色,就是要解决中国问题、表明中国态度、展示中国经验。所谓中国风格就是既有别于传统的"马克思主义伦理学",也不是中国传统伦理学的当代延续,更不是西方伦理学的中国化,而是新的历史条件下当代伦理学新范式。所谓中国气派就是能够充分展示中国特色社会主义伦理自信,伦理价值话语权得到有效提升,实现中国新时代伦理文化建设繁荣。"立足中国、借鉴国外,挖掘历史、把握当代,关怀人类、面向未来的思路"①,是构建中国特色社会主义伦理学的基本遵循。

新时代中国特色主义伦理学新形态建构,迫切需要一种国际视野和世界情怀,在国际文化交流中彰显中国特色社会主义的伦理自信。伦理自信是文化自信的核心和根本,是回应西方对中国崛起的"价值质疑"最有力的武器。一方面,积极应对、敢于应对西方国家对中国崛起的价值质疑,让那些认为"中国崛起遭遇到价值观或曰意识形态的困境"的恶意攻击没有藏身之地。

---

① 习近平:《在哲学社会科学工作座谈会上的讲话》,《人民日报》2016 年 5 月 19 日。

在回顾、反思、比较、展望中增强社会主义"伦理自信",是中国马克思主义伦理学人共同的责任。另一方面,在国际伦理交往中,争取和获得国际伦理认同,这是中国特色社会主义伦理学的新时代使命,建构休戚与共、荣辱共担、祸福相依、美好共享的人类命运共同体,是我们共同的伦理期待。我们不谋求布道者的角色,但我们有责任为世界乃至整个人类的未来积极倡导"人类命运共同体"的价值理念,并为之贡献应有的力量。"大其心以体天下之物",追寻人类共同命运的伦理精义,这既是负责任大国推进世界和平发展应尽的责任,也是基于对解决全球性问题的无私的理论贡献。

忆往昔峥嵘,改革开放以来中国马克思主义伦理学的发展开辟了马克思主义伦理学的新境界,从制度秩序和心灵秩序两个维度建构了中国伦理新秩序;展前景辉煌,新时代中国特色社会主义伦理学如何讲好中国道德故事、唱好中国道德"好声音",我们任重而道远!

参 考 文 献

《马克思恩格斯选集》第 1—4 卷,人民出版社 2012 年版。

《马克思恩格斯文集》第 1—10 卷,人民出版社 2009 年版。

《马克思恩格斯全集》第 1、3、21、25、26、28、30、42、44、45、46、47 卷,人民出版社 1995、2002、2003、2001、2014、2018、1995、2016、2001、2003、2003、2004 年版。

马克思:《1844 年经济学哲学手稿》,人民出版社 2000 年版。

《资本论》第 1—3 卷,人民出版社 2004 年版。

《列宁选集》第 1—4 卷,人民出版社 1995 年版。

《列宁专题文集》,人民出版社 2009 年版。

《列宁全集》第 1、28、32 卷,人民出版社 2013、1990、1972 年版。

列宁:《哲学笔记》第 1 卷,人民出版社 1974 年版。

《毛泽东选集》第四卷,人民出版社 1991 年版。

《邓小平文选》第一、二、三卷,人民出版社 1994、1994、1993 年版。

《邓小平年谱(1975—1997)》(下),中央文献出版社 2004 年版。

《江泽民文选》第一、二、三卷,人民出版社 2006 年版。

《江泽民论有中国特色社会主义》,中央文献出版社 2002 年版。

《胡锦涛文选》第一、二、三卷,人民出版社 2016 年版。

《习近平谈治国理政》,外文出版社 2014 年版。

《习近平谈治国理政》第二、三卷,外文出版社 2017、2020 年版。

《习近平关于全面从严治党论述摘编》,中央文献出版社 2016 年版。

胡锦涛:《高举中国特色社会主义伟大旗帜　为夺取全面建设小康社会新胜利而

奋斗——在中国共产党第十七次全国代表大会上的报告》，人民出版社 2007 年版。

习近平：《决胜全面建成小康社会 夺取新时代中国特色社会主义伟大胜利——在中国共产党第十九次全国代表大会上的报告》，人民出版社 2017 年版。

《改革开放三十年重要文献选编》（上），中央文献出版社 2008 年版。

《中共中央关于全面深化改革若干重大问题的决定》，人民出版社 2013 年版。

《中共中央国务院关于加快推进生态文明建设的意见》，人民出版社 2015 年版。

《党的十九大报告辅导读本》，人民出版社 2017 年版。

中共中央文献研究室编：《十一届三中全会以来重要文献选读》（上、下册），人民出版社 1987 年版。

中共中央文献研究室编：《十四大以来重要文献选编》（下），人民出版社 1999 年版。

中共中央文献研究室编：《十五大以来重要文献选编》（下），人民出版社 2003 年版。

中共中央文献研究室编：《十六大以来重要文献选编》（中），中央文献出版社 2005 年版。

中共中央文献研究室编：《十七大以来重要文献选编》（上），中央文献出版社 2009 年版。

中共中央文献研究室编：《习近平关于社会主义文化建设论述摘编》，中央文献出版社 2017 年版。

《关于人道主义和异化问题论文集》，人民出版社 1984 年版。

《李大钊文集》（上），人民出版社 1984 年版。

《陈独秀文章选编》（上、中），生活·读书·新知三联书店 1984 年版。

《张岱年全集》第一、三、五卷，河北人民出版社 1998 年版。

张岱年：《中国伦理思想发展规律的初步研究；中国伦理思想研究》，中华书局 2018 年版。

张岱年、程宜山：《文化与哲学》，中国人民大学出版社 2006 年版。

冯友兰：《中国哲学史》，中华书局 2014 年版。

罗国杰：《马克思主义伦理学的探索》，中国人民大学出版社 2015 年版。

罗国杰：《伦理学》，人民出版社 1989 年版。

罗国杰：《马克思主义伦理学》，人民出版社 1982 年版。

罗国杰：《中国伦理学百科全书·马克思主义伦理思想史卷》，吉林人民出版社

1993 年版。

罗国杰:《中国传统伦理思想史》上卷,中国人民大学出版社 2008 年版。

罗国杰:《罗国杰生平自述》,中国人民大学出版社 2016 年版。

万俊人主编:《20 世纪西方伦理学经典伦理学限域:道德与宗教》,中国人民大学出版社 2004 年版。

梁漱溟:《中国文化要义》,学林出版社 1987 年版。

王维国:《善治之道:当代中国社会治理创新的伦理路径研究》,人民出版社 2015 年版。

周辅成:《论人和人的解放》,华东师范大学出版社 1997 年版。

周原冰:《道德问题论集》,上海人民出版社 1980 年版。

宋希仁:《伦理与人生》,教育科学出版社 2000 年版。

宋希仁:《当代外国伦理思想》,中国人民大学出版社 2000 年版。

宋希仁:《马克思恩格斯道德哲学研究》,中国社会科学出版社 2012 年版。

章海山、罗蔚:《伦理学引论》,高等教育出版社 2009 年版。

唐凯麟:《简明马克思主义伦理学》,湖北人民出版社 1983 年版。

唐凯麟:《伦理学》,高等教育出版社 2000 年版。

唐凯麟、王泽应:《中国现当代伦理思潮》,安徽文艺出版社 2017 年版。

李奇:《道德科学初学集》,上海人民出版社 1979 年版。

李奇:《道德学说》,中国社会科学出版社 1989 年版。

曾钊新:《人性论》,中南工业大学出版社 1988 年版。

曾钊新等:《伦理社会学》,中南大学出版社 2002 年版。

《曾钊新文集》第一卷,湖南人民出版社 2003 年版。

王小锡等:《中国伦理学 70 年》,江苏人民出版社 2020 年版。

王泽应:《20 世纪中国马克思主义伦理思想研究》,人民出版社 2008 年版。

王泽应:《马克思主义伦理思想中国化研究》,中国社会科学出版社 2017 年版。

王泽应:《马克思主义伦理思想中国化最新成果研究》,中国人民大学出版社 2018 年版。

王泽应:《道莫盛于趋时——新中国伦理学研究 50 年的回溯与前瞻》,光明日报出版社 2003 年版。

朱贻庭等:《当代中国道德价值导向》,华东师范大学出版社 1994 年版。

吴潜涛:《中国化马克思主义伦理思想研究》,中国人民大学出版社 2015 年版。

卢风、肖巍:《应用伦理学概论》,中国人民大学出版社 2008 年版。

张华夏:《现代科学与伦理世界——道德哲学的探索与反思》,湖南教育出版社 1999 年版。

李义天、张霄编:《马克思主义伦理思想访谈录》,中央编译出版社 2020 年版。

陈修斋、杨祖陶:《欧洲哲学史稿》,湖北人民出版社 1983 年版。

金生鈜:《德性与教化》,湖南大学出版社 2003 年版。

辛华、任菁编:《内在超越之路:余英时新儒学论著辑要》,中国广播电视出版社 1992 年版。

高兆明:《制度公正论:变革时期道德失范研究》,上海文艺出版社 2001 年版。

曹长盛:《民主社会主义模式比较研究》,东北师范大学出版社 1996 年版。

李泽厚:《历史本体论》,生活·读书·新知三联书店 2002 年版。

苗力田:《古希腊哲学》,中国人民大学出版社 1989 年版。

唐君毅:《道德自我之建立》,广西师范大学出版社 2005 年版。

萧公权:《政治多元论:当代政治理论研究》,中国人民大学出版社 2014 年版。

樊浩:《中国伦理精神的现代建构》,江苏人民出版社 1997 年版。

钱永祥:《纵欲与虚无之上——现代情境里的政治伦理》,联经出版事业公司 2001 年版。

蒙培元:《中国哲学主体思维》,人民出版社 1993 年版。

郑观应:《郑观应集》上册,上海人民出版社 1982 年版。

肖祥:《淡泊论》,湖南教育出版社 2011 年版。

肖祥:《中国马克思主义政治伦理思想发展研究》,甘肃人民出版社 2011 年版。

[德]康德:《判断力批判》(下),韦卓民译,商务印书馆 1964 年版。

[德]康德:《实践理性批判》,韩水法译,商务印书馆 1999 年版。

[德]康德:《道德形而上学原理》,苗力田译,上海人民出版社 2002 年版。

[德]康德:《单纯理性限度内的宗教》,李秋零译,中国人民大学出版社 2003 年版。

[德]黑格尔:《哲学史讲演录》,贺麟、王玖兴译,商务印书馆 1978 年版。

[德]黑格尔:《精神现象学》(下),贺麟、王玖兴译,商务印书馆 1979 年版。

[德]黑格尔:《法哲学原理》,范扬、张企泰译,商务印书馆 1982 年版。

[德]黑格尔:《历史哲学》,王造时译,上海书店出版社 1999 年版。

[德]黑格尔:《精神哲学——哲学全书·第三部分》,杨祖陶译,人民出版社 2006 年版。

［德］爱德华·伯恩斯坦:《社会主义的历史和理论》,马元德等译,东方出版社1989年版。

［德］马克斯·霍克海默:《批判理论》,李小兵译,重庆出版社1989年版。

［德］马克斯·韦伯:《学术与政治》,冯克利译,生活·读书·新知三联书店1998年版。

［德］马克斯·韦伯:《民族国家与经济政策》,甘阳等译,生活·读书·新知三联书店1997年版。

［法］卢梭:《社会契约论》,李平沤译,商务印书馆1982年版。

［法］雅克·德里达:《马克思的幽灵》,何一译,中国人民大学出版社1998年版。

［法］雅克·施兰格等,徐友渔编选:《哲学家和他的假面具》,社会科学文献出版社1999年版。

［法］让-弗朗索瓦·利奥塔:《后现代道德》,莫伟民译,学林出版社2000年版。

［法］埃德加·莫兰:《伦理》,于硕译,学林出版社2017年版。

［法］路易·阿尔都塞:《保卫马克思》,顾良译,商务印书馆1984年版。

［法］米歇尔·福柯:《知识考古学》,谢强、马月译,生活·读书·新知三联书店2004年版。

［美］约翰·罗尔斯:《正义论》,何怀宏、何包钢、廖申白译,中国社会科学出版社1988年版。

［美］约翰·罗尔斯:《政治自由主义》,万俊人译,译林出版社2000年版。

［美］P.普拉利:《商业伦理》,洪成文、洪亮、许冠译,中信出版社1999年版。

［美］L.J.宾克莱:《理想的冲突——西方社会中变化着的价值观念》,马元德等译,商务印书馆1994年版。

［美］丹尼尔·贝尔:《资本主义文化矛盾》,赵一凡等译,生活·读书·新知三联书店1989年版。

［美］E.博登海默:《法理学:法律哲学与法律方法》,邓正来译,中国政法大学出版社1999年版。

［美］弗朗西斯·福山:《大断裂:人类本性与社会秩序的重建》,唐磊译,广西师范大学出版社2015年版。

［美］大卫·格里芬:《后现代精神》,王成兵译,中央编译出版社1998年版。

［美］A.美金太尔:《追寻美德》,宋继杰译,译林出版社2003年版。

［美］阿拉斯戴尔·麦金太尔:《谁之正义?何种合理性?》,万俊人译,当代中国出

版社 1996 年版。

[美]纳西姆·尼古拉斯·塔勒布:《黑天鹅》,万丹译,中信出版社 2008 年版。

[美]劳伦斯·卡弘:《哲学的终结》,冯克利译,江苏人民出版社 2001 年版。

[苏]季塔连科主编:《马克思主义伦理学》,墨生、重耳译,上海人民出版社 1981 年版。

[苏]苏联科学院哲学所:《资本论哲学与现时代》,吉林人民出版社 1983 年版。

[英]安东尼·吉登斯:《现代性的后果》,田禾译,译林出版社 2000 年版。

[英]肖恩·塞耶斯:《马克思主义与人性》,冯颜利译,东方出版社 2008 年版。

[英]艾伦·斯温杰伍德:《社会学思想简史》,陈玮、冯克利译,社会科学文献出版社 1988 年版。

[英]卡尔·波普尔:《历史决定论的贫困》,杜汝揖、邱仁宗译,上海人民出版社 2009 年版。

[英]卡尔·波普尔:《开放社会及其敌人》第 2 卷,郑一明等译,中国社会科学出版社 1999 年版。

[英]齐格蒙特·鲍曼:《后现代伦理学》,张成岗译,江苏人民出版社 2003 年版。

[英]维特根斯坦:《哲学研究》,李步楼译,商务印书馆 1996 年版。

[英]阿克顿:《自由的历史》,王天成等译,贵州人民出版社 2001 年版。

[英]弗里德利希·冯·哈耶克:《自由秩序原理》上册,邓正来译,生活·读书·新知三联书店 1997 年版。

[匈]卢卡奇:《历史与阶级意识》,杜章智等译,商务印书馆 1992 年版。

[加]查尔斯·泰勒:《现代性隐忧》,程炼译,中央编译出版社 2001 年版。

[古希腊]亚里士多德:《政治学》,吴寿彭译,商务印书馆 1965 年版。

[古希腊]亚里士多德:《尼各马可伦理学》,廖申白译,商务印书馆 2013 年版。

[古希腊]柏拉图:《理想国》,郭斌和、张竹明译,商务印书馆 1986 年版。

罗国杰:《十年来伦理学的回顾与展望》(续),《道德与文明》1991 年第 2 期。

罗国杰:《人工生殖技术应用的道德思考》,《民主与法制》1991 年第 3 期。

罗国杰:《伦理责任与生态环境》,《道德与文明》2000 年第 1 期。

罗国杰:《试论马克思主义伦理学体系结构的特征》,《哲学研究》1983 年第 2 期。

罗国杰:《我国伦理学的现状与展望》,《江淮论坛》1985 年第 6 期。

罗国杰:《论无产阶级道德原则和资产阶级道德原则的根本对立》,《东岳论丛》1982 年第 1 期。

罗国杰:《关于社会主义人道主义原则的几个问题》,《思想理论教育导刊》2012 年第 10 期。

罗国杰:《建设与市场经济相适应的社会主义道德体系》,《思想政治工作研究》2012 年第 1 期。

张岱年:《论道德的阶级性与继承性》,《社会科学》1986 年第 2 期。

李奇:《关于道德的继承性和阶级性》,《新建设》1963 年第 11 期。

周原冰:《简论共产主义道德的基本原则》,《上海师范大学学报》(哲学社会科学版)1979 年第 4 期。

周原冰:《论当前道德理论上三大困惑的由来和我们的任务》,《毛泽东邓小平理论研究》1989 年第 6 期。

周原冰:《坚持马克思主义道德科学党性原则》,《江淮论坛》1984 年第 2 期。

冯契:《坚持价值导向的"大众化"》,《探索与争鸣》2015 年第 11 期。

章海山:《研究道德科学的新路子——读〈共产主义道德通论〉》,《中国图书评论》1987 年第 1 期。

章海山:《邓小平对马克思主义伦理学的贡献》,《现代哲学》1990 年第 3 期。

唐凯麟:《社会主义初级阶段的伦理学问题》,《湖南师范大学学报》1988 年第 3 期。

万俊人:《生态伦理学三题》,《求索》2003 年第 4 期。

万俊人:《论中国伦理学之重建》,《北京大学学报》(哲学社会科学版)1990 年第 1 期。

李建华:《社会全面转型期道德建设思路的三大转变》,《马克思主义与现实》2017 年第 1 期。

李建华:《社会主义核心价值观与道德规范体系关系之探索》,《道德与文明》2017 年第 2 期。

李建华:《伦理连接:"大断裂"时代的伦理学主题》,《浙江社会科学》2019 年第 7 期。

李建华:《中国伦理学:意义、内涵与构建》,《中州学刊》2016 年第 3 期。

李建华、肖祥:《中国特色社会主义伦理学:理论命题、发展逻辑与建设路径》,《求索》2018 年第 3 期。

王小锡:《研究百年中国马克思主义伦理学的"时标"性力作——简评王泽应教授著〈20 世纪中国马克思主义伦理思想研究〉》,《湖南师范大学社会科学学报》2009 年第 4 期。

王小锡:《经济伦理学的学科依据》,《华东师范大学学报》(哲学社会科学版)2001年第 2 期。

樊浩:《走向伦理精神》,《道德与文明》2016 年第 3 期。

樊浩:《伦理道德,何种精神哲学形态? 何种"中国气派"?》,《哲学分析》2016 年第 3 期。

朱贻庭:《超越功利论与道义论的对立》,《道德与文明》1990 年第 6 期。

陈曙光:《直面学风问题——兼谈如何推进马克思主义大众化》,《红旗文稿》2009年第 21 期。

曾建平:《学科走向:中国伦理学研究的时代使命》,《人民日报》2018 年 8 月20 日。

李权时:《论邓小平的道德范式——兼评道德政治化与道德经济化》,《学术研究》1998 年第 9 期。

龚群:《论道德与利益》,《教学与研究》2008 年第 3 期。

张霄:《20 世纪 80 年代以来我国的道德本质问题研究》,《伦理学研究》2010 年第3 期。

肖雪慧:《"道德本质在于约束性"驳论——答夏伟东同志》,《哲学研究》1987 年第3 期。

夏伟东:《略论道德的本质——兼与肖雪慧同志商榷》,《哲学研究》1986 年第8 期。

肖群忠:《也论道德本质——兼与某些同志商榷》,《道德与文明》1987 年第 4 期。

王泽应:《道德本质之我见》,《哲学动态》1988 年第 8 期。

王泽应:《历史性的发展成就与创新发展的新呼唤——新中国伦理学 70 年的总结和思考》,《道德与文明》2019 年第 3 期。

王泽应:《论道德与生活的关系及道德生活的本质特征》,《伦理学研究》2007 年第6 期。

王伟光:《关于道德的阶级性与继承性》,《高校理论战线》2009 年第 8 期。

黄伟合:《以时代精神振兴伦理学——评共产主义道德通论》,《中国社会科学》1987 年第 3 期。

俞吾金:《应当重视辩证法三大规律在伦理学研究中的作用》,《伦理学与精神文明》1984 年第 4 期。

杨家良:《经济与道德关系问题研究中的一个方法论问题》,《哲学研究》1990 年第 3 期。

谢洪恩:《对道德适应关系的辩证思考》,《哲学研究》1990 年第 2 期。

宣兆凯:《以现实生活为原点的应用伦理学研究方法》,《哲学动态》2007 年第 1 期。

邱仁宗:《试论生命伦理学方法》,《中国医学伦理学》2016 年第 4 期。

张云飞:《论生态伦理学的研究方法》,《科学管理研究》1991 年第 1 期。

叶平:《人与自然:西方生态伦理学研究概述》,《自然辩证法研究》1991 年第 11 期。

陈泽环:《中国特色伦理学的开拓——罗国杰教授的贡献和启示》,《中州学刊》2018 年第 12 期。

武卉昕:《马克思主义伦理学的苏联范式及当代启示》,《湖北大学学报》(哲学社会科学版)2019 年第 2 期。

武卉昕:《苏联马克思主义伦理学史上的几个重大理论争论与现实结果》,《马克思主义与现实》2015 年第 4 期。

武卉昕、王春林:《从苏联伦理学到新伦理学:苏联解体的伦理学批判》,《南京社会科学》2006 年第 6 期。

甘绍平:《应用伦理学在中国的兴起》,《学习与实践》2006 年第 10 期。

甘绍平:《应用伦理学:冲突、商议、共识》,《中国人民大学学报》2003 年第 1 期。

甘绍平:《应用伦理学的特点与方法》,《哲学动态》1999 年第 12 期。

甘绍平:《科技伦理:一个有争议的课题》,《哲学动态》2000 年第 10 期。

江畅:《从当代哲学及其应用看应用伦理学的性质》,《中国人民大学学报》2003 年第 1 期。

赵敦华:《道德哲学的应用伦理学转向》,《江海学刊》2002 年第 4 期。

廖申白:《什么是应用伦理学?》,《道德与文明》2000 年第 4 期。

晏辉:《应用伦理学:伦理致思范式的现代转换》,《自然辩证法研究》2004 年第 8 期。

何怀宏:《应用伦理学的挑战和问题》,《天津社会科学》2001 年第 3 期。

任丑:《应用伦理学的逻辑和历史》,《哲学动态》2008 年第 3 期。

张志丹:《中国经济伦理学 40 年:历程、创新与展望》,《江苏社会科学》2019 年第 2 期。

夏伟东:《经济伦理学是什么》,《苏州科技学院学报》(社会科学版)2004年第1期。

孙春晨:《经济伦理学:从构建体系走向问题意识》,《哲学动态》2005年第1期。

张志丹:《中国经济伦理学40年:历程、创新与展望》,《江苏社会科学》2019年第2期。

陆晓禾:《最近五年我国经济伦理学理论前沿概论》,《伦理学研究》2015年第6期。

邱仁宗:《生命伦理学:一门新学科》,《求是》2004年第3期。

田海平:《中国生命伦理学的"问题域"还原》,《道德与文明》2013年第1期。

田海平:《生命伦理学的中国难题及其研究展望——以现代医疗技术为例进行探究的构想》,《东南大学学报》(哲学社会科学版)2012年第2期。

唐代兴:《生命伦理学研究的当代视阈与方法》,《道德与文明》2018年第1期。

肖巍:《生态伦理学何以可能》,《复旦学报》(社会科学版)2000年第2期。

刘湘溶:《浅论生态伦理学的学科性质》,《道德与文明》2003年第5期。

刘福森:《生态伦理学的困境与出路》,《北京师范大学学报》(社会科学版)2008年第3期。

李义天:《生态伦理学的使命与宿命》,《天津社会科学》2009年第3期。

陈爱华:《科技伦理的形上维度》,《哲学研究》2005年第11期。

李泽泉:《新知新觉:健全科技伦理治理体制》,《人民日报》2020年第9期。

郭广银:《应用伦理学的拓展路径》,《南京工业大学学报》(社会科学版)2003年第3期。

邓伯军、王岩:《后现代伦理话语和社会主义荣辱观》,《伦理学研究》2008年第3期。

李德顺:《价值独断主义的终结——从"电车难题"看桑德尔的公正论》,《哲学研究》2017年第2期。

谭培文:《社会主义自由的张力与限制》,《中国社会科学》2014年第6期。

向玉乔:《改革开放对我国伦理学发展的创新驱动作用》,《道德与文明》2018年第5期。

侯惠勤:《析马克思主义意识形态理论的"冲突"》(上),《中共南京市委党校南京市行政学院学报》2007年第1期。

盖琪:《后福特主义时代的话语表达机制》,《探索与争鸣》2014年第7期。

李培超:《"微时代"的"微伦理学"批判》,《道德与文明》2018 年第 2 期。

袁祖社:《公共价值的信念与美好生活的理想——马克思哲学变革的理论深蕴》,《中国社会科学》2019 年第 12 期。

李兰芬:《中国道德话语权的现状及其对策建议》,《哲学研究》2008 年第 9 期。

柯白、魏柳南等:《激辩中国道路——世界中国学论坛观点集粹》,《社会观察》2013 年第 4 期。

邓安庆:《从"自然伦理"的解体到伦理共同体的重建——对黑格尔伦理体系的解读》,《复旦学报》(社会科学版)2011 年第 3 期。

David Scott, "*The Chinese Century*"? *The Challenge to Global Order*, Hampshire: Palgrave Macmillan, 2008.

Hans Jonas, *The Imperative* of *Responsibility*: *In Search of An Ethics for the Technological Age*, The University of Chicago Press, 1984.

Martin Buber, *Between Man and Man*, New York: Macmillan Company, 1996.

Michael Theunissen, *The Other*: *Studies in the Social Ontology of Husserl*, *Heidegger*, *Sartre*, *and Buber*, Trans. Christopher Macann with an Introduction by Fred R. Dallmayr, Cambridge and London: the MIT Press, 1984.

Emmanuel Levinas, *Totality and Infinity*, translated by Alphonso Lingis, Duquesne University Press, 1979.

后　记

　　本书是国家社科基金重点项目"改革开放四十年中国马克思主义伦理学的发展及前瞻研究"（项目编号：18AZX018）的最终成果，根据结项成果评审专家的意见作了相应的修改。

　　尽管已经有专家学者对中国马克思主义伦理学发展作过总结研究，但是相对于中国马克思主义伦理学四十年多波澜壮阔的发展，现有研究远远不够。如何紧扣改革开放四十多年社会主义建设实践的脉搏对其进行学术梳理和规律总结，并规划性展望伦理学建设，是新时代"加快构建中国特色哲学社会科学"的迫切需要。本书作为一项研究成果还有不少待改进之处，但作为一种学术努力却是真诚的！期待同行们批评指导！

　　本课题在研究过程中得到了李建华教授的悉心指导和学术观点的贡献。其中第五章第二节"中国马克思主义伦理学的价值坚守"和第三节"中国马克思主义伦理学的价值解放"，第六章"新时代中国马克思主义伦理学建设的发展逻辑、现实要求与目标展望"和第九章"新时代中国马克思主义伦理学建设的立体推进"，第十章"新时代中国特色社会主义伦理自信的建立"，分别来自我们合著的论文《中国特色社会主义伦理学的价值坚守与价值解放》（《当代世界与社会主义》2018 年第 3 期）、《论作为文化自信的中国伦理自信》（《伦理学与公共事务》第 8 卷，浙江大学出版社 2020 年版）、《中国特色社会主伦理学:理论命题、发展逻辑与建设路向》(《求索》2018 年第 6 期)。在此,对李老师给予的长期学术指导致以真诚的感谢!

此外,本课题在研究过程中还得到了清华大学李义天教授、中南大学屈明珍教授、湖南第一师范学院贺汉魂教授的鼎力支持,在此表示衷心感谢!同时,感谢全国马克思主义伦理学论坛提供学术交流平台,让全国众多马克思主义伦理学研究者每年有机会共聚一堂讨论马克思主义伦理学研究问题,对本书产生了积极影响。

人民出版社宰艳红编辑为本书的编辑出版付出了辛勤劳动,她的敬业精神令人感动,表现出一种出版人与学术人的高度负责,在此表示衷心感谢!同时,感谢浙江师范大学马克思主义学院和科研院领导的关心和鼎力支持!

本书由浙江师范大学学术著作出版基金资助出版。

2024 年 5 月 28 日